Badischer Wein

CARLHEINZ GRÄTER

Badischer Wein

Landschaft
Geschichte
Kultur

DRW-Verlag

ISBN 3-87181-367-2

© 1995 by DRW-Verlag Weinbrenner GmbH & Co.,
Leinfelden-Echterdingen.
Das Werk einschließlich aller seiner Teile
ist urheberrechtlich geschützt.
Jede Verwertung außerhalb der engen Grenzen
des Urheberrechtsgesetzes ist ohne Zustimmung
des Verlages unzulässig und strafbar.
Dies gilt insbesondere für Vervielfältigungen,
Übersetzungen, Mikroverfilmungen und
die Einspeicherung und Verarbeitung
in elektronischen Systemen.

Herstellung:
Goldener Schnitt Herstellungs-Service, Sinzheim
Gestaltung und Umschlag:
Hans-Jürgen Trinkner, Stuttgart
Druck: Karl Weinbrenner & Söhne GmbH & Co.,
Leinfelden-Echterdingen

Bestellnummer: 367

Geleitwort

„Badischer Wein, von der Sonne verwöhnt"

Vordergründig betrachtet ist dies nichts anderes als ein Werbespruch. Sucht man jedoch nach dem tieferen Sinn dieser Worte, so stößt man unweigerlich auf Johann Peter Hebels schönes Bild vom Paradiesgarten Baden.
   Das milde, sonnen- und wärmereiche Klima Badens hat die Landschaft und alles, was darin gedeiht, geprägt. Die Unterschiedlichkeit der Böden, vom Bodensee den Rhein entlang bis nach Tauberfranken, ist der Ursprung für die Vielfalt der Gewächse und ihre Unverwechselbarkeit. Diesen Paradiesgarten in seiner geschichtlichen und kulturhistorischen Bedeutung, verbunden mit der Geschichte des Weinbaus und aktuellen weinbaulichen Themen in einem Buch kenntnisreich und unterhaltsam zu beschreiben, verdient hohe Anerkennung.
   Daß der Autor dies in einer Zeit angeht, in der viel zu oberflächlich und fast ausnahmslos unter wirtschaftlichen und tagespolitischen Aspekten Wein und Weinbau beurteilt werden, könnte dazu beitragen, den Wein wieder stärker als Kulturgut und Kulturgetränk zu verstehen.
   Die Entwicklung Badens, seiner Menschen, seiner Landschaft und Gastronomie ist ohne den Wein nur schwer zu begreifen. Wein, Genuß und Gesundheit sind die drei Säulen, auf denen die sprichwörtliche badische Lebensart basiert. Dieses Buch zeichnet von den Wurzeln bis heute die Linien und Pfade nach, auf denen all das gedeihen und sich entwickeln konnte.
   Eine Kostprobe der inspirierenden Kräfte des Weines geben allein schon die vielen Lebensweisheiten und Anekdoten im Text. Wer dieses Buch über Baden, seine Weine, seine Geschichte, seine Kultur und seine Menschen in die Hand nimmt und liest, der wird nicht umhin können, die Probe aufs Exempel zu unternehmen und sich im badischen Paradiesgarten den Genüssen der Landschaft – und dem Wein – zuzuwenden.

Freiburg, im August 1995
Norbert Weber
Präsident des Badischen Weinbauverbandes e. V.

Zum Anstich!

Nach der erfreulichen Aufnahme, die das Buch „Württemberger Wein. Landschaft, Geschichte, Kultur" gefunden hat, haben sich Autor und Verlag zu einem ähnlichen Unternehmen für das Weinland Baden entschlossen.

Auch hier fehlte ja seit der 1953 erschienenen „Geschichte des badischen Weinbaus" von Karl Müller, dem ehemaligen Direktor des Freiburger Weinbauinstituts, eine historisch fundierte Gesamtschau.

Stärker noch als Württemberg wird das Weinland Baden von seinen einzelnen Bereichen geprägt, landschaftlich wie historisch sehr kontrastreich profilierten Rebregionen: Tauberfranken, Bergstraße und Kraichgau, Ortenau, Breisgau, Kaiserstuhl, Tuniberg, Markgräflerland und Bodensee mit dem Hochrhein.

Diese unterschiedliche regionale Ausprägung macht den Reiz des Weinlands Baden aus, erschwert jedoch eine synoptische Darstellung der historischen Entwicklung zwischen Main und Bodensee.

Herrn Gerhard Fierhauser vom Staatlichen Weinbauinstitut Freiburg habe ich für wohlwollende Unterstützung und Durchsicht des Manuskripts zu danken.

Würzburg, im Sommer 1995
Carlheinz Gräter

Inhaltsverzeichnis

I. Wein formt die Kulturlandschaft	11
Vater Rhein, Restrhein	12
Musterländle der Liberalität	13
Wein färbt die seelische Palette	16
Klima, Lage, Rebgestein	17
Der historische Weinberg	22
Flora und Fauna	25
Städtevielfalt, Wehrdorf, Winzerhaus	28
Vignetten der Kunst und des Brauchlebens	33
Rebheilige und Traubenmadonnen	39
II. Weinblätter der Geschichte	46
Die Wildrebe ist schon fast Sage	48
Was spricht für römischen Weinbau?	52
Im Morgenrot des Mittelalters	54
Terrassenbau erschließt die Hänge	59
Winzerhandwerk und Rebordnung	60
Erblehen, Teilbau, Zehnte	65
Frühe Rebsorten, wenig bekannt	67
Zünftige Ordnung	73
Weinhandel, Weinschlag, Weinpanscher	75
Das große Saufjahrhundert	80
Pfeiferhans, Bundschuh und Bauernkrieg	82
Die Reformation drang nicht durch	85
Wo schöne Schilder winken	86
Literarische Wirtshausexkursionen	88
Waldglas und Buttenmännle	90
Bacchus und Mars	92
Goldener Weinkommerz in Franken	95
Carl Friedrichs Reformpolitik	98
Neue Namen im Rebsortiment	100
Klingelberger, Gutedel, Silvaner	102
Die Ruländer-Saga	104
Im Zeichen des Umbruchs	105

Keltertechnik und Kellerwirtschaft 108
Neue Wege, neue Institutionen 110
Rebseuchen dezimieren den Weinbau 113
Hansjakob und die erste Winzergenossenschaft 114
Kunstweine und Hybriden 117
Des Weinbaus Hohe Schule 119
Die Rebflurbereinigung war unumgänglich 122
„Von der Sonne verwöhnt" 125
Hoffen auf den Ökoweinberg 127
Turbulenzen und Perspektiven 130

III. Weintopographie vom Main zum Bodensee 132

Tauberfranken und der Bocksbeutel 133
Buntsandsteinterrassen am Unterlauf 134
In der Landschaft des Bauernkriegs 135
Beckstein und der Schüpfergrund 138
Von der Jagst zum Odenwald 140
Bergstraße und Kraichgau 141
Von Weinheim nach Schriesheim 144
Heidelberg und das Neckartal 146
Der Winzerkeller Wiesloch 148
Zwischen Letzenberg und Angelbachtal 150
Zum Kompaß des Kraichgaus 153
Kürnbach, Zaisenhausen, Kraichtal 155
Von Bruchsal nach Weingarten 157
Rotgewächs überm Pfinztal 158
Die Ortenau, ein Garten goldenbunt 160
An Murg und Oos 161
Im Rebland des Bocksbeutels 162
Im Banne der Yburg 164
Affentaler und Frühzwetschge 165
Alde Gott heißen Bildstock und Lage 167
Hochburgen des Blauen Spätburgunders 168
Einkehr beim Renchtäler 169
Das Durbacher Rebengloria 171
Rund um Offenburg 173
Reben an der Kinzig 175
Habsburger Tradition im Breisgau 177
Im Geroldsecker Land 179
Ettenheim, Ringsheim, Herbolzheim 180

Die Weinstadt auf der Flußinsel	182
Von Emmendingen ins Glottertal	183
Freiburg lebt noch mit dem Wein	185
Der Kaiserstuhl, ein Vorhof des Südens	188
Breisach und der Badische Winzerkeller	190
Mauergewappnet: Ihringer Winklerberg	192
Wasenweiler, Bötzingen, Eichstetten	193
Hoselips und Heidenkopf	194
Burgundersegen über Achkarren	195
Bickensohl, Heimat des Grauen Burgunders	196
Buschrosen und Küchenschellen	197
Lebensbaum ist der Rebstock	198
„Dr Schwendigeist isch hit no do …"	199
Über die Sponeck zur Limburg	201
Königschaffhausen, Kiechlinsbergen, Amoltern	203
Ausklang in Endingen	205
Jüngster Bereich ist der Tuniberg	205
Merdingen sonnt sich im Rokoko	207
Attilafelsen und Traubenmadonna	209
Waltershofen, Opfingen, Tiengen	210
Munzingen und die Erentrudiskapelle	212
Gutedel im Markgräflerland	213
Ebringen und das Hexental	215
Rund um den Batzenberg	216
Pfaffenweiler im Schneckental	217
Kirchhofen und Ehrenstetten	218
Bad Krozingen und Staufen	219
Maltesergarten und Castellberg	221
Der Bergsegen ist geblieben	222
Römerberg, Gottesacker und Sonnhole	223
„Z' Müllen an der Post …"	224
Auggener Letten	226
Erste Markgräfler Winzergenossenschaft	226
Am Isteiner Klotz	227
Efringen-Kirchen: Hochburg der Trockenen	229
„Ein Hänglein Trauben, von den besten"	231
Der Seewein hat sich behauptet	232
Hochrhein und Hohentwiel	234
Rebenpiketts auf der Reichenau	235
Konstanzer Spitalwein	237
Am Überlinger See	238

Noch immer rinnt in Salem der Wein 240
„ ... doch schwebet der Meersburger ob" 241
Hagnau, Markdorf, Immenstaad 243
Kantate verschollener Lagenamen 244

IV. Über den Umgang mit Badischem Wein 245

Ein Blick auf die Visitenkarte 246
Der Coup mit dem Grauburgunder 249
Auxerrois, Weißburgunder, Chardonnay 251
Der Name Gutedel sagt alles 252
Der Riesling ist kein Blender 253
Silvaner als Hausfreund 254
Traminer: Uraltadel verpflichtet 255
Findelkind und Wunderknabe 255
Ein Dichter stand Pate 257
Bacchus und Co. 259
Purpur für den Spätburgunder 260
Die schöne Müllerin 262
Historisches und junges Rotgewächs 262
Ein kleines Kellerkollegium 264
Wahrheit im Wein und was noch? 266
Anmerkungen zur Süßreserve 268
Wer hat schon einen Gewölbekeller? 269
Probieren wie die alten Römer 270
Selection, Sekt, Barrique 272
Auch ein kulinarisches Musterländle 273
Wein ist eine Medizin des Alltags 276
Frauen und Wein 277

V. Materialien und Hinweise 278

Museen spiegeln die Weinkultur 278
Weinlehrpfade – mit Bacchus auf Duzfuß 281
Um den Badischen Wein verdient 284
Badische Weinchronik 290
Kleines Wörterbuch der Weinsprache 296
Maß und Münze 303
Hinweise zur Literatur 305
Orts-, Namens- und Sachregister 308
Bildnachweis 317

Wein formt die Kulturlandschaft

„Die Weiden in ihrer silbernen Schönheit, ein milder willkommener Atem durchs ganze Land. Trauben mit jedem Schritt und Tage besser. Jedes Bauernhaus mit Reben bis unters Dach, jeder Hof mit einer großen vollhangenden Laube. Himmelsluft weich, warm, feuchtlich, man wird auch wie die Trauben reif und süß in der Seele. Wollte Gott wir wohnten hier zusammen, mancher würde nicht so schnell im Winter einfrieren und im Sommer austrocknen. Der Rhein und die klaren Gebirge in der Nähe, die abwechselnden Wälder, Wiesen und gartenmäßigen Felder, machen dem Menschen wohl und geben mir eine Art Behagens, das ich lange entbehrte."

So schrieb Goethe im Herbst 1779 auf seiner zweiten Schweizer Reise an die Frau von Stein, nachdem er Sesenheim und Straßburg wiedergesehen hatte. Er ritt damals weiter nach Emmendingen, wo er das Grab seiner Schwester Cornelia besuchen wollte. Der Frankfurter Reichsstadtsohn hat die Lande am Oberrhein als natürliche Einheit gesehen. Die horizontblau getuschten Randgebirge von Schwarzwald und Vogesen, Pfälzer Hardt und Odenwald umschlossen ihm ein irdisches Paradies.

Als leibhaftige Verkörperung der Welt am Oberrhein zitiert Goethe gern den Historiker Johann Daniel Schöpflin, dem er selbst noch als Straßburger Student bei einem Fackelzug begegnet war. Schöpflin war markgräflich badischer wie königlich französischer Hofhistoriograph, dazu Verfasser einer elsässischen Landeskunde. Er stammte aus Sulzburg im Markgräflerland, gründete die kurpfälzische Akademie der Wissenschaften in Mannheim und starb als Professor in Straßburg. In „Dichtung und Wahrheit" hat Goethe ihn als ein Landeskind der einen, unteilbaren Oberrheinlandschaft charakterisiert: „Im Badenschen geboren, in Basel und Straßburg erzogen, gehörte er dem paradiesischen Rheintal ganz eigentlich an, als einem ausgebreiteten wohlgelegenen Vaterlande." Dieses Wort vom oberrheinischen Vaterland gilt es ernst zu nehmen, auch als ein geheimes Selbstbekenntnis Goethes.

Der Wind weht hier von Westen, und aus der Burgundischen Pforte wandert schon im zeitigen Frühjahr ein Hauch Mittelmeer landeinwärts. Die Natur hat die Oberrheinlande mit Föhn und reichlich Regen, mit südlichen Temperaturen und fruchtbarer Lößschwarte, mit Wald, Obst und Reben aus ihrem Füllhorn verschwenderisch überschüttet, bis hin zur Bergstraße, bis in die Kornkammer des Kraichgaus. Der Blick geht ins Weite, die Rebkultur ins Große.

Trotzdem empfand der temperamentvolle Halbungar Nikolaus Lenau hier zwiespältig. Dem lässigen Donauländer blieb der ökonomisch beherzte Umgang der Schwaben, Franken und Alemannen mit dem Schachbrett ihrer Kulturen unheimlich; er witterte fast schon eine Vergewaltigung von Mutter Erde. Seinem Schwager Anton Schurz schrieb er im Sommer 1831 aus Karlsruhe: „Eine Kultur hat der Boden in Württemberg und Baden, wie ich noch nicht gesehen. Freundlich ist der Anblick eines so gut bebauten, überall so fruchtbaren Landes allerdings, und erfreulich fürs Herz, denn man denkt sich auch gleich die Menschen hinzu, die das alles genießen werden; aber, lieber Bruder, ich konnte mich eines gewissen Eindrucks des Kleinlichen doch nicht verwehren, und armselig kam mir der Mensch vor, der wie ein Bettler, ein zudringlicher, seine Hand auf jeden Stein reckt, in jedes Loch steckt, daß ihm die Natur etwas hineinwerfe. ... Die schönen Tokaierweinberge (jetzt seh' ich Dich lachen) in ihrer Ungezwungenheit, mit ihren weit von einander abstehenden Weinstöcken, mit ihren dazwischen gepflanzten Obstbäumen sehen viel besser aus als die badischen mit ihren terrassenförmigen Abstufungen und eng zusammengedrängten Reben. In Ungarn ist der ganze Landbau eine bescheidene Anfrage bei der Natur, eine ganz und gar nicht heftige Einladung, daß sie kommen möge mit ihren köstlichen Gaben; die Faust des Deutschen packt die gute Frau gleich an der Gurgel und drückt und würgt sie so gewaltig, daß ihr das Blut bei Nas' und Ohr hervorquillt."

Was wäre Lenau wohl angesichts der gigantisch kahlen Rebumlegungen am Kaiserstuhl eingefallen? Vielleicht, daß das Wort des Propheten Jesaia, 2,4, dereinst würden die Schwerter zu Pflugscharen, die Spieße zu Sicheln umgeschmiedet, hier hinfällig geworden sei, weil die Pflugscharen selbst schon als Schwerter gewütet hätten?

Vater Rhein, Restrhein

„Baden ist fast ganz Rheintal", vermerkt Carl Julius Weber in seinem biedermeierlichen Deutschlandbuch. In Straßburg stieß man bei Bauarbeiten auf einen Römerstein, wohl Relikt eines Schifferheiligtums, der Rheno Patri, dem Vater Rhein gewidmet war. Antike Münzprägungen zeigen den Stromgott struwwelpetrig und zwiegehörnt, die Rechte auf eine Wasserurne gestützt, in der Linken ein Schilfrohr. Sicher haben die Römer am Oberrhein schon einen entsprechenden kelto-germanischen Kult angetroffen. In der Stauferzeit galt der Strom als „vis maxima regni", als die Machtachse des Reiches. Straßenband, Wasserweg, Städteflur und Burgengasse war das Rheinland, bis es nach dem Verlöschen der Kaisermacht zum Kriegstheater Europas, zum Festungsgürtel herabsank und der Strom nach den Revolutionskriegen endgültig zum Grenzgraben degradiert wurde.

Vor der Tullaschen Stromkorrektion floß der Oberrhein als Wildling. Gefälle, Fließgeschwindigkeit, Geschiebefuhr, Fischfauna und Kleinlebewelt gaben ihm die Züge eines Gebirgswassers. Erst ab der Mündung des Neckars, wo die groben Geschiebe aufhörten, wandelte er sich zum breit und ruhig flutenden Tieflandstrom. Nach jedem Hochwasser verlagerte der Oberrhein seinen Hauptlauf, er floß, in zahlreiche Arme aufgespalten, in einer bis zu vier Kilometer breiten Niederung, buchtig zerlappt, rasch, klar, resedagrün zu Tal. Zwischen Basel und Lauterburg zählte er mehr als 2 000 Inseln, Kiesrücken, Sandbänke. Mächtige Auwälder säumten galerieartig, periodisch überschwemmt, die Niederterrasse, feuchtheiß, fast tropisch wuchernd, durchrankt von den oft schenkeldicken zottelhaarigen Stämmen der Wildrebe.

Von dieser Stromherrlichkeit, von all den Inseln, Flutrinnen, Gießen, Altwassern, Auwäldern und Sümpfen ist kaum etwas geblieben. Als der badische Wasserbauingenieur Johann Gottfried Tulla 1817 damit begann, dem Oberrhein ein festes Bett zu bereiten, wollte er die Dörfer vor Hochwasser, Äcker und Weiden vor Kiesschutt sichern, aus dem Morast fruchtbaren Boden gewinnen und das Sumpffieber bannen.

Der Versailler Vertrag von 1919 räumte Frankreich das Recht ein, einen Rheinseitenkanal für Schiffahrt und Elektrizitätsgewinnung zu bauen. Von der Staustufe Kembs bis Breisach begleitet dieser Kanal den Stromlauf. Er entzieht dem Rhein bis zu 1 200 Kubikmeter Wasser in der Sekunde, was dessen mittlerem Wasserabfluß entspricht. Auf dieser Strecke blieb nur ein oft schotterbleicher Restrhein zurück. Der Grundwasserspiegel der Ebene sank bedrohlich. In den 50er Jahren entschloß man sich beim Kanalbau ab Breisach zu einer Schlingenlösung. Jeweils unterhalb einer Staustufe wird das Wasser ins Rheinbett zurückgeleitet und erst oberhalb der nächsten Stufe wieder einem Kanalstück zugeführt. Ab Straßburg hat man dann den Stromlauf selbst gestaut und auf einen Parallelkanal verzichtet.

Der Rhein, in barocken Kompendien als „der goldträchtige und fürtreffliche Ströme-Prinz" gefeiert, ist heute europäische Binnenwasserstraße, Kühlwasserlieferant der Kraftwerke, Vorfluter der kommunalen und industriellen Abwässer, ein Proletarier, ein Schwerarbeiter.

Musterländle der Liberalität

Inmitten von Rebhügeln, Spargelbeeten, Erdbeerplantagen, Obstgärten, Gemüseäckern, Walnußalleen, Forellenbächen, Schneckenrainen ist wenigstens das Sprichwort vom Rebland und Lebland am Strom geblieben. Der Name des Humanisten, Weinkenners und streitbaren Kämpen für ein wiederhergestelltes Land Baden, Leo Wohleb, klingt da als Programm.

Kein Wunder, wenn es in einer Studie über das badische Volksleben im 19. Jahrhundert heißt: „Um 1850 mag in den Reborten des Markgräflerlandes mehr Wein als Wasser getrunken worden sein. Er war der eigentliche Haustrunk, den in vielen Bauernhäusern schon die jüngsten Kinder bei Tisch bekamen, in vollen Weingläsern von abgestufter Größe. Einzelne Leute tranken täglich fünf und mehr Flaschen, Schnitter in der Ernte bis zu 16 Schoppen. Dennoch waren Säufer nicht häufig."

Das galt für die leichten Landweine. Wenn aber etwas Besseres im Glase funkelt, lautet die alemannische Devise: „Sürpfle muesch, nit suffe!" Franz Schneller, Troubadour der Lande am Oberrhein, hat das mit einem Erlebnis illustriert. Ein Wiedersehen mit zwei Freunden soll begossen werden. Ein Gasthaus nimmt sie auf. Der Wirt soll vom Eigenen bringen, das Beste, die beiden Freunde überreden ihn dazu. Schneller: „Ich lasse den Duft des Weines in die Nase strömen, gebe mich ganz dem seltenen Genusse hin. Sie leeren die vollen Gläser auf einen Zug. Da – ein Faustschlag donnert auf den Tisch, daß die Gläser tanzen ... Der Wirt mit wütendem Gesicht hat zwei Biergläser auf die Eichenplatte geknallt! ‚Sufet Wasser, wenn ihr Durscht hent, aber net min gute Wi'."

Bildnistafel am ehemaligen Gasthaus „Zum Hecht" in Lauda.

Der Löwenanteil der badischen Weinberge schaut zwar zum Strom, aber die schunkelselige Assoziation von Rhein, Wein und Mägdelein zündet hierzulande nicht. Maß und Behaglichkeit haben den Vorrang vor Pathos und Lärmen. Das hat nichts mit Genußfeindlichkeit gemein. Martin Heidegger hat den literarischen Landespatron Johann Peter Hebel einmal so angesprochen: „Erdenfreund, bauernkräftig, winzerklug, hat er das Alemannische wie gutes Brot, wie einen Wein ausgeschenkt und verteilt." Und dieser Hebel, der es dann zur höchsten geistlichen Würde im frischgezimmerten Großherzogtum brachte, hat einem Kommilitonen ins Stammbuch geschrieben:

> Wir können vieler Ding entbehren
> Und dies und jenes nicht begehren,
> Doch werden wenig Männer sein,
> Die Weiber hassen und den Wein.

Solche Liberalität galt im Musterländle Baden auch vor Fürst und Vorgesetzten. Der vorletzte Komtur des Deutschen Ordens auf der Insel Mainau hieß eigentlich Franziskus Fidelis Reichserbtruchseß von Waldburg, Graf von Zeil und Wurzach, aber die Leute nannten ihn kurzweg den Graf Fidele. Als ihn der Kellermeister einmal fragte, was Ihro Gnaden für einen Wein zu verkosten wünschten, antwortete der Ordensritter Fidele nur vielsagend: „Aus deinem Fäßle." Und daß diese Antwort nicht von ungefähr kam, erhellt die Anekdote vom Besuch des Großherzogs auf der Insel Reichenau. Als der Fürst den Ehrentrunk der Gemeinde pflichtschuldigst zu loben anhob, entgegnete ihm der Bürgermeister strahlend: „'s isch no lang nit vom Beschte!"

Anekdote mit dem Vorzug, wahr zu sein, ist die Geschichte, die der sozialdemokratische Publizist und Landeskenner Anton Fendrich überliefert hat: „Im April 1915 stand ich im Hauptquartier vor dem Kaiser Wilhelm II. ... Wir hatten schon zwei Stunden über vieles gesprochen. Da fragte der damals Oberste Kriegsherr nach meinen Ansichten über Gebietserweiterungen: ‚Keinen Fußbreit mehr als wir haben. Höchstens, daß vielleicht auf der Paßhöhe der Vogesen, am Hohneck, der Grenzstein gegen Gerardmer zurückverlegt wird, damit man vom Weißen Rößle in das gute Hotel de Paris ohne Paß und Schererei kommt.'

Die stahlblauen Augen blitzten zuerst belustigt. Als der Kaiser merkte, daß es mir ernst war, meinte er: ‚Bescheidenheit ist eine Zier, doch weiter kommt man ohne ihr!' Ich habe erst drei Jahre später die ahnungslose Prophezeiung seiner Worte ganz verstanden."

Wein färbt die seelische Palette

Die frühmittelalterliche Stammesgrenze zwischen Franken und Alamannen zog nördlich vom Hagenauer Forst im Elsaß über den Rhein, entlang der Oos ostwärts und markiert noch immer die Mundartgrenze. Der Rhein war eine Völkerkelter, nach Kriegen, Seuchen, Auswanderungswellen immer wieder aufgefüllt, aufgefrischt von Zuwanderern, hauptsächlich aus den dinarisch geprägten Alpenländern; aber die Weinlandschaft hat ihre neuen Kinder immer rasch assimiliert.

An der Tauber, am unteren Neckar, an der Bergstraße, im Kraichgau sind Franken zuhause. Auch die Pfälzer sind Franken, Rheinfranken. Der Rebbau, der ja ein überdurchschnittliches Maß an geistig-seelischer Elastizität verlangt, hat darüber hinaus die psychische Palette des Winzers nachhaltig eingefärbt, ihn zum Sanguiniker gestimmt, feiner an Main und Tauber, gröber im Pfälzischen. Typisch fränkisch war die diplomatisch umständliche Antwort des Kürnbacher Bürgermeisters in den ersten Nachkriegsjahren, als er nach seinem Beruf gefragt wurde: Er habe eigentlich sieben Berufe. Er sei Schreinermeister, Betriebsleiter, Kleinlandwirt, Winzer, Kurierfahrer in die Kreisstadt, Bürgermeister und Weintrinker. Und der Bergsträßer bündelt seine Lebensweisheit pfälzisch derb: „Weibsleut und Nußbeem misse geschwunge wern."

Der Alemanne in der Ortenau und im Breisgau ist mitteilsamer, mundflinker, sarkastischer auch als der eher grüblerische Oberländer. Eine Sonderstellung nimmt der Kaiserstühler ein. Hermann Eris Busse, der zwei Jahrzehnte lang den Landesverein Badische Heimat geprägt und ein einzigartiges Schriftenwerk herausgegeben hat, meinte, der Kaiserstühler sei „wie sein Boden hitzig, wie seine Erdgeschichte voll schlafender Gefahr", und Franz Schneller begegnete hier neben dem blonden, gemütlich verhaltenen Alemannen „dem dunkeln, hagern, mit hakiger Nase und Haut, braun wie Zwiebelschale, mit seidig schwarzem Schimmer, der kein Fett ansetzt, wenn es ihm auch beim Schmausen an den Mundwinkeln herabläuft". Der Gikfitz, der Jähzorn, schüttelt die Mannsbilder am Kaiserstuhl anscheinend häufiger als drüben am Schwarzwald. Der von einem Waldbauern überlieferte Stoßseufzer: „'s Läbe! Me sollt' halt meh devo wisse", klänge im Mund eines Kaiserstühlers wenig glaubhaft. Er ist, so Schneller, „der Lateiner unter den Alemannen".

Ein einfühlsames Porträt des See-Alemannen hat schließlich der Dichterpfarrer Heinrich Hansjakob gezeichnet: „Der Landmann am See ist voll heiteren Humors und voll Lebendigkeit. Seine Weingärten sorgen für den Humor, wörtlich übersetzt, für die nötige Flüssigkeit ... Gibt's vielen und guten Wein, so ist sein Humor unverwüstlich und sein Durst unlöschbar.

Von der Sonne verwöhnt: Relief am Gasthaus „Zur Sonne" in Merdingen am Tuniberg.

Gibt's wenig Wein, so wird sein Humor zum bittersüßen Galgenhumor, sein Durst aber bleibt gleich."

Klima, Lage, Rebgestein

Das Gedeihen der Rebe, Güte und Menge des Herbstes werden zunächst einmal von den natürlichen Faktoren wie Klima, Lage und Boden bestimmt. Von der Lage deshalb, weil neben dem groben Raster der klimatischen Durchschnittswerte das Kleinklima eines Weinbergs von Neigungswinkel und Exposition, von Höhenmarke und Bodenbeschaffenheit abhängt.

Baden spielt schon in die Grenzmarken des rentablen Weinbaus hinüber. Neben einer mittleren Jahrestemperatur von neun Grad Celsius sind mindestens 180 frostfreie Tage für die Vegetationszeit der Rebe unerläßlich. Mit ausschlaggebend ist ein anhaltend milder Herbst, denn die eigentliche Traubenreife beginnt bei den meisten Rebsorten erst Mitte September. Und das gilt natürlich auch für die Ausprägung des Buketts. Die

Temperaturmassage warmer Tage und kühler Nächte im Herbst sorgt zudem für den Erhalt der fruchtigen Säure.

Aufs Ganze gesehen entscheidet praktisch die Spanne zwischen dem letzten Spätfrost im Frühjahr und dem ersten Frühfrost im Herbst über den Jahrgang. Während Spätfröste um die „Eisheiligen" Mitte Mai Quantitätsverluste bringen, können sich Frühfröste auch auf die Qualität des Weins auswirken; nicht voll ausgereifte Beeren erfrieren schon bei minus zwei Grad und geben dem Wein einen Frostgeschmack. Wenn nach einem starken Frühfrost die Vegetation der Rebe vorzeitig abbricht, ist auch ihr junges Holz nicht ausgereift; folgt anschließend noch ein starker Winterfrost, dann kann das die Stöcke bis ins Mark treffen. Die Photosynthese, die Umwandlung des Kohlendioxids der Luft zu Kohlenhydrat und Sauerstoff, die sich mit Hilfe von Wasser und Sonnenlicht in den Blättern vollzieht, setzt natürlich ausreichende Sonneneinstrahlung voraus.

Unabhängiger als von der Temperatur ist der Rebstock vom Maß der Niederschläge. Das Minimum von 500 Millimeter im Jahr wird überall erreicht. Dagegen gedeihen bei anhaltend feuchter Witterung die Schadpilze. Herbstnebel sind als Traubenmäster und Begleiter der Edelfäule auf schon reifen Trauben gern gesehen. Der Wind trocknet Blätter und Beeren nach Taufall und Regen zwar rasch ab und mindert so die Gefahr von Pilzinfektionen, bläst aber auch Bodenwärme und Bodenfeuchte in den Rebzeilen aus. Sensible Sorten wie Traminer oder Limberger fühlen sich in windgeschützten Lagen wohl.

Der Winzer kann diese klimatischen Faktoren je nach Standort leicht korrigieren. Hochkulturen beispielsweise überstehen Spätfröste, niedrig erzogene Reben Winterfröste besser. Die Laubarbeit dient dazu, die Blätter, in denen sich ja die Zuckerbildung vollzieht, möglichst ungehemmt dem Licht zuzuwenden.

Besonders eng klafft die Schere zwischen Spätfrösten und Frühfrösten im kontinental getönten Klima Tauberfrankens. Der Weinbau am nordwärts zielenden Flußlauf hat sich deshalb meist auf die Südhänge der Seitentäler zurückgezogen, als grüner Gürtel zwischen der waldschopfigen Höhe und den Kaltluftseen, die sich am Hangfuß stauen.

Bergstraße und westlicher Kraichgau haben schon Anteil am milden Klima der Oberrheinebene. Diese verdankt ihre Klimagunst dem Schutzwall der Randgebirge, der Zufuhr warmer Luft aus der Burgundischen Pforte und dem Föhn im Lee der Vogesen, der vor allem Kaiserstuhl und Tuniberg begünstigt. Die natürlichen Faktoren für das Gedeihen des Gutedels im Markgräfler Land werden im topographischen Teil skizziert. Am Hochrhein gleichen Föhnwinde die extreme Höhenlage der sporadischen Rebkulturen aus.

Ein in der Löß gegrabenes „Schermeloch" am Kaiserstuhl. Hier lagerte der Rebbauer Feldfrüchte und Arbeitsgerät, hier suchte er vor Unwettern und in Kriegszeiten mit der Familie Unterschlupf.

Eine klimatische Sonderrolle spielt der Weinbaubereich am Bodensee. Die recht hohen Lagen zwischen 300 und 500 Meter bedingen einen späten Austrieb, was wiederum die Gefahr von Spätfrösten mildert. Hinzu kommt die ausgleichende Wirkung des 540 Quadratkilometer großen Seespiegels, der das Licht reflektiert und die gespeicherte Sommerwärme im Herbst und Winter an die Rebhänge abgibt. Hier wie im ganzen Weinland Baden hat sich die Rebe auf Lagen mit temperiertem Kleinklima zurückgezogen.

Je klimatisch gefährdeter ein Gebiet ist, desto höher ist sein Anteil an arbeitstechnisch aufwendigen Hanglagen bis zu 20 und Steillagen von mehr als 20 Prozent Gefälle. Hier ähneln sich Tauberfranken, Bergstraße, Kraichgau, Ortenau, Hochrhein und Bodensee. In den sonnenverwöhnteren Bereichen Breisgau, Kaiserstuhl, Tuniberg und Markgräflerland nehmen dagegen Flachlagen bis zu einem Drittel der Rebfläche ein.

Südlich und südwestlich exponierte Lagen weisen die intensivste Sonneneinstrahlung auf, und an den Hängen fließt die Kaltluft rasch ab. Steile Hangneigung, Exposition gegen Süden und Windschutz gelten als Wertmesser der Nobellagen. Der Wechsel der Witterung korrigiert aber manchmal selbst diese Maßstäbe. In besonders trockenen Jahren schneiden die Standorte mit tiefgründigen Böden und geregeltem Wasserhaushalt am Hangfuß oder auf Nebenlagen oft besser ab als reine Südhänge, wo dann selbst die bis zu acht Meter tief wurzelnde Rebe unter Trockenheit leidet.

Ein Kurzkapitel Erdgeschichte ist nun nötig. Das Oberrheinische Tiefland stellt kein vom Strom gefurchtes Tal, sondern einen Grabenbruch dar. Immer wieder rissen hier die Nähte der Erdkruste auf, drang Magma aus der Tiefe hoch, wechselten Meereseinbrüche und Festlandzeiten einander ab. Schließlich sank hier eine mächtige keilförmige Erdscholle ein; gleichzeitig stülpten sich an den Flanken der Einbruchzone schultergleich die Randgebirge auf, wuchsen die Alpen empor. Wie ein sich öffnender Reißverschluß drang der Grabenbruch nordwärts. In den Vorbergzonen der Randgebirge stehen die halbversunkenen, zerbrochenen, gekippten Reste des einstigen Deckgebirges an, ein Gesteinsmosaik aus Buntsandstein und Muschelkalk, Keuper und Jura, während die der Erosion besonders ausgesetzten Gebirge von Südschwarzwald und Südvogesen bis auf den Urgesteinsrumpf entblößt worden sind.

Ursache des oberrheinischen Grabenbruchs und der Auffaltung der Alpen war und ist die Drift fester Kontinentalschollen auf ihrem flüssig glühenden Untergrund. Vor gut zwei Millionen Jahren begann mit dem Quartär die jüngste Formation der Erdgeschichte. Im Wechsel der Eiszeiten füllten die Flüsse den Oberrheingraben mit Schottermassen auf. Aus den Schuttzungen der Gletscher und den davor gelagerten vegetationskargen Tundren bliesen die Stürme, wuschen die Rinnsale den Löß aus, einen gelblichen kalkreichen Staub, der im Windschatten der Hügel und Hänge abgeladen wurde.

Erdbeben, Thermalquellen und Mineralwässer entlang des Grabenbruchs verraten, daß die Grabenbruchscholle weiter sinkt, jährlich um einen Millimeter, daß sich der Bruch verbreitert, Schwarzwald und Vogesen auseinanderdriften. Geologisch langfristig gesehen schwimmen uns das Elsaß, Frankreich und die Iberische Halbinsel davon.

Klima und Lage setzen dem Weinbau Grenzen, die Rebgesteine kaum. Der Weinstock wächst in Baden auf eiszeitlichen Schottern, auf Kies und Molasse, Löß und Lehm, Ton und Mergel, auf Juraschiefer, Jurakalk, Muschelkalk, Buntsandstein, Keuper und Rotliegendem, auf Tuffen und Vulkangeröll, auf Porphyr, tiefgründig verwitterndem Gneis und grusigem Granit. Dunkle Böden speichern mehr Wärme und strahlen sie nachts an den Rebstock zurück, helle Böden wie Muschelkalk oder Löß reflektieren das Sonnenlicht und erhöhen so tagsüber die Binnentemperatur eines Weinbergs.

Ausgesprochene Qualitätsböden im Weinbau sind steinscherbig, trocken, warm und locker, freilich auch, die mineralienreich verwitternden Vulkanböden ausgenommen, weniger fruchtbar. Massenerträge kann man auf ihnen nicht erwarten. Tiefgründige Böden, vor allem auf Löß, Lehm und Mergel, liefern von Natur aus höhere Erträge; wenn Lage, Sortenwahl und Anschnitt übereinstimmen, können aber auch hier Spitzengewächse erzielt werden. Die Burgundersorten lieben kalkhaltige, feinerdige Böden, doch bescheidet sich der Blaue Spätburgunder auch mit dem quarzkargen Buntsandstein. Der Riesling bringt auf Urgestein, also Porphyr, Granit und Gneis, die reintönigsten, auf Gipskeuper jedoch besonders körperreiche Weine. Silvaner und Schwarzriesling lieben Muschelkalk und Löß, der Müller-Thurgau glänzt auf Keuper, der Gutedel fühlt sich auf Lößlehm wohl.

Am Unterlauf der Tauber steht Buntsandstein, flußaufwärts ab Werbach Muschelkalk an. Den steilen Felspaketen des hitzigen Wellenkalks folgt hier die flachere, fruchtbare, durch unterirdische Auswaschungen in sich zusammengesunkene Feldterrasse des Mittleren Muschelkalks. Porphyrverwitterungsböden, Buntsandstein, Granit und Lößschleier bilden die Wingertsböden an der Bergstraße. Im Kraichgau überwiegen Muschelkalk und Keupersandstein, bunte Mergel, Gipskeuper und Löß.

In der nördlichen Ortenau finden wir flachgründig verwitternden Granit samt Porphyr und Buntsandstein, gegen Süden häufen sich dann tiefgründige Gneisverwitterungsböden, überall noch gefleckt und gebändert von Löß. Lößlehm mit Buntsandstein, Muschelkalk und Braunem Jura dominiert in den Breisgauer Lagen; nur im Glottertal und in anderen Schwarzwaldtälern steht Granit an.

Am Kaiserstuhl erscheinen im Westen die schwärzlichen, rostroten, aschenfarbenen Vulkangesteine, Essexit im Zentrum, Tephrit, Phonolith und Basalt an den Rändern. In der östlichen Hälfte dominiert wie am ganzen Tuniberg tiefgründiger Löß. Dieser hat hier, kleinterrassiert wie großgeschachtelt, eine einzigartige Terrassenlandschaft ermöglicht. Der Löß läßt sich mit dem Fingernagel ritzen, aber auch leicht zu stabilen Böschungen abstechen. Der Name Löß kommt aus dem Alemannischen, wo lösch soviel wie locker bedeutet. 1824 taucht die Bezeichnung erstmals in der Literatur auf. Seine gelbliche Chinafarbe hat der Löß von dem kohlensauren Kalk, der den quarzitischen Mineralsplitter, das eigentliche Lößkorn, rindenartig ummantelt. Die Weine vom Löß sind feiner im Bukett, die Gewächse vom Feuergestein temperamentvoll wuchtiger.

Auf lehmigem Löß, mal tonig schwer, mal sandig locker und kalkreich, sowie örtlich auf Muschelkalk und weißem Jurakalk wachsen die Reben im Markgräflerland. Lias und Malm, also Schwarzer und Weißer Jura, bestimmen das Rebgestein am Hochrhein. Am Bodensee schließlich überwiegen

Lößlehm, Moränenschotter der Gletscherzeit und die Molasse, eine aus Gesteinsmehl zusammengebackene Art grauer Sandstein.

Der historische Weinberg

Mit den großflächigen Rebumlegungen, die im Markgräflerland teilweise schon in den frühen 40er Jahren, massiert jedoch erst anderthalb Jahrzehnte später begannen, verschwand eine in 1000 Jahren geformte Kulturlandschaft, der von Terrassenmäuerchen treppenartig gefugte historische Weinberg. Was ihn so reizvoll machte, war einmal sein architektonischer Bau, das rhythmisch gebrochene Linienspiel der Mauerzüge, Stäffele und Rebzeilen. Dazu kam eine Fülle von Kleindenkmalen wie Grenzstein, Mauerinschrift, Weinberghäuschen, Bildstock, Brunnen, Kapelle.

Außerdem vereinte der historische Weinberg mit seinen Rainen und Hohlwegen, seinen Felsleisten und Mauern, seinen Obstbäumen und Hecken ein farbiges Mosaik verschiedenster Biotope, dies alles eingeflochten und durchwirkt von Trockenrasen, Steppenheidebusch und Obstbaumstücken. Die Terrassenmäuerchen waren als Trockenmauern aufgerichtet, ohne Betonfundament und Mörtel, meist aus Bruchsteinen, ganz selten, wie etwa am Durlacher Turmberg, aus behauenen Quadern gefügt. Durchlässig für die Bergfeuchte, atmend und stabil, kniehoch, hüfthoch, brusthoch aus dem anstehenden Gestein errichtet, waren diese Trockenmauern Fleisch vom Leib der Landschaft, rot wie geronnenes Blut im Buntsandstein, rauchgrau im Muschelkalk, bunter im Keuper, rostfarben am vulkanischen Kaiserstuhl, wie etwa am Achkarrer Schloßberg. Manchmal findet man noch Spolien, Versatzstücke aus fremdartigem Gestein, meist bildsamem Sandstein, eingelassen, ehemalige Grenzsteine, Türstürze oder Fenstergewände aus abgebrochenen Häusern, Inschriften auch, die der Weinbergbesitzer anläßlich einer Erneuerung angebracht hat.

Am eindrucksvollsten haben sich diese Rebfortifikationen am Unterlauf der Tauber erhalten. Dutzendfach übereinander gestaffelt, bändern dort sandsteinrote Mäuerchen die Steilhänge, von Buschwerk und Wald teilweise schon heimgeholt, großartig schön noch im Verfall. Am Herrenberg über Gerlachsheim blieb das terrassierte Herzstück der Muschelkalklage von der Umlegung ausgespart, weil die Bagger wegen der jähen Steile nicht zupacken konnten. Der Mauerberg bei Neuweier trägt heute seinen Namen zu Unrecht. Auch um Durbach, Ortenberg, Lahr, Maltertingen, Emmendingen sowie im Glottertal erschloß die Terrassierung erst die Steilhänge. Der Schloßberg von Staufen, der Kastellberg bei Ballrechten-Dottingen und der Isteiner Klotz waren mauergewappnet.

Ein Bammerthüsle, ein Unterstand für den Weinbergschützen, im Markgräflerland. Darunter der Herrenberg über Gerlachsheim im Tauberfränkischen vor der Umlegung, geprägt von Steinriegeln, Hecken und der im Muschelkalk seltenen Terrassierung.

Besonders früh und dicht, weil ohne aufwendigen Mauerbau, waren die Lößlandschaften von Kraichgau, Kaiserstuhl und Tuniberg terrassiert. Hier genügten schon abgestochene Grasböschungen. Neben der Terrasse stellte der Hohlweg, die Kinzge, das markanteste Element der Lößlandschaft dar. Nach dem Wort des Geographen Hans Schrepfer wies jedes der Hohlwegsysteme am Kaiserstuhl den Grundriß eines verästelten Baumes auf, der seine Wurzel in einem der Rebdörfer hatte. Zur Lößhohle gehörte das Schermeloch, tunnelartig in das poröse Lockergestein gegraben. Hier lagerte der Rebbauer Arbeitsgerät und Feldfrüchte, hier suchte er bei einem Unwetter oder in Kriegsnöten Unterschlupf.

Wer historische Rebpanoramen betrachtet, wird selten ein Weinberghäuschen finden. Vor 100 Jahren noch tupften fast nur die bürgerlich-honetten Pavillons wohlhabender Weinbergbesitzer die Szene, sieht man von den Unterständen der Wingertschützen, sozusagen öffentlichen Bauten, meist von der Gemeinde errichtet, einmal ab. Das änderte sich um die Jahrhundertwende. Mit der Invasion bisher unbekannter Schädlinge und Rebseuchen begann für den Winzer ein neuer Arbeitsgang, das Spritzen. Dazu brauchte er Wasser. Um das anfangs noch unhandlich schwere Spritzgerät unterzubringen und über die Dachfläche möglichst viel Regenwasser aufzufangen, baute er Weinberghäuschen, meist recht primitiv, im Wellblechstil, daneben Betongruben als Wasserreservoir. Allein auf Ihringer Gemarkung standen bis zur Umlegung mehr als tausend solcher Hütten in den Reben.

Vom Gemeinsinn der Winzerdörfer im Markgräflerland zeugen heute noch die Bammerthüsle, Unterstände für die herbstliche Rebhut, für die Weinbergschützen, Bammerte oder Traubenhirten, wie sie am Bodensee auch genannt wurden. Halb in den Löß eingegraben, zweistöckig aufgemauert oder auch nur von einem hölzern luftigen Auslug überdacht, mit Kamin oder Rauchloch versehen, dienten sie während der Traubenreife und Traubenlese den Bannwarten als Nachtquartier. Bewaffnet waren die Bammerte mit einer langen zweizinkigen Gabel. Auf ihren Rundgängen zeichneten sie damit an Wegkreuzungen Pfeile und Erkennungszeichen in die Erde, um dem Kollegen vom nächsten Unterstand Bescheid über die Richtung ihres Kontrollgangs zu geben. Die Bammertgabel diente aber auch als Waffe gegen den Dachs, den gefürchteten nächtlichen Drübelräuber. Vom Lichtschein überrascht, stellte sich Grimbart und konnte so erstochen werden.

Flora und Fauna

Unsere flurbereinigten Weinberge stellen den Extremfall einer Monokultur dar. Im historischen Weinberg war das anders. Um den Mischsatz der Rebstöcke pflanzte der Winzer Gemüse, Beerenbüsche, Heilkräuter, Gewürzpflanzen. Dazwischen schatteten Obstbäume, meist Kirsche, Quitte, Walnuß oder der weißfleischige Weinbergpfirsich, an der Bergstraße auch Mandelbäumchen.

Als großkroniger Solitär mit silbriggrauer Rinde oder gereiht längs der Landstraße erscheint der Walnußbaum als Charakterbaum der oberrheinischen Reblandschaft. Carl Julius Weber hat an der Bergstraße notiert: „ Die Nüsse geben die Hälfte ihres Gewichts an Öl, und gleich schätzbar sind das Holz und die masrige Wurzel des Baumes. Die Nußkuchen", also die Nußtrester, „sind Futter für das Vieh, und aus den Blättern und grünen Schalen macht man eine gute schwarze und braune Farbe. Man hat schon jährlich an die 30 000 Stück Büchsenschäfte von Nußbaumholz ausgeführt, und ich hatte selbst die Bittschrift in der Hand, wo ein Bauer sein Heiratsgesuch mit einem Nüsse-Ertrag zu 300 Gulden motivierte". Was der kalkholde Nußbaum für Tauberfranken, Kraichgau, Breisgau, Kaiserstuhl, Tuniberg, Markgräflerland und Bodensee, das ist auf dem Buntsandstein und Urgestein von Bergstraße und Ortenau die kalkscheue Käste, die Edelkastanie, die Marone.

An den Trockenmäuerchen siedelte eine Flora, die sich den trockenheißen Lebensbedingungen mit Wachsüberzug, Haarfilz, Rosettenbildung oder Polsterwuchs angepaßt hatte: Fetthenne und Mauerpfeffer, Frühlingsfingerkraut und Natternkopf, Königskerze und Hornkraut. Fast das gesamte Arsenal solch einer Sahara-Ausrüstung vereint die Hauswurz, Sempervivum tectorum, das Immergrün der Dächer. Wir finden sie in den Winzerdörfern, etwa in Eichtersheim im Kraichgau oder Merdingen am Tuniberg, auf Torbögen und Torpfosten, Dachfirsten, Mauern und Brunnenstöcken. Die Hauswurz horstet auf Stein und Staub. Ihr Name Donnerwurz oder Donarsbart zeigt an, daß sie dem Donnergott geweiht war, Haus und Hof vor Blitzschlag bewahren sollte.

Die Pflanzengesellschaft im regelmäßig durchhackten Weinberg hatte sich ganz auf diesen Arbeitsrhythmus eingestellt und wird als Hackfruchtgesellschaft bezeichnet. Das waren Vogelmiere, Ackerwinde, Greiskraut, Hirtentäschel, Gauchheil, Ehrenpreis, Erdrauch, Bingelkraut, Pfennigkraut und Taubnessel. Der Ackersalat oder Rapunzel, im Alemannischen auch Sunnewirbele oder Rebkresse genannt, wurde gesammelt und mit frischem Walnußöl angerichtet. Farbige Tupfer setzten ausdauernde Gewächse wie die Traubenhyazinthe in ihrer leinenblauen Tracht, der weißblühende Milchstern, die buttergelbe, kühlgrün bereifte Weinbergtulpe, die vom Mittelmeer kommend erst in die Gärten, dann in die Weinberge verpflanzt wurde und dort verwilderte. Diese Frühlingsblüher überstanden dank ihrer Zwiebel das Durchhacken, nicht aber den Einsatz des Motorpflugs.

Neben dem Teppich der meist einjährigen Hackfruchtgesellschaft und Gartenflüchtern wie der violettblauen Iris, stoßen wir in aufgelassenen Weinbergen auch noch auf Relikte früheren Zwischenanbaus, auf Gewürzkräuter, Heilkräuter, Färbepflanzen, die der Winzer für Händler, Apotheker oder für den Hausgebrauch zwischen den Reben zog. Meist waren es Pflanzen südlicher Herkunft, die hier im Weinbauklima unbekümmert gediehen. Dazu gehörten Fenchel, Wermut und Ysop, der sich am Vulkanklotz des Hohentwiel üppig ausgebreitet hat, weiter Lavendel, Eibisch, Melisse, die Judenkirsche mit ihren mennigeroten Fruchtlampions, deren Beere dem Arzneiwein beigegeben wurde, sowie die Kermesbeere, deren schwarzgekerbte Früchte dem Rotwein eine dunkle Farbe gaben. Vor allem zwei Gewächse erinnern an die früher so beliebten Würzweine, der Salbei und die Weinraute, deren Blattmuster an den Bauplastiken unserer gotischen Kirchen wiederkehrt. Beiden galt das Sprüchlein: Salvia cum ruta/ faciunt tibi pocula tuta, also: Salbei und Raute machen dir die Becher sicher, segnen dir den Trunk.

Von der uralten Technik des Färbens mit Pflanzensäften zeugen die orangefarbene Färberkamille, das stattliche Resedagewächs des Färberwau und der Krapp, dessen Wurzel den roten Farbstoff Alizarin lieferte, und der erst in jüngster Zeit aus der Trockenflora des Oberrheins verschwunden ist. Häufiger findet man noch den Färberwaid, auch Deutscher Indigo genannt. Färberwaid und Färberwau, also Blau und Gelb, ergaben ein schönes, auf Seide lichtechtes Grün.

Aus Vertragsanbau für die Apotheken stammt die Osterluzei. Ihr Name hat nichts mit dem Osterfest zu tun. Die zitronenfarbene Blüte öffnet sich erst um Pfingsten, und Osterluzei ist eine Verballhornung der botanischen Bezeichnung Aristolochia, was soviel wie vortrefflich fürs Gebären bedeutet. Die Pflanze enthält eine giftige Säure, die, dosiert angewandt, geburtsfördernd wirkt. Aus den Kräuterfolianten und massenhaft gedruckten „Dreckapotheken" wissen wir aber auch, daß sie von weisen Frauen und Quacksalbern als Abortativum bei unerwünschter Leibesfrucht angewandt wurde. All diese wärmeliebenden fremdäugigen Pflanzengäste leihen der oberrheinischen Flora ein südliches Kolorit. Im historischen Weinberg blühte und fruchtete auch Kulturgeschichte.

Mit dem Roden der zwischen die Rebstücke eingesprengten Obstbaumwiesen und Heidebuschwäldchen, mit dem Umbrechen der orchideengefleckten Trockenrasen und Kräuterraine, mit dem Planieren der zahllosen Zwergterrassen ist nicht nur die Flora, sondern auch die Fauna des historischen Weinbergs verarmt. Das Rebhuhn ist im Weinberg eine Rarität geworden. Auch andere Vögel finden im deckungslosen Gelände der ausgeräumten Rebfluren weder Nistgelegenheit noch Jagdrevier oder Futterplatz. Mit den alten Obstbäumen verschwanden Pirol, Wiedehopf, Specht, Kauz und Wendehals, mit den Hecken Grasmücke, Hänfling, Meise, Rotkehlchen, Nachtigall, Würger und Zaunkönig. Dabei hat man beobachtet, daß allein ein Pärchen Kohlmeisen in einem stark befallenen Weinberg fünfzig Meter im Umkreis um sein Nest alle Reben vom Heuwurm freihält.

Selten geworden sind auch Reptilien und Amphibien. Wie die Smaragdeidechse am Kaiserstuhl ist auch die Mauereidechse vom Mittelmeer her in den Weinberg eingewandert. Den Eidechsen wiederum stellt die muskulöse harmlose Schlingnatter nach, die noch immer beharrlich mit der Kreuzotter verwechselt und totgeschlagen wird, weil sie sich, überrascht und bedrängt, mit Zischen und Beißen energisch zur Wehr setzt.

Die Schädlingsbekämpfung hat die Weinbergschnecke aus den Reben vertrieben. Über die kulinarische Schneckenpost ist sie längst zu einem heimlichen Renner geworden. Schneckenschlemmereien haben am Oberrhein Tradition. In den Abfallgruben der Steinzeitjäger fanden die Archäologen angekohlte Weinbergschneckenhäuser, und die Mönche des Mittelalters legten neben ihren Klostergärten verschämt Schneckengärten an, wo sie die sanften Gastropoden oder Bauchfüßler als Fastenspeise mästeten. Im Niederrotweiler Schnitzaltar Hans Loys begegnen wir der Weinbergschnecke mitten im Engelsgeflatter der Marienkrönung, und wie meinte der Kunz von Eichstetten? „E' Fräu mueß si wi e' Schneck un au nit. Wie d' Schneck soll sie nur selte üßem Hüs goh', aber nit wie d' Schneck soll sie ihr Hab un Guet uff em Lib trage!"

Nicht so vordergründig, aber dramatisch genug ist auch der Rückgang der Kleinlebewelt, der Käfer, Asseln, Spinnen, Falter und Hautflügler, nicht zu vergessen den humuskrümelnden Regenwurm und die Mikrofauna des Erdreichs. Wie wichtig auch hier die Einbindung der Monokultur Weinberg in eine naturbelassene Umgebung ist, zeigt folgende Überlegung: Viele räuberisch und parasitär lebende Insekten, nach grobem Sprachgebrauch also ausgesprochene Nützlinge für den Menschen, füttern zwar ihre Brut mit tierischer Beute, sind als erwachsene Kerfe selbst aber auf blühende Pflanzen und deren Polleneiweiß angewiesen. Der Erhalt von Wildpflanzen und Hecken in unmittelbarer Nachbarschaft des Weinbergs fördert also auch den Erhalt der Nutzinsekten.

Die Wespe gilt im Weinberg als Schädling, weil sie sich über die frühreif süßen Beeren hermacht. Aber es tut einem immer weh, wenn man zwischen den Rebstöcken die aufgehängten Flaschen als Wespenfallen blitzen sieht, halbvoll von den gelbschwarzen Kadavern. Denn so lästig die Wespen im Herbst auch sein mögen, sie ernähren ihre Brut hauptsächlich mit Insekten, Spinnen, Milben und spielen als Raubritter eine regulierende Rolle im Haushalt der Natur.

Zu den ganz wenigen unmittelbar an den Weinberg gebundenen Kerfen gehört die große Blutrote Singzikade. Sie fehlt seltsamerweise am Oberrhein und ist im Weinland Baden nur für Tauberfranken und den Kraichgau bezeugt. Sie sucht dort die wärmsten und sonnigsten Standorte, und ihr Vorkommen stellt eigentlich ein Gütesiegel eigener Art für die bevorzugte Lage dar. Wo aber die Schlehenhecken ausgerottet werden, kommt die Singzikade nicht weiter. Das Weibchen legt seine Eier nämlich nur in Schwarzdornzweigen ab, und die Larven leben an den Schlehenwurzeln. Die Zikade selbst saugt den Saft des Weinstocks, ist aber nicht als Schädling anzusehen. Von Mitte Mai bis Juli ist der metallisch-surrende Gesang der Zikade zu hören. Er gilt als Vorzeichen auf einen goldenen Herbst. Was die Zikade mit der Nachtigall gemein hat, ist die Eigenheit, daß nur die Männchen singen. Das hat einen alten Griechen, Xenarchos mit Namen, zu der boshaften Bemerkung veranlaßt: „Glücklich leben die Zikaden, denn sie haben stumme Weiber!"

Städtevielfalt, Wehrdorf, Winzerhaus

Weinland ist Städteland. Die exportträchtige, einträgliche Sonderkultur der Rebe lockte nicht nur eine Vielzahl geistlicher und weltlicher Grundherren an, die mit ihren Fronhöfen, Keltern und Amtsbauten in den Winzerdörfern architektonisch heute noch präsent sind; da, wo die politisch-rechtlichen Verhältnisse es nur irgendwie zuließen, versuchte jede Herrschaft in den territorial zersplitterten Weinprovinzen zumindest einen ihrer Orte zur Stadt zu erheben, als Umschlagplatz des Handels wie als Verwaltungszentrum. Hier hat der Wein Geschichte gemacht. Er stärkte die Kaufkraft und schuf als Exportartikel ein Marktbedürfnis.

In Tauberfranken lagen die Grafenresidenz Wertheim, die kurmainzischen Städte Külsheim und Tauberbischofsheim, die hochstiftisch würzburgischen Amtsstädte Grünsfeld und Lauda dicht auf dicht. Von den knapp zwei Dutzend Stadtgründungen im Kraichgau haben nur Bretten, Bruchsal, Durlach, Eppingen, Sinsheim und Wiesloch bleibende Bedeutung erlangt. Die anderen Zwergstädtchen, an Einwohnerzahl oft von den benachbarten Dörfern übertroffen, blockierten sich gegenseitig, denken wir an Gochsheim, Heidelsheim, Hilsbach, Malschenberg, Münzesheim,

Vielerorts weist schon das Wappen den Weinanbau aus.

Neckarbischofsheim, Obergrombach, Rotenberg, Unteröwisheim, Waibstadt oder Zuzenhausen. Den Städtegründungen der Zähringer wie Freiburg, Offenburg, Neuenburg am Rhein, meisterlich geplant, folgten die staufischen Stadterhebungen wie Ettlingen oder Überlingen. Den heraldischen Lerchenflügel der Uesenberger Dynasten finden wir in den Stadtwappen von Endingen und Kenzingen; auch Burkheim verdankt ihnen wohl das Stadtrecht. Die Bischöfe von Basel schufen die planmäßige Anlage auf dem Breisacher Münsterberg, dem sich die monumentale Zähringerburg anschloß. Lahr kam als Vorort der Herren von Geroldseck hoch, Oberkirch und Ettenheim erlangten als hochstiftisch straßburgische Amtsorte ihr Stadtrecht. Baden-Baden verdankt sein Privileg der markgräflichen Residenz, Sulzburg dem Bergbau; Emmendingen kam 1590 als hachbergscher Verwaltungssitz, Staufen als Kapitale der gleichnamigen Herrschaft zur Stadtwürde.

Im altbesiedelten Rebland überwiegen die Haufendörfer in der parallel gebänderten Gewannflur, in den Zonen hochmittelalterlicher Rodung dagegen Einzelhöfe und Weiler, sogenannte Zinken, etwa in der Ortenau oder im Sandsteinkeuper des Kraichgaus. Die Gemeinde Durbach beispielsweise erwuchs aus 55 verschiedenen Siedlungselementen. Mit Mauer, Graben, Wall befestigte Dörfer häufen sich da, wo intensiver Weinbau und territoriale Gemengelage zusammentrafen. Das gilt besonders für Tauberfranken und den Kraichgau. Gelegentlich behalf man sich mit Wehrkirchen und befestigten Kirchhöfen.

Der herkömmliche Rebbau erforderte im Vergleich zum Ackerbau den achtfachen Arbeitsaufwand. Für einen Hektar Wingert war die Arbeitskraft von vier Personen erforderlich, was der vertrauten Regel, ein Mann ein Morgen, nahekommt. Arbeitsintensität und höhere Erträge der Rebkultur führten in den Weinprovinzen zu einer auffälligen Bevölkerungsdichte.

Die Vertrautheit der Winzer mit der Technik des Mauerbaus, die für den Verteidigungsetat einträgliche Sonderkultur der Rebe sowie die hohe Zahl der Arbeitskräfte vor Ort beförderten das kostspielige Befestigungswerk. Die Rebe verstädterte so das Dorf und gab ihm ein Steingesicht.

Im Weinland Baden herrscht vom Main bis an den Kaiserstuhl der Typ des mitteldeutschen Gehöfts vor, als Dreiseithof oder geschlossener Vierseithof. In Dörfern mit kleiner Gemarkung und starker Realteilung finden wir gehäuft den Hakenhof. Je stattlicher der Rebbesitz des Hausherrn war, um so mehr schrumpften in der Regel Stall und Scheuer zusammen.

Max Walter hat das fränkische Winzergehöft so gezeichnet: „Ein großes rundbogiges Kellertor führt von der Straße oder dem Hofe her in das Kellergeschoß. An das Wohnhaus lehnt sich der Torbau. Zunächst eine Pforte für den Fußgänger, daneben ein hochgewölbtes Eingangstor für die Fuhr-

Barockes Weinbauernhaus in Impfingen an der Tauber mit Kellertor, Hausmadonna, Rebspalier und repräsentativer Torpartie samt eigener Personenpforte.

werke. Manchmal fehlt die kleine Pforte, ist die Haustür in die Hoftür eingeschnitten. Wo eine größere Landwirtschaft neben dem Weinbau einherging, trat auf der anderen Seite des Torbaues ab und zu auch eine Scheuer an die Straße heran. Meist aber fand sie ihren Platz hinter dem Hause ..."

Eindringlich ging Walter auf den Keller, den wirtschaftlichen Unterbau des Hauses, ein, von den Mönchen, die hier gern Brevier lasen, zärtlich als „bibliotheca subterranea", als unterirdische Schmökerstube, bezeichnet: „Im Keller lag der Reichtum des Weinbauern, das Kellertor erhielt immer vom Steinmetzen einen besonderen Schmuck. Der Weinhändler sollte sehen, daß es zu einem guten Tropfen Einlaß bot. Vielfach sind die Gewände dieser Tore reich profiliert und mit linearen und pflanzlichen Ornamenten geschmückt, der Schlußstein aber trägt neben der Jahreszahl der Erbauung und dem Namen des ersten Hausherrn die Abbildung von Winzergeräten. Wie der Handwerker im Eckpfosten und über der Haustüre sein Werkzeug abbilden ließ, so schmückte der Rebbauer den Schlußstein des Kellertores mit einer Rebschere, zwei gekreuzten Rebmessern oder einem Karst. Die Kellerfenster wurden mit schweren Steinschiebern verschlossen ... , deren Griffe in mannigfachen Formen gestaltet waren. Wir finden den Kreis, das Kreuz, den Halbmond, den Stern, die Halbkugel. Oft ist auch ein kleineres Kreuzchen eingeritzt, das vielleicht Schutzmittel sein sollte."

In Untergrombach ragt an der Straße nach Obergrombach das wohl älteste Winzerhaus zwischen Odenwald und Schwarzwald, mit sparsamem Fachwerk, „die Balken gebeilt, aus dem Stamm herausgehauen, die Sparren gezapft, die Streben mit Holznägeln gesichert". Das gestelzte, das heißt auf erhöhten steinernen Sockel gesetzte zweigeschossige Haus ist ein sogenannter Firstsäulen-Ständerbau. Ein Langholz, Firstbaum genannt, bildet den Dachfirst und wird selbst von durchgehenden Firstsäulen getragen. Das hochliegende Sockelgeschoß aus Muschelkalk birgt zwei gewölbte Keller. Dem straßenwärts schauenden Giebel ist eine bescheidene Laube vorgesetzt. Das Bauholz wurde, nach den Jahresringen zu schließen, anno 1428 geschlagen.

Im Markgräflerland tritt der Gegensatz zwischen den eng gebauten Dörfern der Winzer und Fischer in Stromnähe und den locker gefügten Weinbauerndörfern des Hügellandes zutage. Neben den gestelzten Häusern mit Bruchsteinsockel und Fachwerkaufbau überraschen hier auch reine Steinbauten; Staffelgiebel und dreiteilige, in der Mitte überhöhte Fenster geben ihnen ein gotisches

Firstständerhaus in Untergrombach.

Gepräge. Da die Realteilung hier nur eingeschränkt praktiziert wurde, dominieren größere Höfe, die zum Teil auch auf frühere herrschaftliche Anwesen zurückgehen.

Am Hochrhein sowie am Bodensee kommt als neuer Typ das gestelzte Einhaus hinzu, das über dem Keller im gemauerten Untergeschoß Stall und Torkel vereinte. In Überlingen, aber auch sonst am See, etwa am Meersburger Gasthof zum Bären, wird der Kellerhals von einem Gittertor abgeschlossen, das man während des Winters von innen mit Läden abdichtete.

Der Volkskundler Josef Dünninger hat den patriarchalischen Stein der Geschichte, das mütterlich bergende Holz dem Volkstum zugeordnet. Im Badener Weinland fügen sich Fachwerk und Stein, Volkskunst und Geschichte im Bild des Winzerhauses zusammen.

Vignetten der Kunst und des Brauchlebens

Die biblischen Gleichnisse von Rebstock, Weinbergarbeit und Keltern, die Kundschafter aus dem Gelobten Land mit der Kalebtraube, das Weinwunder auf der Hochzeit von Kana, die Traube als Gleichnisfrucht der Passion, die Weinmirakel der Heiligenlegenden seien nur als Stichworte dafür genannt, wie üppig der Wein Religion und Kunst durchrankt. Vom gotischen Tafelbild über Bauplastiken, barocke Fresken und namenlose Zeugnisse des Handwerks, der Volkskunst bis hin zum künstlerischen Schaffen der Gegenwart spannt sich der Bogen, die antike Mythologie und das Bekenntnis zum rein sinnlichen Genuß des Weines eingeschlossen. Wie in den folgenden Blättern der Weingeschichte und der Topographie des Weinlands Baden können hier nur ein paar Vignetten der Kunst und des Brauchlebens aufleuchten.

Ein Meister Johannes hat um 1270 das goldene Scheibenkreuz im Freiburger Münsterschatz geschmiedet, dessen Kruzifixus von einem filigranen Rebdekor übersponnen wird. Der gleiche Meister hat vielleicht auch für das Heiliggeistspital den Kelch mit Weinlaub am Knauf gefertigt. Daß die zum Tode Verurteilten später aus diesem Kelch die Johannisminne tranken, verrät die 1717 eingravierte Inschrift: „Trinke die Liebe des Heiligen Johannis, die dich stärke und führe in das Ewige Leben Amen."

Eine Illustration des geistlichen Kompendiums „Hortus deliciarum" der elsässischen Äbtissin Herrad von Landsberg auf dem Odilienberg zeigt Christus als Traubentreter in einer exakt gezeichneten Baumkelter; mit krummen Rebmessern werden die Trauben geschnitten und von Aposteln und Heiligen, Bischöfen und Mönchen aufs Biet, aufs Torkelbett, geschüttet; ein Heiliger dreht die Spindel. Ein mächtiger Weinstock durchwirkt als Symbol der Kirche das Bild.

Ein Kapitell der Burgunderpforte am Freiburger Münster stellt einen Trinker dar, der vom Teufel geplagt wird. Am Hauptportal erscheint ein Rebenkapitell mit dem Martyrium des Evangelisten Johannes. An der Südseite des Münsters ist unter einem Wasserspeier das bekannte Relief des Häckers im Weinberg zu sehen, in typischer Winterkleidung mit Kapuze und geschlitztem dickem Wollrock. Ein spätgotisches Relief am Chorgestühl des Konstanzer Münsters stellt Noah dar, wie er nach der Sintflut als Zeichen des neuen Bundes den ersten Weinstock pflanzt und trunken zusammensinkt. Ein gotischer Bildstock am Lerchenberg bei Zell-Weierbach trägt Rebmesser, Wetzstein und das Pilgerattribut der Jakobsmuschel eingeritzt.

Am Bronnbacher Satzenberg ragt mitten in den Reben ein Bildstock, laut Inschrift 1673 von dem Zisterzienserabt Franziskus Wundert anläßlich der Terrassierung und Neubepflanzung des Berges gestiftet. Ein barocker Schild rahmt das familiäre Wappenbild eines fischschwänzigen Wasserweibs. Auf der Bildtafel knien der Abt und sein Ordensgründer Bernhard vor einem Kelch, aus dem ein traubenschwerer Weinstock emporwächst, in dem Christus segnend die Arme über das Taubertal breitet. Das doppelbalkige Caravaca-Kreuz bekrönt den Bildstock als Abwehrzeichen gegen Blitz, Wolkenbruch und Hagelschlag. Der Volkskundler Heiner Heimberger hat 1952 an der Rückseite diese Kreuzes eine Nische geöffnet. Darin fand sich ein Pergamentstreifen mit Hinweis auf beigelegte Reliquien und ein Anhängerkreuz mit Doppelbalken. Der Fund wurde neu geweiht und wieder eingeschlossen.

Der Kirchenschatz von St. Laurentius in Wiesloch birgt eine Rokokomonstranz, deren Strahlenkranz von Ähren und Trauben durchflochten wird; die Sinnbilder der Eucharistie vereinen sich hier mit den Attributen der kornschweren, weinreichen Lößlandschaft des Kraichgaus. Im wiedererstandenen Schönbornschloß von Bruchsal erscheint Bacchus auf einem Gobelin, während draußen im Hofgarten der Weingott als Allegorie des Herbstes das Bocksfell und den Traubenkorb trägt.

Den heiteren Bacchus im Schloßpark von Ebnet hat Johann Christian Wentzinger geschaffen. Auf dem Deckenfresko des Meersburger Neuen Schloßes hat Giuseppe Appiani um die Figuration der Göttlichen Vorsehung ungeniert Flora und Ceres, Bacchus und Boreas als Allegorien der Vier Jahreszeiten gruppiert, umschwärmt von berauschten Satyrn und weinseligen Putten. Übrigens hat man die Erdfarben für die Deckengemälde des Barock und Rokoko gern mit Glühwein angerührt, wie eine Rechnung für den Freskanten Gottfried Bernhard Götz in Birnau belegt. Auch Gips und Marmormehl für die Stuckaltäre wurden mit Wein gebunden.

Links oben: Frühgotische Rebenplastiken in der Burgkapelle von Krautheim an der Jagst. Links unten: Relief eines Zechers in Eichstetten am Kaiserstuhl. Rechts: Allegorie des Herbstes im Hofgarten zu Bruchsal.

Originelle Schöpfungen handwerklicher Art stellen die geschnitzten Faßböden, Faßriegel, Torkelwangen dar, wie wir sie in den Museen zwischen Wertheim und der Reichenau antreffen. Wahrzeichen der Winzergemeinde Bahlingen am Kaiserstuhl ist die frühere Faßfigur des Hoselips, die inzwischen in den Rathaussaal umgezogen ist. 1757 wurde der Hoselips, vielleicht nach einem älteren Vorbild, von dem heimischen Schreinermeister Johann Jakob Kaufmann geschnitzt. Gemeint war wohl eine Art Bacchus, aber was herauskam, ähnelt mit Traubenkrone, Früchteschurz und grimmig verschmitzter Schnurrbart-Physiognomie eher einem Priap, einem Fruchtbarkeitsdämon, einer Vegetationsgottheit. Ältere Photos stellen den Hoselips nur mit einer hölzernen Traube in der Rechten dar; heute schwingt er Pokal und Kunststofftraube. Daß der Racker nicht mit sich spaßen läßt, haben die Bahlinger erfahren. 1880 nahm ihnen ein Mannheimer Weinhändler den Herbst nur unter der Bedingung ab, daß er den Hoselips als Dreingabe erhalte. Am Silberberg folgte nun ein Fehlherbst dem andern. Unter den Winzern gab es einen kleinen Aufruhr, und der Gemeinderat mußte den Hoselips zurückkaufen.

Wenig bekannt ist das Deckengemälde der 1814 erbauten, St. Petronella geweihten Kirche im nahegelegenen Kiechlinsbergen. Im klassizistischen Freskenoval spiegelt sich die Fruchtlandschaft des Kaiserstuhls wider, morgenländisch verfremdet. Die Heilige Familie ruht im Schatten einer Palme, im Hintergrund steigt das Kiechlinsberger Kirchlein aus den Reben, und im Wolkenflor darüber pressen Engelchen, mit Kirschen als Ohrgehänge, aus einer Traube himmlisches Naß über den Weinstöcken aus.

Im Wertheimer Gasthof zum Schwanen hat Heinz Schiestl um die Jahrhundertwende Szenen der städtischen Weingeschichte im Relief geschnitzt: das Wertheimer Weinschiff auf der Fahrt nach Frankfurt, den Stadtrat beim Kilianstrunk, die schöppelnde Bürgerwache, das Herbsten über dem Main, einen Grafen von Löwenstein bei der Weinprobe, das Selbstporträt des Künstlers als Küfer und den wehmütigen Zecher, dem die Polizeistunde angesagt wird.

Für die Kirche von Rauenberg im Kraichgau hat Johannes Schreiter, für Hagnau am Bodensee Peter Valentin Feuerstein Glasmalereien mit biblischen Weinmotiven geschaffen. Und in sechsjähriger Arbeit haben die Winzerfrauen von Britzingen für ihre Kirche einen Wandbehang gestickt, der Psalm 1, Vers 3 illustriert und mitten in die heiter helle Reblandschaft des Markgräflerlandes entrückt.

Zu den schönsten Denkmälern der Weinkultur gehören die Träubelesbilder. In diesem vollmundigen Fünfsilber schlingt sich die Rebe, reliefartig herausgehauen, um den Schaft frommer Bildstöcke. An der großen Weinstraße des Oberrheins finden sich diese Traubenstöcke sehr selten.

Man muß schon die imaginäre Grenzlinie zwischen Walldürn und Billigheim nach Osten hin überschreiten, sich in der Külsheimer Gegend umschauen und dann hinab in den Taubergrund steigen. Hier wie in den weinreichen Seitentälern sprießen die Träubelesbilder am Fuß der Rebhügel, in die Weinbergmauer eingelassen, an Häusern und Brücken, an Wegkreuzungen und am Rand der Landstraße. Nicht nur der dem Franken eingeborene Schmucksinn schuf diese Signaturen der Reblandschaft. Oft wurden sie nach einem frommen Gelübde errichtet, und immer waren die Träubelesbilder als ein vielstrophiges steinernes Gebet für das Gedeihen des Weinstocks gedacht.

Der runde, viereckige oder korkzieherartig gewundene Schaft der Traubenstöcke trägt immer eine Bildnische, eine Bildtafel oder eine bekrönende Figur. Daß diese Flurdenkmäler ursprünglich bemalt waren, beweisen oft noch Reste der farbigen Fassung. Vom weißbemalten Schaft hob sich das grüne Rankenwerk und Geblatt der Rebe mit den blaubärtigen Trauben wirkungsvoll plastisch ab. Der Reichtum Tauberfrankens an Träubelesbildern geht vielfach auf Stiftungen barocker Weinhändler und wohlhabender Winzer zurück. Als der guldenschwere Weinhändler Johann Simon Abendantz 1791 in Distelhausen Goldene Hochzeit feierte, sorgte er auch für die Träubelesbilder, die ihm den Lebensherbst vergoldet hatten. Der Chronist der Hochzeit berichtet: „Alle Bildstöcke in der ganzen Gegend wurden mit neuen Farben angestrichen."

Das älteste Träubelesbild mit der Jahreszahl 1718 steht in Unterbalbach an der Tauber. Es zeigt Christus an der Geißelsäule. In Külsheim reitet St. Georg, in Beckstein triumphiert die Krönung Mariens überm Rebenschaft, in Distelhausen, Königheim und Reicholzheim trauert die Schmerzensmutter als Träubelesbild. Ein seltener südlicher Vorposten dieser genuin fränkischen Steinbildnisse bleibt der stämmig untersetzte Traubenstock des Marienbrunnens in Pfaffenweiler. Auch bildnerisch stellt er eine Rarität dar, denn hier erscheint die Brunnensäule als Träubelesstock und trägt auf einem Kapitell mit eingerollten Schnecken die Himmelskönigin.

Das größte und schönste Träubelesbild Frankens ragt in Külsheim auf, acht Meter hoch, ein Wahrzeichen. In der Sockelinschrift lesen wir die Jahreszahl 1739. In prallem Relief, aus zartfleischigem Rotsandstein gehauen, umschlingen Laub und Traube die gewundene Säule. Oben, unterm geschweiften Wetterdächle, lächelt Maria mit dem Kind. Der Steinmetz hat die schweren Trauben, unbekümmert um das Gesetz der Schwerkraft, auch aufwärts wachsen lassen. Naiv? Vielleicht. Der Wein kann die Welt schon auf den Kopf stellen, und manchmal sieht man sie dann erst richtig.

Weithin verschollen ist das Brauchleben um den Wein in Lebenslauf und Jahreslauf. 1519 schickten Bürgermeister und Rat der Stadt Freiburg der jungen Frau des vorderösterreichischen Kanzlers Bapst als Hochzeitsgeschenk „ein Trunkbecherlein, das allein für die Kindbett gemacht" sowie einen „Ring mit einem Stein, der zur Probierung der Ehebrecher sehr gut sein wird, wiewohl wir Euern Gemahl nit dafür halten".

Dem Sterbenden reichte man die Minne des heiligen Johannes, einen Weintrunk, über den ein Segen zu Ehren des Heiligen gesprochen worden war. Dies galt auch für die zum Tod Verurteilten, etwa auf der Insel Reichenau. Da auf der frommen Aue keiner hingerichtet werden durfte, ließ man den Delinquenten trinken, ehe er mit der Fähre nach Allensbach zum Richtplatz geschafft wurde. Bis heute ist der Brauch lebendig, an St. Stephan, 26. Dezember, den roten und an St. Johannes, 27. Dezember, den weißen Wein in der Kirche weihen zu lassen. Von diesem benedizierten Wein trank man auch beim Abschiednehmen vor einer größeren Reise.

Der Johannistrunk gewann „im Volksglauben fast die Hochachtung eines Sakraments". Er geht auf die in Malerei und Plastik überlieferte Legende zurück, daß der Lieblingsjünger des Herrn über einen heimtückisch gereichten Gifttrank wie gewohnt das Kreuzeszeichen geschlagen habe, worauf das Gift in Gestalt einer Schlange entwichen sei. Der spätmittelalterliche Liedersänger und Abenteurer Oswald von Wolkenstein verglich das Trinken der Johannisminne mit dem Abschiedskuß der Liebenden. Und in einem der mittelalterlichen Streitgespräche zwischen Wasser und Wein verteidigt sich letzterer: „Man trinkt zuletzt aus purem Wein/ Den Sanct Johannis-Segen,/ Damit der Reisende kein Bein/ Zerbrech' auf Weg und Stegen."

St. Ulrichswein sollte, vor der Schlacht getrunken, vorm Schwerttod bewahren, der Galluswein das Fieber dämpfen; die Michaelisminne trank man zum Gedächtnis der Verstorbenen, den Martinswein beim Erntedankfest, die Gertrudenminne vor einer Reise. An Allerseelen stellte man bis zur Reformation Wein und Essen auf die Gräber; danach erhielten Mesner oder Ortsarme die Gabe.

In das Kapitel Brauchleben und Volkskunst gehört auch ein Exkurs über weinbezogene Hausinschriften und Krugsprüche. In Reilsheim bei Neckargemünd steht ein ehemaliges Gasthaus mit der Jahreszahl 1592 überm Kellerbogen. Der Fachwerkerker trägt eine Inschrift aus dem Jahr darauf wider das Vollsaufen. Knapper faßt sich ein Hausspruch in Sulzfeld im Kraichgau von 1615: „Trink und iß,/ Gott nit vergiß." Am Bischenberg bei Sasbachwalden warb eine Gasthaustafel: „Kirschenwasser, Bier und Wein: Sind bei dem Wirt stets fein,/ Und bei der Frau Kaffee, Milch, Eier, Schinken und Schpeck,/ Da werden die Touristen keck." In der Notzeit des Ersten Weltkriegs verschwand diese nahrhafte Tafelpoesie. Einen Weinkrug von 1793 in Kiechlinsbergen schmückt die Winzerdevise: „Wer am Wertig schafft,/ dem gibt der Rebensaft/ am Suntig neue Kraft." Und einer der Birnenkrüge aus der Durlacher Fayencemanufaktur plaudert's aus: „Ich bin der Mann,/ wo so gut trinken kann./ Und ich die Frau,/ Und wenn der Mann will,/ Will ich au."

Rebheilige und Traubenmadonnen

Neben einem Dutzend lokaler und regionaler Weinpatrone gilt St. Urban als der eigentliche Schutzheilige des Weinstocks wie des Winzers. Nach dem Wort des Prälaten, Volkskundlers und Weingelehrten Georg Schreiber gebietet St. Urban „gleichsam als ein geistlicher Territorialherr" noch immer über die Reblande vom Main bis zum Bodensee. Warum das so ist, leuchtet auf den ersten Blick freilich nicht so recht ein.

Die einschlägigen mittelalterlichen Legendensammlungen schweigen sich über eine Beziehung Papst Urbans I., dessen Pontifikat auf die Jahre 221 bis 230 angesetzt wird, zum Wein aus. Auch eine spätere Folge von Papstviten gibt nicht viel her. Hier heißt es nur, Urban habe als erster alle heiligen Gefäße aus Silber machen lassen. Seit dem 16. Jahrhundert haben kritische Kirchenhistoriker deshalb die These verfochten, eigentlicher Weinpatron sei der Bischof Urban von Langres in Burgund gewesen, dessen Kult dann auf Papst Urban übertragen worden sei. Von diesem um 450 verstorbenen Weinbischof sind zwar etliche Mirakel überliefert, darunter auch, daß man ihn vor Unwettern bei der Weinlese angerufen habe. Aber auch das erklärt die mitteleuropäische Urbansverehrung noch lange nicht, von der fragwürdigen, nie datierten Kultübertragung auf den römischen Namensvetter ganz zu schweigen.

Mit den Humanisten und Reformatoren, die den überhitzten Heiligenkult des Spätmittelalters verwarfen, begann ein neuer Interpretationsversuch. Danach lebte in dem Heiligenhimmel die heidnische Abgötterei der Antike fort. Der mit Melanchthon befreundete Johannes Agricola etwa erklärte: „Sanct Urban wird von den Franken dafür gehalten/ als die Heiden etwan Bacchum hielten ..."

Die einleuchtendste Erklärung für das Winzerpatronat St. Urbans findet sich jedoch im deutschen Recht des Mittelalters. Der Wein-Pontifex steht unterm 25. Mai im Heiligenkalender. Um diese Zeit ist die Frühjahrsarbeit im Weinberg abgeschlossen, die Vegetationszeit hat begonnen, in der das frisch austreibende Grün gerade noch von den Spätfrösten bedroht wird. Das mittelalterliche Rechtsherkommen sprach den Ertrag eines Ackers dem zu, der das Feld bis zur Aussaat bestellt hatte. Das galt auch für den

Als Rokoko-Grandseigneur hat Fidelis Sporer St. Urban 1768 für die Kirche in Wasenweiler am Kaiserstuhl geschnitzt.

Wingert. Der Sommeranfang galt hier als Lostag, und der Sommer begann im Heiligenkalender mit St. Urban am 25. Mai: „Den Sommer bringt uns Sankt Urban." Kodifiziert wurde diese Rechtssitte wohl erstmals im Landrecht des Sachsenspiegels, um 1222: „Am St. Urbanstag sind Weingarten- und Baumgartenzehnt verdient." Sowohl als Sommeranfang wie als Rechtstermin war der 25. Mai eine markante Zäsur, und aus dieser Rechtsgewohnheit wuchs dem Heiligen das Weinpatronat zu.

Der Urbanskult begann mit Flurprozessionen, Bittgebeten um das Gedeihen der Reben. Die früheste Erwähnung eines Urbansfestes findet sich in einer Bulle, in der Papst Innozenz IV. am 21. März 1251 den Teilnehmern einer Urbansprozession im elsässischen Neuweiler bei Zabern einen vierzigtägigen Ablaß verheißt. Dann häufen sich die Nachweise von Flurumgängen, Bittprozessionen, Schmausereien, Kinderfesten, Heischebräuchen und Bruderschaften im Zeichen St. Urbani. Strahlungszentrum des Urbanskultes war die um 850 gegründete Frauenabtei Erstein im Elsaß, die angeblich Reliquien des Papstheiligen besaß.

Die frühesten bildlichen Darstellungen des Winzerpatrons mit den Attributen Rebstock, Traube, Becher stammen aus dem späten 14. Jahrhundert. Der Heilige erscheint dabei in Pontifikalkleidung; Tiara und Kreuzstab kennzeichnen ihn als Papst.

In den weiten Zusammenhang kultischer Bäder, Begießungen, Brunnentaufen fügt sich der Brauch, das Bild des heiligen Urban bei Regen am 25. Mai rituell zu bestrafen. Aus der Volkskunde des Tauberfranken Johannes Böhm, gebürtig aus Aub an der Gollach, hat Sebastian Franck in seinem Weltbuch die Erzählung vom fränkischen Urbansbrauchleben übernommen: „Am Sankt Urbanstag richten die Weinhäcker am offenen Markt oder anderm Platz einen Tisch zu mit Tischtuch und wohlriechenden Kräutern belegt, darauf stellen sie St. Urbans Bild. Ist dieser Tag schön, so tun sie diesem Bild viel Ehr an mit krönen und speisen. Ist es aber Regenwetter, so ehren sie ihn nit allein nit, sondern werfen ihn über und über mit Wasser; denn sie meinen, der Wein, der zu dieser Zeit in Blüte steht, soll, so es regnet, übel, aber so es schön ist, wohl geraten." Dazu paßt der Spruch: „Wenn St. Urban kein gut Wetter geit, wird er in die Pfützen geleit."

In der älteren Literatur ist öfter verschämt von der St. Urbans-Plag die Rede. Gemeint ist das Podagra, die Gicht. Die sanften Strapazen der Liebe, der Suff und ein cholerisches Temperament galten als Ursachen des Leidens: „Bacchus der Vater, Venus die Mutter, Ira die Hebamm'/die zeugen das Podagram."

Rebleutezünfte und Winzerbruderschaften scharten sich in St. Urbans Namen zusammen. Bruderschaften wie Zünfte waren soziale Solidargemeinschaften und religiöse Korporationen, Standesvertretung und gelegentlich auch eine Art untere Aufsichtsbehörde für den Rebbau. Viele Urbansbruderschaften gingen mit der Reformation ein, den Rest traf 1783 das aufklärerische Auflösungsedikt Kaiser Josephs II. Die Tradition der Urbansbruderschaften lebt, aufs Genießerische reduziert, in den regionalen Weinbruderschaften fort. So wurde 1966 im Meersburger Schloß die Erste Badische Weinbruderschaft zu Meersburg gegründet, „um das Wissen vom und die Freude am Wein zu bereichern und zu fördern". Im ehemaligen Amtshaus des Deutschen Ordens in Kürnbach im Kraichgau ist seit 1979 die Deutschherren-Weinbruderschaft St. Urban zu Hause, ein kleiner Freundeskreis, der sich Novizen nach einer Scholarenzeit von ein bis drei Jahren öffnet. Zu dieser engeren Runde gehört ein lockeres Deutschherren-Weincollegium, das bei Weinproben und Veranstaltungen mitmachen darf und auch Frauen zuläßt.

1757 errichtete die Gemeinde Großrinderfeld im Tauberfränkischen am Beilberg ein steinernes Feldkreuz „zur Bewahrung des Weinstockes vor Hagel und Frost", das in unserer Zeit samt dem Urbansbild am Fuß des Kreuzes erneuert worden ist. Für Külsheim wie für Grünsfeld sind Urbansbruderschaften überliefert. In Lauda erhielten alle Buben am 25. Mai ein Viertel Wein gereicht, und dies „nach altem Brauch", wie 1591 bekräftigt wird. In Tauberbischofsheim hat man die Jahrtagsstiftung der Häcker-

41

zunft an Urbani bis 1895 gehalten. Der prachtvolle farbig gefaßte Urbansbildstock von 1766 bei Unterginsbach an der Jagst ist seit ein paar Jahren verschwunden, wahrscheinlich von den Erben des letzten Besitzers verscherbelt worden. Dafür steht bei Klepsau am Heiligenberg noch ein gotischer Urbansbildstock in den Reben.

Eine Urbansbruderschaft ist 1480 für Bruchsal überliefert. Im Chor der Kirche von Niefern bei Pforzheim erscheint als gotisches Fresko überlebensgroß St. Urban mit Kreuzstab und Weinranke. In barockem Glanz strahlt dagegen die Figur des Winzerpapstes in der Kirche des nahegelegenen Neuhausen, ein Zeichen dafür, daß in den Grenzmarken des rentablen Weinbaus die Fürbitte des Heiligen doppelt geboten war.

In einer Ende des 17. Jahrhunderts verfaßten Chronik der Benediktinerabtei Schwarzach am Oberrhein wird erzählt, daß am Urbanstag die Kinder aus Stollhofen mit einer Statue des Heiligen singend und betend in den Klosterhof kamen und dort mit Wein und Brot bewirtet wurden. In Baden-Baden war die Urbansprozession Ende des 18. Jahrhunderts schon recht ausgelassen gestimmt. Nach dem gemeinschaftlichen Kirchgang durchstreiften die Winzer die Stadt mit einem von Rebenblüten geschmückten Urbansbild; sie sammelten von Haus zu Haus und verjubelten den Erlös in der Wirtschaft.

In Haslach am Schwarzwald zogen die Burschen bis 1828 am Urbanstag mit der Statue des Heiligen bei den Rebbauern um und sangen. In Tiergarten bei Oberkirch erscheint St. Urban als Gotteshauspatron mit zwei Trauben auf dem Tuch der Kirchenfahne. Ein Urbanspatrozinium weist auch Herdern, heute Stadtteil von Freiburg, auf. Die Winzer tauchten dort früher Trauben in eine Lehmbrühe und konservierten sie so über den Winter im Keller für die Prozession am 25. Mai. Überliefert ist da auch der Spruch:

> Der heilig Sant Urbe seit: Manne, i kenns!
> Dr Wi isch für d' Mensche, uns Wasser für d' Gens.

Goldenmürb von vielen Herbsten hängt im Freiburger Augustinermuseum die Fahne der städtischen Rebleutezunft zur Sonne. Sie zeigt auf der Vorderseite St. Urban, umrankt von üppigen Traubengewinden; auf der Rückseite strahlt der Sonnenball als Sinnbild aller förderlichen Naturkräfte. Bis heute führen die Winzer eine mit Reben umwundene Büste St. Urbans in der Freiburger Fronleichnamsprozession mit.

In der Pfarrkirche von Bötzingen am Kaiserstuhl steht ein spätgotischer Urban mit Kelch und Traube auf dem Buch. Als eleganten Rokoko-Grandseigneur hat Fidelis Sporer den Heiligen 1768 für die Wasenweiler Kirche geschnitzt, mit Buch, Kreuzstab sowie einer grünen und blauen Traube. Die Urbanskirche in Herten bei Rheinfelden hat Franz Anton Bagnato 1792 vollendet. Bei Müllheim taucht ein Rebgewann Im Urban 1306 im Besitz des Klosters St. Urban bei Zofingen in der Schweiz auf.

Weshalb der römische Märtyrer St. Theodul am Bodensee als Weinpatron verehrt wird, darüber schweigt sich selbst das Lexikon für Theologie und Kirche aus. In Stetten bei Meersburg steht er als Rebheiliger in einem spätgotischen Schnitzaltar, und der Schweizer Maler Hans Boden hat 1522 St. Theodul gemalt, wie er Rebstock und Weinfaß vor den Nachstellungen des Teufels bewahrt.

Ein Fresko in der Burgkapelle von Obergrombach im Kraichgau zeigt St. Otmar, wie er einem Mann aus seinem kleinen Handfäßchen Wein in einen Riesenkrug gießt. Otmar starb 759 als Abt von St. Gallen in der Verbannung auf

Stilistisch verwandt sind die beiden gotischen Traubenmadonnen in Gottenheim, unser Bild, sowie in Oberrimsingen am Tuniberg.

der Strominsel Werd bei Stein am Rhein. Ein Jahrzehnt später holten seine Mönche den unversehrten Leichnam ins Kloster zurück. Während ihrer Fahrt über den Bodensee konnten sie das mitgeführte Lägel, ein Weinfäßchen, das man auf Reisen dem Saumtier anschnallte, trotz eifrigen Trinkens nicht leeren, und der Sturm, der auf dem See wütete, löschte nicht einmal die flackernden Kerzen auf dem Schiff der St. Gallener Brüder.

Der heilige Landelin von Ettenheimmünster im Breisgau schützte sein Kloster selbst noch im Elsaß vor Traubendiebstahl. Ettenheimmünster besaß in Rufach ein Rebgut. Als im Herbst ein Traubenwilderer über den Zaun des Klosterweingartens klettern wollte, stürzte er und blieb für immer gelähmt. Das, so schrieben die Brüder im Breisgau, war die Strafe St. Landelins.

Nach der Legende hatte St. Magnus, 772 verstorben, mit dem von St. Gallus hinterlassenen Wanderstab das Land von Würmern und Schlangen befreit. Der Magnusstab hängt heute noch als Reliquie in der ehemaligen Klosterkirche von Füssen. Er galt als Mirakelstab gegen Mäuse, Engerlinge, Rebwürmer und anderes Ungeziefer. Zu Beginn des 18. Jahrhunderts ließ der Freiburger Stadtrat einen Benediktinerpater von Füssen mit dem Magnusstab kommen, um drei Tage lang Felder und Weinberge damit zu segnen. Das wiederholte sich bis 1774 mehrmals. Auch das Kloster Salem besaß angeblich ein Stück des Magnusstabes. Bermatingen hielt eine Magnus-Prozession, und in Birnau steht eine schöne Statue des Heiligen von Joseph Anton Feuchtmayer.

Neu zu Ehren gekommen ist rechts des Rheins in unseren Tagen St. Morand, der Weinpatron des elsässischen Sundgaus. 1115 ist er dort als Prior des Klosters Altkirch verstorben. Ein barockes Wallfahrtsbüchlein erzählt die Legende, daß St. Morand mit einer Traube, über die er zuvor das Kreuz geschlagen hatte, „ein großes Faß mit Wein angefüllet, und daß durch dessen Fürbitt vor und nach seinem Tod die Reben und Weingewächs von schädlichen Ungewittern meistens errettet und erhalten werden."

Lange drang seine Verehrung nicht über den Sundgau hinaus. Zum Gedenken an die Flurbereinigung am Tuniberg hat Sepp Jakob von der Freiburger Münsterbauhütte 1965 am Tuniberg eine Morandusplastik aus Muschelkalk gehauen. Da das Kloster Altkirch der vorderösterreichischen Universität Freiburg zinspflichtig war, wanderten Morands Reliquien bis in den Wiener Stephansdom. St. Morand in den Reben am Tuniberg hält so die gemeinsame Erinnerung an das alemannische Vorderösterreich wach und schlägt eine Brücke über Strom und Grenze ins nachbarliche Elsaß.

Daß St. Kilian, Patron der Diözese Würzburg und Mainfrankens, auch noch Weinheiliger sei, ist eine späte Projektion Joseph Victor von Scheffels. 1868 veröffentlichte er sein Frankenlied mit dem schmetternden Vers: „Der Winzer Schutzherr Kilian bescher uns etwas Feines ..." Seit einiger Zeit erscheint sein Bild unter den neu aufgerichteten Flurdenkmälern der mainfränkischen Reblandschaft, scheint sich der irische Asket als feuchtfröhlicher Traubenpatron in die Weinwerbung einzuschleichen.

Die Traubenmadonnen des Oberrheins stammen fast alle aus dem späten Mittelalter. Sie reichen dem göttlichen Kind die Traube, oder der Knabe auf ihrem Arm hält sie schon in der Hand. Ein hochmittelalterlicher Reichenauer Hymnus vergleicht Maria mit der Weinrebe: „Ein einst unfruchtbarer Weinstock,/unter Gottes Pflege fruchtbar,/treibt eine fruchtbare Rebe,/die allen die Becher füllt./Diese Weinrebe ist Maria .../Diese ist es, welche eine Traube gebären wird,/Die Jungfrau voller Gnaden,/die gepreßt in der Kelter des Kreuzes,/Die Tischgenossen tränkt ..."

In der Wallfahrtskirche der Ortenauer Ritterschaft, in Lautenbach, umranken Reblaub und Trauben den Mittelschrein des Marienaltars. In der Stadtpfarrkirche von Kenzingen im Breisgau steht eine um 1430 geschnitzte Madonna, die dem Kind eine Traube entgegenhält; der göttliche Knabe hält dabei die Arme segnend gebreitet. Das Gnadenbild wird deshalb nicht nur als Traubenmadonna, sondern auch als Winzermadonna gedeutet: Mutter und Kind sind als Erhörende dargestellt.

Auf eine wenig beachtete Traubenmadonna hat die Kunsthistorikerin Monika Cämmerer hingewiesen: „Nicht jedem, der dem herrlichen Spitzbogenportal der Freiburger Münstervorhalle zustrebt, mag sogleich auffallen, daß die mittlere der drei Barocksäulen davor eine solche Traubenmadonna trägt ... das Kind ist gänzlich damit beschäftigt, einen kleinen Vogel mit einer Traube zu füttern." Das Augustinermuseum der Stadt zeigt eine aus Lindenholz geschnitzte, farbig gefaßte Anna Selbdritt-Gruppe, bei der Anna dem Enkel die goldene Traube ahnungsvoll bekümmert darbietet. Barock variiert taucht dieses Motiv am Sakramentshaus des Überlinger Münsters St. Nikolaus auf.

Im Hochaltargesprenge des Breisacher Münsters begegnen wir wieder einer Anna Selbdritt; hier reicht die mädchenhafte Gottesmutter ihrem Kind die Traube der Passion. Der Meister Hans Loy hat auch seinen zweiten Schnitzaltar am Kaiserstuhl, Mariens Krönung in Niederrotweil, mit blaustrotzenden Trauben durchwirkt.

In den Dorfkirchen von Gottenheim und Oberrimsingen am Tuniberg lächeln zwei geschwisterliche spätgotische Madonnenfiguren, deren Kind mit einer Traube spielt. In der Unterstadtkapelle von Meersburg schließlich wachsen um Maria und den Engel der Verkündigung beidseits zwei verschlungene Rebstämme hoch und wölben sich zur Traubenlaube; auf Baumstümpfen daneben stehen gemalt Johannes der Täufer mit dem Gotteslamm und der Evangelist Johannes mit dem Kelch, dem die Giftschlange der Legende entweicht.

Weinblätter der Geschichte

Mit der natürlichen Einheit der Stromlandschaft kontrastieren Willkür und Zerrissenheit der Geschichte. Der badische Reiterstiefel wurde ja erst in napoleonischer Zeit aus ein paar hundert territorialen Flicken zusammengenäht. Der Südwesten galt als das Paradies deutscher Kleinstaaterei. Seit dem Untergang der Staufer hatte sich hier im Widerstreit der Interessen keine überragende Landesherrschaft mehr entwickeln können.

Neben den Markgrafen von Baden gab es im Süden die verwandten Markgrafen von Hachberg, die sich später in die Linien Hachberg und Sausenberg spalteten, bis ihr Besitz 1415 und 1503 an Baden kam. Aber 1515 schon wurde die Markgrafschaft Baden selbst dreigeteilt. Zwei Jahrzehnte später waren noch die Linien Baden-Baden und Baden-Durlach übrig, wobei erstere ihre Untertanen nach der Reformation zum alten Glauben zurückzwang. Beide Häuser regierten mehr gegeneinander als nebeneinander und kamen erst 1771 wieder zusammen.

Die Markgrafschaften wurden vor allem durch die vorderösterreichischen Hoheitsrechte im Breisgau wie in der Ortenau auseinandergerissen. Aber nicht einmal die Weltmacht Habsburg konnte in Vorderösterreich die unumschränkte Landeshoheit erreichen. Fast ganz Vorderösterreich gehörte zum Österreichischen Reichskreis, Baden zum Schwäbischen, die Kurpfalz mit der Residenz Heidelberg, später Mannheim, zum Rheinischen Reichskreis. Und wie sah es im Herbst des alten Reiches im übrigen Weinland Baden aus?

Im Kraichgau hatten Württemberg und Hessen-Darmstadt, in der Ortenau Hanau-Lichtenberg teilweise Hoheitsrechte. Lahr gehörte samt seinem Oberamt zum Fürstentum Nassau-Usingen. Im Hegau und im Schwarzwald besaßen die Fürsten von Fürstenberg Herrschaftsanteile. Am Unterlauf der Tauber bestand das Kondominat der konfessionell zerstrittenen Grafen und späteren Fürsten von Löwenstein-Wertheim-Rosenberg und Löwenstein-Wertheim-Freudenberg. Die Grafen von und zu der Leyen hatten die Herrschaft Hohengeroldseck, die Schwarzenberg die Landgrafschaft Klettgau inne. Hinzu kamen die eingesprengten reichsritterschaftlichen Besitzungen der Kantone Odenwald, Kraichgau, Ortenau, Hegau, Allgäu und Bodensee sowie die Reichsstädte Offenburg, Zell am Harmersbach, Gengenbach und Überlingen. Als Kuriosum erscheint im 18. Jahrhundert das Reichstal Harmersbach, eine kleine reichsfreie Bauernrepublik.

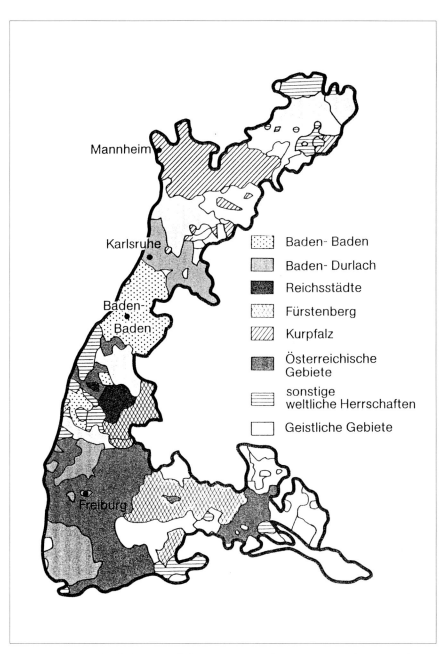

Der territoriale Flickenteppich des späteren Großherzogtums Baden am Ende des alten Reiches.

Die Hochstifte Würzburg, Worms, Speyer, Straßburg, Konstanz und Basel sowie das Erzstift Mainz durchsetzten mit geistlichem Violett die Territorienkarte. Deutschordenskommenden, das Großpriorat der Johanniter in Heitersheim und zahlreiche Prälaturen mit eigener Jurisdiktion und Steuerhoheit wie die gefürstete Benediktinerabtei St. Blasien oder die Reichsstifte Salem und Weingarten tupften dazwischen.

Was eine Übersicht weiter komplizierte, war die Tatsache, daß die Untertanen einer Gemeinde oder eines Bezirks mehreren Herrschaften zugleich verschieden pflichtig sein konnten. Im Alltag der kleinen Leute erwies sich die Abhängigkeit von der Ortsherrschaft, nicht immer identisch mit der Grundherrschaft, oft wichtiger als die staatliche Zugehörigkeit zu irgendeinem fernen Potentaten. Dem Grundherrn mußten sie wirtschaftlich zinsen und fronen. Der Ortsherr besaß meistens Verwaltungshoheit, Polizeigewalt, Kelterbann, Mühlenbann sowie die niedere Gerichtsbarkeit.

Irgendeine Ordnung war in diesem „System" schließlich nicht mehr zu erkennen. Der Verfasser der „Goldenen Praxis von der Niedergerichtsbarkeit" bekannte 1773, diese niederen Hoheitsrechte glichen „dem unbeständigen Mond, welcher bald voll, bald halb voll, bald gar unsichtbar ist". Die Huldigung als Landesherr konnte der beanspruchen, der Heeresdienst, Gesetzgebung, Blutgerichtsbarkeit, Steuerhoheit sowie das Ius reformandi in Religionsangelegenheiten ganz oder teilweise in seiner Hand bündelte.

Diese verwirrende Vielfalt verschwand im Zuge der napoleonischen Flurbereinigung von der Staatenkarte. Hatten das Elsaß und Vorderösterreich einst als westliches Vorwerk des Reiches gegen Frankreich gegolten, so sollten nun Baden und die anderen Rheinbundstaaten die Ostflanke des Empire gegen Habsburg decken. Die alte Markgrafschaft Baden vergrößerte dabei ihren Umfang von 4 000 auf 14 000 Quadratkilometer; die Einwohnerzahl stieg um das Fünffache auf 900 000 an. Das neue Großherzogtum Baden, so der Landeshistoriker Wolfgang Hug, mußte damit viele heterogene Gebiete einbinden, „wie manches Kunstgebilde der Kolonialherren in der heutigen Dritten Welt". Die vergleichsweise liberale Verfassung von 1818, die lebhafte parlamentarische Szene sowie eine aufgeklärte Verwaltung schufen allmählich ein badisches Staatsbewußtsein.

Die Wildrebe ist fast schon Sage

Daß unsere eurasische Kulturrebe Vitis vinifera von der Wildform der Vitis silvestris, der waldbehausenden Rebe, abstammt, gilt als gesichert. Wildreben gehörten schon zur Flora der Kreidezeit. Während der Eiszeiten zogen sie sich aus Mitteleuropa nach Süden und Südosten zurück. Danach wanderten sie über das Donautal und die Burgundische Pforte wieder ein. Heute führt die Wildrebe ein Schattendasein. Sie rankt im Schatten dichter Auwälder, und ihre Bestände sind nur noch ein Schattenbild dessen, was einst an unseren Flüssen wuchs. Ein Gewährsmann des vorigen Jahrhunderts konnte an der Donau noch anschaulich das üppige Lianenwerk der Vitis silvestris schildern: „wie sie in Gruppen dem Dickicht entsteigen und mit starken Armen sich in die höchsten Waldkronen aufschwingen, bald umfangreiche Lauben von Stamm zu Stamm wölben, bald, über Gesträuch und geschlossene Hecken herfallend, zu weitläufigen Laubwänden sich aufbauen. Besonders schön erscheinen diese Rebengewinde im Herbste, wenn das durch alle Farben von Goldgelb bis ins dunkle Purpurrot sich verfärbende Laubwerk gleich Feuergarben in ruhiger, stiller Größe aus dem Dunkelgrün des Eichenwaldes emporsteigt."

In Deutschland finden wir die Wildrebe nur noch vereinzelt um Germersheim sowie im Naturschutzgebiet der Altrheininsel Ketsch. Kein Klimasturz, keine Rebseuche, kein Frostmassaker hat sie vertrieben. Ihre natürlichen Standorte waren und sind feuchtwarme Auwälder. Am längsten hat sich deren amphibische Wildnis am Oberrhein gehalten, bis die Tullasche Stromkorrektion mit ihrer Senkung des Grundwasserspiegels die ursprüngliche Ufervegetation veränderte. Was an Wildreben übrigblieb, wurde von den Forstbehörden als lästiges Waldunkraut ausgehackt oder ging beim Bau des Westwalls sowie im folgenden Artilleriebeschuß unter. Im Merdinger Oberwald am Tuniberg sind die letzten Wildreben um 1910, bei der Sponeck am Kaiserstuhl bis in die frühen 40er Jahre gesichert. Dort rankte bis Kriegsende eine Wildrebe 16 Meter hoch in der Baumkrone einer Eiche, „mit einer schweren Last von kleinen, blauen zuckersüßen Beeren" im Herbst.

Der Kräutervater Hieronymus Bock berichtet, daß man am Oberrhein aus den Trauben der Wildrebe Essig bereite. Zwischen Straßburg und Speyer seien die Stöcke am häufigsten anzutreffen. In seiner Flora Badens und des Elsaß hat der Botaniker Karl Christian Gmelin weitere Standorte mitgeteilt: Daxlanden, Au, Knielingen, Linkenheim, Leimersheim, Weißenburg, Langenkandel, das Bottenwäldlein bei Badenweiler, der Ostwinkel bei Straßburg. Die Botaniker hielten diese Gewächse, im Gegensatz zum alten Bock, lange für verwilderte Kulturreben der Römerzeit. Erst Johann Philipp Bronner hat dann in seiner Schrift von 1857 über „Die wilden Trauben des Rheinthales" die Überzeugung verfochten: „Daß unsere wilden Reben nicht aus den Samen unserer kultivierten Reben hervorgegangen sind, sondern daß sie Kinder unserer Flora sind, und daß sie als natürliche Schlingpflanzen unserer Vegetation angehören und von jeher angehört haben."

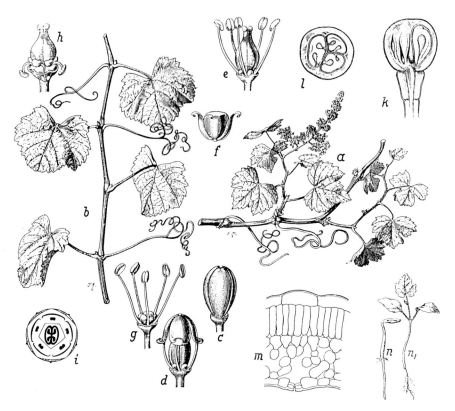

Die Wildrebe, Vitis vinifera L. subsp. silvestris (Gmelin). a Blühender Zweig der männlichen Pflanze. b Laubblatt-Trieb der weiblichen Pflanze. – subsp. sativa (DC.). c Blütenknospe. d Eine sich öffnende Blüte. e Zwitterblüte. f Kronblattmützchen. g Männliche Blüte. h Weibliche Blüte. i Blüten-Diagramm. k Längsschnitt durch die Frucht. l Querschnitt durch die Beere. m Querschnitt durch das Laubblatt. n, n_1 Keimpflanzen (c bis h, m nach K. Kroemer, i nach G. Marktanner).

Diese These wurde von den führenden Gelehrten seiner Zeit verworfen und geriet in Vergessenheit. Dabei hatte Bronner allein zwischen Mannheim und Rastatt unter Tausenden von Wildreben drei Dutzend verschiedene Sorten entdeckt und klassifiziert. Die meisten dieser Varietäten hat er im eigenen Garten nachgezogen. Die Farbe der Beeren spielte von Weiß über Rot bis hin zum satten Blauschwarz. Ebenso unterschiedlich schmeckten die Trauben. Ein Stock, so schwärmte Bronner, trug Trauben „köstlich und süß mit Geschmack nach Orangenblüte". An anderen Stöcken reiften dagegen die Trauben so sauer, daß selbst die Vögel im Winter die Beeren verschmähten.

Natürlich wußte Bronner, daß solche Wildreben auch in den Wäldern an Donau, Theiß und Save, an der Saone in Mittelfrankreich, an der Etsch in Südtirol wuchsen. Unmöglich konnten alle diese verschiedenen Sorten in Europa von einer Handvoll verschiedener verwilderter Kulturreben der Antike abstammen. Bronner folgerte vielmehr, im Lauf der Zeit hätten sich regionale Rebsorten entwickelt, die dem regionalen Klima angepaßt waren. Deshalb seien auch die bewährtesten deutschen Kulturreben nicht aus Asien, Griechenland oder Italien importiert, sondern aus auffälligen Wildlingen unserer Heimat herangezogen worden.

Daß Vitis silvestris ein autochthones Gewächs darstellt, ist inzwischen anerkannt. Umstritten blieb Bronners zweite These, einige unserer heutigen Kultursorten stammten von Wildreben der Stromsysteme Rhein und Donau ab. Um derlei Thesen im Experiment nachzuprüfen, fehlt es mittlerweile an genetischem Material heimischer Wildreben. Der Einwand, unsere Kulturreben seien Zwitter, während bei den Wildreben männliche und weibliche Stöcke getrennt seien, sticht nicht, da Bronner schon zwittrige Wildreben gefunden hat, die zwanglos zu den Kultursorten hinüberspielen. Der weitere Einwand, unsere Kulturreben verlangten sonnig-trockene Standorte, während die Wildrebe an Waldesdämmer gebunden sei, wird von den Anhängern der Kontinuitätstheorie mit der Anpassungsfähigkeit, ja Mutationsfreudigkeit der Rebe gekontert.

Für Kinder der oberrheinischen Vitis silvestris hielt Bronner den Riesling und den Traminer sowie regionale Sorten wie die Römertraube zwischen Heidelberg und Durlach, den Gelbhölzer in der Pfalz und im Bruhrain, den Ortlieber im Elsaß und den Tauberschwarz im Fränkischen. Von den danubischen Wildreben leitete er den Silvaner, den Roten Zierfandler, den Rotgipfler, den Limberger sowie den Portugieser ab.

Eine Kultivierung der zweihäusigen, also auf Fremdbestäubung angewiesenen Wildreben wäre praktisch nur über Samenschößlinge möglich gewesen. Jeder Sämling jeder Wildrebe stellte dabei ein genetisch eigenständiges Individuum dar, das sich, erst einmal im Anbau bewährt, vegetativ, also mit all seinen geschätzten Eigenschaften, vermehren ließ. Eigenschaften wie Frühreife, Großbeerigkeit, Süße, Trockenheitsresistenz konnten angesichts der früheren Sortenfülle der Wildrebe herausgemendelt werden. Und das geschah sicher nicht nur im Vorderen Orient, wo die Weinbereitung vor 8 000 Jahren nachgewiesen ist, sondern auch in Gallien, am Rhein und donauabwärts.

Die Bekämpfung der Rebseuchen in unseren Weinbergen kostet Unsummen an Gift und Geld und Arbeit. Trotz der Inflation neuer vollmundiger Kreuzungen haben es die Rebenzüchter schwer, widerstandsfähige und geschmacklich ansprechende Sorten zu entwickeln. Welchen natürlichen Schatz an kerngesundem, klimatisch abgehärtetem, veredlungsfähigem Erbgut wir mit dem gedankenlos ausgerotteten Waldunkraut der Vitis silvestris verspielt haben, läßt sich nur ahnen. Bronners Beschreibung der drei Dutzend verschiedenen Wildlinge allein zwischen Mannheim und Rastatt liest sich heute schon wie eine Sage. Beim Ausrotten der Wildrebe hat der Mensch wie so oft im Umgang mit der Natur gehandelt: pfennigklug und talerdumm.

Was spricht für römischen Weinbau?

Vorrömischer Weinbau in Südgallien, vermittelt durch griechische Kolonisten, ist gesichert. Mit der Eroberung ganz Galliens durch Caesar weitete sich hier rasch auch die römische Rebkultur aus. Der Naturhistoriker Plinius der Ältere und der Agrarschriftsteller Columella schildern das Gallien der frühen Kaiserzeit übereinstimmend als ein mit Italien konkurrierendes Weinland mit autochthonen Sorten, hervorgegangen aus heimischen Wildreben. Auch Südtirol und die Südschweiz bauten spätestens seit dem ersten Jahrhundert unserer Zeitrechnung Wein an; die rätische Rebe wurde den besten italienischen Sorten gleichgestellt. Archäologische Funde haben römischen Weinbau im linksrheinischen Deutschland dokumentiert, und für die Mosel gibt es sogar das literarische Zeugnis des Mosella-Poeten Ausonius.

Wenn nun in der Pfalz Winzermesser gallisch-griechischer Herkunft mit einem beilartigen Sporn auf dem Rücken geborgen worden sind und man in Xanten am Niederrhein sowie am Rheinknie bei Basel Holz und Traubenkerne der Kulturrebe aus dem ersten nachchristlichen Jahrhundert gefunden hat, so läßt das den Rückschluß auf – wenn auch primitiven – keltischen sowie ausgedehnteren römischen Weinbau am Oberrhein zu. Vor der Einbeziehung Südwestdeutschlands ins römische Imperium bildete der Strom keine natürliche Grenze für die Rebkultur, danach noch weniger. Es mutet unwahrscheinlich an, daß der ungeheure Weinbedarf der Grenztruppen und der romanisierten Zivilbevölkerung über mehr als 150 Jahre ausschließlich durch mühselige Importe gedeckt wurde und die rationell und nahezu autark wirtschaftenden Gutsbetriebe im Hinterland des Limes diese Marktchance versäumten.

Nicht nur die abgedankten Veteranen und zivilen Besitzer der Villae rusticae betrieben im Limesland Landwirtschaft. Ums Jahr 200 erhielten die aktiven Soldaten Heiratserlaubnis und Landzuteilungen; außerhalb ihrer Dienststunden wohnten sie bei ihren Familien. So entwickelte sich der Typ „des ortsgebundenen Grenzers, des limitaneus". Darunter befanden

Kammererziehung der Rebe bei Heidelberg, nach: Johann Philipp Bronner, Der Weinbau und die Weinbereitung an der Bergstraße ..., Heidelberg 1842.

sich auch viele germanische Söldner, die längst mit der Lebensweise und den Trinkgewohnheiten der Römer vertraut waren. Der Barbarisierung des Heeres entsprach die Romanisierung der Franken und Alamannen im Grenzbereich. Auch nach dem Alamannensturm Mitte des dritten Jahrhunderts rissen die Handelsbeziehungen mit den noch römischen Provinzen im Süden und Westen nicht ab.

Für die Kontinuität des Weinbaus am Oberrhein über die Wirren der Völkerwanderung hinweg spricht auch das Überleben romanisierter Volksgruppen. Rebmesser fanden sich bei Heidelberg und Ladenburg, dem Zentrum der romanisierten Neckarsueben, dazu Reste bronzener Weinsiebe wie etwa bei Sasbach am Kaiserstuhl. Der römische Kammerbau ist für das Mittelalter und darüber hinaus an der Bergstraße, im Kraichgau, im Breisgau, am Kaiserstuhl, am Tuniberg sowie im Markgräflerland bezeugt.

Mit der Rebkultur und südlichen Obstsorten brachten die Römer auch die großfrüchtige Walnuß, die welsche Nuß, und die Käste, die Edelkastanie, an den Oberrhein. Vinetum, salicetum und castinetum, also Wingert, Weidenstrich und Kästengehölz, gehören auf Buntsandstein und Urgestein des Weinlandes Baden seither zusammen. Sälen heißt an der Bergstraße das Anbinden der Rebe mit Weidenruten, und die Käste lieferte Rebstecken, die doppelt solange hielten wie die aus Tannenholz.

Ein weiteres Indiz stellen die Jupitergigantensäulen dar, die meist im Bereich der Villae rusticae aufragten. Vor und neben Bacchus galt der Himmelsvater und Wettergott Jupiter als Schutzherr der Rebe. Er war im alten

Rom der Patron der Winzerfeste, sein Hohepriester eröffnete die Weinlese, in seinem Namen wurde im Spätherbst der junge Wein gekostet und im Frühjahr das erste Faß des Heurigen angestochen. Ihm zur Seite stand dabei, wie auf den Gigantensäulen, Venus als Patronin der Gärten, auch der Wingerte.

In Berwangen, Ladenburg, Pforzheim sowie Steinenfurt im Kraichgau hat man die Jupitermonumente geborgen, eine Säule in Neuenheim bei Heidelberg ist mit Rebdekor geziert. Hier wurde übrigens eines der Bassins im aufgelassenen Kastellbad zum Frischhalten importierter Austern benutzt.

Neben dem Rebbau der Villae rusticae gab es nach wie vor Weineinfuhr aus Gallien und vom Mittelmeer. Die antiken Autoren berichten, nicht ohne leisen Schauder, die Barbaren tränken selbst die schweren Südweine am liebsten ungemischt, ohne Wasser. Friedrich von Bassermann-Jordan, der Geschichtsschreiber des deutschen Weinbaus, kommentierte: „Man denkt unwillkürlich an den Import des ‚Feuerwassers' zu wilden außereuropäischen Völkern in späteren Jahrhunderten!"

Bekannt ist das lateinische Erbe vieler Fachwörter für Weinbau und Kellerwirtschaft: amphora – Eimer; braccium – Bracke; buticula – Buddel; buttis – Bütte; calcatorium – Kelter; vinea camerata – Kammert oder Kammerz, Spaliererziehung der Rebe; caupo – Kaufmann, ursprünglich Weinhändler; cellarium – Keller; cupa – Kufe; galeta – Gölte; hama – Ohm; iugum – Joch oder Jauchert; lugena – Lägel; lurea – Lauer, Trester, Tresterwein; mosa – Maß; mustum – Most; palus – Pfahl, Rebstickel; pictura – Pichter, Rebparzelle; rames – Rahmen; saccus – Secker, gepreßter Tresterkuchen; sarmentum – Särmde, abgeschnittenes Rebreisig; scamillus – Schemel, Rebstück zwischen zwei Graspfaden; torculum – Torkel; vas – Faß; vinitor – Winzer; vinum – Wein; vindemia – Weinlese, lebt als Wimmeln nur am Bodensee fort.

Wenn bis heute dichtgestreute Funde von Winzergerät oder Tresterresten aus römischer Zeit rechts des Rheins fehlen, so läßt sich das leicht erklären. Der Trester wurde sicher als Dung wieder zwischen den Reben ausgebracht und ist längst verrottet, und in römischer Zeit lagen die allermeisten Wingerte in der Ebene. Sie wurden später aufgelassen, über sie ging der Pflug.

Im Morgenrot des Mittelalters

Selbst wenn der Weinbau am Oberrhein nur an ein paar Orten den Alamannensturm überdauert haben sollte, bleibt es trotz der unterkühlten

Skepsis ganzer Generationen von Altertumsforschern doch sehr wahrscheinlich, daß ein Traditionsstrang römischer Rebkultur überdauert hat. Nach der zunächst lockeren Eingliederung der Alamannen ins Merowingerreich bildete die Oos die Grenze zum Fränkischen. Im Gegensatz zu den Gesetzessammlungen der Burgunder, Franken, Westgoten und Bajuwaren enthalten die um 720 verfaßte Lex Alamannorum sowie die Bruchstücke einer älteren Gesetzessammlung nichts über Weingartfrevel oder Wergeld für den Totschlag an einem Winzer. Schon Bassermann-Jordan hat dazu eingewandt, daß dies noch kein Beweis für fehlenden Rebbau sei, da die alamannischen Gesetze „fast ausschließlich kriminalrechtlichen Inhalts sind und zudem großenteils nur fragmentarisch überliefert".

Eine schriftliche Überlieferung setzt erst mit der Klosterzeit ein. Daß aber zuvor schon alamannische und fränkische Adelige sowie die Krone selbst den antiken Weinbau weitergepflegt haben, dafür gibt es ein frühes Zeugnis aus dem Elsaß. 589 wurde ein Mordanschlag auf den Merowinger Childebert II. aufgedeckt; einer der Verschwörer namens Droktulf wurde dafür zu harter Wingertfron auf dem Königsgut Marlenheim verurteilt, wo heute die Elsässische Weinstraße beginnt.

Ums Jahr 800 sind im Elsaß bereits 108 Orte mit Rebbau urkundlich belegt, in Baden 63. Dabei registrieren diese frühen Erwähnungen nur Schenkungen an Klöster, voran Lorsch, St. Gallen und Weißenburg. Weit mehr Rebbesitz befand sich also damals schon in weltlicher Hand, ohne weiter erwähnt zu werden. Wie umfänglich auf einzelnen Gemarkungen damals Weinbau betrieben wurde, erhellt ein einziger Hinweis. Im kleinen Handschuhsheim bei Heidelberg und dem längst abgegangenen benachbarten Ort Höllenbach sind allein zwischen den Jahren 756 und 799 achtzig Schenkungen mit Rebbesitz an das Kloster Lorsch überliefert. Das spricht für das Alter, die Dichte und Intensität des rechtsrheinischen Weinbaus in fränkischer Zeit. Das setzt aber auch eine entsprechende Anzahl geschulten Personals auf den Höfen voraus, die ohne eine Kontinuität der Rebkultur kaum vorstellbar erscheint.

Die ersten Nachweise merowingischen und karolingischen Rebbaus seien hier für das achte Jahrhundert aufgelistet:

715/21 Ebringen sowie Openwilare, was auf Wolfenweiler oder Pfaffenweiler verweist, 735 Efringen, 751 Haltingen, 752 Nollingen, 756 Höllenbach, 758 Müllheim, 761 Schluchtern, 763 Egringen, Schwabenheim, 765 Handschuhsheim, 766 Nußloch, Rohrbach, Schriesheim, 767 Wallstadt, Weinheim, Wieblingen, die Wüstung Dornheim bei Seckenheim, 769 Bötzingen, die Wüstung Mühlheim bei Hockenheim, 770 Biengen, Reihen bei Sinsheim, 771 Berghausen bei Karlsruhe, Grötzingen, 772 Kenzingen, Fischingen, 773 Neckarhausen bei Mannheim, Wittnau, Hausen an der

Möhlin, Hügelheim, Staufen oder Reichenberg, Britzingen, 774 Lipburg, Nieder- oder Oberweiler, Wiechs bei Schopfheim, Rheintal bei Müllheim, 775 Mannheim, 776 Dossenheim, Betzenhausen, Weinheim, Bergheim bei Heidelberg, Heitersheim, Gallenweiler, 778 Burkheim, Buggingen, Kandern, 779 Schallstadt, 779/83 Öwisheim, 781 Riegel, Entenburg bei Kandern, 782 Edingen, Seckenheim, 784 Zunzingen, 784/95 Malsch, 786 Merzhausen, Odenheim, 788/89 Neuershausen, 789 Auggen, Betberg, 791 Leimen, 793/94 Mengen, 798 Wüstung Zeilsheim bei Wallstadt. 801 sei noch Dallau erwähnt, das zwar am östlichen Saum des Odenwalds, aber noch im ehemaligen Limesland liegt.

An dieser Liste fällt sofort auf, daß Tauberfranken, das außerhalb des römischen Machtbereichs lag, fehlt, ebenso die heute weinberühmte Ortenau. Dort war die Ebene bis ins Mittelalter hinein noch weitgehend versumpft; die Rebrodung der Hügelzone vor dem Schwarzwald setzte erst ums Jahr 1000 ein. Überhaupt häufen sich die Ortsangaben in der Ebene, wo heute der Weinstock schon längst verschwunden ist. Der römische wie der frühmittelalterliche Rebbau kannte Wingerte, Weingärten, aber kaum Weinberge.

Die Kontinuität der Altsiedellandschaft von der Jungsteinzeit bis ins frühe Mittelalter spiegelt die Steppenheidetheorie des Kulturgeographen Robert Gradmann wider, die heute als Kalkbodentheorie anerkannt ist. Danach war die düngerlose Feldgraswirtschaft nur auf kalkhaltigen Böden möglich. Nur dort wuchsen die Wildleguminosen, die mit ihrem Wurzelwerk der Luft Stickstoffverbindungen entziehen, im Boden anreichern und ihn so natürlich düngen konnten. Die trockenwarmen Steppenheidezonen deckten sich weitgehend mit diesen Böden, deren Flora den Siedlern als Pfadfinder diente. Das gilt auch für den Löß. Die grusigen Böden des Urgesteins, die kargen Böden des Buntsandsteins waren zunächst landwirtschaftlich nicht nutzbar. Der fränkische Landesausbau zum Gebirge hin begann im neunten Jahrhundert am Odenwald, im zehnten am Schwarzwald. Unabhängig von der Wanderung der Rebkultur ostwärts wurzelte rätoromanischer Weinbau am Bodensee.

Die damaligen Weingärten standen im Ertrag späteren Jahrhunderten kaum nach. Für die Karolingerzeit ist ein Ertrag von vier Karren Wein pro Morgen belegt, das entspricht etwa 36 Liter je Ar, nicht wenig, wenn man bedenkt, daß zwischen 1855 und 1861 der Ertrag umgerechnet auf ganz Baden 34,2 und zwischen 1894 und 1903, bedingt durch die neuen Rebschädlinge und Rebseuchen, sogar nur 19,9 Liter pro Ar betrug.

Schrittmacher des frühmittelalterlichen Rebbaus waren die Klöster mit ihren europäisch weitgespannten geistigen und wirtschaftlichen Beziehungen, aber auch die fränkischen Königshöfe sowie die im Westen und Osten des Frankenreiches untereinander versippten adeligen Großgrundbesitzer. Aus deren Reihen kamen die frühen Schenkungen an Kirche und Klöster, zum ewigen Seelenheil oder auch nur zur Abkühlung im Fegefeuer, wie es in manchen Schenkungsurkunden heißt.

Wie es bei den Gelagen fränkischer Adeliger zuging, hat uns der um 530 in Oberitalien geborene Bischof und Poet Venantius Fortunatus kopfschüttelnd überliefert: „Sänger sangen Lieder und spielten Harfe dazu. Umher saßen Zuhörer bei ahornenem Becher und tranken wie Rasende Gesundheiten um die Wette. Wer nicht mitmachte, wurde für einen Toren gehalten. Man mußte sich glücklich preisen, nach dem Trinken noch zu leben."

Geistliche Weinlese, Holzschnitt von 1513.

Über die Christianisierung der Alamannen im Frankenreich wissen wir kaum etwas. Ein Alamannengrab des vierten oder fünften Jahrhunderts zwischen Limberg und Lützelberg bei Sasbach am Kaiserstuhl gab einen Silberlöffel mit christlichem Monogramm, dem Namen Andreas und einem stilisierten Weinblatt frei. Weinblatt und Monogramm sprechen für die immergrüne Gleichniskraft der Rebe, die im dionysischen wie im christlichen Kult Wurzel schlug.

Gegen Ende der Karolingerzeit dürfte bereits knapp die Hälfte des gesamten landwirtschaftlich genutzten Bodens in geistlicher Hand gewesen sein. Karl Müller schätzt allein die Zahl der Klöster, die vor der Reformation im Weinland Baden Rebbesitz hatten, auf 160. Die wichtigsten waren St. Gallen, Muri, Beromünster, Rheinau, Zofingen, Münsterlingen, Allerheiligen bei Schaffhausen und Einsiedel in der Schweiz, Weingarten in Oberschwaben, Andlau, Selz und Murbach im Elsaß, dazu Beuron an der jungen Donau, Klosterwald, Petershausen, Überlingen, Salem, Reichenau, Säckingen, die Propstei Bürgeln, St. Blasien, St. Georgen, St. Peter, St. Märgen, St. Trudpert, St. Ulrich, Adelhausen in Freiburg, Sulzburg, Günterstal, Kartaus, Oberried, Sölden, Waldkirch, Tennenbach, Riegel, Kenzingen, Ettenheimmünster, Schuttern, Gengenbach, Allerheiligen, Schwarzach, Gottesau, Lichtental, Herrenalb, Frauenalb, Hirsau, Alpirsbach, Reichenbach im Murgtal, Weißenburg, das damals noch zum Speyrer Gau gehörte, Lorsch, Sinsheim, Maulbronn, Schönau, Mosbach, Amorbach, Bronnbach und Gerlachsheim.

Die Haltung der Kirche zum Wein schwankte lange zwischen asketischem Rigorismus und realistischer Milde. Das verrät schon die Mönchsregel St. Benedikts: „Ein jeglicher hat von Gott seine besondere Gabe, der eine so, der andere anders ... Indessen glauben wir mit Rücksicht auf die Bedürfnisse des Schwachen, daß eine Hemina Wein", das entspricht 0,273 Liter, „für einen jeden täglich genüge. Welchen dann Gott die Kraft verleiht, sich des Weins zu enthalten, die dürfen eines besonderen Lohnes versichert sein. Wenn örtliche Verhältnisse, Arbeit oder Sommerhitze mehr erfordern, so soll es der Obere nach Gutdünken gewähren können ... "

Ein gewisser Eigenverbrauch der Konvente bestand also von Anfang an. Der Verbrauch an Meßwein war allgemein größer, da bis hinein ins 13. Jahrhundert noch der Laienkelch gereicht wurde. Hinzu kam der Weinbedarf der klösterlichen Spitalinsassen und der Gäste. Das galt für fürstliche Gesellschaften wie für Pilger, Wanderer und Reisegruppen. In einer Zeit unsicherer Wege und Stege, zeitraubend beschwerlicher Reisen, angesichts des Mangels an öffentlichen Rasthäusern war die Gastfreundschaft der Klöster und Spitäler lange unverzichtbar. Nicht umsonst hießen die Spitäler auch die Wirtshäuser Gottes. Früh begann aber auch der höchst einträgliche Handel der Klöster mit Wein, der das Wohlleben der Konvente bedenklich förderte.

Terrassenbau erschließt die Hänge

Zwischen dem 10. und 13. Jahrhundert stieg die Bevölkerung Deutschlands aufs Dreifache an, entwickelte sich eine Stadtkultur, wandelte sich das Gepräge der Reblandschaft. Der um die Jahrtausendwende einsetzende Terrassenbau, eine mittelalterliche Novität ohne antikes Vorbild, wanderte wahrscheinlich von Mosel und Mittelrhein stromaufwärts. Die Terrassierung erschloß im Gefolge intensiver Binnenrodung jetzt auch die klimatisch begünstigten Steilhänge der Rebkultur. Sie erleichterte die Handarbeit am Hang, beugte der Bodenerosion vor und und schuf dank der Wärmerückstrahlung der Mauermassen ein ideales Kleinklima für die Rebe.

Das Terrassierungswerk begann um 950 und zog sich der immensen Arbeitsleistung wegen bis in unser Jahrhundert hin. Die besten Lagen sind oft nicht so ehrwürdig alt, wie man glaubt. Die meisten Mauerweinberge gehen jedoch bis ins Mittelalter zurück. Die Trockenmauern wurden, wenn sie kalbten, also dem Bergdruck und Sickerwasser nachgaben, immer wieder ausgebessert. Der Geologe Fritz Weidenbach hat die Arbeitsleistung dieser Landschaftsarchitektur einmal trocken kommentiert: Dafür müßte heute ein eigenes Ministerium geschaffen werden.

Ein sprechendes Beispiel für die frühe Rodung und Terrassierung stellt der Rodberg bei Grötzingen dar, eine reine Südlage auf lößverschleiertem Muschelkalk, vom Kloster Weißenburg seit dem 10. Jahrhundert im Eigenbau bewirtschaftet. 991 lieferte der Rodberg 20 „carrata", also Wagenladungen, Wein.

Als vornehmste weltliche Förderer des Terrassenweinbaus gelten die Zähringer und die Staufer. Die Serie von Städtegründungen und das rasche Anwachsen der Bevölkerung während der Stauferzeit sicherten den Absatz und füllten die Kassen der aufstrebenden kleinen und großen Territorialherrschaften. Nebeneffekt der Terrassierung war nicht nur die intensive Nutzung bisher wertlosen Ödlands und Buschwalds, sondern auch die Umwidmung der freigewordenen fruchtbaren Flur im Altsiedelland für vermehrten Ackerbau. In Tauberfranken entwickelten sich auf Königshöfer Gemarkung aus geistlichen Rebhöfen die Dörfer Beckstein und Marbach, in der Ortenau die Weinweiler Neuweier, Bischweier, Oberweier, Heiligenzell und Münchweier.

Spitzenpioniere dieses Kulturwerks waren vor allem die Zisterzienser. Ihr junger Reformorden machte damals Ernst mit der Ansiedlung in pastoraler Einsamkeit. Er trieb die Binnenkolonisation im Waldland voran, wirkte mit seinen Mustergütern beispielgebend auf Rebkultur, Obstbau, Schafzucht, Teichwirtschaft ein und griff im Zuge der deutschen Ostsiedlung bereits im 12. Jahrhundert bis nach Preußen aus. Die Zisterzienser, die ihre Niederlassungen wie die Biber zwischen Wald und Wasser gründeten, waren „die ersten großen Weinbauingenieure des Mittelalters".

Um 1151 wurde am Unterlauf der Tauber das Kloster Bronnbach gegründet, das hier als Hohe Schule für Rebkultur, Terrassenbau und Kellerwirtschaft wirkte. Davon zeugen heute noch die kilometerlangen, stufig terrassierten, inzwischen längst überbuschten und überwaldeten Steilhänge an der Sonnseite des Taubergrunds. Die Zisterze Bronnbach besaß einen eigenen Pfortenweinberg, dessen Gewächs den Bettlern, Vaganten, Reisenden an der Klosterpforte gereicht wurde. Das Refektorium, der Speisesaal der Mönche, hieß Rebental.

Zweieinhalb Jahrzehnte älter als Bronnbach ist Salem oder Salmannsweiler am Bodensee. Nach den ersten Schenkungen kultivierte oder kaufte Salem mit der Zeit Rebbesitz in mindestens 38 Ortschaften, bis hinauf nach Esslingen am Neckar. Seine Jahreseinkünfte an Wein werden auf 3000 Hektoliter geschätzt. Das Salemer Tal ist darüber hinaus bis heute ein Obstparadies geblieben. Der 1473 geschlossene sogenannte Agrarverfassungsvertrag zwischen dem Kloster und den pflichtigen Gotteshausleuten blieb bis zur Säkularisierung des Reichsstifts gültig und hat sich im Bauernkrieg mildernd für die Brüder ausgewirkt. 1750 gründete Salem die erste, heute noch bestehende Sparkasse Deutschlands.

Der Ehrgeiz der Zisterzienser war es gewesen, all ihren Besitz im Eigenbau zu bewirtschaften. Als sich der Besitz mehrte, die Zahl der Laienbrüder oder Konversen jedoch sank, mußten auch die Zisterzienser das Pachtsystem der älteren klösterlichen Grundherrschaften übernehmen.

Der Schwarze Tod, die Beulenpest, die ab 1347 vom Orient aus erstmals den Oberrhein erreichte, führte zu einem empfindlichen Schwund der Bevölkerung. Die Agrarpreise sanken, die Löhne und die Preise für gewerbliche Erzeugnise zogen dagegen an.

Winzerhandwerk und Rebordnung

Lange blieb der Weinbau im Wortsinne eine Domäne weltlicher und geistlicher Grundherrschaften. Der Mangel an Fachkenntnissen und Kapital, der schwach entwickelte Handel, die wachsende Abhängigkeit einst freier Bauern von einem schutzmächtigen Herrn ließen eigenständigen kleinbäuerlichen Weinbau nicht aufkommen. Dagegen konnten die adeligen Fronhöfe mit ihrem Stab von Beamten, Handwerkern, Facharbeitern ebenso wie die Klöster vom Setzen der Rebe bis zum Verkauf des Weins in selbstgefertigten Fässern sorgen. Das begann sich im hohen Mittelalter zu ändern. Mit dem Ausweiten der Rebfläche durch den Terrassenbau, mit dem Wachstum der Bevölkerung, mit dem immer dichter geknüpften Netz der Märkte und Städte, mit steigendem Wohlstand und breiteren Absatzmöglichkeiten war mehr Wein erforderlich, als Laienbrüder, Tagelöhner oder befristete Fronarbeit im Weinberg erzeugen konnten. Also gingen die Grundherrschaften dazu über, ihren Rebbesitz von lehenspflichtigen Bauern in Erbpacht oder auf Zeit bebauen zu lassen. Das Risiko lag damit beim Pächter. Er unterstand dem Kelterbann, hatte also seinen Herbst an die herrschaftliche Kelter zu liefern. Der Grundherr konnte so den Ertrag kontrollieren und seinen Anteil als Naturalsteuer abzweigen. Rodung von Neuanlagen, Wegebau

Der Rebmann, Holzschnitt von Jost Amman mit Reimen von Hans Sachs, Frankfurt am Main 1568.

und Terrassierung wurden dagegen meist noch in herrschaftlicher Regie betrieben. Je nach Anteil der abzuliefernden Weinbeträge beteiligte sich der Grundherr auch an den Kosten für die teuren Rebstickel, für Arbeitsgeräte und Düngerzufuhr.

Ein Jahrtausend lang hat sich am Handwerk des Winzers erstaunlich wenig geändert. Der Katalog der Arbeiten im Jahreslauf blieb sich gleich. Das belegen die verschiedenen herrschaftlichen Rebordnungen. Die älteste erhaltene Ordnung hat zu Beginn des 12. Jahrhunderts die schweizerische Benediktinerabtei Muri für Bellingen im Markgräflerland erlassen. Es ging dabei um zwei Dutzend Mannwerke. Mit einer bitteren Klage beginnt der Text: „Ob wir selbst uns oder die Bauern sich dem Weinbau widmen, alles ist mit Mühe verbunden und erfordert viel Sorgfalt und Aufmerksamkeit. Wenn wir die Reben selber bebauen wollen, kämen wir damit nicht zu Ende. Wenn aber die Bauern die Arbeit besorgen, so geschieht dies alles nachlässig und nicht ohne Betrug; sie reden sich mit Lügen heraus und verzehren alles, was sie pflichtgemäß abliefern sollten, mit Weib und Kind selbst."

Dann fährt die Rebordnung fort: „Jeder Bauer muß alljährlich auf sein Mannwerk sieben Fuder Mist führen, er muß den Rebstock gruben und zuhacken, den Boden mit Spaten oder Karst zweimal roden, die Stöcke in der Setzgrube zeilenweise mit frischer Erde rings umhäufeln und dann noch einmal nachhäufeln. Er muß seinen Weinberg zäunen, einhagen und mit einem ringsum laufenden Zaun einfrieden, auch das Holz selbst herbeischaffen, das er zu Pfählen und Rebstickeln braucht. Wenn dann die Rebe schoßt, hat sie der Winzer an Blatt und Geizen auszubrechen. Auch der Lohn, den jeder Bauer dem Bannwart und Traubenhüter schuldig ist, muß er selbst zahlen. Wer auf Ostern seine Reben noch nicht geschnitten und gerodet und wer sie auf St. Johannis nicht zum andern Mal gerodet und geheftet hat, der wird gebüßt. Beim Herbsten muß der Winzer die Leser selbst anstellen, ihnen alles Gerät liefern, sie mit Trank, Speise und Lohn aushalten, auch das erforderliche Trottengeschirr an Kübel und Kufen beischaffen. Ist nun gewinnet, sind die Trauben ausgetreten, so hat er den Most in den Keller unsres Meierhofes zu fahren und erhält dafür den jeweils sechsten Eimer. Alle Eimer müssen nach gesetzlicher Vorschrift geeicht sein, und wie in Weinbergen, Weingärten und auf jedem Wege Wärter aufgestellt sind, welche die Traubenträger scharf im Auge behalten, so hat ein solcher Wärter auch hier im Keller genau aufzupassen. Ist nun der Winzer all dem pflichtgemäß nachgegangen, so hat er auch noch die Abgabe für den Hofmeier aus dem Seinigen beizusteuern: Zwei Brote und einen Viertel Krug Wein und zwei Immi Haber oder Gerste. Diese Nutzung und Ehrengabe erhält der Meier wie üblich, damit immer ein redlicher, umsichtiger und kluger Mann sich des schwierigen Amtes annehme."

Drei Jahrhunderte später, 1409, schärfte Graf Johann II. von Wertheim seinen Pfarrern ein, sie sollten die Weinberge, die zu ihren Benefizien gehörten, „gedeckt und gewinterhackt haben vor dem heiligen Christtage; item vor St. Johanns Tag Baptiste, genannt Sonnwende, sollen sie die Weingärten ausgelassen, geschnitten, gebunden, gehackt, gedüngt und mit neuem Setzholz besteckt haben ... in jedem Morgen jährlich hundert neue Setzhölzer, und in jeden Morgen jährlich zwei Fuder Mist ungefähr".

Für das Oberland war bis zur Einführung der Drahtrahmenerziehung üblich, daß ein ziemlich kurzer Schenkel im herzförmigen Bogen um den Pfahl gelegt wurde. Der Kammertbau hat sich vor allem an der südlichen Bergstraße bis in unser Jahrhundert erhalten. In Tauberfranken, aber auch am Bodensee, war die Kopferziehung üblich. Dabei wurde der junge Stock drei bis vier Jahre zurückgeschnitten, bis sich ein eigroßer Kopf unmittel-

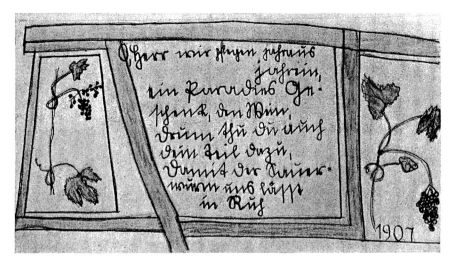

„O Herr, wir pflegen jahraus, jahrein / ein Paradies Geschenk, den Wein / drum thu auch du dein Teil dazu / damit der Sauerwurm uns läßt in Ruh". Hausinschrift in Bickensohl am Kaiserstuhl, 1907.

bar über dem Erdboden gebildet hatte. War er nach wiederholtem Zurückschneiden in etwa sieben Jahren auf Kinderfaustgröße herangewachsen, wurde erstmals vorsichtig zum Ertrag angeschnitten. Die langen Ertragsausfälle machten sich anscheinend mit einer Art frühen Selectionsweines bezahlt, denn, so Carl Friedrich von Gok, die wenigen „aber köstlichen, feinen, reifen Trauben" gaben „einen gewürzhaften Wein."

Die badische Regierung versuchte vor gut 100 Jahren die ertragreichere Bogenerziehung im Tauberfränkischen einzuführen. Dagegen argumentierten die Winzer: Der bedächtig herangezogene untersetzte Stock bleibe bis zu 200 Jahren fruchtbar, zudem könne sich die Rebe nach den hier häufigen schweren Winterfrösten vom Kopf aus erneuern. Als ein mehr als 200 Jahre alter Weinberg mit Kopferziehung in Beckstein neu bepflanzt wurde, maß der Besitzer an einem Kopf einen Umfang von 40 Zentimetern. Der Boden, so erinnerte er sich, war schwarz vom zottigen Holz dieser alten Knorzen gewesen. In guten Jahren habe der Bestand weniger, in schlechten Jahren immer etwas mehr als die jüngeren Parzellen getragen, und stets in feiner Qualität.

Weit verbreitet war die ursprünglich sogar obrigkeitlich verordnete Überlieferung, daß man „im Leere", drei Tage vor und nach Neumond, keine Rebe schneiden und keinen Wein ablassen dürfe. Geschnitten wurde ausschließlich bei wachsendem Mond und bei Vollmond. Dagegen mußte der Dünger bei abnehmendem Mond eingebracht werden.

Gedüngt wurde vor allem mit Rindermist. Früher Schnitt, so glaubte man, spare den Dünger: „Im Hornungschein trägt man den Mist mit der Heppe ein." Für den Transport des Dungs und der Rebstickel, aber auch für die Weinlese, hielt sich der Rebmann Esel oder Maultier. Ein Fuder Mist entsprach 12 Eselslasten. Bis zum Jahr 1900 führte Zell-Weierbach in der Ortenau den Graurock im Gemeindewappen, und ein Rebesel erscheint in den Farbfenstern der nahegelegenen Kirche Maria Schnee im Weingarten.

In den mittelalterlichen Rebordnungen, aber auch in späteren Aufzeichnungen, fällt auf, daß von Rebschutzmaßnahmen gegen Schädlinge und Seuchen kaum die Rede ist, sieht man vom Einzäunen der Wingerte gegen Vieh und Wild einmal ab. Dabei erwähnt Hildegard von Bingen um 1150 bereits den Rebstichler, und schon im Alten Testament wird die in zwei Generationen auftretende Larve des Traubenwicklers, Heuwurm und Sauerwurm, als Kalamität genannt. Neben dem Springwurm blieben das jedoch lange die einzigen spezifischen Rebschädlinge. Balthasar Sprenger listet im 18. Jahrhundert zusätzlich noch Wild, Vögel, Schnecken, Engerlinge und Ameisen auf! Als vertraute Rebkrankheiten nennt er die vom Sauerwurm hervorgerufene herbstliche Sauerfäule der Beeren sowie den Mehltau und den Brenner, der das Laub verdorren ließ.

Manchmal freilich war das Ausmaß der Schäden, vor allem durch Heuwurm und Sauerwurm, verheerend. 1713 notierte der Pfarrer auf der Reichenau: „Die Würmer haben den Trauben so geschadet, daß die Leute in die größte Not gerieten und man von drei Jauchert Herrschaftsreben", also einem Hektar, „nur sechs Eimer Wein erhielt"; das waren 246 Liter. Die Raupe des Traubenwicklers tritt in zwei Generationen auf. Der Heuwurm frißt an den Gescheinen, den Blütenrispen der Rebe, bringt also Ertragseinbußen. Der Sauerwurm frißt im Herbst die Beeren an, worauf Essigsäure entsteht, andere Beeren infiziert werden und die Qualität des Weines leidet, falls die befallenen Trauben nicht ausgesondert werden.

In einem historischen Rückblick auf den Rebenschutz kam Paul Claus zu dem Schluß: „Im deutschen Weinbau müssen ... sowohl im Mittelalter wie auch weit in die Neuzeit hinein Krankheiten beim Rebstock keine große Bedeutung gehabt haben. Dazu paßt auch, daß in den genauen Arbeitsanweisungen der Klöster für den Rebbau in den Außenbetrieben keine Hinweise zur Bekämpfung ... gegeben werden." Der herkömmliche Weinbau mit wurzelechten Reben, die mindestens 60 bis 80 Jahre im Ertrag standen, war also biologisch wesentlich stabiler als der heutige Weinbau mit Pfropfreben.

Erblehen, Teilbau, Zehnte

Seit der Karolingerzeit begaben sich immer mehr freie Bauern in die Abhängigkeit eines geistlichen oder weltlichen Herren, dessen Schutz sie dann beanspruchen konnten. Sie sanken zu halbfreien Grundholden herab. Gleichzeitig verzichteten immer mehr Grundherren auf die Eigenbewirtschaftung ihres Streubesitzes. Sie überließen ihn den Grundholden oder Hörigen, manchmal sogar unfreien Knechten und Verwaltern und behielten sich nur das Obereigentum vor. Anfänglich teilte die Grundherrschaft ihren Besitz in Huben auf, die gleichermaßen Äcker, Wiesen, Wald und Rebstücke umfaßten. Später, mit der Ausweitung des Rebbaus in den Rodungszonen, entstanden auch Höfe, die sich auf den Weinbau spezialisierten.

Verliehen wurden die Güter als Zinsgut auf unbestimmte Frist, als Schupflehen auf Lebenszeit oder als Erblehen. Diese Form erwies sich für den Bauern am vorteilhaftesten, weil hier die Höhe der Gebühren und Abgaben langfristig festgelegt war. Für die Nutzung des Reblandes erhielt der Lehensherr entweder eine fixe Menge Wein oder einen prozentualen Anteil am jeweiligen Herbst, den Teilwein. Der pflichtige Anteil schwankte zwischen einem Sechstel und der Hälfte des Ertrags.

Der Grundherr konnte aber auch den vollen Ertrag einer bestimmten Rebfläche für sich beanspruchen und den Herbst der restlichen Stücke dem Winzer als Ausgleich für die Bewirtschaftung des Gesamtlehens überlassen. Dann sprach man vom Teilbau. Der Nachteil dieses Systems war natürlich, daß sich der Winzer zunächst seinem eigenen Anteil widmete und das Herrenstück vernachlässigte.

Der anfangs übliche Halbbau hat sich fast nur am Bodensee, teilweise auch im Kraichgau erhalten. So mußte von Wingerten des Ritterstifts Odenheim ein Baumann 1520 den Ertrag seines halben Reblehens samt dem Zehnten in die herrschaftliche Bannkelter geben und für den nötigen Dung sorgen. Dafür zahlte das Stift den Fuhrlohn und stellte die Rebstickel. Mit der Zeit überwog jedoch der Drittelbau, der dem Winzer die volle Nutzung auf zwei Dritteln des Reblands überließ. Allgemein arbeiteten die Bauern und Winzer im Rodungsland unter günstigeren Bedingungen als ihre Genossen im Altsiedelland. Hier wie dort gab es jedoch in fast allen Dörfern auch freies Eigentum. Im Umkreis der Städte verdichteten sich die Besitzrechte der Lehensleute über Generationen hinweg immer mehr zum Eigentumsrecht.

Bei dem verwirrend bunten Abgabenwesen gilt es zwischen allgemeinen Steuern an die Obrigkeit und privatrechtlichen Belastungen zu unterscheiden. Der Zehnte stand ursprünglich der Kirche zu, bis zum Ende der

Torkel von 1788 aus einem klostereigenen Zehntkeller in Bickensohl am Kaiserstuhl.

Karolingerzeit sogar von Staatsgütern. Auf den späteren Grundsatz, daß der Fiskus zehntfrei sei, beriefen sich dann auch die mit königlichen Lehen bedachten Rechtsnachfolger. Viele Zehntrechte gelangten durch Belehnung, Tausch oder Kauf in Laienhand und blieben dort trotz aller kirchlichen Proteste. Zwar bemühten sich die Zehntherrschaften um ordentlichen Anbau, gute Bestockung und getrenntes Keltern der verschieden angelieferten Qualitäten, doch zwang das Zehntwesen den Winzer dazu, die Trauben seines Weinbergs ohne Rücksicht auf deren unterschiedlichen Reifegrad zu einem bestimmten Termin zu lesen. Das sollte sich für die Zukunft als schwere Hypothek erweisen.

Die Gülten, oft mit Teilwein abgegolten, entsprachen etwa den heutigen Hypothekenzinsen. Die Beden, ursprünglich außerordentliche Abgaben an den Landesherrn, wurden seit dem 13. Jahrhundert als Jahressteuern fixiert. Dazu kamen von Fall zu Fall Schätzungen des Reiches, Reichssteuern also, wie die Türkenschatzung zur Abwehr des Halbmonds. Das Ungelt, vielleicht mit dem Hintersinn ungerechtes Geld, wurde zuerst in den Städten erhoben und von den Territorialherren übernommen. Als Verbrauchssteuer wurde das Ungelt auf alle möglichen Waren erhoben, vor allem aber auf den Wein. Dabei unterschied man zwischen dem Hausungelt für die private Einlagerung und dem höheren Schankungelt für die Wirte.

Mit Zinswein konnte ein Rebstück aus verschiedenen Gründen, meist wegen eines Darlehens, belastet werden. Der Kelterwein galt als flüssige Gebühr für die Nutzung der herrschaftlichen Kelter und betrug meist ein Zwanzigstel der angelieferten Menge. Der Bannwein dagegen betraf das Privileg der Herrschaft, ihren Wein zu bestimmten Zeiten allein zu verkaufen oder ausschenken zu lassen. Hinzu kamen noch die bemessenen oder unbemessenen Fronarbeiten, die der Rebbauer für den Grund- oder Gerichtsherrn zu leisten hatte.

Die Fülle dieser Belastungen konnte sich bei ungünstigen Pachtverträgen oder in Mißjahren derart summieren, daß der Winzer im Herbst gerade noch seine aufgelaufenen Schulden begleichen konnte, also wieder Darlehen aufnehmen mußte. Als Haustrunk blieb ihm da nur der Tresterwein oder das Brunnenwasser. Lapidar, in Stein gehauen, formuliert dies der Brunnenspruch in Wasenweiler am Kaiserstuhl. Der Eisengürtel des Brunnenbeckens trägt die Jahreszahlen 1738 und 1798, der Dorfbrunnen selbst ist wesentlich älter. Die erneuerte Inschrift lautet:

> Wer in Wasenweiler will wohnen
> Pflanze einen elbnen Rebstock
> Arbeite recht fleißig und trage einen dauerhaften Zwilchrock
> Lasse sich niemals zu fallen schwer
> Sich seinen Trunk zu holen von der Brunnenröhr'
> Denn der Wein reist im Herbste schon frühe fort
> Und hat gar kein Bleibens in diesem Ort.

Frühe Rebsorten, wenig bekannt

Für uns ist es heute selbstverständlich, sortenreine Gewächse im Angebot zu finden. Das hat aber noch keine lange Tradition. Getrennt nach Rebsorten bestockt, gelesen und ausgebaut wird eigentlich im Großen erst seit der Rebflurbereinigung der 50er und 60er Jahre. Eine Ausnahme bildeten schon im Mittelalter Gewächsweine von Traminer oder Muskateller, die freilich nur ein Promille der Produktion ausmachten. Mehr als ein Jahrtausend lang regierte im historischen Weinberg der gemischte, ja sogar ungezeilte Satz. Früh- und spätreifende, robuste und sensible Rebsorten, geistlose Massenträger und betonte Bukettsorten, Rotgewächs und Weißgewächs wurden einträchtig gebaut, gelesen, gekeltert. Das minderte das Ertragsrisiko, drückte aber auf die Qualität der Weine.

Was unsere Kenntnis des mittelalterlichen Rebsortiments beeinträchtigt, sind einmal die späten und spärlichen Hinweise auf bestimmte Sorten, zum anderen die vielen lokalen und regionalen Sortenbezeichnungen sowie die ausgeprägte Neigung der Rebe zu Mutationen, zu sprunghaften Veränderungen im Erbgefüge, was immer neue Spielarten einer Sorte hervorbrachte. Entsprechend verwirrend liest sich das Aufgebot der Rebsorten in der älteren Weinliteratur.

Als frühester Hinweis finden sich die Bezeichnungen Vinum hunicum und Vinum francicum, huntscher und frentscher Wein, wobei auch die Varianten Vinum franconicum oder francum sowie Vinum hunonicum und hunaticum auftauchen. Dazu bemerkt Hildegard von Bingen: „Der fränkische und starke Wein läßt das Blut gleichsam aufwallen, deshalb muß man ihn beim Trinken mit Wasser mischen; daß aber auch der hunnische Wein mit Wasser vermischt werde, ist nicht nötig, da er von Natur wässerig ist." Frentscher Wein kostete entsprechend mehr. Wahrscheinlich galt die Zuweisung huntsch und frentsch jeweils einem Mischsatz aus fränkischen, westlichen, besseren Reben oder einem Kontingent heimischer, geringerer, hünischer, also wohl großbeeriger Sorten.

Hauptträger des groben Gewächses war der Heunisch, von dem der Kräutervater Hieronymus Bock meint, seine Trauben seien „die allergemeinsten in beinah allen Weinländern" links und rechts des Rheins. Die feisten, weißen hünischen Trauben hießen wegen ihrer rasch abführenden Wirkung auch Scheiß-Trauben. Schon im Mittelalter wurde der Heunisch teilweise verboten, doch stellte er noch um 1800 in Wiesloch zusammen mit Elbling und Römer als der sogenannte gelbe Heunisch oder Quadler das Hauptkontingent. Als Synonyme für den blauen Heunisch erwähnt Lambert von Babo 1857 Sauerschwarz, Rosenkranztraube, Peterleintraube, Staatmacher.

Bis zum 16. Jahrhundert sind für das Weinland Baden nur ein gutes Dutzend Rebsorten sicher zu bestimmen. Bis in unser Jahrhundert blieben Sortenangaben angesichts des vorherrschenden Mischsatzes überflüssig; entscheidend für die Bewertung der Weine waren Herkunft und Jahrgang, später auch noch die Lage.

Auf römischen Anbau wird der Elbling zurückgeführt; er soll mit der von Plinius dem Älteren erwähnten Vitis albuelis identisch sein. Die frühesten Erwähnungen datieren jedoch erst aus dem 15. Jahrhundert. Im Alemannischen hieß die Rebe Albene, in der Ortenau Burger, im Fränkischen Grober, Grobweißer, Kristaller. Anspruchslos, chlorosefest, trockenheits-

resistent und trotz empfindlicher Blüte strotzend von Fruchtbarkeit, empfahl sich der Elbling dem Winzer. Seine Beeren neigten aber zu früher Fäulnis und ergaben meist körperarme, säuerliche Weine ohne Aroma. Die besten Gewächse brachte der Elbling in trockenheißen Lagen. Am Kaiserstuhl meinten die alten Winzer: „Die Edler", also die damals noch nicht selektionierten Burgundersorten, „sind die Prahler, und der Elbling ist der Zahler."
Mehr als ein Jahrtausend lang galt der Elbling als Durstlöscher und anspruchsloser Vesperwein. 1976 wurde sein Anbau in Baden verboten, bis 1989 war er als Haustrunk zugelassen. An der oberen Mosel wird heutzutage für den Elbling als „Rarität aus Römerzeiten" wieder geworben.

Der Gänsfüßer, ein historisches Rotgewächs, Abbildung nach Tabernaemontanus, Neu vollkommen Kräuter-Buch, Basel 1731.

Alt-Bundespräsident Walter Scheel bekannte sich zum Elbling als Schorlewein. Dem Oberbergener Nobel-Gastwirt Franz Keller, für seine herben Kommentare zur Politik des Badischen Weinbauverbands als „Rebell vom Kaiserstuhl" bekannt, wurde der Verkauf von Elblingweinen per Gerichtsbeschluß untersagt. Die Landtagsfraktion der Grünen forderte den Erhalt der Rebe als „badisch-europäisches Kulturdenkmal". So hat eine nach Novitäten lüsterne Wohlstandsgesellschaft den Massenträger zwar nicht salonfähig gemacht, aber wieder ins Gespräch gebracht.

Nicht viel besser kann der Räuschling bewertet werden, der im Breisgau und am Kaiserstuhl Kläpfer genannt wurde, weil seine Beeren im Herbst früh aufplatzten und klafften. In fast jeder Gegend bekam er einen auswärtigen Schimpfnamen verpaßt, am Bodensee hieß er Frankentraube, in der Schweiz Weißwelscher oder Offenburger. Der säurereiche neutrale Wein wurde gern mit Branntwein geschmälzt. Wie der Elbling galt auch der Räuschling früher bevorzugt als Grundwein der Sekterzeugung. Am Zürichsee wird er bis heute angebaut. Nicht so häufig wie im Neckarland war am Oberrhein der Weiße Fürterer, auch Fütterer genannt. Die spätreifende, frostharte Rebe brachte einen bukettbetonten Wein, der sich im Mischsatz bewährte.

Wie schon angedeutet, hat man Sorten wie Traminer und Muskateller als fürstliche Ehrenweine gelegentlich extra ausgebaut. Der Muskateller gehört zu den ältesten Schößlingen des Dionysos und stammt aus Kleinasien. Plinius hat ihn als Uva apiana, als Bienentraube beschrieben, weil die würzigen Beeren im Herbst bevorzugt von Bienen und Wespen genascht wurden. Nicht nur wegen seines ehrwürdigen Alters, auch in seinem Erscheinungsbild bleibt der Muskateller etwas Besonderes: Mit seinen goldgrünen, auf der Sonnenseite bronzierten Beeren und dem stattlichen Wuchs gibt er sich als klassischer Reben-Beau; sein heraldisch gezacktes Geblatt nahmen die Steinmetze des Mittelalters als Vorbild für die Ornamentik ihrer Bauplastiken.

Der Muskateller, des deutschen Volkslieds liebstes Kind, reift spät aus und entwickelt nur alle paar Jahre sein harmonisch reifes Muskatbukett, er ist launisch im Ertrag und pausiert auch mal drei Herbste hintereinander.

> Der Muskateller
> kommt selten in Keller:
> Kommt er aber hinein,
> gibt's sauern Wein.

Diesen Spruch fand Bronner in Wertheim. Die reifen Beeren wurden bei der Lese meist schon am Stock weggefuttert, die unreif gelesenen brachten dann einen entsprechenden Wein. An der Bergstraße hieß die Sorte auch Kümmeltraube. Heute hat der Muskateller als Sortenspezialität seine Domäne am Kaiserstuhl; 17 von insgesamt 53 Hektar in Deutschland stehen dort im Ertrag.

Der Traminer hieß im Oberland Rotedel, am Kaiserstuhl Christkindlestraube, im Fränkischen Brauns; in der Ortenau wird er bis heute Clevner genannt, nicht zu verwechseln mit dem als Clevner bezeichneten Frühburgunder im württembergischen Unterland oder den Clävnern, den Burgundern am Bodensee. 1349 schon leitete der fränkische Naturgelehrte Konrad von Megenberg den Namen der Rebe von dem Südtiroler Weinort

Tramin ab. 1568 ist der Traminer in Weingarten bei Karlsruhe bezeugt. Die spätreifenden hellroten Beeren geben einen Wein mit apartem Heckenrosenbukett, das nur in geringen Herbsten aufdringlich wirkt. Am besten gedeiht der Traminer auf Urgesteinsböden. Der Durbacher Clevner galt unter Markgraf Carl Friedrich als „Serenissimi Badensis Mundwein". Die Spielart des bukettüppigeren Gewürztraminers läßt sich im Weinberg vom Traminer kaum unterscheiden.

Nicht nur als Ehrentrunk, auch als Krankenwein war der Traminer begehrt. Paracelsus meinte 1529 von den stärkenden Arzneiweinen: „Der beste ist Traminer ..." Vielleicht geht er auf die von Plinius beschriebene nomentanische Rebe zurück; braunrotes Holz, Frosthärte, Feuchtigkeitsbedarf und geringer Ertrag sprechen dafür.

Der Veltliner, in Franken und an der Bergstraße auch Fleischtraube, im Breisgau Rotlichter genannt, trägt seine Herkunft im Namen und taucht im 16. Jahrhundert in der Kurpfalz auf. Diese Datierung gilt auch für Gutedel und Riesling. Ob die Regestennotiz von 1348, die fürs elsässische Kinzheim ein Rebgewann „zu dem Russelinge" erwähnt, auf Rieslinganbau anspielt, bleibt ungewiß. Russling, Rießling lautet die angestammte Schreibweise der Sorte, die erst später zu einem säuselnd sanften Riesling verharmlost wurde.

Wahrscheinlich überwog im mittelalterlichen Mischsatz am Oberrhein das Rotgewächs. Für Bergstraße und Kraichgau ist da der Gänsfüßer bezeugt, benannt nach seinem zackigen Laub, das Tabernaemontanus in seinem Kräuterbuch konterfeit hat. Von dem Produkt seiner glänzend schwarzen Beeren hieß es: „Bei dem roten Wein tut er, was der Riesling beim weißen tut."

Philipp Melanchthon, der Reformator aus Bretten, hat von dem Porträt eines Pfalzgrafen auf dem Heidelberger Schloß erzählt, den Narrenkappe und Gänsefedern auf dem Schoß als Liebhaber des Gänsfüßerweins ausgewiesen. Und Bronner berichtet von einem mehr

Sonne, Mond und Sterne, Rebe, Wein und Mensch gehörten jahrhundertelang kosmologisch zusammen.

als 130 Jahre alten Gänsfüßerstock an einem Haus in Leimen, der in Form und Umfang einem Zwetschgenbaum glich, in manchen Herbsten vier Ohm Wein, also 600 Liter, brachte und dem Eiswinter des Jahres 1829 zum Opfer fiel.

Weniger haltbar als die Gänsfüßerweine waren die des Gelbhölzers. Das Rotgewächs lieferte nach Bronner „einen sehr süßen Wein und weniger adstringierenden Stoff als die Burgundertraube". Vor dem Siegeszug des Blauen Spätburgunders am Kaiserstuhl hat in Sasbach der blaue Kläpfer mit seinem gerbstoffreichen herben Wein den Ruf des Sasbacher Roten begründet. Andernorts war der blaue Kläpfer auch als Hudler bekannt. Ein im Kraichgau verbreitetes Rotgewächs war der Römer, spätreifend, mittelmäßig im Ertrag.

Unausrottbar scheint die Mär vom Blauen Spätburgunder, den Kaiser Karl der Dicke 881 oder auch 884 angeblich im Königsweingarten von Bodman am Bodensee gepflanzt haben soll. Wie das so läuft, sei hier knapp skizziert. Der verdienstvolle Weinkundler Kurt M. Hoffmann bezieht sich 1985 auf eine entsprechende Notiz in Immanuel Dornfelds Geschichte des Weinbaus in Schwaben aus dem Jahr 1868. Dornfeld verweist seinerseits auf Carl Friedrich von Goks Schrift über den Weinbau am Bodensee, die 1834 herauskam. Und Gok wiederum hat seine Erkenntnis aus Gustav Schwabs 1826 erschienenem Reiseführer über den Bodensee, wo dieser ohne Jahresangabe oder Quellenhinweis mitteilt: „Carl der Dicke soll ihn gepflanzt haben ..."

In seinem Stammland Frankreich heißt der Spätburgunder Pinot noir, wobei „pin", Fichtenzapfen, auf die kompakte Form der blaubärtigen Traube verweist. Die eigenständige, vom gallischen Stamm der Allobroger um Vienne selektionierte Vitis allobrogica gilt als Stammform aller Burgundersorten. Römische Agrarschriftsteller berichteten von dieser Rebe, sie reife erst bei Frost, bevorzuge hügeliges Gelände, ihr Wein sei dunkel, und sie ermögliche den Rebbau selbst im kühleren Klima Burgunds und der Voralpenländer.

Spätestens die Zisterzienser haben die Rebe aus ihrer Heimat Burgund an Bodensee und Oberrhein gebracht. 1318 wird für Salem eine Stiftung des Burkhard von Rosenau erwähnt, wonach dem Konvent am Karsamstag eine Caritat Clävner-Wein zustehe. Das scheint die bisher früheste Erwähnung im Weinland Baden zu sein. Synonyme des Blauen Spätburgunders waren Klebrot, Süßschwarzer, Malterdinger, Schwarzträuble.

Der Frühburgunder, auch Jakobstraube oder Augusttraube genannt, ist eine sehr sensible Spielart des Spätburgunders und wird heute fast nur noch im württembergischen Unterland oder am Mainviereck gepflegt. Lambert von Babo gab 1857 für den frühen blauen Clävner am Oberrhein an, er sei nur „als Curiosität wegen seiner frühen Reife zu empfehlen" und tauche gelegentlich noch als Spaliertraube auf.

Der Affentaler des Zisterzienserinnenklosters Lichtental verdankt seinen Ruhm ursprünglich einer weiteren Spielart des Spätburgunders, dem Blauen Arbst, der sich von der Stammsorte durch fast runde Blätter, dicke Traubenstiele und spätere Reife unterschied.

Ein Kapitel für sich sind die Kräuterweine, die Würzweine und die gearzteten Weine. Für sie wurden Kräuter, Wurzeln, Früchte, Gewürze frisch oder getrocknet, pulverisiert oder gekocht dem Most oder Wein beigegeben, oft auch noch mit Honig nachgesüßt. Claret, Lautertrunk, hieß das Gebräu, wenn die Zusätze zum Schluß herausgefiltert wurden; Moras, ursprünglich auf der Basis vergorener Maulbeeren, nannte man das Getränk, wenn das Gewürz als Ganzes im Wein blieb. Beliebte Weinwürzen waren Alant, Fenchel, Salbei, Borretsch, Raute, Rosmarin, Wermut, Ysop, Johanniskraut und Holunder. Als heilkräftig zusammen mit Wein galten aber auch Pfeffer, Zimt, Ingwer, Muskatnuß, Kümmel, Gewürznelken und die tropische Galgantwurzel, also fast alles, was damals exotisch und sündhaft teuer war.

Zünftige Ordnung

Rebleutezünfte wie Winzerbruderschaften stellten gleichermaßen soziale Solidargemeinschaften und religiöse Korporationen, offizielle Standesvertretungen und eine Art untere Aufsichtsbehörde dar. In den Städten war ihnen meist ein bestimmter Mauerabschnitt als Verteidigungsstellung zugewiesen. Eheliche Geburt war Voraussetzung für eine Aufnahme in die Zunft.

In der damaligen Reichsstadt Konstanz bildeten die Rebleute ab 1424 ein eigene Zunft. Im Rat standen ihr ebenso wie der Zunft der Weinschänken je vier Sitze zu, den viel zahlreicheren Leinen- und Wollenwebern nur die Hälfte. Die meisten Rebleute wohnten in Petershausen und im Paradies. Ihr Durchschnittsvermögen war bescheiden, betrug meist nur ein Bruchteil dessen, was die Weinschänken, die auch mit Wein handelten, zu versteuern hatten. 1523 bauten sie ihr Zunfthaus Zum Weingarten in der Husestraße; zuvor hatten sie im Haus Zum Alber in der Rosgartenstraße getagt.

Ein Zunfthaus der Rebleute in Überlingen wird 1402 erwähnt. Der bekannte Schwertletanz war ursprünglich ein Privileg der ledigen Rebleute in der Zunft zum Wolfen. Die Verfassung der Reichsstadt gründete seit dem frühen 14. Jahrhundert auf die Zünfte; bis 1802 regierten sie mit den patrizischen Geschlechtern im Verhältnis sieben zu eins.

Die Weinleiter, das Transportgerät der Schröter, im Stadtwappen von Weinheim an der Bergstraße.

In Freiburg erhielten die Rebleute 1379 die Zünftigkeit. Mit 271 Mitgliedern stellten sie damals in der 9 000 Einwohner starken Stadt bei weitem die stattlichste Zunft. Ihr Lokal Zur Sonne mußte 1795 wegen Baufälligkeit versteigert werden. 1822 zählte die Rebleutezunft noch 162 Mitglieder, 1858, als sie per Ministerialerlaß aufgehoben wurde, noch 76.

Für Ettenheim ist eine Bauern- und Rebleutezunft 1503 bezeugt. Das Zunfthaus in der Schläfergasse brannte im Dreißigjährigen Krieg nieder. Eine Zunftstube mit eigener Küche mußte danach genügen.

1849 gehörten der Vereinigung noch 140 Mitglieder an. Erhalten ist die barocke Zunfttruhe mit herrschaftlichen Zunftordnungen, Protokollen, Briefen, verschwunden die 17 Pfund schwere „Zunftfläschen", ein Riesenhumpen aus Zinn.

In Burkheim gab der Pfandherr Lazarus von Schwendi den Rebleuten 1571 eine Zunftordnung, die sich am Vorbild Freiburgs orientierte. Ein silberner Zunftbecher mit dem Porträt Schwendis wird auf dem Rathaus des Städtchens gehütet. In Mosbach, wo der Weinbau längst erloschen ist, umfaßte die Winzerzunft um 1570 noch hundert Mitglieder.

Merkwürdig wenig bekannt ist über die Institution der Schröter, Weinlader, Weinspünder, Faßzieher. 1439 wird in Heidelberg eine Schröterzunft erwähnt. Weinheim an der Bergstraße führt die Schröterleiter im Stadtwappen. Mit Schroten bezeichnete man den Transport der Fässer in die Keller und aus den Kellern, aufs Fuhrwerk oder aufs Schiff. Derlei Weintransporte erledigt inzwischen die Pumpe.

Zur Berufsgruppe der Schröter gehörten auch die Visierer, Sinner oder Eicher, die Weinmesser, Weinsticher und Weinrufer sowie die Küfer oder Faßbinder, aus deren Reihen sich die meisten Schröter oder Weinlader rekrutierten. Die Schrotleiter mit Seilen und Winde war das wichtigste Arbeitsgerät und erscheint bereits auf dem Grabmal eines römischen Weinhändlers in Mainz. Auf der Schrotleiter trugen die Weinlader einen verstorbenen Genossen zu Grabe. In Basel gab es seit dem 15. Jahrhundert neben den Rebleuten die vier Zünfte der Weinhändler, Weinlader, Weinrufer und Weinschänken. In kleinen Gemeinden nahmen die Schröter derlei Aufgaben in Personalunion wahr und traten auch als Weinkommissionäre, als Makler zwischen Erzeuger, Fuhrunternehmer und Käufer, auf. Ihr Durst war berüchtigt. Auf den Dörfern, wie im tauberfränkischen Dainbach, berief die Gemeinde die Schröter vor der Weinlese und stellte Eicheimer, Leiter, Seil und Dorfwaage zur Verfügung.

Weinhandel, Weinschlag, Weinpanscher

Auch im mittelalterlichen Weinhandel waren die Klöster lange führend. Dank ihres weitgespannten Rebbesitzes und mit den Weinabgaben pflichtiger Bauern produzierten sie die für den Markt erforderlichen Überschüsse; sie besaßen das Kapital und das Fachwissen, den Wein auszubauen, zu lagern und zu transportieren, sie profitierten von Steuererlassen und Zollprivilegien.

Den Handel erschwerten nämlich zunehmend die zahlreichen Binnenzölle für Schiff und Wagen, am Hafen und am Tor, auf Brücke und Markt. Um 1400 wurden allein auf der Rheinstrecke zwischen Basel und Mainz knapp zwei Dutzend Zölle erhoben. 1355 erlaubte der Pfalzgraf Ruprecht der Ältere dem Zisterzienserinnenkloster Lichtental, jährlich „fünfzig Fuder Weines ewiglichen zollfrei" passieren zu lassen. Im gleichen Jahr erhielten von ihm die Deutschherren Zollfreiheit für ihre Weineinkünfte von der Bergstraße, da „diese Weingült ihnen zu einem rechten Seelenfrieden gegeben" seien.

Zu derlei Zollvergünstigungen für geistliche Institutionen kam noch die privilegierte Position der Klöster in den aufstrebenden Städten. Sie hatten sich dort, meist noch von der königlichen Gewalt, Freiheit von allen bürgerlichen Steuern und Abgaben zusichern lassen und konnten lange nahezu konkurrenzlos billig ihren Wein verkaufen und ausschenken. Das Zisterzienserkloster Bronnbach war von allen Wasserzöllen für seine Weintransporte auf Main und Rhein befreit. In Wertheim, Miltenberg, Würzburg und Frankfurt besaß das Kloster eigene Weinhöfe, für deren Ausschank teilweise keinerlei Ungelt zu zahlen war.

Ähnliche Höfe und Privilegien besaßen das Zisterzienserkloster Schönau bei Neckarsteinach und das Ritterstift Odenheim in Speyer, das Benediktinerkloster St. Peter in Freiburg oder die Abteien Gengenbach, Schuttern und Schwarzach in Straßburg. Für den reichsstädtischen Schutz, der ihnen dort zuteil wurde, hatten die drei Klöster in Kriegszeiten die Pferde zu stellen, die den Straßburger Fahnenwagen mit dem großen Stadtbanner zogen. Neben Salem besaß St. Blasien seit 1272 und das Hochstift Konstanz seit 1327 in der Reichsstadt Esslingen am Neckar eigene Weinhöfe.

Eine Sonderstellung nahm Salem ein. Zwei Mönche oder Laienbrüder waren dort ständig als mercatores, als Verkäufer klostereigener Landwirtschaftsprodukte sowie als Einkäufer anderer Erzeugnisse unterwegs. Im 14. Jahrhundert hatte Salem Höfe und Besitzungen in 29 Städten. Dankbare Abnehmer des Salemer Weins waren daneben die weinarmen Klöster Kempten, Ottobeuren, Irsee, die Frauenklöster Buchau und Heggbach sowie das Chorherrenstift Raitenbuch.

Wenig Glück hatte dagegen das Kloster Reichenau mit seinem 968 gegründeten Markt Allensbach. Hinderlich war schon, daß dreimal im Jahr für jeweils zwei Wochen keinerlei Wein oder andere Waren dort verkauft werden durften, bis das Kloster selbst seine Überschüsse losgeworden war. Hinzu kam die Konkurrenz des 1100 gegründeten zweiten Reichenauer Marktes Radolfzell, von Umschlagplätzen wie Konstanz oder Überlingen zu schweigen. Allensbach selbst war damals noch ein reines Winzerstädtchen. Von 336 Flurnamen der Gemarkung bezogen sich 106 auf den Rebbau.

Den stattlichsten Weinbesitz am See wies die Reichsstadt Überlingen auf. Als nach dem Rekordertrag des Jahres 1483 den Herbst darauf ein noch reicherer und besserer Jahrgang heranwuchs, ließ man mehr als eine Million Liter des 83ers in den See laufen. 1552 betrug die Überlinger Weinproduktion 4 900 Fuder, also 56 000 Hektoliter, der Jahresdurchschnitt lag bei 26 000 Hektoliter. Um die Eichenbalken für die neue Torkel des Heilig-Geist-Spitals heranzuschaffen, waren 70 Pferde nötig. 268 Hektar grünten um die Stadt, in der nicht ein einziger Pflug zu finden war. Auf einem Steckenmarkt beim heutigen Badhotel konnten sich die Winzer mit Rebpfählen, vor allem aus dem Vorarlberg, eindecken. Die Hälfte des jährlichen Weinertrags wurde auf den Wochenmärkten und den drei großen Jahrmärkten verkauft. Oberschwaben und das Allgäu waren die Hauptabnehmer. Im Tauschhandel gegen Salz ging der Überlinger auch ins Bayrische. Hinzu kam der lukrative Handel mit Getreide aus dem Linzgau, das oft gegen Wein verrechnet wurde. Die wichtigsten Kornkunden waren die Nordschweiz und Vorarlberg. Der Handel vollzog sich in der Gret, dem Kornhaus, das früher unmittelbar am Hafen lag. Jede der vier Hallen im Erdgeschoß, Mainauer Gret, Mittelgret, Habergret und Schmalzgret, besaßen je ein Tor zur Stadt und zum Wasser hin, so daß von beiden Seiten bequem angeliefert und abtransportiert werden konnte. Das heutige Kornhaus, die neue Gret, wurde 1788 von Franz Anton Bagnato errichtet.

Unter den Weinhandelsplätzen am Oberrhein war Straßburg unstreitig der vornehmste. Von hier aus gingen die Faßtransporte stromabwärts nach Frankfurt und Köln und von Frankfurt in Richtung Lübeck, Erfurt, Nürnberg. Am 1385 errichteten Ill-Kranen zwischen Rabenbrücke und St. Nikolausbrücke wurde auch rechtsrheinisches Gewächs, Breisgauer und Oberländer, umgeschlagen. Der Breisgauer, der damals noch das nördliche Markgräflerland, Tuniberg und Kaiserstuhl als Einzugsgebiete umfaßte, fand vor allem in der Schweiz, im Schwarzwald, in Oberschwaben und im Allgäu Absatz. Auf dem bedeutenden Ulmer Weinmarkt rangierte der Breisgauer preislich zwischen dem Elsässer und dem Neckartäler.

Eine Wertheimer Spezialität sind die Weinfuderpreise der Baujahre, die zahlreiche Fachwerkhäuser hier an ihrer Giebelstirn tragen, von einem Gulden im Jahr 1388 bis zu 111 Gulden im Jahr 1577. Weinbau und Weinhandel waren der Herzmuskel des wirtschaftlichen Organismus. Wertheim, die Stadt zwischen den Wassern, ist sozusagen aus Wein erbaut. Was da als Wertheimer „auf die Achsen und das Wasser" verkauft wurde, stammte zum wenigsten von den Hängen der Tauber. Hinter ein paar Flußschlingen lag ja schon das eigenständig wirtschaftende Kloster Bronnbach, und im Muschelkalkland hatten die Weinhändler des mainzischen Oberamts Bischofsheim den Markt besetzt. So sind es immer wieder die Namen von Mainorten, von Bettingen bis Klingenberg, die in den Rechnungsbelegen der Stadt auftauchen. Der Wertheimer Weinhändler Lorenz Baunach allein kaufte 1575/76 gut tausend Hektoliter Wein aus der Umgebung auf.

Der Rektor des Wertheimer Lyzeums, Johann Friedrich Neidhardt, berichtet im Journal von und für Franken 1793 über den Weinkommerz: „Es sind noch eigenhändige Briefe aus dem Anfange des 16. Jahrhunderts von den Kurfürsten zu Sachsen und zu Brandenburg an die Grafen von Wertheim in dem Archive vorhanden, in denen sie die Übersendung einiger Fuder hiesigen Gewächses zu ihrem Mundwein verlangen. Und bis jetzt sind die Weine unserer Stadt nach Kursachsen, in die Brandenburgischen, Sächsischen und Fränkischen Staaten, in die Fränkischen Reichsstädte und Bistümer, nach Baiern und Böhmen und anderwärts hin häufig verführet worden. Müssen sie auch gleich nach dem Geschmacke der Weinkenner dem ächten Rheingauer an Stärke und Feuer in etwas nachstehen, so kann dieser ihnen doch wohl an Lieblichkeit und Zartheit nicht beikommen; auch halten sie sich sehr gut und lange auf Lager, so daß ihre Güte mit den Jahren zunimmt. Von ihrer innern, dem menschlichen Körper wohltätigen Kraft ist dieses unter anderm ein sicherer Beweis, daß sie, auch reichlich genossen, die quälenden Schmerzen des Podagras und des Steins nicht nach sich ziehen, daher auch die Bewohner des hiesigen Ortes den Anfällen dieser so gefürchteten Feinde bei dem Genuß ihres Weines gar nicht ausgesetzt sind."

Der Basler Weinmarkt fand seit 1378 am Weißen Stein vor dem alten Rathaus statt. Die kapitalstarke Handelsstadt und die obere Markgrafschaft

Der Weingenießer. Holzschnitt aus: Teutscher Kalender, Augsburg 1495.

waren seit 1488 durch den sogenannten Weinschlag miteinander verbunden. Die geschworenen Weinsticher der Basler Zunft zu Weinleuten und markgräfliche Delegierte bestimmten „freitags nach Catharina Tag" die Mindestpreise für den jungen Jahrgang. Er galt voll für die Weine aus den markgräflichen Orten „diesseits dem Sausenhardt", also südlich der Kander, während die Gewächse „jenseits dem Sausenhardt" und dem Baslerland jeweils um einen Schilling niedriger angesetzt wurden. Da viele Basler Gläubiger von ihren ländlichen Schuldnern Wein in Zahlung nahmen, hat sich dieser Weinschlag bis zum Jahr 1804 gehalten. Für die Markgrafschaft selbst galt er bis 1829.

Rechtsgeschäfte wurden mit einem gemeinsamen Trunk, dem Weinkauf besiegelt. Je höher der Betrag war, um den es ging, desto mehr Weinkrüge waren erlaubt. Dazu gab es noch den Vinum testimoniale, den Weintrunk für die Zeugen eines Rechtsgeschäfts, sozusagen eine flüssige Zeugengebühr.

Von der Ausweitung des Weinbaus im Weichbild der Städte profitierte auch der Handel. Neben den Taglöhnern im Rebbau und den grundherrschaftlich gebundenen Vertragswinzern gab es dort inzwischen auch freie Rebleute. Wohlhabende Weinbergbesitzer gewährten diesen Winzern Darlehen, die mit Wein abgegolten wurden. Die im Herbst fällige Weinschuld legte man nach der jeweils fälligen Stadtrechnung fest, die um Martini vom Rat bestimmt wurde.

An dieser Stadtrechnung orientierten sich auch die Fuhrleute, die als selbständige Händler auftraten. Am Oberrhein belud man ein vierspänniges Pferdefuhrwerk mit maximal 12 Ohm, etwa 1 800 Litern. Witterungseinflüsse und das lange Rütteln auf Achse bekamen dem Wein nicht immer gut. Also durfte vor einer Fahrt pro Fuder mit einem Lot lautern Schwefels nachgeholfen werden, auch hingen die Fuhrleute Süßholz ins Faß, sobald der Wein aufzustoßen oder zu brausen begann. Es gab aber auch noch üblere Praktiken, die flüssige Fracht zu stabilisieren.

Sicherer, schneller, preisgünstiger war allemal der Weintransport auf dem Wasser. Basel, Breisach und Straßburg hielten auf ihren Stromabschnitten die Fahrrinne frei. Die Ledi auf dem Bodensee war ursprünglich nur ein kleiner Lastensegler. Bis zum 18. Jahrhundert wuchsen die Ledinen auf 30 Meter Länge mit 150 Tonnen Ladekapazität an. Sie beförderten vor allem Salz, Wein, Getreide, Holz und Leinwandballen. Daneben gab es seit dem 14. Jahrhundert Marktschiffe, die Güter und Personen zu den jeweiligen Märkten rund um den See brachten. Die Segelschiffahrt wurde vom regelmäßigen Wechsel der Land- und Seewinde beflügelt.

Mit dem Weinhandel florierte das Weinpanschen. Schon im 15. Jahrhundert riet ein Weinkompendium zu kritischem Probieren vor dem Kauf: „Man soll den Wein des Morgens trinken, so man den Mund gewaschen und drei oder vier Brocken Brot in Wasser getunkt gegessen hat. Wer ganz nüchtern oder ganz voll ist, dem sein Mund wird leicht betrogen." Ein anderer Autor riet: „Beim Probieren solle einer den Wein fadenartig einziehn und ihn oftmals in Mund nehmen und darin halten, damit du des Weines Tugend und Untugend, Eigenschaft, Kraft und Geschmack erkennen mögest."

Harmlos war noch, wenn dem Faßinhalt mit Branntwein nachgeholfen wurde. Schlimmer war schon der Verschnitt mit überschwefeltem eingedicktem Traubensaft, einer frühen Spielart der Süßreserve. In Überlingen wurde anno 1471 angeblich ein Hans Schertweg eingemauert, weil er seit Jahren jeweils ein Fuder Wein mit 11 Eimern Wasser gestreckt hatte; ein Seefuder faßte 1 231, ein See-Eimer etwa 41 Liter. Die Stadt Basel verbot wiederholt, Landwein mit Elsässer sowie junge und alte Weine zu mischen oder Gewächse mit Waidasche, Senf, Eiern, Milch, Kalk oder Schwefel zu „arznen".

In seiner Landesordnung von 1495 erließ Markgraf Christoph I. zugleich die erste badische

Der Weinwürzer. Holzschnitt aus: Arnaldus de Villanova, Von der Bereytung des wyn, 1529.

Weinordnung: „Dieweil seit länger her viel unziemliche und schädliche Gemäche bei den Weinbesitzern in Schwang gekommen, soll keiner, der Wein zu verkaufen hat, denselben mit anderen Dingen oder Arzneien vermischen, sondern jeglichs Gewächs rein belassen, wie es erwachsen ist. Doch mag einer zur Bereitung der Fässer wohl ein Ringlein Schwefels gebrauchen, um den Wein frisch zu machen, soweit es den Menschen unschädlich ist.

Ferner soll niemand einigen Wein mit anderleiigem untermischen, sondern jegliche Gattung, sei es Elsässer, Ortenauer, Breisgauer, Rhein- oder Landwein unvermengt lassen, wie er gewachsen und an sich geworden. Und damit diese Verordnung umso verständlicher sei, sollen alle Küfermeister und Küferknechte den Amtsleuten an Eidesstatt geloben, sorglich darüber zu wachen, daß kein Wein, welcher zum Verkaufen oder zum Verzapfen bestimmt ist, mit fremdartigen und schädlichen Dingen vermischt und aufgezogen werde. Denn nur einerlei Vermischung mag erlaubt sein, wenn gefärbter", also abgelassener und geschönter, „oder gestrebter", also noch auf den Trestern liegender Wein, „wenn Elsässer, Breisgauer, Rhein- oder Landwein jeglicher mit seinesgleichen, nicht aber Elsässer mit Breisgauer oder Ortenauer mit Landwein vermengt und gezogen wird. Und nachdem neuerlich erfunden worden und in Übung gekommen, den Most im Herbst mit Ringlein einzuschwefeln, damit er süß verbleibe, so soll man derlei Wein ebenfalls unvermischt halten und besonders verkaufen. Alles bei gebührender Strafe an Leib und Gut."

Der Freiburger Reichstag unter Maximilian I. bestätigt drei Jahre später diese Ordnung im wesentlichen für das ganze Reichsgebiet. Ein Ringlein Schwefel zur Präparierung der Fässer oder ein Lot lauteren Schwefels pro Fuder waren erlaubt. Der legal geschwefelte Wein mußte aber als solcher beim Verkauf deklariert werden. Die gefährlichste Mitgift, schon seit dem 14. Jahrhundert gebräuchlich, war jedoch die Zugabe von Quecksilber und Bleiweiß, also Bleikarbonat, um die Weine durch Gärstopp süß zu halten.

Das große Saufjahrhundert

Im 16. Jahrhundert hatte der Weinbau am Oberrhein von der Ausdehnung her seinen Höchststand erreicht. Nach den Wüstungen im Gefolge der Pest begann im späten Mittelalter mit der erneut wachsenden Bevölkerungsdichte die letzte Phase eines intensiven Landesausbaus, so daß laut der Zimmerschen Chronik „die Landsart mehr denn in Menschen Gedächtnis aufgetan und schier kein Winkel, auch in den rauhesten Wäldern und höchsten Gebirgen, unausgereutet und unbewohnt blieb". In Denzlingen im Breisgau heißt es beispielsweise: „... und ist der Berg von altersher ein Eichwald gewesen ... und hat man ein Rebberg daraus gemacht ungefähr in anno 1430." In den Schwarzwaldtälern kletterte die Rebe bis über die Höhenmarke von 700 Metern. Selbst auf der Baar, dem Kältepol des Südwestens, wurde Wein gebaut, wie die Flurnamen Weinhalde oder Rebberg bei Villingen verraten; erklärlich wird das nur durch die Annahme eines wärmeren Klimas im späten Mittelalter.

Was die Ausweitung des Rebbaus weiter förderte, war die Erbsitte der Realteilung. Längst schon hatte sie auch die grundherrschaftlich gebundenen Güter erfaßt, da der ertragsintensive Weinbau auch kleineren Betrieben ein Auskommen ermöglichte. Zunehmend wurden deshalb Ackerfluren in Wingerte verwandelt, brachliegende Hänge der Rebkultur erschlossen.

Der Wucherer. Holzschnitt aus: Sebastian Brant, Narrenschiff, Straßburg 1507.

Die Realteilung ebnete im Weinland schroffe soziale Gegensätze ein; sie förderte, so Wolfgang von Hippel, durch gesteigerte Bodenmobilität „breitgestreuten Landbesitz und erleichterte in engem Wechselspiel mit dem Übergreifen einer am Stadtrecht orientierten Gemeindeverfassung auf das flache Land und mit fast unbeschränkter Entwicklung des Landhandwerks die bürgerliche Niederlassung. Die Folge waren im Vergleich mit den Anerbengebieten niedrigeres Heiratsalter und schnelleres natürliches Bevölkerungswachstum ..."

Schließlich mußte die Obrigkeit mit Forstordnungen der Rodung einen Riegel vorschieben. Hinzu kamen ab der Mitte des 16. Jahrhunderts landesherrliche Teilungsverbote, um die Güterzersplitterung in Maßen zu halten, die Steuerkraft der Gemeinden sowie die Spannfähigkeit der Betriebe für Frondienstleistungen nicht weiter zu schmälern.

Längst war der Wein über seine Anbaugebiete hinaus Volksgetränk geworden. Der Konsum pro Kopf wird fürs 16. Jahrhundert auf 150 bis 200 Liter im Jahr geschätzt und lag in den Rebregionen noch darüber. Bassermann-Jordan bezeichnete das Säkulum als „die Haupt-Zechperiode des deutschen Volkes".

Als Martin Luther 1534 die Psalmen auslegte, merkte er beim 101. an: „Es muß ein jeglich Land seinen eigenen Teufel haben. Unser deutscher Teufel wird ein guter Weinschlauch sein und muß Sauf heißen ... Und es wird solcher ewiger Durst Deutschlands Plage bleiben, hab ich Sorge, bis an den jüngsten Tag." Weltliche und geistliche Obrigkeiten eiferten vor allem gegen die zum förmlichen Trinkzwang ausgeartete Sitte des Zutrinkens „mit Nötigen, Worten, Winken, Treten, Gebärden". Landesherrliche Erlasse und Reichstage predigten litaneiartig wider das allgemeine Saufen, allerdings schon deshalb ohne Erfolg, weil die großen Hansen mit schlechtem Beispiel vorangingen. 1524 konstituierte sich in Heidelberg ein Fürstenbund wider die Unsitte des Zutrinkens, genannt der Orden vom goldenen Ring. Daß dieser Orden seine Mitglieder bei Besuchen an norddeutschen Höfen von ihrer Verpflichtung lösen mußte, spricht für sich.

Pfeiferhans, Bundschuh und Bauernkrieg

Nahezu die Hälfte des südwestdeutschen Reblandes wurde vom Krummstab regiert. Der Wirtschaftshistoriker Eberhard Gothein hat die Lage für den Breisgau so gekennzeichnet: „Milde Herren waren die Äbte mitnichten; auf jedes Recht und jede Einnahme, die ihnen von den Bauern zustand, hielten sie mindestens ebenso zähe wie die Adligen, und jeder Änderung widerstrebten sie mit der vereinigten Hartnäckigkeit des Grundherrn und des Klerikers."

Wachsender Steuerdruck im Zuge der Entwicklung zur absoluten Landesherrschaft, der Übergang von der Natural- zur Geldwirtschaft, die obrigkeitlich betriebene Erosion des „guten alten Rechts", vor allem der freiheitlichen Gemeindeverfassungen, die juristische wie finanzielle Privilegierung der Geistlichkeit, die massive wirtschaftliche Konkurrenz der Stifte, Klöster, Ordenshäuser, das einseitige Abwälzen der Lasten auf den gemeinen Mann – all das konzentrierte sich vor allem in den Weinlandschaften und schuf eine immer bedrohlichere Atmosphäre.

Hinzu kam der Autoritätsverfall der Amtskirche. Pfaffenhaß und Pfaffenverachtung des Volkes galten dabei kaum dem armen Stadtkaplan oder Dorfpfarrer, der mit seiner Köchin in Winkelehe lebte, sondern dem „beschorenen faulen Haufen" der Mönche, den pfründensammelnden Prälaten, der skandalösen Verquickung weltlichen Machtstrebens und schamloser Geldwirtschaft mit dem geistlich seelsorgerischen Auftrag allgemein. Nicht von ungefähr entzündete sich die Reformation an den Finanzpraktiken der Kirche, am „heiligen Geschäft" des Ablaßhandels.

Die Bewegung des Pfeifers von Niklashausen am Unterlauf der Tauber schreckte als erstes Donnergrollen. Im Frühjahr 1476 hatte der blutjunge Hirte Hans Böhm, als Tanzbodenmusikant unter dem Namen Pfeiferhänsle bekannt, nach einer Marienvision plötzlich zu predigen begonnen. Anfangs zog er gegen Hoffart, Modetorheiten und allgemeine Sündhaftigkeit los, dann aber wandelten sich seine Predigten zu sozialrevolutionären Attacken gegen die weltliche und geistliche Obrigkeit, die nicht einmal Papst und Kaiser verschonten; die Pfaffen werde man zu Tode schlagen, es werde noch dahin kommen, daß der Edelmann wie ein Taglöhner arbeiten müsse, und „hätten alle gleich, hätten alle genug". Der Zulauf nach Niklashausen war ungeheuer. In Würzburg mußte das Pfeiferhänsle die Zeche auf dem Scheiterhaufen bezahlen.

Am Oberrhein schreckte der Bundschuh die Obrigkeit. Der um die Knöcheln geschnürte Bundschuh galt früh schon als Ausweis des gemeinen Mannes im Gegensatz zum adligen Reiterstiefel. Unterm Zeichen des Bundschuhs hatten sich die Bauern, Winzer, Ackerbürger am Oberrhein 1444 gegen die Armagnacen, marodierende welsche Söldner, zu Milizen zusammengeschlossen, weil ihre Herrschaften untätig geblieben waren. Hier wirkte das Vorbild der schweizerischen Eidgenossenschaft. In Schliengen wurde erstmals der Bundschuh als Zeichen einer sozialen Erhebung aufgeworfen, als das Dorf dem Basler Bischof eine Landschatzung verweigerte. 1493 bildete sich in Schlettstadt im El-

Die früher gemeindeeigene „Stube" in Pfaffenweiler im Markgräflerland.

83

saß eine Bundschuh-Verschwörung, die sich vor allem gegen die Anmaßungen des bischöflichen Gerichts in Straßburg und des kaiserlichen Hofgerichts im schwäbischen Rottweil wandte. Notfalls wollten die Verschwörer ihre Forderungen mit Gewalt durchsetzen. Sie wurden verraten und abgeurteilt.

Das Netz der folgenden drei Konspirationen im Zeichen des Bundschuhs, 1502 im Hochstift Speyer, 1513 im Breisgau und 1517 am ganzen Oberrhein, knüpfte der Bauer Joß Fritz aus Untergrombach bei Bruchsal. Anfangs stand die Forderung nach dem guten alten Recht im Vordergrund, dann radikalisierte sich das Programm im Namen der göttlichen Gerechtigkeit, einer Art biblisch beglaubigten Naturrechts, an dem sich jede Herrschaft messen lassen müsse. Schließlich wollte der Bundschuh, wenn wir die auf der Folter erpreßten Geständnisse ernst nehmen dürfen, nur noch dem Kaiser und einer an Haupt und Gliedern reformierten Kirche pflichtig sein. Bei der letzten Verschwörung 1517 spannte Joß Fritz Bettler, Vaganten, Spielleute und Wanderkrämer als Werber und Kundschafter ein, zu deren Erkennungszeichen auch „ein Rebmesser und ein Kreuz darin" gehörte.

Alle drei Unternehmen scheiterten vorzeitig an Verrat. Joß Fritz, von Friedrich Engels als „Musterkonspirateur" bewundert, gelang immer wieder die Flucht. Als 1525 am Schwarzwald der große Bauernkrieg ausbrach, tauchte er noch einmal auf, graubärtig, alt, ungebrochen: „er könne oder mög nicht sterben, der Bundschuh habe denn zuvor seinen Fortgang erlangt." Über sein weiteres Schicksal ist nichts bekannt.

Ein eher lokales Intermezzo blieb, nach dem Vorbild des Armen Konrad in Württemberg, der Arme Konrad, den 1514 der Gugelbastian in Bühl schürte. Er verwarf die Neuordnung des Erbrechts durch Markgraf Christoph, die den Ehemann beim Tod der Frau, entgegen altem Brauch, benachteiligte, weiter die Anzeigepflicht der Untertanen vor dem Ruggericht und das Verbot des Gewohnheitsrechtes, wonach jeder Mann für seine schwangere Frau ein Gericht Fische fangen durfte. Hauptartikel der Beschwerden war jedoch die Erhöhung des Ungelts auf das Fünffache und dessen Ausweitung auf den häuslichen Weinkonsum.

Die Ereignisse des Bauernkriegs zwischen Main und Bodensee nachzuzeichnen ist hier weder nötig noch möglich. Immerhin gelang es den unter Hans Müller von Bulgenbach vereinten Breisgauer, Hachberger, Ortenauer und Schwarzwälder Haufen, 12 000 Mann stark, im Mai 1525 das vorderösterreichische Freiburg nach mehrtägigem Beschuß einzunehmen und zum Anschluß an die christliche Vereinigung zu zwingen. In den Beschwerdeartikeln blitzt immer wieder der Wein auf. Die Stühlinger Bauern erklärten, sie wollten für die Herrschaft keine Weinfuhren aus dem Ausland mehr leisten, dafür unterm Jahr ein paar Wochen selbst frei Wein auszapfen. Die Winzer im Klettgau wandten sich gegen Fronarbeiten in den herrschaftlichen Weinbergen. Schankfreiheit im eigenen Haus forderten auch die Schwarzwälder Artikel. Der Reichsreformentwurf Friedrich Weigandts aus Gamburg an der Tauber sah für ganz Deutschland schon einheitliches Maß und einheitliche Münze vor. Und das fränkische Bauernheer mit dem harten Kern des Taubertäler Haufens proklamierte lange vor der Französischen Revolution die staatsbürgerliche Rechtsgleichheit von Geistlichen und Weltlichen, Edlen und Unedlen.

Das Ende der Erhebung ist bekannt. Die politischen, wirtschaftlichen, rechtlichen, sozialen und volkskirchlichen Forderungen der Bürger und Bauern wurden in Blut, Rauch und Tränen erstickt. Gewinner blieb der Landesherr. Besitzrecht und Herrschaftsformen versteinerten. Trotz der geschätzten 100 000 Toten zwischen Thüringen und Oberschwaben, dem Elsaß und Tirol blieb die Konjunktur ungebrochen.

Die Reformation drang nicht durch

Die Programmatiker des Bauernkriegs hatten neben der freien Pfarrerwahl und der Aufrichtung des Evangeliums auch die Säkularisierung der geistlichen Herrschaften sowie die Nutzung des Kirchenvermögens für Schule und Sozialhilfe gefordert. In den geistlichen Territorien, im habsburgischen Vorderösterreich sowie in der Markgrafschaft Baden-Baden behauptete sich nach dem Sieg der alten Gewalten auch der alte Glaube. Die Linie Baden-Durlach, die Pfälzer Kurfürsten, die Grafen von Wertheim und ein Großteil der Reichsritterschaft führten die Reformation ein. Das schuf an manchen Orten kuriose Verhältnisse. So gehörten Bötzingen und Oberschaffhausen am Kaiserstuhl jeweils hälftig zu Vorderösterreich und Baden-Durlach. In Bötzingen benutzten die badischen Protestanten das katholische Gotteshaus im habsburgischen Ortsteil bis 1792. Gemeinsam war beiden Konfessionen auch der Friedhof. Aber zusammen mit dem ebenfalls konfessionell gespaltenen Oberschaffhausen gab es bis zum Jahr 1876 vier Konfessionsschulen.

Ein rarer Repräsentant religiöser Toleranz war Lazarus von Schwendi, der einer hartnäckigen Legende nach den Ruländer als Tokayerrebe an den Oberrhein gebracht haben soll. Kurioserweise kam er 1522 als unehelicher Sproß des oberschwäbischen Junkers Ruland von Schwendi zur Welt. Der Vater ließ den Buben als Erben legitimieren. Nach dem Studium in Basel und Straßburg, Hochburgen des Humanismus, trat Schwendi in kaiserliche Dienste, erst als Diplomat, dann, seit dem Schmalkaldischen Krieg, als

Inhaber eines Regiments. Nachdem sich Schwendi an der Seite des Prinzen Egmont und Wilhelms von Oranien in den Niederlanden gegen die Franzosen ausgezeichnet hatte, ging er 1564 als Generalobrist der deutschen Truppen nach Ungarn und eroberte die Festung Tokay. Ein Zeitgenosse schrieb, der Türke habe „ihn mehr gefürchtet als unser ganzes Heer".

Aber mit seinem Drängen auf eine starke kaiserliche Zentralgewalt verbitterte Schwendi die Reichsfürsten, und mit seiner Forderung nach einem Toleranzedikt und einer Mitwirkung der Protestanten im Reichsregiment eckte er bei der spanischen Partei am Kaiserhof an. Ohne Religionsfrieden sah Schwendi für Deutschland einen selbstmörderischen Bürgerkrieg heraufziehen. Als Autorität für die Türkenabwehr wollte er die allgemeine Wehrpflicht einführen und das Anwerben deutscher Landsknechte im Ausland abschaffen, da „schier nichts wohlfeiler ist dann der Deutschen Fleisch und Blut".

Die Kamarilla in der Wiener Hofburg setzte Schwendi schachmatt. Er zog sich auf seine verstreute kleine Landesherrschaft am Oberrhein zurück, die Herrschaft Burkheim und der Talgang am Kaiserstuhl, die Herrschaft Triberg im Schwarzwald, Hohenlandsberg im Elsaß, die Reichsvogtei Kaysersberg sowie die Herrschaft Kirchberg im Breisgau.

Neben seinem Unabhängigkeitsdrang zeichneten ihn Toleranz und soziales Verantwortungsgefühl aus. Den evangelischen Neigungen seiner zweiten Frau ließ er freien Lauf; er wolle, so sagte er, nicht „andern in ihr Gewissen gribeln". In Burkheim und dem Talgang regelte er die Frondienste, stiftete ein Spital und gab seinen Bauern und Rebleuten eine Zunftordnung. 1583 starb Lazarus von Schwendi. In der alten Klosterkirche des elsässischen Kienzheim liegt er begraben. Am Oberrhein lebt er als Wohltäter und Landesvater auch im Andenken der kleinen Leute weiter. Einer Schriftstellerin auf den Spuren Schwendis erklärte vor ein paar Jahren eine Wirtsfrau auf die Bemerkung, sie wisse ja erstaunlich gut Bescheid über diese historische Figur: „Ja, er hat ja auch viel für uns getan!"

Wo schöne Schilder winken

Das frühe Mittelalter kannte kein entwickeltes Gastgewerbe, war also auf allgemeine Gastfreundschaft angewiesen. Noch in karolingischer Zeit galt das Gebot, es dürfe bei Strafe keinem Fremden Haus, Herd und Wasser verweigert werden. Solch unfreiwillige Gastfreundschaft überforderte mit der Zeit die Anwohner der Fernstraßen, auch wenn der Aufenthalt auf drei Tage befristet blieb. Mit dem Anschwellen des Verkehrs nahmen sich Klöster und Spitäler der Reisenden an.

Im Lauf der Zeit bildet sich ein eigenständiges Gastgewerbe aus, ständisch gegliedert, wie fast alles im Mittelalter. So unterschied man den Herrenwirt, bei dem Reisende von Stand abstiegen und die vornehmen Geschlechter der Stadt tafelten, den Karrenwirt, bei dem die Fuhrleute und gewöhnlichen Reisenden einkehrten, dazu Kochwirte, die ursprünglich nur Speisen abgeben, aber keinen Wein auszapfen durften, was wiederum den geschworenen Weinwirten zustand. Eine spezifisch mittelalterliche Einrichtung waren die Herbergen und Trinkstuben der Zünfte und Korporationen.

Die öffentlichen Gasthöfe besaßen seit dem späten Mittelalter die Schildgerechtigkeit und mußten ein Mindestmaß an Betten und Stallplätzen nachweisen. Das Wirtshausschild war zugleich Rechtszeichen, der Wirt hatte für Ruhe und Ordnung zu sorgen. Verbunden mit dem Schildsymbol war meist die Verpflichtung, „daran gnädigster Herrschaft Wappen malen zu lassen". Überall am Oberrhein begegnen wir so dem badischen roten Schrägbalken im goldenen Feld, dem Pfälzer Kurhut und Löwen oder dem Doppeladler. Schöne langhalsige Wirtshausschilder, geschmiedet oder aus Blech geschnitten, kapitalisieren sich; sie wecken die Neugierde des Fremden, und die Neugierde verzinst sich bei behaglicher Atmosphäre und preiswertem Angebot zu wiederholter vertrauter Einkehr.

Laut badischem Landrecht mußte eine Schildwirtschaft mindestens zwei Stuben, drei Gästekammern mit sechs Betten sowie Stallungen für zehn Pferde besitzen. Die Herrenmahlzeit war für Mannspersonen auf sechs, die gemeine oder Fuhrleutemahlzeit auf fünf Batzen taxiert; Weibspersonen zahlten jeweils einen Batzen weniger. Eine bestimmte Menge Wein war für den privaten Konsum der Wirtsfamilie vom Ungelt befreit. Ein Wirt aus dem Markgräflerland bat einmal um Erhöhung dieses Kontingents: seine Frau sei dem Wein dermaßen ergeben, daß sie an einem Tag vier bis sechs Maß trinke. Der Landvogt bestätigte die Eingabe mit dem Hinweis, der arme Wirt müsse sich mit diesem „malo domestico", diesem Hausübel, bis zu dessen Tode schleppen ...

Einen schweren Stand hatten die Schildwirte gegenüber den kleinen Gassenwirten, zu denen in der Weinlandschaft noch die Konkurrenz der Straußwirtschaften oder Heckenwirtschaften kam. In vielen Orten gehörte der Ausschank selbstgebauten Weins zwischen Herbst und Lichtmeß oder St. Jörgentag, 23. April, zum Bürgerrecht. Strauß, Kranz, Buschen, Strohwisch, Rad, Besen oder Faßreif winkten da zu billiger Einkehr. Die Gassenwirte durften anfänglich weder Logiergäste aufnehmen noch warme Speisen abgeben. Aber nicht alle hielten sich an das Gebot.

Die rechtlichen Grundlagen für den Betrieb einer Straußwirtschaft sind über die Zeiten hinweg ziemlich gleich geblieben. Es darf nur selbstgezogener Wein in eigenen Räumen mit nicht viel mehr als 40 Sitzplätzen für insgesamt vier Monate ausgeschänkt werden, darüber hinaus ist das Angebot kalter oder einfach zubereiteter warmer Speisen erlaubt. Gewandelt hat sich dagegen die soziale Bedeutung der Straußwirtschaft. Seitdem die Winzergenossenschaften auf Vollablieferung bestehen, ist der Eigenausschank eine Domäne der kleinen Selbstmarkter geworden, die Professionalisierung unübersehbar. Ausgezapft wird heute meist im Keller oder in eigenen Räumen mit betont rustikaler Ausstattung. Aus der familiären Kneipe für Freunde und Nachbarn ist ein Lokal für Touristen geworden. Früher signalisierte der ausgehängte Strauß oft die blanke Not, heute ist er ein Stück folkloristisch verbrämter Weingastronomie.

Literarische Wirtshausexkursionen

Zwei prominente Reisende des 16. Jahrhunderts haben höchst unterschiedliche Streiflichter auf das Wirtshausleben im Südwesten geworfen. Der Humanist Erasmus von Rotterdam schilderte, nicht ohne Neigung zur Satire, seine Erlebnisse in einer einfachen Herberge: In der überheizten Stube trocknet Regenkleidung, drängen sich oft 80 bis 90 Reisende zusammen, stiefelputzend, schwitzend, furzend und, was ihn besonders zu vergrämen schien, in Knoblauchwolken gehüllt. Zum Essen setze man dem Gast Holzteller, Holzlöffel und Trinkglas vor. Die Weine seien sauer, Braten und gesottener Fisch sparsam bemessen, der Käse stinke oder wimmele von Würmern. Possenreißer mischten sich unter das Publikum und störten die ruhebedürftigen Gäste.

In besseren Häusern stieg Michel de Montaigne auf seiner Badereise 1580 am Bodensee und in Schwaben ab. In seinem Tagebuch lobt er alles, von dem ihm unbekannten Federbett bis zum silbervergoldeten Trinkgeschirr. Mit dem Aufwand, der Abwechslung und dem Wohlgeschmack der süddeutschen Wirtshausküche könne kaum die Küche des französischen Adels verglichen werden. Montaigne probierte erstmals Quittensuppe, Krautsalat und Fenchelbrot und meinte, die Auswahl an guten Fischen und zarten Fleischgerichten sei überwältigend.

Die hohen Preise fand der französische Edelmann „im Hinblick auf den Überfluß ihrer Gänge und zumal des Weines" akzeptabel. Der Wein werde in großen Krügen aufgetragen, „und es ist ein Verbrechen, einen leeren Becher nicht gleich nachzufüllen". Die deutschen Wirte hätten das Gute, „daß sie von vornherein nur das verlangen, was sie haben wollen. Man gewinnt nichts beim Handeln. Sie sind ruhmrednerisch, hitzig und trunksüchtig, aber weder unzuverlässig noch unehrlich".

Lehrjahre im Gasthaus – so hat Johannes Werner eine Studie überschrieben, in der er die Herkunft einiger oberrheinischer Literaten aus Wirtshäusern im Blick auf ihr späteres Schaffen untersuchte. Für sie gab das kleine Welttheater der väterlichen Wirtsstube sicher mit einen Anstoß zum Schreiben. Hier wurden sie von Kind auf mit den verschiedensten Charakteren, mit den Sorgen, Freuden, Nöten des kleinen Mannes vertraut. Der Satiriker Sebastian Brant kam 1458 in der Großen Herberge zum goldenen Löwen in Straßburg, der wortgewaltige Kanzelprediger Abraham a Sancta Clara 1644 als Ulrich Megerle im Wirtshaus Zur Traube in Kreenheinstetten bei Meßkirch zur Welt. Hans Jacob Christoffel von Grimmelshausen wuchs in der großväterlichen Sternwirtschaft in Gelnhausen auf und amtierte später als Wirt zum Silbernen Sternen in Gaisbach in der Ortenau. Das dichtende arme Schulmeisterlein Samuel Friedrich Sauter wurde 1766 in Flehingen im Kraichgau als Sohn des Sonnenwirts, der Volksschriftsteller Heinrich Hansjakob 1837 in der Haslacher Stadtwirtschaft geboren. Er hat bekannt: „Mir wurde die Wirtsstube eine wahre Schule des Lebens. Ich habe in dieser Stube das Volk kennengelernt, das sogenannte gemeine Volk, den niedern Bürger und Handwerker, den Bauer und sein Gesinde. Und wer das Volk nicht kennt, der kennt den Menschen und die Menschheit nicht ..."

Wilhelm Hausenstein, Jahrgang 1882, Interpret badischer Lebensart, wuchs beim Großvater auf, dem Bärenwirt zu Hornberg im Schwarzwald. Reinhold Schneider stammt aus dem Baden-Badener Hotel Messmer, Hans Bender aus dem Dorfgasthof von Mühlhausen im Kraichgau, Martin Walser war der Sohn eines Wirts in Wasserburg am Bodensee.

Nachzutragen wären dieser Liste der Historiker und Diplomat der Fürstabtei St. Blasien, Marquart Herrgott, 1694 im Freiburger Schwarzen Adler geboren, oder der tauberfränkische Kalendermann Anton Sack, der im Gasthaus zur Rose in Königshofen aufwuchs. Von Herrgott wird eine hübsche Anekdote erzählt. Nach einem Essen beim Dreikönigswirt in Basel erhielt er eine Rechnung über 500 Gulden präsentiert. Als er eine Spezifikation verlangte, entgegnete ihm der Wirt: „Herr Pater, es sind, seit ich auf dem Gasthof bin, schon soviele geistliche Herren aller Orden bei uns gewesen und haben mich auf den lieben Herrgott vertröstet, daß ich Euer Gnaden jetzt als den Verheißenen festhalte!" Der Benediktiner, übrigens ein treuer Freund des roten Markgräflers, soll die Rechnung mit einem verständnissinnigen Lächeln beglichen haben.

Waldglas und Buttenmännle

Ein keltischer Grabhügel bei Ihringen am Kaiserstuhl gab das bislang älteste Glasgefäß nördlich der Alpen frei, eine blattdünne hellblaue Schale, das Trinkgeschirr eines Fürsten, der vor 1500 Jahren wahrscheinlich auf dem Breisacher Burghügel residiert und aus dem zerbrechlich dünnen Importglas den schweren Importwein aus der griechischen Kolonie Massilia geschlürft hat. Das Kurpfälzische Museum in Heidelberg hütet eine andere Kostbarkeit, ein aus olivgrünem Glas geblasenes Trinkhorn der Merowingerzeit. Da man diese Trinkhörner sowenig abstellen konnte wie die sogenannten Sturzbecher, war der Zecher genötigt, das Horn auf einen Zug zu leeren.

Wer über Trinkgefäße am Oberrhein plaudern will, könnte auch mit der farbigen Miniatur der Heidelberger Manessischen Liederhandschrift beginnen, die den Herrn Jakob von Warte beim Bad unter einer Linde zeigt; dem graugelockten Minnesänger reicht eine junge Dame den Weinpokal, schwer vergoldet, mit breitem Fuß, wie man ihn auf den Picknicks der Stauferzeit mitgeführt haben mag. Metallene Trinkgefäße waren nicht nur haltbar und eine Wertanlage, man glaubte damals auch, daß der Wein aus edlen Metallen geheime Kräfte ziehen könne. Auch edle Steine wie Chalcedon oder Bergkristall wurden gern zu Trinkgeschirren geschliffen, wie es Sebastian Münster 1550 für Freiburg bezeugt hat.

Mit den Römern kam die Kunst des Glasblasens zu uns, die im Frankenreich noch einmal auflebte. Vor allem die Stadtkerngrabungen der mittelalterlichen Archäologen haben erwiesen, daß die Glasbläser des 13. und 14. Jahrhunderts, denen man bisher nur grobes, durch beigemengtes Eisenoxyd grünlich eingefärbtes Waldglas zugetraut hatte, bereits die Glasmachersiefen, die Tricks zum Entfärben, kannten.

Kurioserweise wurde das teure Weißglas im späten Mittelalter noch einmal vom rustikalen Waldglas verdrängt. Die stürmische Nachfrage nach Trinkgläsern ließ sich rascher und wohlfeiler mit der Produktion von Waldglas decken. Am gebräuchlichsten war der apfelförmige Nuppenbecher mit aufgeschmolzenen Glastropfen, die dem dünnwandigen Gefäß Zier und Griffigkeit gaben. Dickwandiger, tonnenförmig gestreckt, mit weniger und größeren Nuppen, wandelte sich dieses Glas zum Krautstrunk. Napfartig war der Maigelebecher. Bis zu fünf spiralförmig gedrehte Hälse, die sich dann zur Trinkmündung vereinten, machten den Angster oder Guttrolf zum Luxusglas. Durch den engen Hals, lateinisch ano, rollte der Wein nur tropfenweise, gutta pro gutta, Tropfen für Tropfen. Trinkgläser auf schlankem Stiel kamen erst im 17. Jahrhundert auf. Der Römer, apfelförmiger Becher mit Knauf und rippenartig eingekerbtem, sich nach unten

verjüngendem Fuß, wird 1589 greifbar. Er hat sich aus dem Krautstrunk entwickelt und die Tradition des grünen Waldglases weitergetragen.
Die Vermutung, daß Waldgrün im 15. und 16. Jahrhundert eine Art Modefarbe war, scheint zuzutreffen: „Man hat gemeiniglich zum Wein grüne Gläser gemacht, darin ein rebechter Wein sehr schön und lieblich stehet und dem Wein eine lustige Farbe gibt." Ihren Namen haben die Römer wahrscheinlich von dem alten Rathaus zu Frankfurt am Main.

Die „Willkommsau" von Kandern. Das Trinkgefäß, anno 1605 von Markgraf Georg Friedrich gestiftet, befindet sich heute im Badischen Landesmuseum in Karlsruhe.

Gegen die phantasievoll wuchernde Fülle der Trinkgefäße hat 1589 ein Pfarrer Placher gedonnert: „Uns Teutschen kann man die Trinkgeschirr nicht allein nicht groß genug, sondern auch nicht schön und seltsam genug machen. Man trinkt aus Affen und Pfaffen, Mönch und Nonnen, Löwen und Bären, Straußen und Kauzen und aus dem Teufel selbst: Ich will und mag nichts sagen von den unflätigen Weinzapfen, die aus Kannen, Schüsseln, Häfen, Hüten, Schuhen, Stiefeln, Handbecken und gar auf ein Sybaritische Weis aus den Matulis und Harnkacheln einander zutrinken."

Die Prunkgefäße der deutschen Renaissance spiegeln die verschwenderische Weinkultur und Sinneslust des 16. und frühen 17. Jahrhunderts anschaulich wider. Die Höfe gingen voran, das wohlhabende Bürgertum, die Zünfte und Gesellschaften zogen nach. Im Wertheimer Rathaus wird neben dem „Fuchs", einem Doppelbecher mit derben Szenen, noch der „Schimmel" gehütet, eine silbervergoldete Trinkschale in Traubenform, von einer Winzerfigur getragen. Das frühbarocke Konstanzer Buttenmännle schwingt heute im Rosgartenmuseum sein Rebmesser. Aus Buchsbaum geschnitzt, trägt diese Kleinplastik eine Bütte, die man zum Trinken abnehmen kann. Am Gürtel hängen dem Büttenmännle 32 silberne Wappenschilde, heraldische Visitenkarten dankbarer Buttenzecher aus zwei Jahrhunderten. Sie dachten wie jener unbekannte Meister des Barock, der auf einem Pokal im Mannheimer Reiß-Museum die Worte eingraviert hat: „last uns/ drincken guden wein/ wer weiß wo wier/ morgen sein."

Zu den grobgewirkten Späßen der Waidmänner paßt die *Willkommsau von Kandern*, deren Original heute im Karlsruher Landesmuseum steht. Markgraf Georg Friedrich hat sie anno 1605 gestiftet, nachdem er einen urigen Schwarzkittel auf die Schwarte gelegt hatte. Das silberne, inwendig vergoldete Trinkgefäß im Form eines Keilers hat schon manchen Jägersmann so kannibalisch wohl gestimmt, daß er sich 500 solcher Weinsäue gewünscht hat.

Bacchus und Mars

Um 1600 begann die Konjunktur abzuflauen, die Weinpreise sanken. Der Dreißigjährige Krieg und die nachfolgenden Raubkriege Ludwigs XIV. brachten den Oberrheinlanden verheerende Verluste an Menschenleben, Hab und Gut, hinterließen ruinierte Dörfer und Städte, verödete Felder, verdornte Weinberge. Noch folgenschwerer als der äußere Verfall der Rebkultur wirkte sich in vielen Gegenden auf Dauer der innere Verfall der Weinkultur aus: Verzicht auf Edelreben, Anbau von Massenträgern für die Soldateska, bedenkenlose Weinverfälschungen.

Zwar kletterten kriegsbedingt die Weinpreise, wie etwa in Bühl, wo das Fuder zu Beginn des Dreißigjährigen Krieges 33 Gulden gekostet hatte und nach dem Schwedeneinfall 1638 das Zehnfache einbrachte. Aber dem Rebmann half das meistens wenig. Von der Herrschaft Badenweiler heißt es: „Das wenige an Weingewächs, was vorhanden, gerät täglich durch Mensch und Ungeziefer in Abgang." Nicht nur Räuberbanden, auch Wölfe streiften wieder am Oberrhein. 1675 noch begrub man in Eichstetten am Kaiserstuhl einen Rebbauern, „welcher auf seinem Hof von einem Wolfen gebissen". Und hatte 1558 die Kirchenvisitation dort noch festgestellt, das Vollsaufen sei eine seltene Untugend, so warf die geistliche Behörde 100 Jahre später den armen Leuten „vorsündflutliche Sünden" vor.

Die Not förderte aber auch den Zusammenhalt. Im konfessionell gespaltenen Bötzingen gaben sich die Einwohner je nach Einquartierung insgesamt katholisch oder protestantisch. In entsprechender Tracht, so wird überliefert, seien die Bötzinger geschlossen zur Kirche gegangen, wo der jeweilige Pfarrer den Gottesdienst gehalten habe. „Durch diese Verträglichkeit erhielt sich Bötzingen noch lange, da schon das übrige Breisgau ganz abgebrannt war." Die nahegelegene Gemeinde Ihringen in der Feuerzone

1673 räucherten kaiserliche Truppen auf dem Main bei Wertheim französische Proviantschiffe aus, wie's der Kupferstich von Caspar Merian zeigt. Obwohl die Koalitionskriege des späten 17. und frühen 18. Jahrhunderts auch den fränkischen Norden des Weinlands Baden streiften, hatte diese Region lange nicht so zu leiden wie die Landschaften am Oberrhein.
Von der protektionistischen Wirtschaftspolitik der Herrschaften begünstigt, gewann Franken in jener Zeit eine Vorrangstellung auf dem süddeutschen Weinmarkt. Damals erhielt diese Kulturlandschaft ihre barocke Prägung.

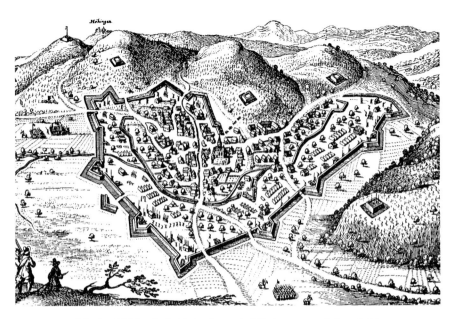

Markgräfliches befestigtes Lager bei Ihringen am Kaiserstuhl im Dreißigjährigen Krieg.

der vielumkämpften Festung Breisach besaß zu Beginn des 17. Jahrhunderts 1 500 Morgen Reben sowie 2 000 Morgen Äcker und Wiesen. Der Ort zählte 210 Bürger in 127 Häusern. Nach dem Krieg kehrten 61 Bürger in das völlig zerstörte Dorf zurück. 1650 wurden erst 43 Morgen Rebland wieder bewirtschaftet.

Auf gut ein Drittel schätzt man die Menschenverluste Deutschlands im Dreißigjährigen Krieg. Die Weinregionen traf es noch verheerender. Die Kurpfalz beispielsweise verlor zwei Drittel ihrer Bevölkerung. Während die Ackerflächen rasch rekultiviert wurden, hatte das Rebland um 1700 erst die Hälfte seines früheren Areals wiedergewonnen. Die weinbauerfahrenen Arbeitskräfte waren dezimiert, Keltern und Fässer hatten die Lagerfeuer gefressen, wegen der hohen Viehverluste konnten die Weinberge nicht gedüngt werden; für den Wiederaufbau der Betriebe fehlte es an Kapital, bewährte Handelsbeziehungen waren abgerissen. Viele Absatzmärkte gingen an die elsässische Konkurrenz verloren. 1667 forderte die Stadt Freiburg von der vorderösterreichischen Regierung ein entsprechendes Einfuhrverbot, da jedermann den Wein auf Karren und Wagen aus dem Elsaß hole. Dafür brachten die hohen Menschenverluste kurzfristig eine Art Flurbereinigung durch Besitzarrondierung zustande.

Kaum schien der Wiederaufbau einigermaßen unter Dach und Fach, begannen unter Ludwig XIV., von Heinrich Hansjakob als „gekrönter Lump" charakterisiert, die Feldzüge gegen die Niederlande, die Kurpfalz, gegen Habsburg und das Reich. Weite Teile des Elsaß und Lothringens wurden aufgrund angeblicher historischer Rechte der Krone Frankreich zugeschlagen. 1681 folgte die Annektion der Reichsstadt Straßburg. Acht Jahre darauf brannten die Franzosen auf ihrem Rückzug alle Städte sowie zahllose Dörfer der Kurpfalz nieder. Spanischer, Polnischer und Österreichischer Erbfolgekrieg verwüsteten zwischen 1701 und 1748 erneut die Oberrheinlande. Erst dann kehrte für ein halbes Jahrhundert Ruhe ein. Patriotische Publizisten karikierten die Friedensschlüsse von Nymwegen, Ryswijk und Utrecht, die zeitweise Breisach und Freiburg in französischer Hand beließen, als „Nimmweg", „Reißweg", „Unrecht".

Goldener Weinkommerz in Franken

Mit der Annektion des Elsaß, frühem Chausseebau und vorbildlicher Kanalisierung zog Frankreich den Fernhandel immer mehr aufs linke Stromufer. Nicht nur die Weinpfalz, auch die Reblandschaften rechts des Rheins wurden nach dem Dreißigjährigen Krieg weitere drei Generationen lang wirtschaftlich blockiert. Davon profitierten die Weinerzeuger im frontfernen Binnenland, vor allem im Fränkischen. Exemplarisch für den raschen Aufschwung dieser Region ist die Geschichte der Weinhändlerdynastie Buchler. Nach dem Dreißigjährigen Krieg wurden die schwer getroffenen Weinlandschaften mit Ansiedlern aus den weniger heimgesuchten Mittelgebirgen bevölkert. 1651 taucht so ein Büttner Martin Buchler aus dem Odenwald im tauberfränkischen Gerlachsheim auf. Neben dem Handwerk trieb die Familie bald schon Weinhandel. Johann Peter Buchler gelang der Sprung zum Weinkaufmann großen Stils, indem er Augsburg und Oberschwaben in sein Verbindungsnetz einbezog. 1746 bereits bezifferte sich sein Handelsvermögen auf 150 000 Gulden. Eine kluge Heiratspolitik mehrte den Reichtum. Die Ernte des Gerlachsheimer Klosters und dessen Zehntweine wurden zum Vorteil für beide Seiten von den Buchler aufgekauft und vermarktet.

Erst als das Kloster als Dorfherrschaft an der Steuerschraube zu drehen begann, kam es zum Bruch. Es ging um ganze zwei Prozent Erbschaftssteuer auf das Handelsvermögen. Die Buchler traten dabei als Exponenten all der Bürger auf, die ihr Gewerbe „mit dem Weinhandel in weit entlegenen Ländern betreiben und von fremden Landen ihre von Gott gesegnete Nahrung einbringen, von welchem gesegneten, mit Schweiß und Blut er-

Weinmarkt der Reichsstadt Frankfurt am Main mit dem späteren Buchlerhaus in der Buchgasse, fünftes Haus von links. Kupferstich von Matthäus Merian um 1628.

worbenen Gewinne hoffentlich nicht das Kloster zwei Prozent mit gutem Gewissen wird abverlangen können". Neun Jahre schwelte der Streit. Bis zum Reichskammergericht in Wetzlar wanderten die Prozeßakten. Die Buchler und übrigen Gerlachsheimer Weinhändler behaupteten sich. Familienniederlassungen in Augsburg, Frankfurt, Amsterdam verraten, wie weit damals vom Buchlerhaus in Gerlachsheim die Fäden gespannt waren.

Als der Weinhändler Johann Simon Abendantz mit seiner Frau Maria Rosina, einer geborenen Buchler, 1791 in Distelhausen an der Tauber Goldene Hochzeit feierte, ließ er sein Hochzeits-Carmen von Christian Friedrich Daniel Schubart reimen und Gedenkmünzen prägen. Über zwei Füllhörnern, über Bienenkorb und Merkurstab, Anker und Kreuz wächst darauf ein Weinstock empor. Darüber bekräftigen zwei Hände aus numinosem Gewölk ragend den Bund. Pietät und Profit, irdische und himmlische Glückseligkeit, zweieinig sind sie hier und nicht zu trennen.

Neben den Buchler und Abendantz sind noch zahlreiche andere bedeutende Weinhändler aus Tauberfranken zu nennen. Aus Königheim kamen die Brotzler, Faulhaber, Höfling, Lippert, Franck, Schäffner, Specht und Waltz; aus Tauberbischofsheim die Bögner, Chandelle, Steinam; aus Gissigheim die Jenne und Vorgeitz. Die meisten dieser katholischen Weinherren wanderten im 18. Jahrhundert nach Frankfurt am Main aus; zuvor hatten sie dort mit ihren Schiffen am Weinmarkt geankert und glänzende Geschäfte gemacht, da sie als Landfremde vom Gros der reichsstädtischen Steuern befreit geblieben waren. Im protestantischen Frankfurt bildeten die katholischen Taubertäler lange eine Kolonie für sich. Ihre Töchter waren bei den italienischen Kaufleuten und Handelsagenten als gute Partien begehrt.

Umschlagplatz des Weinhandels von der Achse aufs Schiff war Wertheim. Dort nahm auch das Büttnergewerbe am hitzigen Konjunkturaufschwung teil. 1721 werden im Wertheimer Zunftbuch allein drei Dutzend Stadtmeister aufgezählt. Die Büttnerzunft besaß eine Fahne sowie hundert Stück Zinngeschirr, darunter einen Gesundheitspokal. Die Lehrlinge kamen von weit her, aus

Das Stammhaus der Weinhändlerdynastie Buchler in Gerlachsheim.

Bamberg, Frankfurt, Marburg, Berlin, Leipzig, Lübeck, Hamburg, aus Königsberg, Posen, ja sogar aus Wilna.

Prominente Freunde des Wertheimers waren Goethe und Friedrich der Große. Friedrichs Vater, der Soldatenkönig, hatte meist Rheinwein getrunken, dem Friedrich die Schuld am väterlichen Podagra gab. Goethe schloß den Wertheimer in seine Vorliebe für den Frankenwein ein. Seine Christiane schleckte lieber Dessertweine und Liköre und schrieb ihrem Hausherrn am 13. August 1797 ebenso schnippisch wie grammatikalisch eigenwillig: „… den Wertheimer liebe ich mir nicht."

Carl Friedrichs Reformpolitik

Mitte des 18. Jahrhunderts begann sich der Rebbau beiderseits des Rheins wieder in die Ebene auszudehnen. Hier wie dort schritt die Obrigkeit dagegen ein. Die neuen Weingärten schmälerten das Ackerland, brachten keine besonderen Qualitäten und führten zu einer Weinschwemme. Zwar gelang es der badischen Bürokratie, dem Markgräfler in Oberschwaben neue Absatzmärkte zu erschließen, doch ging das auf Kosten der Seeweine.

Fast überall versuchten die Landesherrschaften im Zeichen einer aufgeklärten protektionistischen Handelspolitik die Staatseinnahmen durch Gründung von Manufakturen, landwirtschaftliche Reformen, Propagierung von Sonderkulturen und Verbote minderwertiger Rebsorten zu erhöhen. Die seit 1771 endgültig wiedervereinigten badischen Markgrafschaften galten da europaweit als Musterländle. Dem Markgrafen Carl Friedrich, von seinen Untertanen respektvoll vertraulich „der Karlifrieder" genannt, waren von 1746 bis 1811 immerhin 64 Regentenjahre vergönnt. Seine Maxime war es, über ein „freies, opulentes, gesittetes christliches Volk" zu regieren.

Carl Friedrich war Anhänger der Physiokraten. Deren Nationalökonomie sah im Landbau die eigentliche Quelle allen Wohlstands. Allein der Bauer schaffe einen produktiven Überschuß, von dem auch die gewerbetreibende Bevölkerung und der Staatshaushalt zehre. Alle staatlichen Eingriffe und Belastungen sollten daher zugunsten einer allgemeinen Steuer verschwinden, Bürger und Bauer im freien Spiel der Kräfte ihr Bestes geben. Diese optimistische Sicht stieß rasch an die Grenzen der Realität: Wachsende Einwohnerzahlen sorgten für immer stärker zersplitterten Kleinbesitz; Zollschranken, Kriegsnöte und das System der Feudallasten drückten weiter.

Immerhin führte Carl Friedrich 1776 die Gewerbefreiheit ein und hob 1783 die Leibeigenschaft auf, was seinen Untertanen freizügigere Heiraten

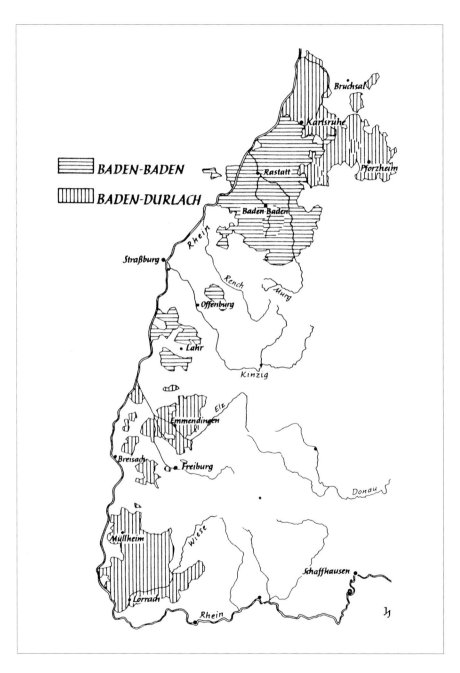

Die beiden badischen Markgrafschaften vor ihrer Vereinigung im Jahr 1771.

und Umzugsmöglichkeiten eröffnete. Der überhegte Wildbestand wurde zusammengeschossen, der Anbau von Obst und Handelsgewächsen wie Hanf, Hopfen, Krapp, Tabak und Zichorie gefördert. Ausschlaggebend für jede Produktionssteigerung der Landwirtschaft war eine geregelte Düngung. Mit dem Anbau von Futterpflanzen wie Klee, Luzerne, Mais, damals Welschkorn genannt, konnte die extensive Weidehaltung auf Stallfütterung umgestellt, der Viehbestand über Winter gehalten und erhöht werden. Nicht nur der Staatsetat, auch die Gemeindekassen hatten sich an das Prinzip bürgerlicher Haushaltsführung, Sparsamkeit und Vorsorge für den Notfalle, zu halten.

In Durlach gründete der Markgraf eine Rebbauschule. Badische Winzer wurden in den Rheingau, an die Mosel, nach Burgund und in die Champagne geschickt, um Weinbau und Kellerwirtschaft zu studieren. Der Anbau des Gutedels und des Rieslings in regelmäßig gezeiltem, sortenreinem Satz setzte Zeichen für die Zukunft. Aber alle Ermahnungen zum Qualitätsweinbau und zu später Lese griffen ins Leere, solange die Zehntbestimmungen galten, die weder eine späte noch eine sortengerechte Lese erlaubten. Albrecht Strobel erläutert weiter: „Bei der flächenmäßigen Abgrenzung der Leseabschnitte, sie diente in erster Linie der Kontrolle des Zehnteinzuges, konnte aber der Reifegrad von vereinzelt angebauten Qualitätssorten nicht berücksichtigt werden. Dazu kam die qualitätsmindernde Wirkung des Kelterzwanges. Das Keltern der Trauben war ein Monopol der Ortsherrschaft und unterstand dem Bannrecht, das heißt, die Bauern waren gezwungen, im herrschaftlichen Trotthaus zu keltern ..."

Neue Namen im Rebsortiment

In den herrschaftlichen Reskripten wider den hemmungslosen Anbau grober Massenträger taucht zu Beginn des 18. Jahrhunderts die Putzschere auf, auch Butschera, Tokayer, Elender, Unger, Pickel oder Bettscheißer genannt. 1782 verbot der Fürstbischof von Speyer im Kraichgau den Anbau der Hammelhoden, hinter denen sich der Trollinger versteckte. Im südlichen Markgräflerland waren die Lamperter, wohl Lombarden, verbreitet. Trotz aller Aufforderungen, sie auszuhacken, waren sie 1824 beispielsweise in Weil noch massiert vorhanden; auf nassen Standorten, so argumentierten die Winzer, wo selbst der Elbling nicht mehr fortkomme, seien sie auf die Lamperter angewiesen.

Seit dem 16. Jahrhundert wird zwischen Main und Bodensee der Veltliner genannt. Auch der Ortlieber wird von manchen Weinschriftstellern bis ins 16. und 17. Jahrhundert zurückdatiert; im heutigen Weinland Baden wird er jedoch erst seit den 1770er Jahren faßbar. Ihren Namen hat die Rebe von dem Wirt Johann Michael Ortlieb aus Reichenweier im Elsaß, der die Schnittlinge unter seinem Namen verkaufte. Andere Bezeichnungen waren Knipperle, Colmer, also Colmarer, Elsässer, in der Bühler Gegend Faktor, an der Bergstraße Knackerling. Bronner schildert den Ortlieber als eine in Form und Ertrag dem Weißburgunder ähnliche Sorte.

Am Rheinknie fand das Markgräfler Rotgewächs nicht nur in Basel, sondern auch bei der Garnison der französischen Festung Hüningen zunächst festen Absatz. Das änderte sich in den 1770er Jahren. Der Rötteler Burgvogt schrieb nach Karlsruhe, wie das einheimische Tuch und die Morgensuppe komme auch das Rotweintrinken außer Mode. Vereinzelt wurde damals schon der Schwarzriesling angebaut, auch schwarzer Weißlauber oder Müllerrebe genannt, eine Spielart des Spätburgunders, die heute noch im Pfinzgau verbreitet ist. In der Ortenau hielt sich bis zur Jahrhundertwende die Burgundervarietät des Blauen Arbst.

Die starke Verbreitung des Spätburgunders an der Bergstraße datiert Bronner auf das späte 18. Jahrhundert: „Unter der Regierung des Churfürsten Carl Theodor in Mannheim lebte ein Herr von Hundheim als Küchenmeister des Churfürsten. Dieser ließ für den Küchengarten in Ilvesheim Reben aus Burgund kommen ... Einem Rebmanne aus Lützelsachsen namens Plätzer wurde die neue Rebenpflanzung übertragen. Die Güte dieser Traubensorte erregte die Aufmerksamkeit des Mannes, er sammelte sich die Reben und legte sich allmählig in Lützelsachsen ein ganzes Rebstück an ... Allmählich verbreitete sich die Rebsorte ... geht nun schon über Weinheim, Hochsachsenheim, Leutershausen und Schriesheim, und zwar in der Ausdehnung, daß bereits jährlich aus dieser Umgebung über eine halbe Million Schnittlinge versendet werden ..."

In seinen barocken „Georgica curiosa" tröstet Wolff Helmhard von Hohberg seine Leser: „Auf die Namen der Trauben hat sich der Hausvater nicht sonderlich zu gründen, weil sie an einem Ort nicht wie an dem andern genannt werden".

Auf kaum eine andere Sorte trifft dies so zu wie auf den Tauberschwarz. Die Tatsache, daß die Rebe in zwei Spielarten auftritt, als Grobschwarz und Süßrot, hat dem babylonischen Synonymengewirr lustvoll Auftrieb gegeben. Daraus nur eine kleine Auswahl: Frührot, Grobrot, Süßschwarz, Sauerschwarz, Fränkisch Rot, Glasschwarz, Grobblau, Dickrot, Blaue Frankentraube, Schwarzer Häusler, Eichschwarz, Franke.

Die bisher früheste Erwähnung findet sich in einem Dekret des Hochstifts Würzburg aus dem Jahr 1726. Hier heißt es, Fechser, also Wurzelreben, sollten gezogen werden von „Brauns, anderwärtig Traminer genannt, Rießling, Muskateller, Junker" sowie „gut fränkisch und süße Schwarze".

1757 merkte ein Autor in den Fränkischen Sammlungen aus der Naturlehre an: „Tauber-Schwarze. Sind eigentlich im Taubergrund zuhause ..."
Bronner hat 1839 Grobschwarz und Süßrot als Spielarten des Tauberschwarz unterschieden und vermutet, daß die frostharte Sorte von einer heimischen Wildrebe abstamme. Lambert von Babo wies in seinem Sortenkatalog von 1857 den Tauberschwarz sowohl der Blauen Hartwegtraube wie dem Blauen Hängling zu, der in Kroatien und Böhmen beheimatet sei.
Was den wenigsten Weinfreunden klar ist – unsere tieffarbenen gedeckten Rotweine gibt es noch gar nicht so lange. Selbst da, wo man das Rotgewächs für sich ausbaute, kelterte man es möglichst rasch wie Weißgewächs und erhielt in der Regel allenfalls rötlich blasse Weine. Das sogenannte Rotkeltern kam erst gegen Ende des 18. Jahrhunderts von Frankreich zu uns. Dabei ließ man die Maische mindestens sieben Tage samt den Rappen, dem Stielgerüst der Traube, stehen, ehe man den Most abpreßte. Dadurch drangen die in den Beerenhäuten, den sogenannten Hülsen, gespeicherten Farbstoffe in den künftigen Wein, gleichzeitig aber auch die Gerbsäure der Rappen. Ihr Tanningehalt erhöhte die Lagerfähigkeit des Weines, doch dauerte es lange, bis der strenge Gerbsäuregeschmack abgebaut war.

Klingelberger, Gutedel, Silvaner

Riesling und Gutedel tauchen vereinzelt schon im 16. und 17. Jahrhundert am Oberrhein auf, wie etwa 1686 zusammen mit Traminer am Schriesheimer Schloßberg. Der Riesling gilt als Abkömmling einer heimischen Wildrebe. Seine angestammte Schreibweise lautet Rißling, von der ersten Nennung 1435 in Rüsselsheim am Untermain bis ins späte 19. Jahrhundert. Mit seinem Anbau in reinem Satz begann Markgraf Carl Friedrich. 1776 pflanzte er 8000 Stöcke am Schloß Staufenberg über Durbach; die Reben kamen aus dem Rheingau, nachdem im Polarwinter 1775/76 das Rebholz an der Mosel erfroren war. 1782 folgten weitere 3 500 Wurzelreben, die in der Lage Klingelberg vor dem Schloß gepflanzt wurden. Die von dort weiterverbreiteten Stecklinge nannte man Klingelberger, in der Ortenau heute noch der Name für Riesling. Daß die Sorte unter der Bezeichnung Klingelberger jedoch schon früher bekannt war, darauf läßt eine Weinvorratsliste für Staufenberg aus dem Jahr 1680 schließen.
Der Gutedel gilt „als die älteste bekannte von Menschenhand in Kultur genommene Rebsorte". Vor 5000 Jahren schon wuchs Gutedel in den Großoasen Ägyptens. Seine Verbreitung rund ums Mittelmeer verdankt er wahrscheinlich den Phöniziern. Columella führt eine Traubengattung Eugenia auf, die nach Name und Beschreibung mit dem Gutedel überein-

Das 1751 errichtete Heidelberger Faß des Kurfürsten Carl Theodor von der Pfalz faßte 221 726 Liter Besoldungswein. Es ist sieben Meter hoch, achteinhalb Meter lang.

stimmt. 1523 brachte der französische Botschafter am Sultanshof Chasselas-Stöcke vom Bosporus nach Burgund; Chasselas heißt der Gutedel in Frankreich und der Westschweiz.

Um 1780 ließ Carl Friedrich Gutedelreiser von Vevey am Genfer See einführen, zwar nicht als erster, aber erstmals großflächig in reinem Satz. Er hatte Rebe und Wein während seiner Ausbildung auf der Ritterakademie in Lausanne kennengelernt. Die Spielart des Krachmostgutedels heißt bei den Markgräflern heute noch der Viviser, nach dem deutschen Namen Vivis für Vevey. Am Kaiserstuhl nannte man die Sorte Moster oder Frauentraube, im Fränkischen und anderswo Junker.

Bis zur Frostkatastrophe des Jahres 1974 waren Markgräfler Wein und Gutedel ein Begriff. Heute nimmt er dort, einzigartig in Deutschland, noch immer die Hälfte des Sortiments ein. Ihm galt Johann Peter Hebels „Abendlied, wenn man aus dem Wirtshaus kommt":

> Jetzt schwingen wir den Hut,
> Der Wein, der war so gut.

Lange galt die inschriftlich bezeugte Pflanzung des Silvaners 1665 am Würzburger Stein als ältester Beleg für die Sorte in Deutschland. Inzwischen ist der Silvaner aber auch schon 1659 in Castell am Steigerwald nachgewiesen. Wie sein Name Österreicher andeutet, stammt er aus den Donauländern. Die Zisterzienserabtei Ebrach hat ihn wahrscheinlich über ihr Tochterkloster Rein in der Steiermark im Mainfränkischen eingebürgert. Von dort wanderte die Sorte als Frankenriesling westwärts; im Elsaß hieß der Silvaner auch Grüner Schwäbler. Die fruchtbare, regenerierfreudige Rebe eroberte die Weinberge vor allem nach den verheerenden Winterfrösten der 1780er Jahre, brachte bei der damaligen Kelterpraxis und Kellertechnik oft nur matte Weine und wurde deshalb auch als Massenträger verteufelt. Das Kriegsgetümmel zwischen Französischer Revolution und napoleonischer Fremdherrschaft forderte gewaltige Weintribute. Der Silvaner löschte den martialischen Durst. „Schuldenzahler" nannte ihn der Winzer.

Die Ruländer-Saga

Wahre Wunder versprach man sich anfangs vom Ruländer, dem Grauen Burgunder, kenntlich an seinen graubraunen bis kupferfarbenen Trauben. Seinen Eigennamen hat er von dem Kaufmann Johann Seger Ruland. Dieser hatte 1705 eine Tochter des Speyrer Bürgermeisters Stegmann geheiratet und vier, fünf Jahre später eine Ruinenstätte samt Garten in der Streichergasse, Ecke Ludwigstraße-Marienstraße, erworben. Der Garten war seit der Zerstörung der Stadt durch die Franzosen 1689 brachgelegen. Ruland fand dort eine ihm unbekannte Rebe, kelterte deren Gewächs gesondert und erregte mit dem gehaltvollen Wein Aufsehen. Geschäftstüchtig wie er war, verdiente er ein kleines Vermögen, indem er das Hundert Stecklinge zu acht bis zehn Gulden verkaufte. Später erst stellte sich heraus, daß die sensationelle Rebe des Herrn Ruland, eine Mutation des Blauen Spätburgunders, in Frankreich wie im Elsaß längst bekannt war. In einer Rebbauordnung von 1575 listete der Magistrat von Reichenweier schon weiße, rote und graue Edelklevner auf.

Frühe Synonyme des Ruländers waren Speirer, Philiboner, von Vinum bonum, Grauer, Bayonner und in der Ortenau Druser oder Drußtraube. 1780 wird er in Reichenweier, 1789 am Kaiserstuhl als Tokayer bezeichnet, obwohl er mit der ungarischen Furmint-Traube des klassischen Tokayerweins nichts gemein hat. Die frühe Reife der Sorte und ihr starker, gewürzhafter Wein ließen ein wahres Ruländer-Fieber grassieren. Aber die Stöcke degenerierten rasch, und die frühe Reife wurde dem Ruländer unterm zehntherrschaftlichen System der Zwangslese zum Verhängnis; oft verfaulte er am Stock, ehe die anderen Sorten zur Lese anstanden.

Im Zeichen des Umbruchs

Wie es am Vorabend der Französischen Revolution in einem typischen Rebbauerndorf aussah, sei am Beispiel Eichstettens dargestellt. Der Ort am östlichen Kaiserstuhl umfaßte 1789 364 Haushaltungen mit Gemeindebürgerrecht. Davon waren hauptberuflich 187 Rebbauern, 58 Taglöhner, 15 Weber, 13 Schuhmacher, je 12 Küfer und Schneider, je neun Metzger und Wirte, je sechs Bäcker und Wirte, Müller, Wagner und Altenteiler, fünf Zimmerleute, vier Schreiner, je drei Schmiede, Maurer und Färber und je zwei Fischer und Bannwarte; hinzu kamen jeweils ein Drechsler, Hafner, Krämer, Nagelschmied, Sattler, Säckler, Schlosser, Seifensieder, Seiler, Stricker, Dorfpolizist und Bote. Der Anteil des Dorfhandwerks mit einem Drittel war also erstaunlich hoch und vielseitig.

Grundherrschaftlichen Besitz hatten in Eichstetten um 1789 die Klöster Tennenbach, Wonnental, St. Peter, St. Klara in Freiburg, die Kartause Freiburg sowie Allerheiligen. Weiter waren begütert die Markgrafschaft Baden, der Johanniterorden, die Spitäler Freiburg und Waldkirch und das Gutleuthaus in Freiburg. Als frühere Grundherren, die ihre Besitzungen meist an Baden verkauft hatten, waren vertreten die Klöster Günterstal, St. Märgen, Ettenheimmünster, Adelhausen, die Freiburger Dominikaner und Reuerinnen, der Deutsche Orden, die Herren von Birkensee, Ampringen, Vey und Hochberg sowie fünf bürgerliche Grundherrschaften.

Die Französische Revolution fand rechts des Rheins beim kleinen Mann kaum aktiven Widerhall. Sigismund von Reitzenstein, der eigentliche Begründer des Großherzogtums Baden, der bis 1796 als Landvogt in Rötteln amtiert hatte, bescheinigte den Markgräfler Rebbauern, sie gehörten als Untertanen „zu den cultiviertesten und aufgeklärtesten von ganz Deutschland", während die Wäldler mißtrauisch gegen die Obrigkeit und empfänglich für Rebellion seien. Als Vorderösterreich gegen die Revolutionsarmee eine Landmiliz aufstellte, schlossen sich Markgräfler Bauern dem Widerstand auf eigene Faust an.

Die staatliche Umwälzung, die dem heutigen Weinland Baden seine Gestalt gab, haben wir eingangs schon gestreift. Die Säkularisierung der weinfreundlichen, weinerfahrenen Klöster wirkte sich auf den Rebbau zunächst schockierend aus. Anders als die kleinen Winzer, die nun größtenteils die geistlichen Weinberge übernahmen, hatten die Klöster genug Kapital, Kellerraum und Faßkapazitäten, um Krisenjahre zu überstehen und Massenherbste aufzufangen. Die monastische Kellerwirtschaft fand wenig kompetente Nachfolger, das Netz der klösterlichen Handelsbeziehungen riß ab. Was der Weinschriftsteller von Clavel 1823 mit Blick auf den Bodensee schrieb, traf weithin auch für andere Rebregionen zu: „Die Consumtion dieser Klöster war, nach gewöhnlichen Verhältnissen, ungeheuer; der persönliche Verbrauch der frommen Brüder und Schwestern, obgleich nicht gering, kam gegen dasjenige, was für die freigebige Bewirtung der Handwerker, Arbeiter, Boten, Bettler und Landstreicher mit williger Hand täglich und stündlich abgegeben worden, kaum in Berechnung. Die jährliche Wein-Consumtion in beiden ehemaligen Reichsabteien Salem und Weingarten hat sich weit über 600 Fuder belaufen; darauf aber, ob im nämlichen Jahr wenig, viel oder gar kein Wein gewachsen, darauf durfte bei den ungeheuren Vorräten durchaus keine ängstliche Rücksicht genommen werden ... Mit Sicherheit dürfen wir annehmen, daß in den verschiedenen Klöstern 2 000 Fuder Seeweine verbraucht wurden. In den Kapuzen der Bettelmönche ist manche Tonne ausgetrocknet ... Dieses alles ist nun anders ... Nirgends findet man jetzt noch jenen altgezogenen köstlichen Seewein, an dem es früher nur selten fehlte, und daher fehlt auch die frühere Nachfrage bei dem Ausland."

Die napoleonische Kontinentalsperre führte dazu, daß ausländischer Rohrzucker die europäischen Häfen nicht mehr erreichte. Mit der Kultivierung der Zuckerrübe wurde jetzt eine eigene Zuckerfabrikation aufgezogen, Süßes alltäglich. Das führte auf die Dauer zu einer Revolution des Geschmacks, die dem säuerlichen Landwein wenig bekam. Der technische Fortschritt verbilligte den Alkohol und verbesserte das Bier. Hinzu kam dann der wachsende Import von Tee, Kaffee, Kakao, der Anbau der Zichorie, die Produktion von Malzkaffee. All das begann den Wein als Alltagsgetränk zu verdrängen. Die Abschaffung der Naturalsteuern und der Deputatweine für die Beamten belasteten den Markt und drückten die Preise. Die Industrialisierung begann Arbeitskräfte aus den Winzerdörfern abzuziehen. Trotzdem hieß es in einem Reisebericht über das Baden-Badener Rebland um 1830: „Bier gab es noch nicht in anständigen Häusern, weil es selber noch nicht anständig war."

Arm in Arm mit der Revolution hatte paradoxerweise der aufgeklärte Absolutismus in Baden einen Zentralstaat geschaffen. 1812 wurde für das Großherzogtum eine einheitliche Maß- und Gewichtsordnung eingeführt, die der Müllheimer Mathematiker Michael Friedrich Wild entworfen hatte.

Die in der alten Markgrafschaft und in Vorderösterreich schon zaghaft begonnene Ablösung der mittelalterlichen Feudallasten wurde fortgesetzt. Nach den Frondiensten und Gülten, also den Bodenzinsen für den Grundherrn, gab man 1833 den Zehnten zur Ablösung frei.

Allerdings hatten die Bauern und Winzer für die Ablösung der Gülten das Achtzehnfache, für die Zehntablösung gar das Zwanzigfache eines mittleren Jahresbetrags zu zahlen, wobei die Staatskasse ein Fünftel zuschoß. Die Folge war eine starke Verschuldung der landwirtschaftlichen Betriebe.
Die Ablösung der Feudallasten galt nicht

Zechende, pfeiferauchende Studenten. Scherenschnitt von C. Pflug.

für die Gebiete der sogenannten Standesherren, der ehemals reichsunmittelbaren, zwischen 1803 und 1806 mediatisierten Herrschaften, voran die Fürsten von Löwenstein-Wertheim, Leiningen und Fürstenberg. Sie konnten dank ihrer starken Lobby im Deutschen Bund wie in der Ersten badischen Kammer zunächst ihre wirtschaftlichen und sozialen Privilegien weitgehend behaupten. Das reichte vom vorgeschriebenen Kirchengebet für die herrschaftliche Familie über die niedere Gerichtsbarkeit, die sogenannte Patrimonialjustiz, bis hin zur Aufsicht über Kirche und Schule. Frondienste, Gülten, Zehnte und Bannauflagen mußten in den standesherrschaftlichen Gebieten weiter geleistet werden. Mehr als 300 000 Menschen, hauptsächlich in Tauberfranken, im Odenwald, im Kraichgau sowie in der Baar, waren damit badische Untertanen zweiter Klasse.

In diesen Gebieten kam es im Revolutionsjahr 1848 zu Agrarkrawallen. Jetzt hatten es Regierung und Parlament auf einmal eilig. Auch in den Gebieten der Standesherren fielen die Feudallasten. Das Entschädigungskapital betrug sogar nur noch das Zwölffache des mittleren Jahresbetrags. Erblehen und Schupflehen gingen in bäuerliches Eigentum über. Die Ablösung der Zehntschulden zog sich in Baden bis zur Jahrhundertwende hin. Wie 1816/17 hatte es auch in den Jahren vor der Märzrevolution Mißernten gegeben. Die Anzeigenblätter waren voll von Güterversteigerungen und Schuldenliquidationen. Wirtschaftliche Not und politische Resignation nach dem Scheitern der zweiten badischen Revolution 1849 ließen die Auswanderungszahlen hochschnellen. Die Gesamtzahl der Bevölkerung in Baden sank von 1 367 000 im Jahr 1846 auf 1 315 000 im Jahr 1855.

Dem Deutschen Zollverein war Baden 1835 beigetreten. Das bescherte dem heimischen Weinbau die Konkurrenz der in der Ebene gewachsenen billigeren Pfälzer Weine. Schon ein Jahr nach dem Anschluß klagten die Winzer an der Bergstraße, die Wirte im Odenwald kauften ihre Weine jetzt in Rheinbayern. Die Kaiserstühler Rebleute hausierten mit ihrem Gewächs im Schwarzwald; zeitweise sank der Preis für das Ohm, 150 Liter, auf drei Gulden. Mit dem Herbst 1856 begann eine Reihe guter Weinjahre. Ein Indiz für das Ende der Flaute war, daß sich die Zahl der Weinhandelsfirmen im Bereich der Handelskammer Mannheim binnen weniger Jahre verdreifachte.

Keltertechnik und Kellerwirtschaft

Bis in unser Jahrhundert hat man im Weinland Baden da und dort die Trauben wie im Altertum noch auf der Baumkelter gepreßt. Im Alemannischen heißen diese eichenen Ungetüme der oder die Torkel. Deren Arbeitsweise sei anhand der 1607 errichteten Heilig-Geist-Torkel im Meersburger Weinbaumuseum skizziert. Die Hebelkraft des Kelterbaumes, der oft aus zwei Eichenbalken gefügt war, wurde durch eine Steinlast an seinem Kopfende, einem Mühlstein oder Findling, vervielfacht. Getragen wurde dieser Stein vom kreuzweise gefügten Schragen, der in einer Bodenvertiefung, der Schraggrube, saß. Die Schraubenspindel am Kopfende des Baumes konnte sowohl den Torkelbaum auf und ab bewegen wie die Steinlast im Schragen heben. Hinten und in der Mitte war der Baum einem Rahmen, Hinterdocke und Vorderdocke genannt, eingepaßt.

Im Ruhestand lag der Torkelbaum auf dem unteren Querholz der Hinterdocke und auf dem Riegel, dem sogenannten Esel, der Vorderdocke. Wollte man das Trottbett mit der Maische beschicken, brachte man den Baum in die Waagrechte. Das Preßgut, Stock genannt, kam aufs Bett; darüber legte man kreuz und quer eichene Dielen, deren Zwischenräume von handlichen Klötzen, den Bracken, ausgefüllt wurde. Dann zog man den Esel heraus, und der Baum begann über dieses Zwischenlager auf den Stock zu pressen. Gleichzeitig wurde die Spindel höher geschraubt, bis ihr Unterbau, der Schragen, samt dem Stein freischwebend in der Grube hing und den Torkelbaum stetig nach unten zog. Wenn kein Saft mehr in die unterm Trottbett aufgestellte Stande rann, wurde die dem Druck seitlich ausgewichene Maische mit dem Torkelmesser abgeschnitten und nach Einschieben des Esels und Herausnahme der Bracken in der Mitte von neuem aufgeschüttet. Das wiederholte sich, bis der Stock zu einem trockenen Häuflein zusammengeschrumpft war.

Das empfindlichste Element der ungefügen Eichenkelter war die Spindel, die meist aus dem zähen Holz der Hainbuche gefertigt wurde. Ihr handgeschnitzter Schraubengang war Präzisionsarbeit, „der Stolz und das Geheimnis des Meisters, das er nur dem Sohn überlieferte oder mit ins Grab nahm".

Die Römer kannten daneben schon die Spindelkelter, die mit dem mechanischen, später mit dem hydraulischen Vertikaldrucksystem arbeitete. Der Durchbruch für die schon um 1830 entwickelten Horizontalpressen, Kistenkeltern genannt, kam erst nach dem letzten Weltkrieg. Heute sind durchweg kontinuierlich arbeitende Schrauben- oder Schneckenpressen sowie Bandpressen mit Endlosband in Betrieb.

Statt der Bezeichnung Weinbereitung taucht um 1800 erstmals der Begriff Kellerwirtschaft auf. Endlich kam man auch zu neuen Erkenntnissen, nachdem Antoine Lavoisier im Revolutionsjahr 1789, kurz bevor er auf dem Schafott endete, erstmals das Wesen der alkoholischen Gärung dargestellt hatte. Frankreich blieb hier lange in Führung, bis hin zu der Erkenntnis Louis Pasteurs vom biologischen Prozeß der Gärung durch Hefepilze.

1801 propagierte Jean Antoine Chaptal das Aufzuckern des Mostes und die Entsäuerung der Maische mit kohlensaurem Kalk. Ihm folgte der deutsche Chemiker Ludwig Gall, der die Naßzuckerung entwickelte; dabei wurde dem Most nach der Gärung in Wasser gelöster Zucker verabreicht, um ein Übermaß an natürlicher Säure auszugleichen. Als Gall 1851 seine „Praktische Anweisung, sehr gute Mittelweine selbst aus unreifen Trauben zu gewinnen" veröffentlichte, hatte er vor allem die Mosel im Blick. Der Önologe Julius Neßler meinte dazu 1890: „In keinem Land kommt das Zuckern weniger vor als in Baden; ich kenne die meisten größeren und besseren Kellereien Badens und habe die feste Überzeugung, daß man in allen, und namentlich auch in jenen der Ortenau, reine, ausschließlich aus Traubensaft hergestellte Weine erhält."

Die heute legal praktizierte Trockenzuckerung geschieht vor dem Vergären des Mostes, wobei der zugesetzte Rübenzucker zunächst in Trauben- und Fruchtzucker zerfällt, wie sie von der Rebe mit Hilfe der Sonnenenergie gebildet und in den Beeren gespeichert werden. Anschließend wandeln die Hefepilze den Gesamtzucker bis zu einer gewissen Sättigungsgrenze in Alkohol und Kohlensäure um.

Daß sich die unterschiedliche Qualität der Traubenmöste in deren spezifischem Gewicht niederschlägt, war schon lange bekannt. Ab 1830 baute der Pforzheimer Christian Ferdinand Öchsle Mostwaagen. Die nach ihm benannten Öchslegrade bestimmen die Dichte, den im Traubensaft gelösten Zuckergehalt samt Extraktstoffen. Seit den 50er Jahren wird die Güte des jungen Jahrgangs optisch mit dem Refraktometer ermittelt.

Neue Wege, neue Institutionen

Noch immer kamen bei dem vorherrschenden Mischsatz die Weine ohne Sortenangabe zum Verkauf. Mitte des 19. Jahrhunderts wurde in einem Verzeichnis der Mostpreise für die Ortenau beispielsweise nur zwischen Feld-, Berg-, Edel- und Rotweinen unterschieden. Dabei hatte sich damals schon vor allem Bronner um die Einbürgerung neuer Rebsorten im Badischen bemüht. Auf seine Initiative hin wurde der Weißburgunder erprobt, aus der Steiermark brachte er die Laskarebe, aus Niederösterreich den Portugieser, aus dem Elsaß den St. Laurent mit.

Der St. Laurent, hierzulande auch Laurenzitraube genannt, wird heute leider nur noch als Spezialität einiger weniger Selbstmarkter, vor allem im Kraichgau, kultiviert. Wegen seiner strengen Säure sollte der St. Laurent spät gelesen werden, dann bringt er tiefrote Weine mit einem charaktervollen Bordeaux-Bukett. Verdrängt wurde er teilweise vom ertragsüppigeren, frühreifen Portugieser. Laut Bronners Biographen Fritz Schumann soll der Portugieser in Österreich um 1800 noch völlig unbekannt, nach anderen Weinhandbüchern „schon seit Jahrhunderten" heimisch gewesen sein. Die Vergangenheitsbewältigung läßt zumindest bei den Ampelographen, den Rebsortenkundlern, zu wünschen übrig. Ganz verschwunden ist inzwischen die Laskarebe, ein Rotgewächs, früher auch als blauer Wälscher bezeichnet.

Am Kaiserstuhl begann der Qualitätsweinbau, als die Rebe, spät genug, die Lagen mit nacktem Vulkangeröll eroberte. Bis dahin waren nur am Breisacher Eckartsberg ein paar Zeilen auf Lavaverwitterungsböden gewachsen. 1781 hatte Ägid Joseph von Fahnenberg rund um die Schwendi-Ruine in Burkheim Wein auf blankem Tephrit gepflanzt, doch blieb dieses Unternehmen anscheinend ohne Widerhall.

Folgenreicher war das Experiment am Ihringer Winklerberg. Hier, wo der Achkarrer Weg von der Straße nach Breisach abzweigt, hängt eine erneuerte Tafel mit der Inschrift: „Zum Andenken an Ernst Georg Lydtin, Oberwund- und Hebarzt in Ihringen, geb. 20. Feb. 1779 zu Weiswweil, gest. 30. Jan. 1835 zu Ihringen. Aus einer Steingrube schuf er 1828/29 diesen Weinberg, den er mit Reben aus Süd-Italien bepflanzte und so den Grund für den Edelweinbau am Kaiserstuhl legte."

Lydtin war mit den Truppen Napoleons in Italien gewesen und hatte am Vesuv Weinberge auf schwarzer Lava kennengelernt. Er ließ sich dann in Ihringen nieder. 1813 ersteigerte Lydtin von der großherzoglichen Domänenverwaltung eine mit Buschwald verstruppte Ödung am Fohrenberg. Er ließ das Gelände roden und rigolen und 1815, also lang vor dem Datum der Erinnerungstafel, mit Reben bepflanzen. 1816 erwarb er noch neun Ar am

Winklerberg, wo sein Enkel 1898 die erste Tafel anbrachte.

Johann Baptist Hau, ein junger, vielgereister Breisacher Kaufmann, probierte den Lydtinschen Jungfernwein 1817 in einer Wirtschaft in Oberrimsingen am Tuniberg und war begeistert. Zusammen mit seinem Bruder kaufte er bei der Brunnenquelle am Fohrenberg anderthalb Hektar und setzte dort im Frühjahr 1821 neben den Standardsorten Gutedel, Ortlieber, Elbling und Kläpfer auch Muskateller, Rheingauer Riesling, Silvaner, Veltliner, Traminer, Ruländer, Weißburgunder und Blauen Spätburgunder. Auch diese Vulkanweine brachten auf Anhieb höhere Qualitäten und Preise. Kein Wunder, schließlich wurzelt der Rebstock hier mit den Füßen im Feuer. Messungen am Winklerberg ergaben von Mai bis September in 60 Zentimeter Tiefe eine Durchschnittstemperatur von 18 Grad, und das ohne größere Schwankungen. Auch mit dem Mengenertrag konnte Hau, der es später zum Breisacher Bürgermeister brachte, zufrieden sein. In drei Jahrzehnten herbstete er pro Jahr und Ar etwa 130 Liter. Am Schloßberg und Büchsenberg über Achkarren sowie bei Bischoffingen legte er weitere Weinberge auf Vulkangestein an. Durch verbesserte Sortenwahl und späte Lese hat er, mehr noch als Lydtin, den Winzern am Kaiserstuhl ein Vorbild gegeben. Die Regierung honorierte es mit vaterländischen Verdienstmedaillen.

Daß heute der Kaiserstühler Spätburgunder auf keiner guten Rotweinkarte fehlt, ist mit ein Verdienst der drei Brüder Blankenhorn aus Müllheim im Markgräflerland. 1842/44 sprengten sie am westlichen Kamm des

Am Brunnen unterhalb des Ihringer Fohrenbergs hat auch der Rebpionier Johann Baptist Hau eine Gedenktafel erhalten.

Winklerbergs das Gelände für ein Rebgut. Sie holten Rieslingreben aus dem Rheingau, Traminer aus Deidesheim und Spätburgunder von dem weltberühmten Weingut Clos de Vougeot. Großzügig gaben sie Rebschößlinge an interessierte Winzer weiter, und vorahnend schrieb der Önologe August von Babo: „Die Zukunft wird lehren, daß der Kaiserstühler Rote einst einen weiten Ruf, einen guten Klang haben wird."

In Durlach erwarb 1832 Markgraf Wilhelm am Turmberg und Rodberg Rebgelände, das er aufwendig terrassieren und mit Muskat-Gutedel, Schwarzriesling, Weißburgunder und Portugieser bepflanzen ließ. Auf sein Drängen hin erhielt Bronner 1836 ein Reisestipendium für Frankreich, um dort die Rotweinbereitung zu studieren.

Um den Rebbau hat sich der 1810 gegründete Badische landwirtschaftliche Verein mit seinen Veröffentlichungen verdient gemacht. Seit 1833 unterhielt er eigene Rebschulen. Aus der lockeren Versammlung deutscher Wein- und Obstproduzenten entstand nach der Bismarckschen Reichsgründung 1874 der Deutsche Weinbauverein, seit 1913 Deutscher Weinbauverband. Ebenfalls 1874 wurde in Müllheim der Oberbadische Weinbauverein gegründet. Er gab das Vorbild für weitere regionale Vereinigungen, die sich 1913 im Badischen Weinbauverband zusammenfanden. Seit 1872 wurden in Tauberbischofsheim, Weinheim, Bühl, Offenburg, Müllheim und Konstanz Weinmärkte veranstaltet; Offenburg und Müllheim haben überdauert, 1930 kam Freiburg mit einem Markt für Flaschenweine hinzu.

Bei den Versammlungen deutscher Wein- und Obstproduzenten wurden früh auch schon Sektmarken zur Prüfung angestellt, so 1838 in Karlsruhe „der Champagnerwein von Herrn Knapp aus Appenweier". In Überlingen stellten 1847 der Pforzheimer Bürgermeister Deimling „Moussierenden Wein vom Erzberg" und die Sektkellerei J. J. Hieber aus Freiburg „moussierenden Markgräfler" an. Ein Produzentenverzeichnis von 1845 listet unter den deutschen „Champagner-Fabriken" zudem die aus einer Weinhandlung und Zichorienfabrik hervorgegangene Sektkellerei J. Kuenzer in Freiburg auf, die bevorzugt die auf Ihringer Vulkangestein gewachsenen Weine verarbeitete. Als weitere Schaumweinfabriken werden 1889 Alfred Schweiß in Freiburg, Dr. Barschall in Karlsruhe, Müller & Co. in Mannheim, Euler & Blankenhorn in Müllheim sowie Julius Hagenbusch in Radolfzell aufgeführt. Vier Jahre später firmierten Euler & Blankenhorn in Eimeldingen, und 1896 tauchen in Mannheim die Sektkellerei Adolf Emrich und in Konstanz Ziegler & Groß auf. Letztere glänzte mit einem Jamanavin volapüka im Angebot und bekannte sich damit zu der völkerverbindenden Weltsprache Volapük, die der tauberfränkische Pfarrer und Konstanzer Prälat Johann Martin Schleyer 1879 entworfen hatte, die aber dann der Konkurrenz des Esperanto erlag.

Wenn heute unter dem Eindruck der Weinschwemme und des stagnierenden Weinkonsums so viele Genossenschaften und Güter eigene Sektmarken auf den Markt bringen, so hat das Bronner in seiner Schrift von 1842 „Die teutschen Schaumweine" schon prophezeit: „Der frühere Sinn, nur reine Naturprodukte zu genießen, scheint sich geändert zu haben ... Steigende Cultur und steigender Luxus haben auch den Gaumen verwöhnt, und ein allgemeines Trachten nach zärteren, milderen Getränken gibt sich allenthalben kund ... Ich will hier nicht als Prophet auftreten, aber wenn wir die Richtung unserer Zeit und ihre Bedürfnisse mit scharfem Auge verfolgen, so wird und muß eine Zeit kommen, wo es zum Bedürfnisse wird, einen großen Teil unserer Weine in Schaumweinen abzusetzen; der Bedarf der anderen Weine wird allmählich so abnehmen, daß die Weinbergseigentümer genötigt sind, auf andere als die bisherigen Absatzwege zu sinnen, und der erwachende Spekulationsgeist wird die Sache ergreifen und für sich benutzen."

Rebseuchen dezimieren den Weinbau

Als Rebkrankheiten galten zu Beginn des 19. Jahrhunderts „ ... der Grind, die Gelbsucht, der Brenner, die Fäulnis und die Entkräftung. Die gefährlichsten Feinde, welche die besondere Aufmerksamkeit der Winzer verdienen, sind: der Wurm, der Rebenstecher, die Schnecke, der Maikäfer". Der Grind, auch Mauke genannt, war eine krebsartige Wucherung des Rebstocks. Der Rote Brenner wurde 1656 in der Burgvogtei Binzen schon erwähnt. Mit der Fäulnis ist die Stiel- und Traubenfäule, mit der Gelbsucht die Chlorose gemeint, das frühzeitige Ausbleichen des Reblaubs, das vor allem in staunassen schweren Böden auftritt. Heuwurm und Sauerwurm, Entwicklungsstadien des Traubenwicklers, wurden schon im Alten Testament als Rebschädlinge genannt. Der Rebenstichler, auch Zigarrenmacher genannt, weil die Weibchen ihre Eier in Blattwickel legen, spielt heute kaum mehr eine Rolle. Der früher gelegentlich noch erwähnte Mehltau bezog sich wahrscheinlich auf die von der Weinblattmilbe verursachte Pockenkrankheit.

Mit all diesen Krankheiten und Schädlingen hatten Rebe und Winzer leben können. Das änderte sich mit der Invasion der Reblaus und zweier bisher unbekannter Pilzseuchen, die alle aus Amerika kamen. 1845 wurde das Oidium, der echte Mehltau oder Äscherich nach Europa eingeschleppt, wo er im Weinland Baden 1872 erstmals epidemisch auftrat. 1878 wurde in Südfrankreich die Peronospora beobachtet, die 1882 als Blattfallkrankheit, seit 1906 auch als Lederbeerenkrankheit Baden erfaßte. Die um 1860 in

Frankreich aufgetauchte Wurzelreblaus trat 1913 im Markgräflerland auf. 1927 wurde in Baden auch die geflügelte Form der Blattreblaus entdeckt. Um die Jahrhundertwende wanderte zudem von Südeuropa der bekreuzte Traubenwickler ein, entwickelte sich die durch Kräuselmilben verursachte Kurzknotigkeit zu einer weiteren Rebseuche.

Es dauerte einige Zeit, bis man Gegenmittel entwickeln konnte. Das Oidium wurde mit Schwefel, die Peronospora mit der Bordelaiser Brühe, einer Mischung von Kupfervitriol, Kalk und Wasser bekämpft. Aus Wassermangel im Weinberg behalf man sich dabei oft mit einem ausgedienten Kehrbesen statt den noch unhandlich teuren Spritzgeräten. Gelegentlich wurde, um die Aufsichtsbehörden zufriedenzustellen, Waschblau in die Reben gespritzt, „bloß damit man Blau gesehen hat". Gegen die Reblaus halfen einstweilen nur örtliche, höchst aufwendige Desinfektionen der verseuchten Weinbergböden mit Schwefelkohlenstoff.

Die schon skizzierten Gründe für den Rückgang des Weinkonsums und die importierte Seuchenwelle führte zu einem bisher beispiellosen Rückgang der Rebflächen im Badischen. Zwischen 1803 und 1905 schrumpfte das Areal von 26 640 auf 17 712 Hektar zusammen. Besonders dramatisch verlief die Entwicklung in Tauberfranken, der um 1860 mit 2 888 Hektar noch größten Reblandschaft Badens. 1898 wurden im Amtsbezirk Tauberbischofsheim noch 1720, im Kriegsjahr 1915 ganze 176 Hektar registriert. Hier hatten auch noch verheerende Winterfröste dem Rebstock mitgespielt.

Aufschlußreich ist weiter die Ertragsstatistik der einzelnen Weinregionen. Zwischen 1855 und 1893 sanken die jährlichen Durchschnittserträge, gemessen in Hektoliter je Hektar, am Bodensee von 22,4 auf 18,8, am Hochrhein von 35,5 auf 14,6, im Markgräflerland von 59,4 auf 35,3, am Kaiserstuhl von 49,6 auf 29,7, im Breisgau von 44,5 auf 22,2, in der Ortenau von 34,3 auf 18,5, um Pfinz und Enz von 23,6 auf 13,1 und in Tauberfranken von 7,4 auf 6,1 Hektoliter je Hektar.

Hansjakob und die erste Winzergenossenschaft

Die Winzergenossenschaften sind Kinder der Not. Der Übergang vom Erblehen zum Eigentum hatte, so der Wirtschaftshistoriker Willi Boelcke, „die Betriebe in die gelobte Freiheit der Bewirtschaftung entlassen, ohne sie als leistungsfähige Partner in die launenhafte Marktwirtschaft zu integrieren". In der Praxis hieß das: Die meisten Rebbauern und Winzer hatten weder die nötige Lagerkapazität noch die kellertechnischen Kenntnisse, um ihren Herbst selbst auszubauen und auf lange Sicht zu vermarkten. Sie waren auf den Verkauf des Traubenmostes frisch von der Kelter weg und damit auf die Weinhändler und Wirte angewiesen, die bei stockendem Absatz die Preise diktieren konnten. Wenn der Winzer den Most zu ihren Bedingungen nicht abgeben wollte, verdarb ihm der Herbst unter den Händen.

„Der Pfarrer muß nicht nur für die religiösen, sondern auch für die sozialen Bedürfnisse seiner Gemeinde sorgen." Unter dieser Devise gründete der Pfarrer von Hagnau am Bodensee, Heinrich Hansjakob, im Herbst 1881 die erste Winzergenossenschaft Badens. 1869 war der hochgewachsene Mann mit dem breitkrempigen schwarzen Freiheitshut und den blitzenden Augengläsern als Dorfpfarrer aufgezogen. Wegen seines Widerstands gegen die schroff bürokratische Kirchenpolitik der liberalen Regierung hatte er seine Rektorenstelle an der Waldshuter Realschule verloren.

Am Pfarrhaus in Hagnau erinnert diese Tafel an Heinrich Hansjakob.

Kaum im Pfarrhaus am See einquartiert, mußte er wegen polemischer Veröffentlichungen für zehn Wochen ins Gefängnis. Unverdrossen wählte der Bezirk Offenburg-Land den gebürtigen Haslacher aus dem Kinzigtal als Abgeordneten der katholischen Volkspartei in den Landtag. Aufgrund seiner parlamentarischen Erfahrungen nahm Hansjakob 1878, mitten im Bismarckschen Kulturkampf, Abschied vom politischen Katholizismus und plädierte für den Frieden zwischen dem Staat und der Kirche, die sich stärker auf ihren religiösen und sozialen Auftrag besinnen solle.

„Im Herbst 1881, da nach etlichen Frostjahren zum ersten Mal wieder ein ziemlicher Herbst gewonnen werden konnte, drückten die Weinhändler die Preise sehr herunter, sie boten für den weißen Wein 10 bis 12 Pfennig per Liter und für den roten 18 bis 20 Pfennig. Niemand kaufte, bis die Rebleute, als die Torkeln liefen, gedrängt waren, um den obigen Spottpreis loszuschlagen. In dieser allgemeinen Bedrängnis ließ der hiesige Pfarrer Dr. Heinrich Hansjakob die Bürger am 20. Oktober durch Ausschellen zu einer Versammlung in die Wirtschaft des Johann Zeller einladen. Die allermeisten Rebleute kamen und nahmen einstimmig und mit vieler Freude den Vorschlag des Pfarrers auf, der dahin ging, einen Winzerverein sofort zu gründen, den Wein nicht unter 15 respektive 25 Pfennig herabsinken zu lassen, eher ihn selbst vom Verein zu übernehmen. Wer also seinen Wein nicht zu obigen Preisen verkaufen könne, solle ihn dem Verein abliefern, welcher gesamtverbindlich Geld aufnimmt und die Weine bar ausbezahlt ..."

So schildert Hansjakob diesen heißen Herbst in dem von ihm verfaßten Gründungsprotokoll des Winzervereins Hagnau. Anderntags schon nahm ein „vollziehender Ausschuß" mit ihm an der Spitze seine Arbeit auf „und übernahm bis zum Ende des Herbstes über 500 Hektoliter Wein in den Keller des Matthias Brunner und in den ‚Löwenkeller'. Dieser Wein wurde großenteils im Herbst und gleich nachher zu höheren Preisen verkauft. Der Hauptzweck aber ward dadurch erreicht, daß die Preise vom Verein gehalten wurden, so daß dadurch der Gemeinde mindestens ein Gewinn von 12 000 Mark erwachsen ist. Der Gedanke, den Winzerverein bleibend zu konstituieren und zu erweitern, fand deshalb allgemein Anklang."

Hansjakob wurde auf zwei Jahre zum Vorsitzenden gewählt. Der Gemeinderat überließ dem Winzerverein den Gemeindekeller zur unentgeltlichen Nutzung. Hansjakob fuhr nach Karlsruhe und erreichte, daß der Verein die Herrentorkel, die Kelter des großherzoglichen Domänenamtes Meersburg, für 900 Mark hälftig erwerben durfte. Von Anfang an bemühten sich die Verantwortlichen des Vereins, den gesamten Herbst ihrer Mitglieder zu erhalten und zu vermarkten. Sorgen bereitete aber zunächst der Absatz der Genossenschaftsweine. Die früheren Aufkäufer hielten sich zurück. Pfarrer Hansjakob ging selbst als Weinvertreter auf Reisen und konnte auch einige Weinhandelsfirmen als Abnehmer gewinnen. Später warb der Verein in Zeitungen und Fachblättern und stellte Reisende an, die den Hagnauer auf Provisionsbasis verkauften, frei nach der zweiten Devise Heinrich Hansjakobs: „Wer den Seewein nicht trinkt, kennt ihn nicht!"

Das Hagnauer Beispiel machte Schule. Winzervereine wurden gegründet 1884 in Meersburg, 1894 im tauberfränkischen Beckstein, 1896 auf der Reichenau, 1897 in Immenstaad, 1906 in Bühlertal, 1908 in Schliengen im Markgräflerland, 1909 in Affental, 1922 in Neuweier und Auggen. Ein Reichsgesetz von 1889 ermöglichte die Umwandlung der Vereine in Erwerbs- und Wirtschaftsgenossenschaften. Unbegrenzte Mitgliederzahl, begrenzter Geschäftsbereich, solidarische Haftung, ehrenamtliche Verwaltung und Unteilbarkeit des Vermögens hatten zuvor schon gewohnheitsrechtlich bei den ersten Winzervereinen gegolten. Dann freilich stagnierte die Entwicklung bis in die späten 20er Jahre.

Kunstweine und Hybriden

Zur Notlage der Winzer trug auch noch die schamlose Fabrikation von Kunstweinen bei, gefördert von der laschen Reichsgesetzgebung, die an das Produkt Wein ausschließlich chemische Mindestanforderungen stellte. War das Gesöff analysenfest, konnte es ungehindert als Wein bezeichnet und verkauft werden, auch wenn kaum etwas davon am Rebstock gewachsen war. Erst 1901 und 1909 definierte der Gesetzgeber, aufgeschreckt von dem Skandal um den pfälzischen Weinfabrikanten und Reichstagsabgeordneten Sartorius, der als Großpanscher verurteilt worden war, den Wein als ausschließlich aus dem Saft frischer Trauben gewonnenes Erzeugnis. Die Kontrollen wurden verschärft, Kunstweine verboten. Ohne die standespolitische Mitsprache der Winzer wäre damals der Ruin des deutschen Weinbaus besiegelt gewesen. Erinnert sei hier nur an den Müllheimer Weingutsbesitzer und Reichstagsabgeordneten Ernst Blankenhorn.

Im Ersten Weltkrieg fielen trotz schwerer Frauenarbeit im Weinberg weitere Rebflächen brach. Die staatlich reglementierten Höchst- und Richtpreise für Wein wurden im hessischen und damals noch preußischen Rheinland lange nicht so streng eingehalten wie im Südwesten und trafen hauptsächlich die Qualitätsbetriebe.

Dafür schien mit der Taylorrebe endlich gegen die Reblaus ein Kraut gewachsen zu sein. 1874 hatte der Weinwissenschaftler Adolph Blankenhorn in seinem Rebgut bei Ihringen Sämlinge der amerikanischen Taylorrebe gezogen, von denen einer mit besonders üppigem Traubenbehang auffiel. Als Amerikanerrebe war dieser Stock gegen die unterirdisch lebende Reblaus wie gegen Oidium und Peronospora weitgehend resistent. Schnitthölzer dieses Taylor-Sämlings Blankenhorn verbreiteten sich rasch am Oberrhein. In Frankreich versuchte man gleichzeitig mit Hybriden, Kreuzungen aus amerikanischen Wildreben und europäischen Kulturreben, der Misere Herr zu werden. Diese Hybridenweine zeigten jedoch einen unangenehmen Fuchsgeschmack und erwiesen sich auch nur vereinzelt widerstandsfähig gegen Laus und Pilz.

1910 wurde der Anbau der Taylorrebe in den Amtsbezirken Achern, Bühl, Baden-Baden und Rastatt ausnahmsweise erlaubt, für die übrigen Weinlandschaften blieb das bisherige Anbauverbot bestehen. Das sahen die Winzer nicht ein. Es kam zu Massenverurteilungen mit Strafen von drei Mark Anbaugebühr, die der Winzer gern zahlte, da eine Vernichtung der schon bestehenden Anlagen angesichts der Ernteausfälle bei den alten Sorten undurchführbar erschien. 1912 waren im gesamten Weinland Baden pro Hektar im Durchschnitt 8,2, im Jahr 1913 sogar nur 3,3 und 1914 wiederum nur 6,7 Hektoliter geherbstet worden. Während des Krieges und in

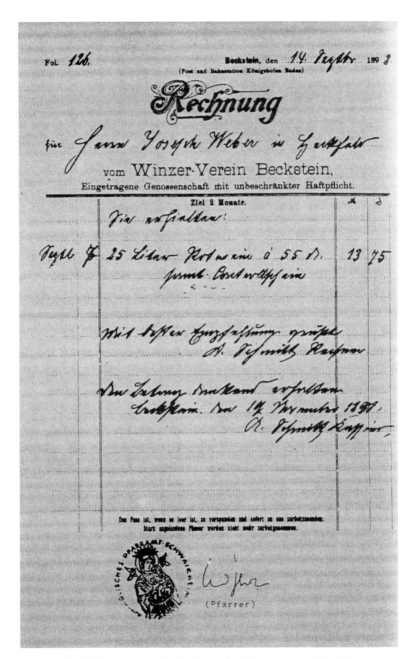

Ein Dokument aus der Frühzeit des Winzervereins Beckstein.

der turbulenten Nachkriegszeit kümmerte sich eh keiner mehr um das Anbauverbot. 1924 wurde die Taylorrebe für ganz Baden freigegeben, ebenso auf Drängen der Winzer eine Handvoll Hybriden, darunter das Rotgewächs Oberlin. Um 1930 waren angeblich 3 700 Hektar, knapp ein Drittel der badischen Rebfläche, mit Taylor und Hybriden bestockt. Erst das massierte Auftreten der geflügelten Reblaus, die von dem Laub der Hybriden zehrte, gab den Anstoß zur Vernichtung der Anlagen.

Inzwischen hatten sich nämlich die Versuche mit dem Pfropfrebenbau bewährt. Dabei wurde das Reis einer europäischen Kulturrebe, deren Laub gegen die Blattreblaus widerständig ist, auf das einjährige Holzstück einer gegen die Wurzelreblaus resistenten Amerikanerrebe gepfropft. Aus dem Unterlagenholz entwickelte sich die Wurzel, aus der Knospe des Reises der oberirdische Rebstock. Ausdauernde Versuche waren nötig, um der Affinität, also der Verträglichkeit beider Rebsorten wie der Adaption, der Bodenverträglichkeit der Unterlagenrebe, gerecht zu werden. 1930 wurde der Verschnitt von Hybridenwein mit Wein aus Europäerreben, 1935 der Handel mit Hybridenwein verboten. Zwischen 1933 und 1940 mußten sämtliche Hybriden ausgestockt werden. Die Winzer entschädigte man mit Geld oder Pfropfreben.

Schon vor dem Ersten Weltkrieg hatte Bassermann-Jordan das Gift Arsen als Bekämpfungsmittel gegen die Schadpilze gefordert, „auch wenn jemandem dabei etwas passieren kann". 1920 wurde Arsen als Pflanzenschutzmittel amtlich abgesegnet, nachdem Versuchsweine keine gefährlichen Rückstände aufwiesen. Unbeachtet blieb dabei der weitaus höhere Arsenanteil im Trester, aus dem der Winzer seinen traditionellen Haustrunk bereitete. Die meisten Fälle von Arsenvergiftung in den folgenden Jahren wiesen Winzer an der Mosel und am Kaiserstuhl auf, die sich täglich ein bis zwei, mitunter gar vier bis fünf Liter Tresterwein am Tag gönnten. Frauen, die arsenhaltige Zerstäubungsmittel im Weinberg ausgebracht hatten, erkrankten dagegen ganz selten. Bis 1934 wurden 94 schwere Fälle bekannt, davon zwei Drittel am Kaiserstuhl; 22 Winzer waren bereits verstorben. 1942 hat man arsenhaltige Mittel im Weinbau verboten.

Des Weinbaus Hohe Schule

Als letztes deutsches Weinland erhielt Baden 1921 in Freiburg ein Staatliches Weinbauinstitut, das seinen Sitz nach etlichen Provisorien 1929 in der Bismarckstraße beim Bahnhof fand. Sein erster Direktor wurde Karl Müller, bis dahin Assistent an der Landwirtschaftlichen Versuchsanstalt Augustenberg bei Durlach. Die Forschungs- und Versuchsanstalt für Weinbau und Kellerwirtschaft leitete anfangs auch den Pflanzenschutzdienst in Baden. Bis in die 30er Jahre war das Institut zudem für die Anzucht von Unterlagenreben sowie für die Rebenveredlung zuständig. Hier hat sich vor allem Alfred Dümmler verdient gemacht. Im Gegensatz zu den anderen Anstalten in Deutschland kannte Freiburg keinen regelmäßigen Unterrichtsbetrieb für Winzernachwuchs und künftige Kellermeister. Forschung, Versuchsweinbau und Beratung dominierten.

Karl Müller faßte seine Erkenntnisse über die Gesetzmäßigkeit des Peronosporabefalls in einem Inkubationskalender zusammen, der erstmals und bis heute die Grundlage für eine termingerechte und damit sichere Bekämpfung dieser Pilzseuche schuf. Auf dem Gebiet der Kellerwirtschaft hatte Baden viel nachzuholen. Seine durchweg säureärmeren Weine verlangten einen sehr diffizilen Ausbau für die Flaschenreife. Die von Müller 1922 eingeführte dosierte Schwefelung auch gesunden Traubenguts machte rasch Schule, ist heute jedoch nicht mehr nötig. Das von Ernst Vogt geleitete Weinlaboratorium untersuchte die eingesandten Proben und beriet Winzer, Küfer, Gastwirte und Kellermeister. Aus der von Müller 1916 vorgenommenen Kreuzung Silvaner x Ruländer ging die Neuzüchtung Freisamer hervor. Müller richtete im Institut ein Weinbaumuseum ein, gab 1930 ein großartiges Weinbaulexikon heraus und verfaßte acht Jahre später seine Geschichte des badischen Weinbaus, die 1953 eine Neuauflage erlebte.

Seine Nachfolge trat 1937 Ernst Vogt an, der grundlegende Arbeiten über Weinbau, Weinchemie und Weinanalyse veröffentlich hat. 1939 gelang dem Rebenzüchter Johannes Zimmermann mit dem Nobling, einer Kreuzung Silvaner x Gutedel, eine Bereicherung der Sortenpalette fürs Markgräflerland. Aus Kreuzungen von Spätburgunder und Ruländer mit der Färbertraube gewann er die farbintensiven Deckweine Deckrot und Kolor, die aber hohe Säurewerte aufwiesen. Der aus der Färbertraube Fröhlich gewonnene Dunkelfelder hat die beiden Deckweinsorten inzwischen abgelöst. Ab 1940 mußte das Freiburger Institut auch den elsässischen Weinbau fördern und beraten. Am 27. November 1944 ging mit dem schönen alten Freiburg auch das Weinbauinstitut im Feuersturm unter. Nur die ausgelagerte Blankenhorn-Abteilung des Weinbaumuseums mit ihrer illustren Bibliothek konnte gerettet werden.

Nach dem Krieg wechselte das Blankenhornsche Musterweingut über Ihringen von der Landwirtschaftskammer zum Weinbauinstitut. Dort konnten zunächst nur die Abteilungen Botanik, Rebenzüchtung, Weinchemie sowie Reblausbekämpfung und Wiederaufbau ihre Arbeit aufnehmen. Die letzte Abteilung war 1941 gegründet worden, um die durch Kriegseinwirkungen ruinierten Weinberge im Markgräflerland und am Kaiserstuhl nach den Prinzipien der späteren Rebflurbereinigung wieder aufzubauen.

Hinzu kamen dann die Abteilungen Zoologie, Mikrobiologie sowie Betriebs- und Arbeitswirtschaft. 1955 übernahm Aloys Friedrich Wilhelm die Leitung des Instituts. Er hat vor allem die durch Mangel an Kalium und Bor bedingten Rebkrankheiten erforscht und die Wirkungsweise des Schwefels auf Oidium geklärt. 1961 konnte das Staatliche Weinbauinstitut den Neubau in der Merzhauser Straße beziehen, wo auch der Badische Weinbauverband zuhause ist.

1967 wurde die Fachberatung für Südbaden dem Regierungspräsidium zugewiesen, „wohl die einschneidendste Maßnahme in der Geschichte des Instituts", wie Wilhelms Nachfolger Bruno Götz beklagte. Nematoden als Überträger von Viruskrankheiten, Sauerfäule durch Befall mit Grauschimmel, das massive Auftreten der Obstbaumspinnmilbe, der Roten Spinne, im Weinberg, Schwarzfleckenkrankheit, Versuche mit Gründüngung und Dauerbegrünung seien nur als Stichworte im Aufgabenkatalog des Instituts in den letzten Jahren erwähnt. Götz redigierte das 1949 von ihm mitbegründete Deutsche Wein-Jahrbuch; dank seiner Erkenntnisse konnte die Bekämpfung des Traubenwicklers mit der Pheromon-Verwirrmethode eingeführt werden. Bruno Götz trat auch als versierter Weinhistoriker hervor.

Die Erhaltungszüchtung vermehrt besonders bewährte Einzelstöcke durch Klone, also Rebreiser. Bei dieser vegetativen Vermehrung bleiben, im Gegensatz zur Vermehrung über Sämlinge, die erwünschten Erbeigenschaften des Mutterstocks erhalten. Daneben ist Freiburg vor allem durch seine Kombinationszüchtungen bekannt geworden. Hier wird versucht, durch Kreuzungen und Rückkreuzungen ansprechende neue Rebsorten zu gewinnen. Im Zeichen eines naturnahen Weinbaus sind da vor allem die Hybriden, heute interspezifische Sorten genannt, zukunftsträchtig, nachdem seit 1974 neben amerikanischen Wildreben auch die Vitis amurensis mit eingekreuzt wird. Diese Wildrebe ist zwischen den Strömen Amur und Ussuri, also im Grenzgebiet zwischen Sibirien und China, beheimatet; sie verkraftet bis zu 40 Grad Minus und läßt auch den aufdringlichen Fuchsgeschmack der Amerikaner vermissen. Wichtiger als die Winterfrosthärte ist jedoch die Pilzresistenz der interspezifischen Sorten. Zumindest auf vorbeugende Anwendung von Fungiziden, also Pilzbekämpfungsmitteln, kann hier verzichtet werden. Bei hohem Infektionsdruck werden einige der Neuzüchtungen gelegentlich von Oidium befallen. Eine Peronosporabekämpfung, so heißt es in Freiburg lapidar, „war bisher nie erforderlich. Botrytis", also Grauschimmel, „tritt meist erst an den reifen Trauben auf und erfordert somit keine Behandlung".

Auf Fungizide konnte bisher auch im umweltschonendsten Weinbau nicht verzichtet werden. Nach geltendem Recht sind die interspezifischen

Neuzüchtungen zur amtlichen Qualitätsweinprüfung nicht zugelassen. Sie dürfen nur als Tafelwein oder Landwein etikettiert werden. So hält sich die Nachfrage der Winzer nach derlei Reben bisher in Grenzen, zumal die unbekannten Weine auch noch „in hohem Maße erklärungsbedürftig" sind. Als Öko-Weine könnten sie allmählich jedoch eine Stammkundschaft gewinnen.

Die Rebflurbereinigung war unumgänglich

Die Evakuierung frontnaher Winzergemeinden am Oberrhein, Beschuß und Bombardement hatten während des letzten Krieges zahlreiche Weinberge zerstört oder verwildern lassen. Das bot nach dem Feldzug im Westen, also noch mitten im Krieg, die Chance, Hand in Hand mit der Umstellung von wurzelechten, reblausgefährdeten Stöcken auf Pfropfreben auch die Flurbereinigung im Weinberg sowie den sortenreinen Satz am Drahtrahmen, maschinengerechte Zeilenbreite, bessere Zufahrtswege und geregelte Wasserführung voranzubringen. Das begann im Markgräflerland und am Kaiserstuhl und wurde in den ersten Nachkriegsjahren unter widrigsten Umständen fortgeführt.

Typisch ist da eine aus Haltingen bei Weil überlieferte Transaktion aus dem Jahr der Währungsreform 1948. Für die Bepflanzung der in Handarbeit mühsam umgelegten Weinberge waren zwar heimische Edelreiser, aber keine reblausresistenten Unterlagenhölzer zur Hand. Die Haltinger Winzer schickten also einen Lastzug Kirschen in die Schweiz. Der Gegenwert in Fränkli ging an eine Basler Firma, die dafür Chemikalien nach Italien lieferte. Und die Italiener bezahlten die Haltinger zu guter Letzt mit Unterlagenholz.

Die Besatzungsmächte hatten Baden 1945 in eine amerikanische Nordzone und französische Südzone aufgeteilt. Dazwischen ging zwar kein Eiserner, aber, wie's der unvergessene Carlo Schmid einmal formuliert hat, ein Seidener Vorhang nieder. Es gab ein Land Württemberg-Baden mit der Hauptstadt Stuttgart und ein verstümmeltes Land Baden mit der Hauptstadt Freiburg; die Autobahn Karlsruhe-Stuttgart-Ulm markierte die Grenze zwischen den beiden Zonenländern. Die Zwangsbewirtschaftung für Wein überdauerte das Kriegsende. Der Anschluß Nordbadens an den Badischen Weinbauverband folgte erst 1964, als sich das neue Bundesland Baden-Württemberg längst konstituiert hatte.

Generationenlange Realteilung hatte im Weinbau zu einer unglaublichen Besitzerzersplitterung geführt. In Bischoffingen am Kaiserstuhl gab es Grundstücke von fünf Ar, die in sieben Terrassen unterteilt waren. Jechtingen zählte auf seiner Gemarkung 6 517, Merdingen am Tuniberg 10 950, Malsch im Kraichgau knapp 18 000 Parzellen. Wissenschaftler sprachen von der „atomisierten Gewannflur" im deutschen Südwesten. Bildhaft drastisch sprach das eine Winzerfrau aus: „Früher sind's wenigstens noch Schürzen gewesen, jetzt sind's nur noch Schurzbändel, gerade so lang und so schmal." Kein Wunder, daß die Rebfläche Badens von 11 417 Hektar im Jahr 1938 Mitte der 50er Jahre auf knapp 4 300 herabgesunken war. Im Norden des Weinlandes lagen die Flächenverluste deutlich über denen des Südens.

Die veränderten Lebensgesetze und Lebensgewohnheiten unserer Industriegesellschaft, der Konkurrenzdruck nicht nur des Europäischen Binnenmarktes, die Technisierung der Landwirtschaft, all das machte eine Rebflurbereinigung großen Stils unumgänglich. Wenn der heimische Weinbau überleben wollte, mußte er langfristig kalkulierbar und rentabel werden. Im Zeitalter der Handarbeit hatte das Gefüge der Terrassen, Trockenmauern und Stäffele seinen Sinn gehabt, seinen Zweck erfüllt. Neue Techniken erforderten jetzt eine neue Werkstatt für den Winzer.

Das Denkmal am flurbereinigten Batzenberg erstand in Form einer stilisierten Pfropfrebe.

Das Flurbereinigungsgesetz von 1953 setzte nicht nur in Baden ein Jahrhundertwerk in Gang. Gewaltige Erdbewegungen schufen ein gleichmäßiges Hanggefälle für den Maschineneinsatz, erst am Seilzug, dann im Direktzug. In den neu modellierten Steillagen sank die Zahl der Arbeitsstunden pro Jahr und Hektar von 2 500 bis 3 000 auf 1 200 und weniger, in Direktzuglagen bis auf 700. Der Mischsatz wurzelechter Reben wich dem sortenreinen Satz selektionierter reblausresistenter Pfropfreben, der Rebstecken dem Drahtrahmen, das Kuhgespann dem Schlepper, der Karst dem Hackpflug und der Bodenfräse. Die Chemie regierte mit Schädlingsbekämpfung, Unkrautvernichtung und Mineraldünger den Kreislauf der Arbeit.

Seit 1989 dröhnt der Traubenvollernter auch am Oberrhein. Der vier Meter hohe und mindestens ebensoviele Tonnen schwere Saurier schafft in einer Stunde das Tagwerk eines Dutzends Leser. Schlagwerke rütteln und schütteln die Trauben in einen Bottich. Allerdings verkraftet der Traubenvollernter nur eine Hangneigung bis zu 35 Prozent. Für Auslesen dürfen nur von Hand gelesene Trauben verwendet werden, ein selbstverständliches Gebot, das jetzt vom Gesetzgeber schon in Frage gestellt wird.

Der Wende im Weinbau entsprach seit den späten 50er Jahren der Umbruch in der Kellerwirtschaft. Bis dahin wurde der Löwenanteil der Weine im ersten Jahr, sozusagen als Heuriger, vom Faß getrunken. Bei den wenigen auf Flasche gefüllten Gewächsen waren Reife, ja Firne, also der Alterston, geschätzt. Jetzt bescherten Gärführung, Fernhalten der Luft, Drucktank, biologischer Säureabbau und frühe Abfüllung duftige, fruchtige, jugendliche Weißweine sowie warme, aromatisch milde Rotweine. Die Süßreserve, auf die wir noch kommen werden, prägte das Geschmacksbild. Für den Rotweinausbau wurde das kurzzeitige Erhitzen der Maische auf 80 Grad entwickelt, um ohne Zuwachs an Gerbsäure rasch die Farbstoffe aus der Beerenhaut zu gewinnen. Das Holzfaß wich dem glasemaillierten oder mit Kunststoff ausgekleideten liegenden, später dem aufrechten Tank aus Edelstahl.

1971 trat das neue deutsche Weingesetz in Kraft. Die Güteklassifizierung setzt seitdem mit dem anspruchslosen Tafelwein oder Landwein ein, gefolgt von der breiten Masse der Qualitätsweine bestimmter Anbaugebiete, für die ebenfalls noch Trockenzuckerung erlaubt ist. Dann beginnt die Klasse der Prädikatsweine von Kabinett über Spätlese, Auslese, Beerenauslese, Trockenbeerenauslese bis hin zum Eiswein. Prädikatsweine dürfen nur mit Süßreserve angereichert werden, was sich ab der Auslese von Natur aus erübrigt. Seit 1990 gilt eine Mengenbegrenzung bei der Weinerzeugung. Danach dürfen nicht mehr als 120 Kilo Trauben je Ar, das entspricht etwa 90 Liter Wein, vermarktet werden.

„Von der Sonne verwöhnt"

Von Bund, Land und Europäischer Gemeinschaft finanziell gefördert, vom wachsenden Wohlstand und Weinkonsum getragen, hat sich die Rebfläche Badens seit 1949 von 5 862 auf 16 141 Hektar im Jahr 1994 fast verdreifacht. Die Winzergenossenschaften waren Vorreiter dieser stürmischen Entwicklung. Nur sie konnten die stetig wachsenden Erträge erfassen, verarbeiten und vermarkten. Die Gründungswelle der 20er und 30er Jahre setzte sich nach der Währungsreform im Zuge der Rebflurbereinigungen fort. 1949 schon hielt der damalige Geschäftsführer der Winzergenossenschaft Bischoffingen und spätere Weinbaupräsident Emil Klaus fest: „Wenn bis jetzt zu den unentbehrlichen Gebäuden die Kirche, die Schule und das Rathaus gezählt wurden, dann ist heute der Winzerkeller dazugekommen. Das Rathaus regiert, die Schule lehrt, die Kirche ist die kulturelle Stätte, und der Winzerkeller ist das Leben unserer Winzer." Heute werden vier Fünftel des rotgoldenen Herbstes zwischen Main und Bodensee von den Winzergenossenschaften erfaßt.

Der Aufstieg und Ausbau der Zentralkellerei Badischer Winzergenossenschaften in Breisach, heute Badischer Winzerkeller genannt, markiert die damalige Euphorie. Aus einer bescheiden konzipierten Kaiserstühler Bezirkskellerei entwickelte sie sich zur größten und modernsten Winzerkellerei Europas, nachdem alle seit 1952 neu gegründeten Genossenschaften nur noch als Annahmestationen für die Zentrale Breisach tätig waren und auch die älteren, selbstmarktenden Winzergenossenschaften dort ihren Pflichtanteil anzuliefern hatten. Kellereidirektor Josef Frank hat damals in Breisach die Kellerwirtschaft in Forschung und Praxis mit perfektioniert.

Die landesweite Neubestockung mit Pfropfreben wandelte auch den Sortenspiegel. Elbling, Räuschling und Ortlieber, die zwischen den Weltkriegen noch mehr als 3 000 Hektar einnahmen, verschwanden völlig. Der bis dahin wenig bekannte Müller-Thurgau eroberte sich mit einem Anteil von 33,8 Prozent statistisch die Rolle des Spitzenreiters. Ihm folgte mit 26 Prozent der Blaue Spätburgunder. Wie alle Burgundersorten baut auch er rasch ab, und in den 50er Jahren glaubte man sich gegenüber dem französischen, italienischen, spanischen Rotwein hoffnungslos im Hintertreffen. Aber die Selektionsarbeit erbrachte zuverlässig tragende Stöcke, und die neudeutsche Vorliebe für den Roten kam dem Spätburgunder zugute.

Im Sortiment folgen weiter der Ruländer oder Grauburgunder mit 9,5, der Gutedel mit 8,3, der Riesling mit 8,1, der Weiße Burgunder mit 4,6, der Silvaner mit 2,7, der Kerner mit 1,2 und der Gewürztraminer mit

1,1 Prozent. In die restlichen knapp sechs Prozent teilen sich Auxerrois, Bacchus, Chardonnay, Freisamer, Muskateller, Muskat-Ottonel, Nobling, Scheurebe, Traminer beim Weißgewächs sowie Dornfelder, Dunkelfelder, Portugieser, Schwarzriesling beim Rotgewächs, wozu im Kraichgau noch etwas Trollinger und Limberger kommen.

1960 formulierte der Berliner Fred Keil die Werbezeile „Badischer Wein – von der Sonne verwöhnt". Das war zunächst nur auf das oberrheinische Gunstklima und den hohen Anteil an Burgundersorten, heute mehr als 40 Prozent, gemünzt. Ein Jahrzehnt später wurde die Sonderstellung Badens auch weinrechtlich sanktioniert. Als 1970 die Weinmarktorganisation der Europäischen Gemeinschaft gegründet wurde, unterteilte man die Rebregionen von Nord nach Süd und Ost nach West in die Weinbauzonen A, B und C. Die deutschen Anbaugebiete Ahr, Franken, Hessische Bergstraße, Mittelrhein, Mosel-Saar-Ruwer, Nahe, Pfalz, Rheingau, Rheinhessen und Württemberg, nach der Wiedervereinigung auch Saale-Unstrut und Sachsen, wurden der Zone A zugeschlagen; nur Baden schloß sich mit dem Elsaß, Lothringen, der Champagne, dem Jura, Savoyen und dem Loiretal freiwillig der Weinbauzone B an.

Was bedeutet das in der Praxis? Die Mindestmostgewichte bei Tafelwein liegen in der Zone A bei 44, für Landweine bei 55 und für Qualitätsweine bei 57 Grad Öchsle; in der Zone B werden generell 50, 55 und 63 Grad verlangt. Bei bestimmten Rebsorten erhöht sich das Mindestmostgewicht badischer Qualitätsweine auf 63 Grad, etwa beim Riesling und Gutedel, auf 66 Grad beim Silvaner und Müller-Thurgau, 69 Grad beim Spätburgunder und 72 Grad beim Ruländer oder Grauen Burgunder. Entsprechend strenger sind dann auch die Grenzen bei der Anreicherung mit Zucker gezogen. Der Alkoholgehalt darf bei Tafelwein, Landwein und Qualitätswein in der Zone A maximal um 3,5, in Baden jedoch nur um 2,5 Volumenprozent erhöht werden.

Auch beim Prädikatswein werden in Baden durchweg höhere Mostgewichte gegenüber den anderen deutschen Anbaugebieten verlangt: für Kabinettwein zwischen 76 Grad Öchsle beim Gutedel und 85 Grad bei Freisamer, Gewürztraminer, Ruländer, Spätburgunder und Traminer; für die Spätlese zwischen 86 Grad bei Riesling und Gutedel und 95 Grad fürs Rotgewächs. Bei allen Auslesen werden, von Gutedel, Müller-Thurgau und Riesling mit 102 Grad abgesehen, in Baden 105 Grad, wie gewachsen, gefordert. Um den klimatisch weniger verwöhnten Randgebieten Tauberfranken und Bodensee auf Dauer den Verbleib im Anbaugebiet Baden zu sichern, genügen in diesen beiden Bereichen für Qualitätsweine ohne Prädikat Mindestmostgewichte zwischen 63 und 69 Grad für die verschiedenen Rebsorten.

Hoffen auf den Ökoweinberg

Die wirtschaftliche Hochkonjunktur der 50er und 60er Jahre führte zu einer Weinbau-Euphorie, deren Konsequenzen inzwischen auf Winzer und Reblandschaft zurückschlagen. Verheerender noch als das historisch geprägte Kulturdenkmal Weinberg hat die Rebflurbereinigung den Naturhaushalt, das Mosaik der Biotope wie Steppenheide, Heidebuschwald, Mauerflora, Felsvegetation und die dazugehörige Fauna getroffen. Der schlimmste Sündenfall war, daß man ohne betriebswirtschaftliche Zwänge auch den jahrhundertelang als Streuwiese genutzten Gürtel zwischen Weinberg und Waldkappe in die Umlegung miteinbezog. Die umgebrochenen Orchideenwiesen am Kaiserstuhl seien da exemplarisch genannt.

Am Kaiserstuhl hat der bedenkenlose Umgang mit dem maschinell leicht modellierbaren Löß die berüchtigten Riesenterrassen geschaffen, berüchtigt nicht nur wegen ästhetischer Gigantomanie. Um die bis zu 1 000 Meter langen, 40 bis 100 Meter breiten Terrassen zu erstellen, wurden Hügel abgetragen, Hohlwege, ja ganze Tälchen aufgefüllt. Dabei verlor der sonst recht stabile Löß seine gewachsene Porenstruktur. Die kostspieligen Erosionsschäden an den bis zu 20 Meter hohen Terrassenböschungen im Frühjahr 1983 signalisierten ein Menetekel. Hinzu kommt die Auswirkung der Terrassen auf das Kleinklima. Bei Strahlungswetter staut sich die Kaltluft am Fuß der Böschungen; außerdem erhalten die flachen bis zu sechs Hektar großen Terrassen weniger Sonneneinstrahlung als die früher kleinterrassierten Hänge. Die Hälfte der 4 400 Hektar Reben am Kaiserstuhl steht inzwischen auf diesen Riesenterrassen.

Landauf, landab bedrohen Nitratauswaschungen und Rückstände von Pestiziden die Trinkwasserversorgung der Weinregionen. Allzu lange hat man nach dem Grundsatz gewirtschaftet, daß die Erträge vom jeweils geballten Aufwand an leicht löslichen Mineraldüngern, Schädlingsbekämpfungsmitteln und Herbiziden abhingen. Über der betriebswirtschaftlichen Einzelrechnung wurden die Folgen für den Naturhaushalt und damit die Folgekosten für die Volkswirtschaft vergessen. Als Reaktion kam das Schlagwort vom Öko-Weinberg auf.

Ökologie ist die Lehre von den Wechselbezügen zwischen den Organismen und ihrer Umwelt. Ökologischer Weinbau erstrebt den Aufbau und Erhalt natürlicher Fruchtbarkeit durch ein reiches Bodenleben; die Erziehung gesunder, widerstandsfähiger Reben ohne Einsatz von Insektiziden und Akariziden; die Wiederherstellung eines weitgehend geschlossenen Produktionskreislaufs durch Wiedereinbringen schadstoffarmer Rohstoffe und Abfälle; Förderung der Artenvielfalt von Tier und Pflanze bis hin zum Regenwurm und den Mikroorganismen.

Diesem Ziel dienen organische Düngung, bodenschonende Mechanisierung, vielfältige Begrünung der Rebgassen. Die Hackfruchtgesellschaft der Unkräuter, der Wildkräuter, im traditionell bewirtschafteten Weinberg hatte der Bodenmüdigkeit der Monokultur Rebbau vorgebeugt und die Erosion der Humuskrume vermindert. An ihre Stelle tritt jetzt die Dauerbegrünung mit Klee, Wicken, Ölrettich und verschiedenen Gräsern, die, maschinell abgemäht, als Mulchdecke liegen bleiben. In so einem durchlockerten Weinbergboden mit aktivem Bodenleben kann der Weinstock das langsam, aber stetig fließende Nährstoffangebot organischer Substanzen und den Bodenstickstoff nutzen. Beim Pflanzenschutz sind mangels alternativer Mittel Netzschwefel gegen Mehltau und Kupferpräparate gegen Peronospora noch erlaubt, organische Fungizide jedoch verboten. Gesteinsmehl und Pflanzenjauchen sollen die Abwehrkräfte der Rebe stärken.

Grundlage allen naturnahen, umweltschonenden Rebbaus ist der Boden. Die Mechanisierung der Weinbergarbeit durch schwere Schlepper und schweres Gerät, Überdüngung mit leichtlöslichen Mineralien, Unkrautvertilgung und Spritzaktionen haben da zu Bodenverdichtung, Humusschwund und Artenarmut des vielfältigen Bodenlebens geführt. Die Weinbergerde kann so Wasser und Nährstoffe immer weniger speichern. Die Folgen kennt inzwischen jeder: erhöhte Auswaschungsgefahr, unharmonisches Nährstoffangebot, Erosion, Chlorose, verfrühte Botrytis, Resistenz der Rebschädlinge, Stiellähme und andere Krankheiten. Ein garereicher, lebendiger Boden wirkt dem entgegen. Mit dem Ausfall von Schadstoffen aus der Atmosphäre müssen wir leben, solange wir diese Schadstoffe produzieren und noch lange darüber hinaus. Aber ein stabiles Bodenökosystem wird mit diesen Belastungen leichter fertig, indem es die Schadstoffe einlagert, in organische Verbindungen umsetzt, sie mit einem Wort abpuffert.

„Der Rebboden muß sauber sein." Nach dieser Devise wurde hierzulande lange zur Jagd auf das letzte Unkraut geblasen. Die Natur kennt aber außer der Wüste keinen nackten Boden. Die Monokultur der Rebe braucht deshalb eine artenreiche Gründecke und damit eine ganzjährige Gründüngung. Dabei geht es nur vordergründig um die abgeschlagene und als Mulchmaterial liegengelassene Bodenbedeckung. Mindestens ebenso wichtig ist die so erzeugte Wurzelmasse, die eine porenreiche, luftige, wasserhaltende Bodengare schafft.

Bronner ist schon vor 150 Jahren aufgefallen, „daß die beiden Zeilen neben den Graspfaden immer stärkere Trauben und kräftigeres Holz haben als die anderen Zeilen ... so daß man fast von dem absurden Gedanken ergriffen wird, ob es nicht vorteilhaft wäre, wenn alle Gassen zu Graspfaden angelegt wären".

Aktiv ist das Bodenleben in unseren Breiten nur bis zu einer Tiefe von einem halben Meter. Die tiefer tastenden Rebwurzeln dienen fast ausschließlich der Wasserversorgung. Das lebendige Öko-System kann aus dem reichlich vorhandenen Luftstickstoff in Spatenblatt-Tiefe Eiweiß bilden, eine Umwandlung, die Energie und damit wachstumsfördernde Wärme freisetzt. Nötig ist dazu Sauerstoff, also Luftaustausch. Das gilt auch für das Aufsteigen der bodenbürtigen Kohlensäure ins Blattwerk. Sie ist ja Hauptlieferantin der Kohlenhydrate, wichtig für die Zuckerbildung im Laub. Inzwischen ist auch nachgewiesen, daß die Rebe Stickstoff erst ab Juni benötigt und daß streifenweise Düngung in der Mitte jeder zweiten Gasse genügt. Der Winzer spart so nicht nur Zeit, Arbeit und Kosten; die Rebe selbst bleibt dabei weniger anfällig für Pilzbefall und Stoffwechselstörungen.

Heute werden beispielsweise in der Ortenau schon neun Zehntel der Weinberge flächendeckend begrünt und gemulcht. Erosion ist seither dort ein Fremdwort, das Befahren der Weinberge weniger witterungsabhängig und bodenschonender. Die Stickstoffdüngung konnte von 120 Kilogramm je Hektar auf weniger als die Hälfte zurückgenommen werden. Ab dem zweiten Standjahr der Reben bleibt der Boden unbearbeitet und kann so ungestört seine Mikrofauna aufbauen. Neu ist an Steilhängen die Kleinterrassierung auf zwei Zeilen.

In solchen Weinbergen kann auf Giftspritzen gegen die Rote Spinne, die am Reblaub saugt und so das Mostgewicht in den Beeren mindert, verzichtet werden. Ihre natürlichen Gegner, Raubmilben, die zuvor von den Spritzungen mit dezimiert wurden, halten den Schädling in Schach. Schlagzeilen hat die schon erwähnte Verwirrmethode im Kampf gegen den Traubenwickler und seine Larven Heuwurm und Sauerwurm gemacht. In aufwendiger Handarbeit werden Ampullen mit Pheromonen, den weiblichen Duftstoffen des Wicklers, in die Reben gehängt. Die Männchen werden so verwirrt, die unbegatteten Weibchen legen nur unfruchtbare Eier ab.

Die Kennzeichnung „aus umweltschonendem Anbau" ist bei Gewächsen zulässig, die ohne Anwendung chemischer Mittel gegen Pflanzen, Schimmelpilze, Milben und Insekten bewirtschaftet und entsprechend kontrolliert werden. Strenger gefaßt ist die Bezeichnung „aus ökologischem Weinbau". Hier sind zusätzlich vorgeschrieben der Anbau von Gründüngungspflanzen, begrenzte organische und mineralische Düngung, Verzicht auf herkömmliche Fungizide zugunsten von Schwefel- und Kupferpräparaten. Hochburg der Winzer, die sich mit dem Signet „Ecovin" aus kontrolliert ökologischem Weinbau schmücken dürfen, ist Südbaden.

Turbulenzen und Perspektiven

Ein gutes Vierteljahrhundert lang war das Weinland Baden nicht nur von der Sonne, sondern auch vom Erfolg verwöhnt. Auf bundesweiten Prämierungen holten sich die Winzer vom Oberrhein regelmäßig überproportional Ehrenpreise und Medaillen. Der Breisacher Winzerkeller galt als das Flaggschiff zukunftsweisender Weinbaupolitik in der immer rauheren See des europäischen Binnenmarktes. Die schwere Absatzkrise, die sich in den letzten Jahren für das Unternehmen wie für zahlreiche andere badische Winzergenossenschaften abzeichnete, ist nicht nur vor dem Hintergrund bedenklich ausgeweiteter Rebflächen zu sehen. Entgegen allen Prognosen geht der Weinkonsum, nicht nur in der Bundesrepublik, laufend zurück und stagniert gegenwärtig bei 20 Liter pro Kopf. Wenn aber im Weinland Baden selbst das einheimische Gewächs nur noch einen Marktanteil von 40 Prozent aufweist, wenn der Winzerkeller Breisach seit Jahren Millionen von Litern, selbst Prädikatswein, für Schleuderpreise losschlagen muß, wenn in Baden der durchschnittliche Auszahlungspreis pro Hektar an die Genossenschaftsmitglieder zwischen 1990 und 1994 von 18 500 auf 12 500 Mark gefallen ist, dann scheint bei dieser Krise auch einiges hausgemacht. Schließlich klafft die Schere zwischen den einzelnen Winzergenossenschaften immer mehr auseinander; mittlerweile werden hier Erzeugerpreise zwischen 10 000 und 55 000 Mark je Hektar ausbezahlt. Defizitäre und florierende Genossenschaften liegen oft dicht beieinander.

Was Lagerkapazitäten und Bilanzen am meisten belastet, sind die lieblichen Müller-Thurgau-Weine, wie sie unter dem einladenden Etikettennamen Black Forest Girl, Schwarzwaldmädel, auch in die Vereinigten Staaten exportiert wurden, und inzwischen kaum noch verkäuflich sind. Hier rächt sich eine Marktpolitik, die nahezu zwei Jahrzehnte auf Massenangebote mit betonter Restsüße gesetzt hat. Die Anreicherungswelle rollte seit den frühen 60er Jahren. Ehrlich trockene, durchgegorene Weine hatten bei Prämierungen kaum noch eine Chance. Mit der Begründung, der Kunde diktiere den Geschmack, vergrämte man die passionierten Weintrinker, die sich inzwischen mit elsässischem, französischem, italienischem, spanischem Gewächs eindecken. Frühe Mahner, zuweilen polternde Mahner, wie der Oberbergener Adlerwirt Franz Keller, wurden als lästige Querulanten abgetan. Das böse Wort vom „badischen Weinerlei" ging um.

Als der Badische Weinbauverband 1974 einen Trendwechsel hin zum trockenen Wein propagierte, für den bisher angeblich die Nachfrage gefehlt hatte, war es zu spät. Zwar stieg seither der Anteil der als trocken deklarierten Weine von fünf Prozent im Jahr 1974 auf 46,8 Prozent im Jahr 1993 an, doch darf nach geltendem Weinrecht auch noch ein Wein mit neun

Gramm Restsüße je Liter als trocken bezeichnet werden, während weltweit vier Gramm als Obergrenze gelten.

51 der 117 Winzergenossenschaften im Ländle bauten 1993 ihren Wein größtenteils selbst aus. Hinzu kamen 48 Erzeugergemeinschaften mit einem Einzugsbereich von 1392 Hektar sowie 1231 Weingüter, Selbstmarkter und Winzer, die ihren Herbst an eine Weinkellerei liefern.

Peter Schüttler, Chef des Winzerkellers Wiesloch, schätzt, daß ein knappes Drittel der Rebfläche zum Ausgleich von Angebot und Nachfrage stillgelegt werden müsse. Die Weinbauinseln und Randlagen, so prophezeit er, werden abschmelzen, aus der heranwachsenden Generation der Nebenerwerbswinzer viele aufgeben. „Die heute Fünfzigjährigen schaffen noch feierabends im Wingert; die Jugend fragt sich schon: Tennisspielen oder zum Spritzen in die Reben fahren?"

Das Flaggschiff des badischen Weinbaus: die 1952 gegründete Zentralkellerei badischer Winzergenossenschaften in Breisach, die heute als Badischer Winzerkeller firmiert und ein Viertel des rotgoldnen Herbstes zwischen Main und Bodensee erfaßt. Der Breisacher Winzerkeller gilt noch immer als größtes und modernstes genossenschaftliches Unternehmen seiner Art in Europa.

Weintopographie vom Main zum Bodensee

Acht Bereiche mit fast 350 Weinorten umfaßt das Anbaugebiet Baden: Tauberfranken, das bis 1991 als Badisches Frankenland firmierte, reicht mit seiner Großlage Tauberklinge bis an die mittlere Jagst und trumpft mit dem fränkisch privilegierten Bocksbeutel auf.

Der Bereich Badische Bergstraße – Kraichgau umfaßt die klassische Wanderstraße des Frühlings und das kornblonde lößschwere Gäuland, greift auf die Wingerte an Neckar, Enz und Pfinz aus und überrascht mit Rotgewächs schwäbischer Provenienz. Hohenberg, Mannaberg, Stiftsberg und Rittersberg heißen hier die Großlagen. Der Winzerkeller Wiesloch stellt das größte Weinunternehmen dar.

Auf den Urgesteinsböden der Ortenau mit den Großlagen Fürsteneck und Schloß Rodeck reift reintönig der Riesling, vereint der Blaue Spätburgunder Feuer und Samt.

Im Breisgau ist das Traditionserbe Vorderösterreichs anschaulich präsent. Burg Zähringen, Burg Lichteneck und Schutterlindenberg heißen die Großlagen zwischen Lahr und Freiburg. Mit seinen neun Stadtteilen gehört Freiburg im Breisgau auch noch den Weinbereichen Markgräflerland und Tuniberg an.

Der Kaiserstuhl mit der Großlage Vulkanfelsen gilt als Hochburg der Burgunder, wird weithin von den großformatigen neuen Lößterrassen geprägt und hat neben dem traditionell wuchtigen Ruländer den jugendlich frischen Typ des Grauburgunders entwickelt.

Als geschlossener, lößübermantelter Höhenrücken erscheint der Tuniberg mit der Großlage Attilafelsen. Er gehörte früher zum Bereich Kaiserstuhl und hat sich 1991 selbständig gemacht.

Der Gutedel ist das Charaktergewächs des Markgräflerlandes geblieben. Vogtei Rötteln, Burg Neuenfels und Lorettoberg bilden das Dreigestirn der Großlagen zwischen Dreisam und Rheinknie.

Bodensee und Spätburgunder Weißherbst sind längst zu einem Begriff geworden. Sonnenufer heißt hier die Großlage. Die Rebinseln am Hochrhein gehören zu diesem Bereich.

Die Hektarangaben der einzelnen Weinorte und Weinlagen geben den Stand von 1993 wieder und beziehen sich einheitlich auf Rebflächen, die damals im Ertrag standen. Die Angabe der Rebsorten ist quantitativ gestaffelt.

Tauberfranken und der Bocksbeutel

Der Taubergrund ist eine Seitengasse der großen Prälatenstraßen von Rhein und Main. Die geistlichen Fürstentümer Würzburg und Mainz galten fast über ein Jahrtausend lang als die mächtigsten Territorialherrschaften. Als Madonnenländle hat Hermann Eris Busse die Landschaft zwischen Tauber und Jagst geschaut, über der noch immer ein Abglanz des Barock liegt. Wo die Rebe auf Muschelkalk wurzelt, zünden die Weine flackrig rasch im Blut. Der Weinstock wird hier vor allem von den Maifrösten bedroht und hat sich deshalb bevorzugt in die südlich exponierten Seitentäler und Seitenkessel der Tauber zurückgezogen.

Am Unterlauf des Flußes rötet der Buntsandstein die Flur. Auf diesem nährstoffarmen Gestein stockt der Wald und hat sich die von unzähligen Terrassenmäuerchen durchtreppten Steilhänge einstiger Weinberge größtenteils zurückerobert. Bis ins frühe 19. Jahrhundert galt Tauberfranken als die stattlichste Weinprovinz des Großherzogtums Baden. Weinbau und Weinhandel finanzierten in dem zuvor territorial bunt gescheckten Tal

Das Zisterzienserkloster Bronnbach an der Tauber, Kupferstich von Caspar Merian.

den Reichtum der Kunstdenkmale: Kloster und Burg, Rathaus und Fachwerkgasse, die schönen Brunnen und nepomukbekrönten Brücken, Feldkapelle, Bildstock und Hausmadonna. Heute hat sich die Rebfläche auf 740 Hektar gesundgeschrumpft.

Im gesegneten Weinherbst des Jahres 1865 notierte der Wanderprofessor Wilhelm Heinrich Riehl: „Ein Gang durchs Taubertal ist ein Gang durch die deutsche Geschichte, ist noch heute ein Gang durchs alte Reich, und da man bei der gleichfalls noch altertümlichen Billigkeit der Wirtshäuser mit einer ziemlich leichten Barschaft des Geldbeutels durchkommen kann, so tut man wohl, eine etwas schwerere Barschaft historischer Vorstudien in die Tasche zu stecken." Vom Taubergründer Muschelkalkwein meinte der gebürtige Rheingauer: „Er ist entschieden kein Schwabe, sondern fränkisch-mittelrheinischer Art, durch Feuer und Blume überraschend, allein flüchtig und nicht von langer Dauer. Auch dieser Wein steht, gleich der ganzen Tauber, an den Grenzen: Er ist kein Wein von Rang und großem Namen, dennoch sind die besseren Sorten zu fein, die geringeren zu wenig ausgiebig, und die ganze Kultur ist zu kostbar, als daß der Wein als echter Landwein, als allgemeiner Haustrunk im Lande herrsche ..."

Buntsandsteinterrassen am Unterlauf

Wertheim liegt im Mündungsdreieck von Tauber und Main. Letzterer bildet hier auf 38 Kilometer Länge die nasse Grenze gegen das bayerische Mainfranken. Die Stadt auf dem Wörth wuchs im Schirm der sandsteinroten Grafenburg, die seit dem Dreißigjährigen Krieg weitgehend Ruine ist. Schiffahrt, Tuchmacherei, Weinbau und Weinhandel ließen den Wohlstand gedeihen. Die besten Lagen erstreckten sich immer schon jenseits des Mains.

1806 fiel die linksmainische Hälfte des Fürstentums Löwenstein-Wertheim an Baden. Der nach dem letzten Krieg erloschene Weinbau lebte 1970 in der Lage Schloßberg dank eines Weinguts wieder auf. Auf sieben Hektar wächst auch vielerlei Rotgewächs. Weinreicher sind die Stadtteile Wertheims. Dertingen im Aalbachtal baut am Mandelberg auf Muschelkalk 69 Hektar; seine Wehrkirche erinnert an die heftigen Kämpfe zwischen Würzburg und den Wertheimer Grafen. Lindelbach weist am Ebenrain 21, Kembach am Sonnenberg achteinhalb und Höhefeld am Kemelrain knapp vier Hektar auf.

Ausgebaut wird der Wein zumeist bei der Gebietswinzergenossenschaft Tauberfränkischer Bocksbeutelkeller in Reicholzheim an der Tauber. Auch Uissigheim, Külsheim, Werbach, Gissigheim, Impfingen, Großrinderfeld sowie Unterschüpf und Oberschüpf liefern hier an. Im Einzugsgebiet dominiert der Müller-Thurgau mit knapp zwei Dritteln, gefolgt von Kerner, Silvaner und Schwarzriesling. Sitz des Bocksbeutelkellers ist die ehemalige Zehntscheuer des Klosters Bronnbach mit einem prachtvoll gewölbten barocken Keller. Winzersekt und Selectionsweine erinnern an den Bauherrn, den Abt Ambrosius Balbus. Die Reicholzheimer bauen selbst 25 Hektar in der Südlage First, einer Muschelkalkinsel mitten im Buntsandstein. Daneben besitzt das Weingut der Fürsten von Löwenstein-Wertheim-Rosenberg, Sitz in Kreuzwertheim, knapp drei Hektar Weißburgunder, Riesling und Müller-Thurgau in der Lage Satzenberg, tonreicher Buntsandstein, voll terrassiert.

Das um 1151 gegründete Zisterzienserkloster Bronnbach war Pionier der Rebkultur am Unterlauf der Tauber. Der Main-Tauber-Kreis hat sich des nach der Säkularisation heruntergekommenen Kulturdenkmals angenommen. Dem Fürstlichen Weingut gehört hier der Kemelrain mit dreieinhalb und der Josefsberg mit fünf Hektar. Im Klostergarten pflegt der Landkreis an einer Trockenmauer seinen Eigenbau, darunter die alte Lokalsorte Tauberschwarz.

Auf der Höhe seitab der Tauber stehen am kapellenbekrönten Stahlberg bei Uissigheim knapp 15 Hektar. Da hier die Rebe wegen der Höhenlage spät austreibt, sind ihr die Spätfröste nicht so gefährlich. Im nahegelegenen Städtchen Külsheim sprudeln ein Dutzend Brunnen, ragt das schönste und größte Träubelesbild Frankens. Im Chor der Stadtkirche erscheint ein Wappenschild mit Karst und zwei gekreuzten Heppen. Das St. Urbansbild segnet die knapp 33 Hektar Reben am Hohen Herrgott, benannt nach einem Caravacakreuz im Weinberg. Hier zog die alte kurmainzische Weinstraße von Königheim nach Miltenberg, um den Wertheimer Flußzoll zu umgehen.

Hinter Niklashausen weitet sich der waldschluchtige Taubergrund zum breit ausgeräumten Muschelkalktal. An der Mündung des Welzbaches liegt Werbach. Franz Rebafka, aus Südmähren stammend, hat hier nach dem Krieg mit seinem Weingut den Rebbau am Hirschberg erneuert und am Prinzip durchgegorener Gewächse festgehalten. Auf der Höhe baut Großrinderfeld seinen Wein am Beilberg.

In der Landschaft des Bauernkriegs

In Impfingen stieß Bronner auf einen Hausspruch, der für ihn „den Charakter einer Weingegend" kennzeichnete: „Gott dienen macht seelig/ Weintrinken macht fröhlich/Drum dienet Gott und trinket Wein/So könnt ihr seelig und fröhlich sein." Die Impfinger Lagen Silberquell und Leintal vereinen 20 Hektar. Einer der wenigen Selbstmarkter wirtschaftet biologisch.

Das nach 1933 im Zug von Notstandsmaßnahmen begründete Rebgut der Stadt Tauberbischofsheim am Edelberg umfaßt achteinhalb Hektar und wird von der Winzergenossenschaft Beckstein bewirtschaftet. Mitte des 19. Jahrhunderts grünten hier noch 160 Hektar Reben. Tauberbischofsheim hat seinen Namen von Bonifatius, der hier um 735 seine Vertraute Lioba als Vorsteherin eines Frauenklosters eingesetzt hat. Im Bruderkrieg 1866 lieferten sich Württemberger und Preußen an der Tauberbrücke ein blutiges Gefecht; die unweit gelegenen badischen Truppen griffen nicht ein. Seither heißt es, das württembergische Angriffssignal sei identisch mit dem Rückzugssignal der Badener.

Brehmbachaufwärts liegt das Brückendorf Königheim; der Weinstapelplatz des kurmainzischen Amtes Bischofsheim führt eine goldene Weinkanne im Wappen. Der Kirchberg hinter dem barocken Gotteshaus vereint 87 Hektar, hälftig Müller-Thurgau, gefolgt von Kerner, Bacchus, Schwarzriesling, Silvaner, Scheurebe, Weißburgunder und Portugieser. Bachaufwärts baut Gissigheim am Gützenberg knapp fünf Hektar. Dittigheim und Distelhausen an der Tauber haben in den letzten Jahren ihre Rebhänge wieder aufgebaut. Dittigheim weist in der Lage Steinschmetzer gut 13, Distelhausen am Kreuzberg knapp 11 Hektar auf. Das Distelhäuser Schlößchen und ein Empire-Sarkophag an der Wolfgangskapelle erinnern an die Weinhändlerfamilie Abendantz.

An der Mündung der Grünbach in die Tauber schaut der Gerlachsheimer Herrenberg gegen Süden. Das Barock hat diesen Klosterort wie ein Model geprägt. In Bundschuhs Geographisch-Statistischem Lexikon von Franken heißt es um 1800 von Gerlachsheim: „Der Weinbau ist beinahe das einzige Erwerbsmittel der Kloster-Untertanen ... Die Untertanen borgen aber ihre Früchte und das Geld zu allen ihren Bedürfnissen bei dem Kloster, welches im Herbste Most dafür nimmt."

Der Weinhändlerfamilie Buchler sind wir schon im Geschichtskapitel begegnet. Fast alle barocken Bildwerke im Dorf haben die Buchler gestiftet, auch die Heiligenfiguren auf dem Grünbachbrückle. Nach der Säkularisation des Prämonstratenserklosters, das bis zuletzt an der Leibeigenschaft seiner Untertanen festgehalten hatte, errichtete der Fürst von Salm-Krautheim im Herzen des Herrenbergs eine terrassierte Musteranlage. Sie mußte bei der Rebflurbereinigung wegen ihrer Steile ausgespart werden und ist nun verwildert. Heute umfaßt der Herrenberg 47 Hektar. Dank eines Weinguts ist das Buchler-Haus über die Generationen hinweg dem Weinbau treu geblieben.

Aus dem Jahr 1613 stammte das inzwischen abgebrochene Haus der Häckerzunft in Tauberbischofsheim in der Liobastraße. Zeichnung von Otto H. Chrestien.

Das ehemals würzburgische Amtsstädtchen Lauda besaß um 1800 noch 360 Hektar Weinberge. Ein Steckbrief des Laudaers, der auch auf den damaligen Tauberwein zutrifft, lautet: „Der Wein ist meist weiß, doch auch Schiller und ganz rot. Er hält sich lang, besonders der weiße. Wenn recht volle Herbste sind, sondern manche Wohlhabende die roten Trauben mehr des Staats als des Nutzens wegen ab. Sonst wird hier am Wein nichts gemanschet ... Er ist in zwei Jahren schon brauchbar, im sechsten am besten, hält sich über See, und die Ärzte nehmen ihn gegen Stein und Gries wie auch gegen Schädigung der Lymphen. Er verheiratet sich gern mit dem Rheinwein, den er früh biegsam macht. Der geringere Wein geht an die Wirte im Odenwald und Ochsenfurter Gau, der beste nach Frankfurt, Schwaben, Baiern und Sachsen. Jeder läßt den Wein, wie er ist."

Das 1930 gegründete Staatliche Rebgut am Altenberg sollte dem tauberfränkischen Weinbau wieder Auftrieb geben. 1994 wurde es samt dem Sortenspektrum seiner sechs Hektar privatisiert. Als eine der ganz wenigen renommierten Lagen im Land hat der Laudaer Altenberg keine Rebflurbereinigung erlebt. An seinen 16 Hektar haben auch Oberlaudaer Feierabendwinzer Anteil, die sonst in der Steinklinge eine kleine Eigenlage besitzen.

Dittwar auf der Höhe baut in der Lage Ölkuchen wieder 13 Hektar, davon ein Drittel Schwarzriesling. Königshofen an der Tauber, bekannt für seine septemberlich Meß', das wohl größte Volksfest im Taubergrund, weist am Kirchberg fünf, am Turmberg knapp 22 und jenseits des Flusses im Walterstal 15 Hektar Weinberge auf.

Am Freitag vor Pfingsten anno 1525 wurde auf dem damals noch kahlen Turmberg das fränkische Bauernheer vom Schwäbischen Bund vernichtend geschlagen. Von der wehrfähigen Mannschaft des Marktfleckens Königshofen sollen nur 15 Bürger überlebt haben. 1945 ballte sich auf dem Turmberg noch einmal der Widerstand der Wehrmacht; das alte Königshofen mit der Triumphgasse seiner goldschnörkeligen Wirtshausschilder ist damals untergegangen.

Beckstein und der Schüpfergrund

Marbach und Beckstein, seitab der Tauber gelegen, wurden wohl als geistliche Rebhöfe aus der Gemarkung von Königshofen herausgeschnitten. Die beiden Dörfchen blieben wegen ihrer kleinen Flur und ihren Steillagen auf den Weinbau angewiesen. Der Marbacher galt um 1800 noch als der beste Tauberwein, vor allem sein Rotgewächs, der Tauberschwarz. Zwei der 19 Hektar am Frankenberg sind heute mit Schwarzriesling bestockt.

„Z' Beckscht verreckscht", kommentierte der Witz der Nachbarn drastisch die Lage Becksteins in seinem steilwandigen Talkessel. 1687 besaß hier der reichste Weinbauer eine Kuh und eine Ziege. 150 Jahre später schrieb Bronner auf seiner Studienreise an Main und Tauber über das Rebnest: „Daß hier der Weinbau mit mehr Fleiß gehandhabt wird, als an manchen anderen Orten, dies gibt sich auf den ersten Augenblick kund, da man hier weit weniger leere und stockarme Weinberge antrifft ..."

Herbstliche Abendstimmung auf dem Dorfplatz von Distelhausen an der Tauber. Der Heimatort der bekannten Weinhändlerfamilie Abendantz hat in der Lage Kreuzberg wieder knapp 11 Hektar Reben stehen, nachdem hier der Weinbau erloschen war.

1894 wurde in Beckstein die dritte Winzergenossenschaft Badens gegründet. Der damalige Bürgermeister, Leonhard Rückert, hatte einen Bruder, mit Heinrich Hansjakob, dem Gründervater des Hagnauer Winzervereins, befreundet war. Die Genossenschaft mußte schwere Jahrzehnte überstehen. Der Aufschwung begann eigentlich erst nach der Währungsreform. Heute gehören der Tauberfränkischen Winzergenossenschaft Beckstein 520 Mitglieder in 18 Orten mit 302 Hektar Rebland an. Neben den Becksteinern liefern Winzer aus Dainbach, Distelhausen, Dittigheim, Dittwar, Gerlachsheim, Impfingen, Klepsau an der Jagst, Königshofen, Lauda, Marbach, Tauberbischofsheim, Unterbalbach, Unterschüpf und Werbach an. Der Kirchberg mit 66 und der Nonnenberg mit 41 Hektar umfangen das 400-Seelen-Dorf; auf den schweren Muschelkalkböden stockt hälftig Müller-Thurgau, daneben Kerner, Schwarzriesling, Bacchus, Perle, Riesling, Gewürztraminer, Weißburgunder, Dornfelder und etwas Tauberschwarz. Ende Mai, Anfang Juni blüht und duftet an den Weinbergrainen verschwenderisch die verwilderte blaue Schwertlilie.

Der Becksteiner Rebenkessel ist schon ein Seitentälchen des Umpfergrundes. Sachsenflur baut hier am Kailberg knapp 23 Hektar. Seitab öffnet sich der Schüpfergrund. Bei Unterschüpf stehen am Mühlberg 21, bachaufwärts in Oberschüpf am Herrenberg fünfeinhalb Hektar. 1753 schrieb der Pfarrer Leutwein in seiner „Historie": „Im Schüpfergrund trinket man kein Wasser." Er selbst bekam 40 bis 60 Hektoliter als Weinzehnten, wovon er 20 bis 25 Hektoliter selbst brauchte, „was als normaliter angesehen werden muß". Dainbach, in einem Seitental der Umpfer gelegen, ist zwar Stadtteil von Bad Mergentheim, gehört aber zum badischen Bereich Tauberfranken und darf so den Herbst seiner knapp drei Hektar in der Lage Alte Burg auf Bocksbeutel füllen.

In Unterbalbach an der Tauber hat die Rebkultur erst in den 80er Jahren eine bescheidene Renaissance erlebt. Zwei Betriebe haben am Vogelsberg gut 15 Hektar dauerbegrünt neu angelegt; ein Drittel ist mit Schwarzriesling und Zweigelt bestockt. Ausgebaut wird der Wein in Beckstein. Auf Oberbalbacher Markung hat sich am Mühlberg ein halbes Hektar Weißgewächs gehalten.

Von der Jagst zum Odenwald

Um Krautheim lappt ein Zipfel badischen Territoriums ins Jagsttal; als kurmainzisches Amt wurde es in napoleonischer Zeit dem Großherzogtum zugeschlagen. Nennenswerten Weinbau hat hier nur Klepsau mit 38 Hektar am Heiligenberg. 1830 waren es noch 130 Hektar. 1969 schloß sich die örtliche Winzergenossenschaft Beckstein an. Seinen Namen hat Klepsau vom Kleeb, der steilen, sickerfeuchten Felswand überm Prallhang des Flußes. Carl Julius Weber urteilte in seinem biedermeierlichen Deutschlandbuch: „Zu Klepsau an der Jagst wächst der beste Jagstwein ..."

Im kalkhellen Bauland zwischen Tauber und Hinterem Odenwald ist der Weinbau an Elz und Schefflenz längst erloschen, obwohl der Landstrich in karolingischer Zeit noch Wingarteiba, Weingarten, hieß und die Rebkultur 801 bei Dallau, 889 für Krautheim gesichert ist. Den umfänglichsten Weinbau besaß Mosbach; die Winzerzunft zählte um 1570 noch hundert Mitglieder. Die Mosbacher hatten allerhand Ärger mit Götz von Berlichingen auf der nahegelegenen Burg Hornberg überm Neckar. Es ging um seine Holzrechte im ehemaligen Reichswald Michelhart. Ein Quantum Bauholz stand Götz dort zwar zu, doch wollte er jährlich auch noch 2 000 Reifstangen, also Daubenholz, für seine Weinfässer einschlagen. Man einigte sich auf 400 Stangen im Jahr. Der Ritter mit der eisernen Faust war schlagkräftig auch mit der Feder. So wurde die Doktorfrage, ob Holz für die Erneuerung der Hornberger Kelter unter die Rubrik Bauholz falle, nach Götzens Tod noch vom Heidelberger Gerichtshof zugunsten der Herrschaft Hornberg entschieden.

Diedesheim, ein Stadtteil von Mosbach, besitzt am Herzogsberg noch 55 Ar Mischsatz mit Elbling, Gutedel und Trollinger. Nüstenbach am südöstlichen Abfall des Odenwaldes verzeichnete 1850 sogar noch 13 Hektar Reben. Bis zum Ende des Dreißigjährigen Krieges wurde Weinbau selbst am Südhang des Winterhauchs betrieben.

Gotischer Bildstock mit dem Winzerpatron St. Urban, links unterm Kreuz, am Heiligenberg bei Klepsau.

Bergstraße und Kraichgau

Die Bergstraße zwischen Stromebene und Odenwald verdankt ihr Gartengesicht dem milden Oberrheinklima, dem fruchtbaren Löß, den reichlichen Niederschlägen am Westtrauf des Gebirges und dem Erbe der Römerzeit. Die Römer haben der Berstraße, der „strata montana", den Namen und das Pflaster hinterlassen. Jahrhundertelang war sie Teilstück der Handelsstraße zwischen Frankfurt am Main und dem Gotthardpaß nach Italien.

Der Typ der mediterranen „cultura mista", der stockwerkartig aufgebauten Mischkultur, hat sich hier inselartig erhalten. Aus Acker, Garten,

Wingert wachsen da Beerenbüsche auf; darüber neigen sich die Zwergstämmchen von Pfirsich, Mandel, Kirsche, und darüber wiederum wölben sich die Kronen von Apfel, Birne, Walnußbaum.

Im Oktober 1775 notierte der junge Goethe in seinem Reisetagebuch: „Die Riesengebeine unsrer Erzväter auf dem Gebürg, Weinreben zu ihren Füßen hügelab gereiht, die Nußallee und das Tal den Rhein hinab. Voll keimender frischer Wintersaat, das Laub noch ziemlich voll, und da einen heitern Blick untergehender Sonne drein! ... Wir fuhren um eine Ecke! – Ein malerischer Blick wollte ich rufen. Da faßt ich mich zusammen und sprach: Sieh, ein Eckgen, wo die Natur in gedrungener Einfalt uns mit Liebe und Fülle sich um den Hals wirft ..." Ein früh improvisiertes Dokument Goethescher Sprachdisziplin mitten im drängendsten Sturm und Drang!

Die apfelbäckige Pomona, die kornblonde Ceres, der Weinschwelg Bacchus und der saftige Priap der Gärten, sie sind Gottheiten der Landschaft geblieben. Die meisten Winzer liefern über Hemsbach nach Wiesloch oder über Schriesheim nach Breisach an.

Als „Kompaß des Kraichgaus" galt der achteckige Bergfried der heutigen Ruine Steinsberg dem kurpfälzischen Chronisten des Bauernkriegs, Peter Harrer. Von dieser Hochwarte aus hat Adolf Gängel, der gewissenhafte Interpret der Region, den Kraichgau als atmende Landkarte geschaut: „Die Landschaft wird durchlaufen von Wellungen, ist modelliert von dunklen Anhebungen und breiten, lößhellen Mulden, offenem Felderland."

Die Grenzen des Kraichgaus markieren im Norden der Odenwald, im Süden der Schwarzwald, gegen Osten Kleiner Odenwald, Heuchelberg und Stromberg und gegen Westen der Bruhrain, die Schwelle zur Rheinebene. Die Kraich, eher ein stattlicher Bach als ein kleiner Fluß, hat dem sanft gehügelten Gau den Namen gegeben. Kraich soll ein altdeutsches Wort für Lehm sein. Jeder Sturzregen färbt die Bäche in dieser Lößlandschaft braungelb ein. Bei Weingarten wechselt der Dreckwalzbach in die Ebene. Den dunklen Keuperverwitterungsböden verdanken der Schwarzerdhof bei Bretten und der von dort stammende Reformator Philipp Schwarzerd, genannt Melanchthon, den Namen. Die milden Gewächse seiner Heimat hatte er im Sinn, als er vom Thüringer Rebbau sagte: „ ... wo die Berge den einheimischen Essig beweinen."

Kurpfalz, die Markgrafschaft Baden und das Hochstift Speyer stellten die wichtigsten Herrschaften. Daneben saß, dicht auf dicht, die Reichsritterschaft, versammelt im Kanton Kraichgau. Diese Institution hat den schon karolingisch bezeugten Landschaftsnamen endgültig eingebürgert, und so ist dieser Gau mit seinen zahlreichen Zwergstädtchen auch eine Landschaft der Burgen und Schlösser, obwohl der Bauernkrieg viele der Wasserburgen ausgeräuchert hat.

Weinmotive einiger Ortswappen an der Bergstraße und im Kraichgau.

Von Weinheim nach Schriesheim

Südlich von Heppenheim, bei Laudenbach, wechselt die Bergstraße vom Hessischen ins Badische. Am Sonnenberg stehen hier gut 17 Hektar, davon 12 mit Riesling bestockt. Hemsbach mit seiner Tiefburg sammelt den Herbst einiger Ortschaften ringsum für den Winzerkeller Wiesloch. Porphyr, Buntsandstein und Löß mengen sich am Herrnwingert mit 18 Hektar. An dieser Lage hat auch Sulzbach mit vier Hektar Anteil.

Trotz seiner Lederindustrie, die ihre Kinderstube im schattigkühlen Gerberviertel hat, ist Weinheim eine Stadt mit Charme geblieben. Ende Februar schon blühen in der dreiseitig von Bergen umfangenen Talbucht von Weschnitz und Gründelbach die Mandelbäume. Zwischen den beiden Wasserläufen baute das Kloster Lorsch die Burg Windeck, heute Ruine, während die Wachenburg als Repräsentationsbau studentischer Korporationen um die Jahrhundertwende errichtet worden ist. Neben den Zünften der Müller und Gerber bildete der Weinbau das wirtschaftliche Rückgrat der Stadt. Die Traube auf den mittelalterlichen Münzprägungen und die Weinleiter im Wappen erinnern daran. Heute pflegen nur noch ein paar Weingüter die Rebe, gut sechs Hektar am Hubberg und am Wüstberg. Auf Urgestein reifen Riesling, Spätburgunder und Gewürztraminer. Im kurpfälzischen Schloß ist jetzt die Stadtverwaltung zu Hause; im Park schattet eine monarchisch einsame, um 1730 gepflanzte Libanonzeder, an Alter, Wuchs und Würde einem biblischen Patriarchen gleich.

Das angesehenste Gasthaus in Weinheim war früher der „Goldene Bock", die ehemalige Poststation in der Postgasse. Von einer resoluten Bock-Wirtin des späten 17. Jahrhunderts ist der bedenkenswerte Spruch überliefert: „Man tät' besser so viele Gänse halten als Soldaten und lieber mit Federn als mit Schwertern Krieg führen." Zur Strafe für solch staatsgefährdende Reden mußte die Wirtin die Heidelberger Hofkanzlei unentgeltlich mit Schreibfedern beliefern. Von dem späteren Bockwirt Schneider, der bei einem Schützenfest in Frankfurt ein miserables Nachtquartier bekommen hatte, stammt der Bergsträßer Leibspruch: „Deham is deham."

Lützelsachsen und Hohensachsen sind Weinheimer Stadtteile. Die 16 Hektar am Stephansberg tragen hälftig Spätburgunder, den bekannten Lützelsachsener Roten. Auch Hohensachsen hat mit 17 Hektar Anteil an dieser Lage, baut aber meist Müller-Thurgau. Die Burgruine Hirschberg hat der Gemeinde den Namen gegeben, die Großsachsen und Leutershausen vereint. Großsachsen am Ausgang des Apfelbachtals weist noch ländliche Züge auf. In der Lage Sandrocken wachsen auf 52 Hektar Müller-Thurgau, Spätburgunder und Riesling. Am Leutershausener Staudenberg stehen gut vier, am Kahlberg 12,5 Hektar.

Schriesheim mit der Ruine der Strahlenburg, Stahlstich.

Über Schriesheim leuchten die fleischfarbenen Steinbrüche des Porphyr ins Land. Das vulkanische Quarzgestein drang hier aus einer Verwerfungsspalte des Odenwaldes empor. Die Kelten haben aus dem harten Porphyr ihre Mahlsteine gehauen und geschliffen. Heute wird der Stein vor allem zu Schotter verarbeitet. Der Schriesheimer Mathaisemarkt ist das beliebteste Volksfest an der Bergstraße. Ursprünglich war Schriesheim eine Talsiedlung in der Schlucht des Kanzelbachs. Im 13. Jahrhundert wurde unterhalb der Strahlenburg das Viereck für eine Stadtgründung abgesteckt. Unterm Holderstrauch der Strahlenburg erlebte Kleists Dramenheld wider Willen, der Graf Wetter vom Strahl, seine schicksalhafte Begegnung mit dem Käthchen von Heilbronn.

Unter den mittelalterlichen Lagen der Klöster Lorsch, Ellwangen und Schönau tauchen heute noch gebräuchliche Wingertnamen auf. Am Kuhberg wachsen 89, am Madonnenberg zwei, am Schloßberg drei und am Staudenberg knapp fünf Hektar Reben. Der Silvaner hält knapp ein Viertel des Sortiments. Dossenheim mit seinen weithin klaffenden Porphyrbrüchen weist noch zehn Hektar in der Lage Ölberg auf.

Heidelberg und das Neckartal

Daß Heidelberg heute noch 53 Hektar Weinberge besitzt, verdankt es vor allem seinen Vororten Handschuhsheim und Rohrbach. Über Handschuhsheim schrieb Albert Ludwig Grimm 1842 in seinem Bergstraßenbuch: „Der Feldbau geht hier gleichsam in einen ausgedehnten Gartenbau über ..." Damals waren die Wingerte dermaßen dicht mit Kirschbäumen bestockt, daß diese oft mehr Geld brachten als der Wein.

Am Heiligenberg und an der Sonnseite ob der Bruck stehen gut ein Hektar Reben auf Buntsandstein und Porphyr. Gegen Rohrbach folgen die Lagen Burg mit 14, Herrenberg mit 22 sowie Dornenacker und Dachsbuckel mit je acht Hektar. Letzterer ist im Alleinbesitz eines Weinguts. Die meisten Feierabendwinzer liefern nach Wiesloch oder an die Winzergilde in Leimen.

In Merians Topographia Palatinus Rheni heißt es von Heidelberg: „An beiderseits Gebürg hat es Weinwachs ..." Das bestätigte 1763 noch die exakte Stadtansicht des Geometers von Walpergen. Die Pfalzgrafen erhoben ihre Residenz 1368 zur Universitätsstadt. Die Weinzölle von Bacharach und Kaiserswerth finanzierten die ersten Lehrstühle. Hinzu kam die Hälfte des Schriesheimer Korn- und Weinzehnten für das Artistencollegium. Die Universität selbst erwarb Rebstücke, aufgehobener Klosterbesitz kam in der Reformationszeit hinzu. Noch im 18. Jahrhundert brachte die Hohe

Schule jährlich zehn bis 15 Fuder Wein ein. In der Pfaffengasse besaß sie ihr eigenes Kelterhaus. Die Professoren hatten das Vorrecht, zwischen Ostern und Pfingsten zwei Fuder Wein auszuzapfen, ohne das übliche Ungelt zahlen zu müssen. 1805 machte die neue badische Regierung damit Schluß.

Alle Welt kennt das Große Faß zu Heidelberg. 1591 ließ Kurfürst Johann Casimir ein 130 000 Liter fassendes Gebinde errichten, „desgleichen zu derselben Zeit/ war keines in der Christenheit". Karl Ludwig folgte 1664 mit einem Faß, das ein Volumen von 195 000 Litern besaß. Als der Kurfürst sechs Jahre darauf dem Hof zu Hannover mit einem pfälzischen Weinpräsent auch eine Neuerscheinung von Grimmelshausen schickte, dankte ihm seine Schwester, die Herzogin Sophie: „Diese gute Dame, die Landstürtzerin Madam Courasche ist noch nie so prächtig geritten wie auf diesen Fässern wunderbaren Weines."

Seine Vorgänger übertrumpfte als Faßregent Karl Theodor, der 1751 von Johann Jakob Englert das heute vielbestaunte Gargantua-Gebinde mit einem Fassungsvermögen von 236 rheinischen Fudern erbauen ließ. Kein Mensch weiß, ob das sieben Meter hohe, achteinhalb Meter lange hölzerne Tonnengewölbe die ihm bestimmten 221 726 Liter Wein je voll aufgenommen hat.

Zum Heidelberger Faß gehört eine barocke Schnitzfigur mit Allongeperücke und Pokal: der Hofzwerg Perkeo. Kurfürst Karl Philipp hatte den 1,10 Meter kleinen Italiener aus Tirol mitgebracht. Bei einem der Hofgelage gefragt, ob er denn noch einen Humpen leeren könne, soll der Zwerg trocken geantwortet haben: „Perche no?", warum nicht? Das trug ihm den Spitznamen Perkeo ein. Auf Dauer muß er sich dann doch übernommen haben. Perkeo starb mit 35 Jahren im Delirium. Über seinen Herrn Karl Philipp, der 1720 die Residenz erst nach Schwetzingen, dann nach Mannheim verlegte, urteilte Liselotte von der Pfalz: „Das viele Saufen hat ihm das Hirn dermaßen verdreht, daß er seine Untertanen mit widerwärtigen Religionsvexationen heimsuchte und daß er im schönen Heidelberg nicht mehr verbleiben möchte."

Die Heidelberger Romantik tönt in der Liedersammlung „Des Knaben Wunderhorn" nach. Einer der Herausgeber, Achim von Arnim, schrieb seiner späteren Frau Bettina am 10. Oktober 1808 aus der Weinlese: „ ... ich ließ den Buben zu Gefallen meine Pistole krachen, sie hatten zwei Stück schwere Artillerie aufgefahren. Ein entsetzlich dicker Bacchus wütete unter den kreischenden Mädchen, nachdem wir die Luft klargeschossen hatten, Himmel und Erde waren mannigfaltig gefärbt. Heute wird in Rohrbach geherbstet, wo wir uns neulich am schönsten Abendrot über den grünen Bergen Kartoffeln gebraten, versteht sich nicht am Sonnenfeuer, sondern an alten Reisern, die im Weinberg zusammengelesen ..."

Der Philosophenweg eröffnet den schönsten Blick auf die waldumbrandete Schloßruine, auf Altstadt und torbewehrte Neckarbrücke. Erstmals taucht der Name Philosophenweg 1805 auf. Von der Alten Neckarbrücke zieht der Schlangenweg zum heutigen Philosophenweg, beidseits bis zu vier Meter hoch von Trockenmauern flankiert. Er erschloß den Zugang zu den Neuenheimer Weinbergen am Linsenbühl. Der versiegte Wandbrunnen an der Ziegelhäuser Landstraße trägt die Inschrift „Vormals zum Weinberg ob der Bruck". Im milden Klima der Bergstraße wachsen hier Lorbeer und Granatapfel, Zitrone und Korkeiche, Mittelmeerzypresse und Mallorcabuchs.

Flußaufwärts haben sich überm Odenwaldneckar nur noch dreiviertel Hektar Reben am Eberbacher Schollenbuckel erhalten. Hier wie in Binau am Herzogsberg reifen Müller-Thurgau und Auxerrois. Neckarzimmern mit seinem Muschelkalkgewächs unterhalb der Götzenburg Hornberg gehört inzwischen zum Weinland Württemberg. Neckarmühlbach, Ortsteil der Schiffergemeinde Hassmersheim, so versteckt gelegen, daß es 1945 wochenlang von der Besatzungsmacht übersehen wurde, baut am Hohberg gut zwei Hektar. In Heinsheim gab die staufische Burgruine Ehrenberg der Einzellage mit vier Hektar den Namen.

Der Winzerkeller Wiesloch

Bei Heidelberg lappt der sogenannte Kleine Odenwald als laubgrüner Zipfel über den Neckar hinweg nach Süden, gefolgt von der Kleinen Bergstraße, die als Feldweg nach Wiesloch zieht. Die Bundesstraße 3 bleibt draußen in der Ebene. In Leimen sammelt ein 1735 begründetes Weingut über die Erzeugergemeinschaft Winzergilde den Herbst von 100 Hektar aus der Umgebung. Noch etwas älter ist das zweite Weingut am Ort. Der Leimener Herrenberg vereint 17, die Lage Kreuzweg zehn Hektar auf Muschelkalk mit Lößlehm. Im Ortsteil St. Ilgen überrascht in der ehemaligen Klosterkirche das Brustbild eines Jünglings, der eine Traube zum Mund führt, ein fragmentarisches Sandsteinrelief, das wohl von einem römischen Bacchuszug stammt. Nußloch baut am Wilhelmsberg knapp sechs Hektar Reben.

Der Winzerkeller Südliche Bergstraße/Kraichgau in Wiesloch stellt mit 3000 Mitgliedern, einem Einzugsgebiet von 1280 Hektar und einem Fassungsvermögen von 15 Millionen Liter die größte Bezirkskellerei Badens dar. Hier liefern die Genossenschaften Bruchsal, Dielheim, Eichelberg, Heidelsheim, Heinsheim, Kürnbach, Langenbrück, Mühlhausen, Neuenbürg, Obergrombach, Oberöwisheim, Odenheim, Rauenberg, Rotenberg, Sulzfeld an der Ravensburg, Tiefenbach, Unteröwisheim, Wiesloch, Zeutern sowie die Winzergenossenschaft Bergstraße in Hemsbach und die Winzergenossenschaft Letzenberg in Malsch an.

Begonnen hatte es 1935 bescheiden mit einem Verkaufsverein Kurpfälzischer Winzergenossenschaften. Die damaligen Pioniere Ludwig Schüttler von der Zweigstelle der Badischen Landwirtschaftsbank und Ökonomierat Hans Rösch, Leiter der Landwirtschaftsschule Wiesloch, haben das 50. Jubiläum und den Aufstieg nach der Währungsreform noch erlebt.

Der Wieslocher Weinbrunnen macht bei Festen seinem Namen Ehre.

Der erste Weinvertreter, ein Drucker, der aus politischen Gründen seinen Arbeitsplatz verloren hatte, war noch mit dem Fahrrad unterwegs. Ausgebaut wurde der Wein anfangs im Keller der Weinhandlung Bronner & Heuss. 1961 erhielt die genossenschaftliche Vereinigung den Namen Winzerkeller.

Die Hälfte des Herbstes, ausgenommen das Rotgewächs, geht als Most nach Breisach. Mit gut einem Drittel regiert der Müller-Thurgau im Sortiment, gefolgt vom Riesling mit 25 Prozent. Die trockenen Nobelweine tragen das Porträt des Wieslocher Weinschriftstellers Johann Philipp Bronner.

Wiesloch selbst besitzt am Bergwäldele wieder 20, am Hägenich acht und am Spitzenberg 20 Hektar Rebland. Die letzte Lage macht ihrem Namen mit einer fast reinen Rieslingbestockung und etwas Gewürztraminer Ehre. Vor allem die Klöster Lorsch und Schönau waren in der kurpfälzischen Stadt begütert. Im Freihof, heute Weinrestaurant, stand die Herrenkelter des Adels. Laut Bronner begann der neuzeitliche Qualitätsweinbau in Wiesloch 1812 mit der Einführung des Rieslings und Traminers. 1838 ließ Markgraf Wilhelm in der Lage Hässel, später Wilhelmshöhe genannt, 36 Hektar in ehemaligem Bergbaugelände roden und als Musteranlage herrichten. Seit keltischer Zeit war dort auf silberhaltiges Erz geschürft worden. Der Berg war berühmt für seine Mineralien, Petrefakten und seinen „Pflanzenschatz" an Orchideen, Rosen und Enzianarten.

Zwischen Letzenberg und Angelbachtal

Im Mittelalter wurde der Letzenberg für die Rebkultur gerodet. 1525 konnte sich in dem terrassierten Gelände der Kraichgauer Bauernhaufen gegen die Reiter des Speyrer Fürstbischofs leicht einigeln. Später rauschte wieder der Wald übers Plateau, das um 1820 erneut gerodet wurde.

Dielheim am Leimbach, Lehmbach, weist am Rosenberg anderthalb und am Teufelskopf 43 Hektar auf; Leitsorte ist der Ruländer. Ein Gasthaus führt Eigenbau auf der Karte. Rauenberg liegt am Eingang des Waldangelbachtals und hat im Schloß ein Winzermuseum eingerichtet. 1694, nach den Franzosengreueln, sollen hier nur noch vier Familien gelebt und zum Dank für ihre Errettung das Bildhäuschen in den Reben gestiftet haben. Die Lage Burggraf umfaßt auf Keupermergel 123 Hektar, hälftig Müller-Thurgau; in den Rest teilen sich Riesling, Ruländer, Weißburgunder, Spätburgunder, Portugieser, Gewürztraminer und Auxerrois. Ein Weingut pflegt als Spezialität den St. Laurent. Rotenberg konnte sich als speyersche Stadtgründung gegen den alten Markt Wiesloch nie recht entwickeln, blieb ländlich und baut am Schloßberg 25 Hektar. Ein Fachwerkhaus zeigt über geschnitzten Zungenbleckern als Dämonenschreck blautraubige Weinranken im Gebälk.

Malschenberg, seit 1824 vom Mutterort Malsch getrennt, feiert noch sein Portugieserfest, obwohl von den 20 Hektar am Ölberg nur noch anderthalb mit diesem Rotgewächs bestockt sind. Der Sage nach haben die Malscher dem Bischof von Limburg-Styrum einmal den Einzug ins Dorf mit dem Ruf verwehrt: „Bischof Styrum fahr hinnerum!" Zur Strafe soll der Bischof den Malschern eine durchgestrichene Null, den Malschenbergern aber die Traube als Wappenbild verliehen haben.

Malsch gründete 1930 die Winzergenossenschaft Letzenberg. Im Ort steht noch der speyersche Zehntkeller von 1573. Keuper, Muschelkalk, Buntsandstein, teilweise übermantelt von Löß, formieren die Lagen Ölbaum mit 115 und Rotsteig mit sechs Hektar. Ein Viertel des Sortiments nimmt der Weißburgunder ein. Zwei Weingüter sind am Ort.

Der

Weinbau

und die

Weinbereitung

an der Bergstraße,

im Bruhrhein und den weiteren Distrikten bis Durlach
und Pforzheim

beschrieben

von

Joh. Ph. Bronner,

Großherzogl. Bad. Oekonomierath, Apotheker und Weinguts-Besitzer in
Wiesloch, Mitglied des Badischen landwirthschaftlichen Vereins, der würtembergischen Weinbau-Verbesserungs-Gesellschaft, der Wetterauischen
Gesellschaft für Naturkunde, der k. k. Landwirthschafts-Gesellschaft in
Steyermark, des Niederländischen Landwirthschafts-Vereins, der k. k.
Landwirthschafts-Gesellschaft in Wien und Ehrenmitglied des Landwirthschafts-Vereins in Hessen und des Mannheimer Vereins
für Naturkunde ꝛc. ꝛc.

Mit vier lithographirten Tafeln.

Heidelberg,

Akademische Verlagsbuchhandlung von C. F. Winter.

1 8 4 2.

Bronners Schrift über den Weinbau seiner Heimat.

In Mühlhausen ist das herrschaftliche Kelterhaus von 1576 gegenüber der Kirche erhalten geblieben. Am Heiligenstein baut Mühlhausen wie sein Ortsteil Rettigheim in der Lage Ölbaum je 29 Hektar Reben; hinzu kommen sechs Hektar am Rosenberg bei Tairnbach. Löß und Keuper überwiegen.

Eichtersheim und Michelfeld haben sich zur Gemeinde Angelbachtal vereint. Als Rathaus dient das von einem Park umrauschte Wasserschloß in Eichtersheim. Friedrich Hecker, der legendäre Freiheitskämpfer von 1848/49, hat an seinem Geburtshaus, dem Venningschen Rentamt, eine Gedenktafel, im „Rössel" eine Gedenkstube erhalten. An der alten Schloßapotheke erinnert eine Tafel an den Kulturgeographen und Völkerkundler Friedrich Ratzel, der bis 1862 hier als Lehrling gearbeitet und Jugenderinnerungen an seine Zeit im Kraichgau hinterlassen hat. Am Kletterberg stehen knapp vier, am Sonnenberg anderthalb Hektar, meist Kerner und Riesling. Stattlicher ist der Rebbesitz von Michelfeld mit 22 Hektar am Himmelberg und drei Hektar am Sonnenberg; dem Weingut Reichsgraf und Marquis zu Hoensbroech gehören 17 Hektar.

Bad Schönborn lautet der Name für die neue Gemeinde, die aus dem Zusammenschluß von Langenbrücken und Bad Mingolsheim entstanden ist. Als Besonderheit steht hier der Posidonienschiefer der Liasformation an, der die heißen Schwefelquellen und Thermalsolebäder speist und den Weinen ein blumiges Aroma gibt. Am Goldberg besitzt Langenbrücken 22, Mingolsheim zweieinhalb Hektar, meist Müller-Thurgau.

Östringen, seit 1981 Stadt, vereint die Orte Eichelberg, Odenheim und Tiefenbach im Südosten. Gemeinsam ist ihnen die einstige Zugehörigkeit zum Ritterstift Odenheim. Östringen besitzt am Hummelberg knapp zehn, am Rosenkranzweg zwei und am Ulrichsberg 39 Hektar; Lößlehm überwiegt. Eichelberg mit seiner spätmittelalterlichen Kelter und dem 1604 erbauten Stiftskeller blieb selbst in der schlimmsten Zeit des Hybridenanbaus der Edelrebe treu. 1942 schon legte man unterhalb der gotischen Michaelskapelle eine große Gemeinschaftsanlage an. Von den gut 17 Hektar Keuperwingerten am Kapellenberg sind 12 mit Riesling bestockt. Das einstige Reformkloster Wigoldesberg am Katzenbach wurde Ende des 15. Jahrhunderts in ein Ritterstift umgewandelt, das wenig später seinen Sitz von Odenheim in das mauergeschützte Bruchsal verlegte. Der romanische Klosterbau wurde bis auf zwei Türme, den Stiftsspeicher und ein paar Wappensteine abgebrochen. Um die barock modellierte Dorfkirche schart sich schönes Fachwerk. Die Lage Königsbecher umfaßt 28,5 Hektar.

Nebenbuhler von dem Elfer,
Du uns auf die Beine-Helfer,
Milder, süßer Feuerwein ...

So besang das Dorfschulmeisterlein Samuel Friedrich Sauter den Tiefenbacher Jahrgang 1822. Keuperkies und bunte Mergel bilden die Lagen Schellenbrunnen mit vier und Spiegelberg mit 79 Hektar. Neben Riesling und Spätburgunder reift als Rarität ein gehaltvoller Limberger. Ein Weingut besitzt hier 28 Hektar.

Zum Kompaß des Kraichgaus

Stettfeld und Zeutern am Unterlauf des Katzenbachs sind mit Ubstadt-Weiher unter einem kommunalen Hut vereint. Während Weiher in der sandigen Ebene nach Hopfen und Tabak jetzt 30 Hektar Spargel sticht, betreibt Ubstadt in der Lage Weinhecke auf gut 11 Hektar wieder Rebbau. Die Barockkirche überrascht mit einem kleeblattförmigen Chor, das um 1600 errichtete Kelterhaus steht noch.

Stettfeld, an der Kreuzung der römischen Fernstraßen Heidelberg-Basel und Straßburg-Speyer-Bad Cannstatt gelegen, hat seine Funde, darunter ein Weihestein für die Göttinnen der vier Wegerichtungen, in einem Römermuseum vereint. In der Lage Himmelreich stehen gut 13 Hektar. Gewichtigster Weinort ist jedoch Zeutern mit 63 Hektar, ebenfalls in der Lage Himmelreich. „Weinschläuche" heißen die Zeuterner bei ihren Nachbarn, denen hauptsächlich Obstmost in die Kelter rann. Und selbstbewußt hielten die Zeuterner dagegen: „Aus den Reben kommt das Leben, und nicht aus dem birnbaumenen Ast!" Berühmt war das Dorf für seinen milden Roten der Sorte Gelbhölzer.

Östlich, im Tal der Elsenz, liegt Sinsheim mit seinen Stadtteilen Eschelbach, Hilsbach, Steinsfurt, Waldangelloch und Weiler. Als Reichsstädtlein fiel Sinsheim 1362 an die Pfalz. Der Stadtpfarrer Karl Wilhemi hat, angeregt von den prähistorischen, römischen und fränkischen Grabfunden im altbesiedelten Kraichgau, 1830 den ersten Altertumsverein Badens gegründet. Auf Sinsheimer Gemarkung selbst steht am Goldberg nur noch ein Hektar Riesling. Dafür hat die Steinsberg-Kellerei mit acht Hektar und einer originellen Küferschänke ihren Sitz in der Stadt.

Eschelbach mit seinem Fachwerkrathaus der Renaissance baut am Sonnenberg 13,4, Waldangelloch fünf und das alte Städtlein Hilsbach am Südhang des Eichelbergs 11 Hektar. Die Kellerei derer von Venningen weist massives Mauerwerk, ein gotisches Treppentürmchen und den Weinkeller mit der Jahreszahl 1521 auf.

In Steinsfurt versuchte der preußische Kronprinz Friedrich während einer Reise vor seinem tyrannischen Vater, dem Soldatenkönig, im Morgengrauen zu fliehen, wurde aber von Offizieren des Gefolges überrascht.

Die von Reblaub umbrandete Ravensburg im Kraichgau lädt mit einer Burgschänke ein. In und um Sulzfeld finden wir auch Schwarzriesling, Limberger und Trollinger. Hier spielen die nachbarlichen Weinbereiche Stromberg und Heuchelberg herein.

Das kleine Fridericus-Museum im „Lerchennest" und eine Gedenktafel erinnern daran: „Hier blieb auf seiner Flucht am 3./4. August 1730 Friedrich der Große dem Vaterland erhalten."

Weiler besitzt am Basaltpfropf des Steinsbergs 17 und am Goldberg knapp vier Hektar Weinbau. Die dreifach ummauerte Ruine Steinsberg mit frühgotischem Tor und 32 Meter hohem achteckigem Quaderbergfried der Stauferzeit lädt in seine Burgschänke ein. Rarer als der Wein war hier oben das Wasser. Der mittelalterliche Sänger und Spruchdichter Spervogel der Ältere hat die Gastfreundschaft des Burgherrn Wernhard in Versen gerühmt. 1525 räucherten die Bauern den „Compaß uff dem Craichgowe" aus, mußten die Burg in Fronarbeit dann aber wieder aufbauen. Im 18. Jahrhundert sank die Ruine zum Steinbruch herab. Kirchart und sein Ortsteil Berwangen betreiben in der Lage Vogelsang zusammen auf zwei Hektar etwas Weinbau.

Die Fachwerkstadt Eppingen ist dank ihrer Teilorte Weinstadt geblieben. Mühlbach und Königschaffhausen besitzen in der Lage Lerchenberg zusammen fünfeinhalb Hektar. Elsenz weist am Spiegelberg 36 Hektar auf, davon zwei Drittel mit Riesling bepflanzt. Nahrhafter Gipskeuper überwiegt.

Sulzfeld unter der Ravensburg lehnt sich schon an den Heuchelberg an. Zwar mußte die Ravensburg 1849 geräumt werden, nachdem der 47 Meter tiefe Burgbrunnen versiegt war, doch hat sich in dem historischen Gemäuer inzwischen wieder eine Gaststätte eingenistet. Die Freiherren von Göler pflegen hier die Rebe in den Lagen Dicker Franz mit gut drei, Husarenkappe mit dreieinhalb und Löchle mit sechs Hektar, durchweg in Alleinbesitz. Der Dicke Franz trägt Rotgewächs, darunter Limberger, die Husarenkappe vor allem Riesling, und im Löchle mischen sich Riesling, Gewürztraminer und Rotgewächs, darunter ein badischer Trollinger. Seit zwei Jahrzehnten wird naturnah gewirtschaftet. Die Sulzfelder Winzer bauen am Lerchenberg 91 Hektar, davon ein Drittel Riesling, gefolgt von Müller-Thurgau, Schwarzriesling, Ruländer, Limberger, Weißburgunder und Portugieser.

Kürnbach, Zaisenhausen, Kraichtal

Kürnbach am Stromberg hat seinen Ortskern früh in Eigeninitiative zu sanieren begonnen. Seit 1320 war ein Drittel des Marktfleckens württembergisch, der andere Teil fiel samt der Wasserburg 1567 an Hessen-Darmstadt. 1810 kam das württembergische Drittel an Baden, das Kondominat mit Hessen blieb bis 1905 bestehen. Die Hessenkelter ist heute Festhalle, die badische Kelter steht beim alten Gemeindebackhaus. Im Gasthaus zum Lamm hat man eine Schnitzfigur vom Treppengeländer als Kürnbacher Perkeo zum Hauspatron erhoben. Das ehemalige Amtshaus des Deutschen Ordens ist Sitz einer exklusiven Weinbruderschaft. Die südlich geneigten Keuperhänge der Lage Lerchenberg überm Humsterbachtal vereinen knapp 123 Hektar, davon ein Drittel Schwarzriesling und ein Viertel Riesling; in den Rest teilen sich Müller-Thurgau, Ruländer, Weißburgunder, Limberger und Portugieser.

Die Winzer von Zaisenhausen bewirtschaften Weinberge auf den Gemarkungen von Sulzfeld und Kürnbach. Im Dorf finden wir gleich zwei Kleindenkmale der Weinkultur. Am Gasthaus zum Löwen trägt der steinerne Türbalken von 1824 neben dem Faß mit Küferwerkzeug seitlich je drei Buddeln und Trinkbecher unterschiedlichen Maßes. Und an einem Fachwerkhaus verkündet eine 1716 datierte, jetzt erneuerte Tafel neben Pflugschar, Heppe und Traube selbstbewußt:

> Schaar, Happen und Trauben fein,
> Laß ich hauen auf diesen Stein,
> Damit zu zeugen meinen stand,
> Weil ich Baur Peter Dehn genant
> Ein würth ich auch anjetzt wil sein
> und gib den Gästen guten Wein.

Ein paar Häuser weiter erinnert eine Gedenktafel an den schon erwähnten Biedermeierpoeten Sauter, der in Zaisenhausen jahrzehntelang als Schulmeister gewirkt hat. Geboren wurde er 1766 als Sohn des Sonnenwirts in Flehingen, wo heute noch auf knapp drei Hektar Wein gebaut wird. Siebzigjährig pries er sein glückliches Alter:

> Nur eins: ich habe nimmermehr
> Viel Zähne aufzuweisen,
> Jedoch den Vierunddreißiger
> Kann ich noch immer beißen.

Gleich drei Orte haben der neuen Gemeinde Kraichtal ihr altes Stadtrecht eingebracht: Gochsheim, Münzesheim und Unteröwisheim. Hinzu kommen als weitere Teilorte Bahnbrücken, Landshausen, Menzingen, Neuenbürg, Oberacker und Oberöwisheim. Alle neun Stadtteile treiben Rebbau. Nach anfänglichen Turbulenzen, Stichwort „Krachtal", ist nun der kommunale Frieden eingekehrt. Keuper, Lößlehm und Mergel bestimmen die Böden der Weinstadt im Herzen des Kraichgaus. An der Lage Lerchenberg haben Bahnbrücken mit 12 und das Felsennest Gochsheim mit 13 Hektar Anteil. Oberacker besitzt nur noch einen kleinen Weinberg. In die Lage Spiegelberg teilen sich Landshausen mit 11,5 und Men-

Gedenktafel für Sauter in Zaisenhausen.

zingen mit acht Hektar. Das gilt auch für Münzesheim mit sieben und Neuenbürg mit 13 Hektar am Silberberg. Unteröwisheim besitzt am Kirchberg 33, Oberöwisheim 35 Hektar, hälftig mit Ruländer bestockt.

In Gochsheim birgt das Renaissanceschlößchen der Grafen von Eberstein ein Heimatmuseum mit Andenken ans frühere Winzerhandwerk. In Münzesheim warten stattliche Fachwerkhäuser mit Traubenornamenten auf. Der Bergfried der Tiefburg in Neuenbürg blieb als Kirchturm erhalten. Mit seinen 300 Hektar Rebland galt Unteröwisheim bis zur Jahrhundertwende als die führende Weinbaugemeinde des Kraichgaus.

In Bretten ist der Weinbau längst erloschen, und nur im Stadtteil Neibsheim 1976 mit knapp sechs Hektar Müller-Thurgau am Altenberg wiedererstanden. Gondelsheim weist einen Hektar Reben ohne Lagebezeichnung auf.

Von Bruchsal nach Weingarten

Bruchsal ist stolz auf das Schönbornschloß der Speyrer Fürstbischöfe mit Balthasar Neumanns grandios-barockem Treppenhaus; der größte Spargelmarkt Deutschlands, wenn nicht Europas, ist hier; und die Bürger trumpfen mit dem legendären „Brusler Dorschd" auf. Die Stadt auf dem Bruhrain, der Schwelle zur früher stark versumpften Rheinebene, zählte um 1800 noch 300 Hektar Reben. Inzwischen hat sich der Weinbau auf 42 Hektar gesundgeschrumpft. Der Klosterberg trägt zwei Hektar Riesling, die Lage Weinhecke mit knapp 40 Hektar ist geschlossen von Löß überlagert. Ein Weingut weist 12 Hektar Rebbesitz auf.

Hinzu kommen die Stadtteile. Das hübsche Heidelsheim, 1241 schon mit Stadtrecht begabt, baut am Altenberg 50 Hektar, von denen 32 mit Ruländer besetzt sind. Im Helmsheimer Burgwingert mit 16 Hektar regiert auf zwei Dritteln der Weißburgunder. Das Burgstädtchen Obergrombach, beliebtes Einkehrziel der Bruchsaler, besitzt in der Lage Burgwingert 53 Hektar, davon je ein Drittel Ruländer und Müller-Thurgau, gefolgt von Weißburgunder, Riesling und Spätburgunder. Der fundberühmte Michaelsberg bei Untergrombach gab einer jungsteinzeitlichen Kultur den Namen. Hier haben sich auf Muschelkalk und Löß knapp drei Hektar Reben erhalten. In der Hauptstraße steht das älteste Firstständerhaus der Landschaft; der Bundschuh-Führer Joß Fritz war ein Sohn des Dorfes.

„Vingarten ultra rhenum" nannten die Weißenburger Mönche 985 den zinspflichtigen Ort am Walzbach. 600 Jahre lang war Weingarten pfälzische Exklave. Die Klöster Gottesau, Herrenalb und Maulbronn hatten hier Rebbesitz, auch der Deutsche Orden, der immer gern den Wein roch. Das

Gerichtssiegel von 1554 weist eine kompakte Traube mit Reblaub. Die Lage Herrenwengert erinnert an die gut sieben Hektar Reben der kurpfälzischen Amtskellerei am Petersberg. Wahrzeichen ist der alte Wartturm über dem Marktflecken. Johann Gottfried Tulla, „der Bändiger des wilden Rheinstromes", hat 1823 die Buntsandsteinbrücke über den Walzbach gewölbt. In der katholischen Kirche mit dem Fünfknopfturm überrascht das spätgotische Grabmal eines Ritters, der eine Traube samt Rebstock in Händen hält.

Am Petersberg, der seinen Namen vom Patron des Klosters Weißenburg hat, stehen heute 19, am Katzenberg gut 43 Hektar auf Muschelkalk; ins Sortiment teilen sich Spätburgunder, Weißburgunder, Müller-Thurgau, Riesling, Ruländer und Silvaner. Die 1935 gegründete Genossenschaft ist weit und breit die einzige mit eigenständigem Ausbau. Klein, aber pfiffig fein, heißt ihre Devise. Nach und nach stießen Winzer aus Östringen, Jöhlingen, Grötzingen, Berghausen, Söllingen, Wöschbach, Eisingen, Dietlingen und Ellmendingen hinzu. Heute gehören der kleinen Gebietswinzergenossenschaft 650 Winzer mit 140 Hektar Rebfläche an. Bemerkenswert im Einzugsgebiet ist das relativ hohe Alter der Weinstöcke. Bis auf den Müller-Thurgau stehen sie meist schon drei Jahrzehnte im Ertrag, bringen so weniger Masse, dafür feine Qualitäten. Weingarten tituliert sich „den Spezialitätenkeller des Kraichgaus". Das Fachwerkdorf Jöhlingen am Walzbach mit seinen 14 Hektar in der Lage Hasensprung baut hälftig den blonden Auxerrois.

Rotgewächs überm Pfinztal

Die Täler von Pfinz, Enz und Alb haben Anteil am Buntsandstein, Muschelkalk und Keuper. Der Weinbau ging hier erst mit und nach dem Ersten Weltkrieg drastisch zurück. Am Unterlauf der Pfinz teilen sich Grötzingen und Durlach in die Lage Turmberg, insgesamt neun Hektar. Im bunten Sortiment des Staatlichen Weinversuchsguts, das 1993 an die Landeskreditbank in Karlsruhe überging, dominieren Riesling und Burgundersorten.

Im zehnten Jahrhundert bezog das Kloster Weißenburg jährlich 20 Wagenladungen Wein aus eigenbewirtschafteten Weinbergen. Johann Nikolaus von Nidda warb als Grötzinger Kannenwirt im Spanischen Erbfolgekrieg auf eigene Kosten eine Kompagnie von 120 Mann an, die er dem Markgrafen als Kontingent für die Reichsarmee überließ. Am Niddaplatz erinnert das aus der Bombenruine geborgene schönbogige Portal der „Kanne" an den Wohltäter der Gemeinde, die jetzt als Stadtteil zu Karlsruhe gehört. Sein heutiges Gesicht erhielt der Turmberg, als Markgraf Wilhelm die monumentalen Terrassen aufmauern ließ. 1911 gründete der badische Staat hier eine Rebenveredlungsanstalt, die samt dem Versuchsweingut zehn Jahre später an das Freiburger Weinbauinstitut überging. Grötzingen ist bekannt durch die Kolonie von Landschaftsmalern, die sich vor der Jahrhundertwende auf dem Schlößchen Augustenberg sammelte.

Der einsame Bergfried auf dem Turmberg stammt aus staufischer Zeit. Durlach war von 1565 bis 1715, als Karlsruhe gegründet wurde, die Residenz der Markgrafen von Baden-Durlach. Das markgräfliche Schloß beherbergt das Pfinzgaumuseum. 1938 kam für das Städtchen die Zwangseingemeindung nach Karlsruhe. Berghausen, Söllingen und Wöschbach haben sich zur Gemeinde Pfinztal zusammengetan. Von dem karolingisch bezeugten Weinbau sind insgesamt nur anderthalb Hektar am Sonnenberg, Rothenbusch und Steinwengert übriggeblieben.

In Hohenwettersbach, ebenfalls zu Karlsruhe gehörig, baut die Freiherr Schilling von Cannstatt Erben von Maffai'sche Gutsverwaltung 30 Hektar in der Lage Rosenberg, Muschelkalk mit Löß. Ein Fünftel des Sortiments nimmt die Scheurebe ein. Eisingen mit Wehrkirche und alter Kelter samt barockem Kelterstüble besitzt in der Lage Steig auf Muschelkalk gut fünf Hektar. Mit Bilfingen, wo eine hübsche Kelter im Weinbrennerstil steht, bildet Ersingen die Gemeinde Kämpfelbach. Auf eigener Markung stehen nur noch ein paar Ar Müller-Thurgau. An Fasnacht pflegen die Burschen das Scheibenschlagen, ein feuriger Gruß an die Sonne, die nun wieder höher steigt.

Die Weinorte Ellmendingen und Dietlingen gehören zu der neuen Gemeinde Keltern. Ellmendingens gewaltige Gemeindekelter war bis 1937 in Betrieb, die jetzige Trotte stammt jedoch aus Dietenhausen. Jeder Winzer besaß hier einen numerierten Platz, wo er seine Gärstanden aufstellen konnte. Wie es dort im Herbst zuging, schildert Karl Müller: „Die ganze Rotweingärung ging also hier, wie in frühsten Zeiten, in großen offenen, mit Brettern abgedeckten Standen unter freiem Himmel ... vor sich. Damit man den vergorenen Wein aus den Standen leicht abzapfen konnte, waren rings um das Keltergebäude früher gemauerte, dann betonierte Gräben gezogen, auf deren Rand die Standen aufgestellt waren."

Die gotische Wehrkirche in Ellmendingen ist auf den Fundamenten eines römischen Heiligtums erbaut. Eine Tafel in der Durlacher Straße erinnert daran, daß Johannes Kepler von 1579 bis 1584 hier als Sohn des Sonnenwirts gelebt hat. Am Keulebuckel wachsen auf Keuper und Muschelkalk 13 Hektar, meist Schwarzriesling mit Spätburgunder. Originell ist das Weindenkmal auf der Arnbachbrücke. Dietlingen hat am Keulebuckel knapp drei und baut am Klepberg auf 17,5 Hektar etwas mehr Weißgewächs. Drei Viertel der Gemarkung waren einmal Rebland. Auch hier sind die gotische Wehrkirche und die markgräfliche Kelter von 1752 erhalten geblieben.

In Pforzheim trug vor allem der terrassierte Wartberg Reben. Der markgräfliche Kanzler Achtsynit stiftete 1560 hundert Gulden, damit sich die Pforzheimer Stadträte nach dem jährlichen Rechnungsabschluß mit Nieferner Gutedelwein stärken konnten. In Niefern ist nur das gotische Urbansfresko in der Kirche vom früheren Weinbau geblieben. Ettlingen am Ausgang der Alb in die Rheinebene verzeichnet noch fünf Ar gemischten Satz.

Die Ortenau, ein Garten goldenbunt

Otto Flake, der die Lande am Oberrhein in vielen Erzählungen, Romanen, Essays skizziert hat, nannte die Ortenau einmal die Goldene Aue: „Die Landschaft ist mütterlich, demeterhaft, musikalisch, nicht linear, zeichnerisch, klassisch." Golden ist die Ortenau freilich nur im Herbst, wenn sich Reblaub, Hecken und Gehölze färben. Vom Frühjahr bis tief in den Spätsommer hinein prangt sie farbig goldenbunt. Das beginnt mit den frühen Exoten im Tal der Oos und der Obstbaumblüte, setzt sich fort mit dem mailich grünen Austrieb der Rebgewanne und steigert sich mit den Farbklecksen der Kirschen, Frühzwetschgen, Mirabellen, Äpfel, Birnen, Himbeerschläge, Topinambursonnen, Erdbeerkulturen, Kürbisse und Melonen. Dazwischen blüht, rankt, duftet und fruchtet es in den zahllosen Bauerngärten. Diese üppige, von klaren Bachläufen zerteilte Fruchtlandschaft spannt sich als Gobelin zwischen dem Gebirgsrücken des nördlichen Schwarzwalds und der Stromebene.

Der heutige Bereich der Ortenau schließt mit der Weininsel an der Murg um Gernsbach und dem Rebland südlich von Baden-Baden Teile des fränkischen Ufgaus ein und greift südlich der Kinzig bis Hohberg und Gengenbach aus. Eine sinnlich dichte Grenze zog 1795 der markgräfliche Archivar Pehem: „Die Landschaft Ortenau grenzt gegen Morgen an die Schneeschmelze des Schwarzwaldes, gegen Abend in der Nachbarschaft von Straßburg an den Rheinstrom, gegen Mittag bei dem kleinen Bleichfluß an das Breisgau, gegen Mitternacht aber mittels des bei Rastatt in die Murg fallenden Oosbachs an das Ufgau."

Der frühmittelalterliche Gauname Mortenau verlor Mitte des 15. Jahrhunderts den Anlaut und wurde zur Ortenau. Neben der Markgrafschaft Baden-Baden regierten hier das Hochstift Straßburg und das Fürstentum Fürstenberg, dazu kamen die spät erst zu Vorderösterreich geschlagene Landvogtei Ortenau, die Herrschaften Hanau-Lichtenberg, Geroldseck,

Lahr-Mahlberg, die Reichsstädte Offenburg, Gengenbach, Zell am Harmersbach sowie das freie Reichstal Harmersbach und die Reichsritterschaft.

Quarzporphyr und Rotliegendes im Norden, Granit und Gneis gegen Süden, am Fuß des Gebirges von Löß überschleiert, formieren die Rebgesteine, bilden grusige, gut durchlüftete, rasch erwärmende Verwitterungsböden. Der Weinstock genießt hier neben der hohen Sonnenscheindauer von 1200 Stunden während der Vegetationszeit auch optimale Niederschläge am Westtrauf des Schwarzwalds.

Die Vignette von Schloß Neuweier erinnert an den Ursprung der Ortenauer Bocksbeuteltradition.

Klimatisch günstig wirken sich die Talmündungen von Bühler, Acher, Rench und Kinzig aus.

Trotzdem blühte der Weinbau erst spät mit der mittelalterlichen Rodung der Hanglagen auf. Schuld daran war der sogenannte Kinzig-Murr-Fluß, eine nacheiszeitliche Sammelrinne der Wasserläufe vom Schwarzwald am Fuß des Gebirges. Die Schuttmassen der Flüsse und Bäche füllten diese Rinne allmählich auf, bis die Gewässer zum Rhein durchbrechen konnten. Sie hinterließen aber weithin Sumpf, Bruchwiesen und Bruchwald, siedlungsfeindliches Land. Heute weist die Ortenau 2642 Hektar Rebland auf. Der Riesling, hier Klingelberger genannt, der Blaue Spätburgunder und der als Clevner bezeichnete Traminer sind die Leitsorten der Landschaft. 14 selbständige Winzergenossenschaften und zahlreiche Weingüter dokumentieren den Rang der Rebkultur. Nicht nur geographisch stellt die Ortenau das Herzstück des Weinlands Baden dar.

An Murg und Oos

Ein bescheidener Rebenarchipel grünt am Unterlauf der Murg. Die Grafen von Eberstein trieben mit der Gründung der Stadt Gernsbach im 13. Jahrhundert den Landesausbau voran. Siedlungsplätze waren anfangs nur die

Granitfluren mitten im kargen Buntsandstein. Waldbesitzer, Holzhändler, Sägemüller, und Flößer bildeten die Genossenschaft der Murgschiffer, die ihren Sitz in Gernsbach hatte. Im Stadtteil Staufenberg stehen heute am Großenberg noch oder wieder fünf Hektar Riesling, Spätburgunder und Ruländer. Ausgebaut wird der Herbst bei der Affentaler Winzergenossenschaft Bühl. Weißenbach baut am Kestelberg zweieinhalb Hektar. Auf Schloß Eberstein bei Obertsrot sitzt das Markgräflich Badische Weingut, das acht Hektar bewirtschaftet. In der Lage Grafensprung wachsen auf Granitverwitterungsböden Müller-Thurgau, Riesling und etwas Chardonnay. Das Rotgewächs, der Spätburgunder, wird als Schloß Ebersteiner Eberblut auf der Weinkarte angeboten.

Baden-Baden, das römische Aquae, mit Burg Hohenbaden Stammsitz der Zähringererben, der Markgrafen von Baden, im 19. Jahrhundert Kurort der großen Welt, ist dank seiner Stadtteile Lichtental und Oos Weinort geblieben, lange vor der Eingemeindung der Dörfer Varnhalt, Steinbach, Umweg und Neuweier. 1245 gründete Markgräfin Irmingard das Zisterzienserinnenkloster Lichtental im äußersten Zipfel der Straßburger Diözese. Weil der Bischof seine Zustimmung versagte, wurde die Oos als Bistumsgrenze abgeleitet und das Kloster so ans Nordufer, in den Bereich der Diözese Speyer verlegt. Zur Erstausstattung gehörten auch zwei Rebhöfe im Avetal.

Am Eckberg stehen auf Buntsandstein knapp 12 Hektar Riesling, Spätburgunder, Müller-Thurgau, Gewürztraminer, Ruländer, Scheurebe und Weißburgunder. Der Stadtteil Oos hat an der Lage Sätzler anderthalb Hektar Anteil. Die Masse der Reben am Sätzler gehört den Sinzheimer Winzern. Gut 41 der 47 Hektar sind allein mit Riesling bestockt. Auch in der Lage Frühmeßler mit 26,5 Hektar reift fast ausschließlich Riesling auf verwitterndem Granit. Der Frühmeßler war Pfründenwein der Jesuiten in Baden-Baden wie der Franziskaner vom Fremersberg. Am Sonnenberg stehen 26,5 Hektar. In der erst Ende des 19. Jahrhunderts gerodeten Lage Klostergut Fremersberger Feigenwäldchen wächst auf fünf Hektar Riesling mit etwas Muskat-Ottonel.

Im Rebland des Bocksbeutels

Mitten im Kreisel des Baden-Badener Weltbadverkehrs tauchen Richtungsschilder mit dem Hinweis „Rebland" auf, und anscheinend weiß jeder, was damit gemeint ist: die eingemeindeten Rebnester Varnhalt, Steinbach, Umweg und Neuweier. Die besseren Gewächse werden hier im mainfränkisch privilegierten Bocksbeutel abgefüllt. Das hat seine historischen Gründe.

Der Bocksbeutel narrt alle Wortweisheit, die den Bocks-Beutel, den Beutel des Bockes, nicht beim Wort nehmen will. Hammelhoden nannten die fränkischen Winzer die Trollingertrauben, als sie noch am Main reiften. Bocksbeutel heißt in der Pfalz eine heimische alte Rebsorte von ähnlichem Traubenumriß. Wer will uns da noch ein prüdes X für ein ehrliches Bocks-CK vormachen? Der Beutel des Bockes, „capri sacculus", hat dem Flaschenoriginal den Namen gegeben.

Die homerische Schlacht der Philologen ist also längst entschieden. Auch die gläserne Genealogie des Bocksbeutels erscheint recht durchsichtig. Er stellt eine zum Setzen in Flaschenstößen plattgedrückte Bouteille dar. Dieser Name blieb für die Weinflasche in Deutschland bis etwa 1850 gebräuchlich. Als Lagergefäß gewann die Flasche erst danach an Bedeutung. Die alte dickbauchige Bouteille, wie wir sie von vielen Bildern und Stichen her kennen, ließ sich aber kaum stapeln, plattgedrückte Bouteillen in Bocksbeutelform schon eher, noch besser jedoch langgezogene Bouteillen wie die heute gebräuchlichen Schlegelflaschen. Plisch, die Schlegelflasche, und Plum, der abgeplattete Bocksbeutel, haben also eine gemeinsame Mutter, die dickbauchige Bouteille.

Warum aber hat sich der altmodische Bocksbeutel gerade in Franken als provinzielles Flaschenoriginal gehalten, während die praktische Schlegelflasche ihren Siegeszug hielt? Die Geburtsstunde des fränkischen Bocksbeutels schlug im Jahr 1726. Damals ließ der Würzburger Stadtrat den guten Steinwein des Bürgerspitals gegen Mißbrauch auf abgeplattete Bouteillen füllen und versiegeln. Nicht die damals noch allgemein gebräuchliche Flaschenform, sondern das Siegel gab also ursprünglich den Qualitätsnachweis. 1839 berichtet Bronner vom Steinwein des Bürgerspitals, daß man ihn nur auf Bocksbeuteln erhalte. „Diese Bocksbeutel sind Bouteillen mit weitem plattgedrückten Bauche und kurzem Hals."

Spätestens um 1860 wurden neben dem Steinwein des Würzburger Bürgerspitals auch schon andere hervorragende Frankenweine auf Bocksbeutel abgefüllt. Inzwischen hatte sich diese Flaschenform beim Publikum als Qualitätsmarke Anerkennung verschafft. Das bloße Gewohnheitsrecht also hat dem Bocksbeutel den Charakter einer spezifisch fränkischen Flaschenform verliehen.

1922 verfügte das bayerische Handelsministerium, es werde auf Grund des Gesetzes gegen unlauteren Wettbewerb energisch gegen den Vertrieb außerfränkischer Weine in Bocksbeuteln einschreiten. Dagegen erhob sich unerwartet Widerspruch aus Karlsruhe. Seit Jahrzehnten, so hieß es, werde der Mauerwein des Schloßguts Neuweier bei Baden-Baden auf Bocksbeutel abgefüllt. Die Franken gingen der Sache auf den Grund und fanden wahrhaftig ein Gewohnheitsrecht des Schloßguts vor.

Im Sommer 1956 unternahm der Historiker Wilhelm Engel aus Würzburg im Auftrag der fränkischen Weinwirtschaft eine Fahrt an den Oberrhein, um die Rechtsansprüche des Schloßguts Neuweier noch einmal zu überprüfen. Das Fazit: „Franz Philipp Freiherr von Katzenelnbogen, gestorben im Jahr 1816, hatte als letzter seines Geschlechts den gesamten Familienbesitz in Neuweier, Mainz und Würzburg in der Hand. Die Übernahme des Bocksbeutels als Flaschenform für die Weine des Schloßguts in Neuweier beruht zweifellos auf diesen archivarisch nachweisbaren engen Wechselbeziehungen zwischen Baron Knebel und der Stadt Würzburg ums Jahr 1800. Es bedurfte keines fürstbischöflichen Privilegs, daß die fränkische Sonderform des Bocksbeutels durch schlichte Übernahme zur Eigenart der Schloßgutgewächse des Freiherrn Knebel und des Rechtsnachfolgers Rößler geworden ist."

Diese Bocksbeutel-Exklave am Oberrhein wurde 1960 um die Winzergenossenschaften Neuweier, Varnhalt, Steinbach und Umweg legal erweitert. Seit dem Jahr 1923 hatten neben dem Schloßweingut auch die Neuweirer Winzer unangefochten, weil zunächst unbemerkt, ihre besten Weine ebenfalls auf Bocksbeutel abgefüllt. Der damalige Syndikus des Fränkischen Weinhandelsverbandes in Würzburg, Josef Klingler, erläuterte den Kompromiß mit den Winzergenossenschaften im Rebland: „Da hätte man um den Prozeßausgang würfeln können." Das Weingesetz von 1971 hat diese Praxis festgeschrieben.

Im Banne der Yburg

In einer um 1600 verfaßten Ortsbeschreibung Varnhalts heißt es: „Farnhalde liegt in einem kleinen engen Tal, hat auf der einen Seite schöne Weinberge und auf der andern Kastanienbüsche ... zählt 130 Bewohner, die sich größtenteils von Weinbau nähren, da wenig Ackerland zu finden ist". Wein und Kästen gibt's dort heute noch zuhauf. In den Lagen Klosterbergfelsen mit 14, Sonnenberg mit 36 und Steingrübler mit 24 Hektar hält der Riesling mit vier Fünfteln die Spitze, gefolgt von Spätburgunder, Müller-Thurgau und Weißburgunder. Der 1933 gegründeten Winzergenossenschaft gehören fast 400 Mitglieder an. Über den strenggezeilten Rebhängen blockt ein Porphyrkegel mit der doppeltürmigen Ruine der Yburg, der Eibenburg. Steinbach mit seinem Ortsteil Umweg hat den Lagenamen Yburg aufgegeben und konzentriert sich nun auf die 500 Jahre alte Gewannbezeichnung Stich den Buben. 1474 hatte Markgraf Karl seinem Koch Hanns Stichdenbuben treuer Dienste wegen „Reben uff zwölf Steckhuffen, gelegen zu Umwegen" überlassen. Der Steckhaufen galt damals als Flächenmaß der Winzer, die im Spätherbst 300 bis 500 Rebpfähle zu einem Haufen zusammenstellten, um die Weinstöcke über Winter niederzuziehen und anzuhäufeln. In der Ortenau umfaßte so ein Steckhaufen etwa zweieinhalb Ar. Nach dem Tod des Leibkochs 1492 hatte sich, wie aus der weiteren Vergabe des Lehens hervorgeht, der Flurname Stich den Buben schon eingebürgert.

Auf 70 der insgesamt 88 Hektar wächst um Steinbach der Riesling. Die Reben reichen bis zu dem Denkmal, das man Erwin von Steinbach auf der Höhe errichtet hat; der 1318 verstorbene Baumeister des Straßburger Münsters soll aus dem Städtchen stammen. Die 1934 gegründete Winzergenossenschaft zählt 400 Mitglieder. Der Steinbach, der dem Ort den Namen gibt, plätschert offen durch Straßen und Gassen.

Die Winzergenossenschaften Neuweier, gegründet 1922, und Bühlertal, gegründet 1907, haben sich 1970 zusammengeschlossen, eine Ehe zwischen Riesling und Spätburgunder sozusagen. Die 800 Mitglieder bewirtschaften zusammen 200 Hektar, davon zwei Drittel Riesling und ein Viertel Spätburgunder. Neuweier besitzt am Altenberg 65,5, am Heiligenstein 14,6, am Mauerberg 44 Hektar. Die Lage Schloßberg mit zweieinhalb Hektar gehört zum Weingut Schloß Neuweier. Bühlertal baut am Engelsfelsen gut 47 und am Klotzberg 21 Hektar, vorwiegend Spätburgunder. Wahrzeichen Neuweiers ist das Wasserschloß der Renaissance mit drehbaren steinernen Schießscharten an den vier Rundtürmen. Seinen guten Ruf verdankt das Schloßgut vor allem August Rößler, dessen Familie 1869 hier einzog. Auf siebeneinhalb Hektar werden Riesling, Spätburgunder, Weißburgunder und Gewürztraminer angebaut.

Affentaler und Frühzwetschge

Von dem Weinweiler Affental hat die Winzergenossenschaft in Bühl ihren Namen. 1908 schon entstand hier ein Naturweinbauverein auf genossenschaftlicher Grundlage. Er vereinigte sich ein halbes Jahrhundert später mit der 1937 gegründeten Winzergenossenschaft Eisental. In der Nachbarschaft schlossen sich gleichzeitig die nach der Währungsreform gegründeten Genossenschaften Altschweier und Kappelwindeck zusammen. Im Zug der Gemeindereform kamen all diese Orte samt Neusatz zu Bühl. 1973 folgte die Fusion zur Affentaler Winzergenossenschaft Bühl in Eisental. Sie zählt 950 Mitglieder. Das Rebsortiment umfaßt knapp zwei Drittel Riesling, ein Viertel Spätburgunder sowie Müller-Thurgau, Grauburgunder, Weißburgunder, Kerner und Traminer. Der Rotwein reift generell im Holzfaß aus. Ein sprudelnder Sandsteinbrunnen im Faßkeller reguliert Tempe-

Le château de Windeck.

Die Burgruine Windeck ist Wahrzeichen und Landmarke des obstschweren, rebenprangenden Bühlertales.

ratur und Luftfeuchtigkeit. Die Scherzflasche mit dem vergoldeten Schimpansen wurde 1947 entworfen. Hinzu kam 1971 der Buddel, ein durchsichtiger Rückgriff auf den publikumswirksamen Bocksbeutel des Baden-Badener Reblandes.

Das 1320 erstmals erwähnte Affental soll auf ein Avetal im Wirkkreis des Klosters Lichtental zurückgehen, so wie Eisental als Einsiedlertal gedeutet wird.

Zur Erstausstattung Lichtentals gehörten zwei Rebhöfe; daran erinnern das 1684 errichtete Trottenhaus mit geistlichem Wappen sowie die Flurnamen Lichtentaler Rebberg, Klosterhöf, Klosterfeld. An der barocken Bartholomäuskapelle segnet St. Urban die Weinberge. Der Abt von St. Georgen, Georg Gaiser, notierte im Dezember 1644 in seinem Tagebuch: „Rubrum vinum oppido bonum ex Simarium valle degusto", ich habe vortrefflichen Roten aus dem Affental probiert ...

Eisental und Affental bauen zusammen in der Lage Betschgräbler 107 Hektar, davon 75 Riesling. Altschweier hat am Sternenberg 74 Hektar im Ertrag stehen. Eine 1829 gegründete Weinkellerei faßt als Erzeugergemeinschaft 100 Winzer mit 17 Hektar zusammen. Neusatz weist in der Lage Wolfhag 43 Hektar auf. Bühl hat dank seines Stadtteils Kappelwindeck am Sternenberg sechseinhalb und am Wolfshag 62 Hektar Anteil. In all diesen Lagen stellen Riesling und Blauer Spätburgunder zusammen jeweils mehr als zwei Drittel des Sortiments.

Bühl ist wegen seiner Frühzwetschge als der Obstgroßmarkt der Ortenau bekannt. Es wird dort angeblich eine Aktennotiz aufbewahrt, die einiges über die Herkunft der Quätsche berichtet. Danach fand der Rebmann Joseph Brommer vom Höllhof unter der Burg Windeck ums Jahr 1858 in seinem Weinberg, nach anderer Überlieferung in einem Buchenhag, einen Obstbaumschößling, der ihm durch sein Laub auffiel. Zu Hause pflanzte er ihn neben dem Hofbrunnen ein. Das Bäumchen brachte früher als andere Zwetschgenbäume eiförmige, große und süße Früchte. Ob diese Frühzwetschge einer Mutation, also einer sprunghaften Veränderung des Erbgefüges, oder der natürlichen Kreuzung einer gewöhnlichen Zwetschge mit einer runden Edelpflaume entsprang, bleibt ungewiß. Die Sorte wurde zum Exportschlager, zum Segen weit über Bühl hinaus, und die Ortenau wandelte sich endgültig zum Obstbaumparadies.

Alde Gott heißen Bildstock und Lage

An der Lage Wolfshag hat auch noch Ottersweier mit 12,5 Hektar Anteil. Der Ortsteil Hub galt wegen seiner Thermalquelle jahrhundertelang als Sommerfrischebad der Markgrafen und erhielt 1475 die älteste deutsche Badordnung. Die Lage Althof umfaßt hier gut acht Hektar. Lauf schart sich um ein quickes Mühlengewässer; seine verstreuten Weiler und Gehöfte, Zinken genannt, erstrecken sich von der Ebene bis zur Hornisgrinde. In der Lage Alde Gott stehen hier 48 Hektar. Hinzu kommt Gut Alsenhof mit vier Hektar. Das museale Trotthaus birgt dort eine noch betriebsfähige Torkel mit acht Meter langem Preßbalken und fast vier Meter hoher Spindel.

Mitten in Sasbach überrascht ein Lindenrondell mit einem Obelisken; ein älterer Gedenkstein daneben erzählt trocken: „Hier ist Turennius vertötet worden." 1675 riß an dieser Stelle eine österreichische Kanonenkugel den Feldherrn Ludwigs XIV. bei einem Erkundungsritt vom Pferd. Das Jahr zuvor hatte Marschall Turenne 27 Ortschaften niederbrennen lassen und war dafür vom Heidelberger Kurfürsten Karl Ludwig vergeblich zum Zweikampf gefordert worden. Die französische Regierung erwarb 1841 das Gelände und ließ die Anlage samt Kleinmuseum und Wärterhäuschen anlegen. Nach dem Frankreichfeldzug von 1940 beseitigten die Behörden das Denkmal. De Gaulle ließ es nach Kriegsende wieder aufrichten.

Obersasbach, Luftkurort und Kneippbad, besitzt in der Lage Alde Gott knapp 33 und am Eichwäldele gut drei Hektar. Zusammen mit Oberachern und Lauf liefern die meisten Winzer bei der Genossenschaft Sasbachwalden an. Fachwerk und Blumengehänge geben Sasbachwalden das Gesicht. Das Ortsbild steht unter Denkmalschutz. Der 1948 gegründeten Winzergenossenschaft gehören 400 Mitglieder mit 230 Hektar an. Der Spätburgunder dominiert mit 55 Prozent. In Sasbachwalden umfaßt die Lage Alde Gott 100 Hektar, weitere sechs das Klostergut Schelzberg.

„Der alde Gott lebt noch", soll ein Mann ausgerufen haben, als er während des Dreißigjährigen Krieges in dem entvölkerten Landstrich einen anderen Überlebenden traf. Zum Gedenken an diese Begegnung soll der Bildstock auf der Höhe nördlich des Dorfes errichtet worden sein. Der Ortenauer Weinwanderweg führt daran vorbei. Auch Oberachern hat mit 15 Hektar Anteil an dieser Lage, dazu kommen am Bienenberg 12 Hektar, meist Spätburgunder. Den Turm einer Wasserburg hat man dem Neubau der Dorfkelter einbezogen. Links der Acher, etwas abseits, liegen Mösbach mit 21 Hektar am Kreuzberg und Önsbach mit sechs Hektar am Pulverberg.

Der Bildstock mit der Inschrift „Der alde Gott lebt noch" steht nördlich von Sasbachwalden am Ortenauer Weinwanderweg und hat einer Einzellage den Namen gegeben.

Hochburgen des Blauen Spätburgunders

Mit Sasbachwalden bilden Kappelrodeck und Waldulm das Dreigestirn der Ortenauer Spätburgunderdörfer. Was für das Baden-Badener Rebland die Yburg, fürs Bühlertal Altwindeck, fürs Laufenbacher Tal die Ruine Neuwindeck, das stellt Schloß Rodeck fürs Kappler Tal dar – Wahrzeichen und Landmarke am Horizont. Der Hochsitz der Roeder von Rodeck gehört zu den ganz wenigen Adelshorsten am Oberrhein, die niemals zerstört worden sind.

1934 entstand im Gasthaus Rebstock die Winzergenossenschaft Kappelrodeck, der heute 270 Mitglieder mit 126 Hektar angehören. Im Sortiment behauptet der Spätburgunder 70 Prozent. Alleiniger Lagename ist die Hex vom Dasenstein, nach einem sagenumwitterten Felsdenkmal, an dem der Weinlehrpfad vorbeischnürt.

Waldulm ist zwar Ortsteil von Kappelrodeck, hat als Winzergenossenschaft jedoch seine Selbständigkeit gewahrt. Die erste urkundliche Erwähnung 1244 als Walulma verrät, daß die Vorsilbe Wald als Namensteil nicht ursprünglich ist; der Ort war das Ulm der Walen, der Welschen. Relikte der keltoromanischen Bevölkerung haben hier den Alamannensturm überstanden.

1928 rief der Dorfpfarrer Wilhelm Fichter die Winzergenossenschaft ins Leben, die 205 Mitglieder mit 120 Hektar umfaßt. Der Spätburgunder hält mit 85 Prozent unangefochten die Spitze. Die knapp 86 Hektar des Pfarrbergs schließen die früheren Waldulmer Lagen Russhalde, Sommerhalde, Oberberg, Hasenkopf und Vogelsang ein. Die Lage Kreuzberg mit drei Hektar wird größtenteils von Mösbacher Winzern bewirtschaftet. Der Ortspatron St. Albin mit der Traube gilt auch als Schutzheiliger der Reben.

Einkehr beim Renchtäler

Renchen hält die Erinnerung an Johann Jakob Christoffel von Grimmelshausen wach, der hier die letzten Jahre bis zu seinem Tod 1676 als fürstbischöflich straßburgischer Schultheiß amtierte. Der Grabobelisk und der Grimmelshausenbrunnen vorm Rathaus, 1973 vom römischen Bildhauer Giacomo Manzú geschaffen, zeugen davon. In der Lage Kreuzberg hat Renchen achteinhalb Hektar. Der Stadtteil Erlach wuchs aus drei ritterschaftlichen Rodungsgütern zusammen und baut in der Lage Renchtäler knapp fünf Hektar Müller-Thurgau und Findling. Bedeutender ist der Weinbau im Stadtteil Ulm mit 33 Hektar in der Lage Renchtäler, meist Spätburgunder.

Vom frühen 14. bis zum späten 18. Jahrhundert war das Renchtal ein Vorgarten des Hochstifts Straßburg. Hier gediehen und gedeihen Sonderkulturen von Obst, Tabak, Meerrettich; Oberkirch besitzt den größten Erdbeermarkt Deutschlands. Mit 891 lizenzierten Hausbrennereien verzeichnet

In Gaisbach erinnert diese Gedenktafel am „Silbernen Stern" an den Barockpoeten Grimmelshausen, der hier auch als Wirt tätig war, nachdem er für den Wiederaufbau der im Dreißigjährigen Krieg ruinierten Weinberge gesorgt hatte.

Oberkirch einen europäischen Rekord. Das um 1196 gegründete Prämonstratenserkloster Allerheiligen förderte den Weinbau im vorderen Renchtal. „Suffet Wi bigott" steht auf den Weinkrügen der Renchtäler Gasthöfe.

Wie Renchen erscheint auch Oberkirch schon im 13. Jahrhundert als Stadt, als Kapitale der straßburgischen Besitzungen um Sasbach, Acher und Rench. Markt und Handel profitierten von der Lage an der Paßstraße über den Kniebis, der heutigen B 28. Während der württembergischen Pfandherrschaft von 1592 bis 1665 wurden Weinbau und Gewerbe tatkräftig gefördert. Dem Stadtverderben von 1689 folgte der Wiederaufbau im Mansardenstil nach Straßburger Vorbild.

Eine 1927 gegründete Bezirkswinzergenossenschaft in Oberkirch mußte nach sieben Jahren wieder aufgeben. Der Mengenjahrgang 1950 brachte dann einen derartigen Preisverfall, daß das Jahr darauf erneut eine Genossenschaft gegründet wurde. Von Anfang an war das gesamte untere Renchtal als Einzugsgebiet geplant. Trotzdem fanden zunächst nur 22 Mitglieder mit zehn Hektar zusammen. Langsam ging es jedoch aufwärts. Heute zählt die Oberkircher Winzergenossenschaft 640 Mitglieder mit 430 Hektar. Mit ihren 155 Hektar Rotgewächs ist sie der größte Erzeugerbetrieb für Spätburgunder in der Ortenau. Mit je einem Viertel folgen Müller-Thurgau und Riesling. In den Rest teilen sich Grauburgunder, Traminer, Gewürztraminer, Weißburgunder, Chardonnay und etwas Cabernet-Sauvignon. Die Lage Renchtäler umfaßt auf Oberkircher Gemarkung 17,4, der Schloßberg knapp 44 Hektar.

Acht Stadtteile gehören zu Oberkirch. Stadelhofen, auf einer Lößinsel gelegen, besitzt am Schloßberg neun Hektar. Tiergarten baut dort siebeneinhalb, Ringelbach 24 und Haslach sieben Hektar; wie drüben in Durbach gibt es auch hier ein Rebgewann Klingelberg. Nußbach, ursprünglich ein karolingischer Königshof mit der Mutterkirche des Tales, weist in der Lage Renchtäler 17,6 und Butschbach 16 Hektar auf. Bottenau hat in der gleichen Lage seine Rebfläche von 32 Hektar im Jahr 1964 auf 149 fast verfünffacht; hier stehen allein knapp 14 Hektar Clevner, also Traminer. Prozentual noch stärker hat Ödsbach von den Rebumlegungen profitiert und seine dreieinhalb Hektar auf 26 ausgeweitet.

In Gaisbach unterhalb der Ruine Schauenburg war Grimmelshausen für den Wiederaufbau der Schauenburgschen Weinberge nach dem Dreißigjährigen Krieg verantwortlich und amtierte seit 1665 als Wirt zum Silbernen Sternen. Das Lokal besteht heute noch. In seinem Simplicianischen Wundergeschichten-Calender finden wir Lieder auf Wein und Käse. Die Frage nach den Tugenden eines guten Weines beantwortet Grimmelshausen hier so: „Guten Geruch/Schmack/Wärm und Schein/sollen haben alle guten Wein."

Das schon zu Appenweier gehörige Nesselried besitzt in der Lage Schloßberg vier sowie in der Lage Renchtäler gut 56 Hektar. Nicht mehr zur Stadt, aber zur Winzergenossenschaft Oberkirch gehört Lautenbach, letzter Weinort des Vordertales vor dem „Getöse", der Talenge der Rench. Nach dem Bau der Wallfahrtskirche Mariä Krönung 1477 als Gotteshaus der Ortenauer Ritterschaft wuchsen die Einzelhöfe zum Dorf zusammen. Im spätgotischen Flügelaltar steht Maria unter einem geschnitzten Rebenbaldachin. Lautenbach besitzt in der Lage Renchtäler knapp 19 Hektar. An eine der drei abgegangenen Burgen erinnert der Flurname Schloßreben. Das talaufwärts gelegene Sulzbach mit seiner lauwarmen Therme galt als das „Freßbädlein" der kleinen Leute. 1848/49 trafen sich hier die Demokraten aus der Offenburger Umgebung.

Das Durbacher Rebengloria

Als Intarsie der Rebkultur liegt Durbach in seinem Tal, von drei Bergrücken geborgen, eine Talgemeinde mit zahlreichen Einzelgehöften in fast ebensovielen Seitengründen, deren Gemarkung von der Rheinebene bis hinauf zum Mooswald reicht. Grimmelshausen hat den Blick vom Gebirge gen Westen beschrieben: „Ich wohnete auf einem hohen Gebürg, die Moß genannt, so ein Stück vom Schwartzwald ... von demselben hatte ich ein schönes Außsehen ... den Rheinstrom hinunter, in welcher Gegend die

Stadt Straßburg mit ihrem hohen Münster-Turm gleichsam wie das Hertz, mitten mit einem Leib beschlossen, hervor pranget."
Herzstück des Weinlands Baden ist die Ortenau, Herzstück der Ortenau Durbach. Die Litanei der Lagenamen steigert sich hier zum Gloria der Reblandschaft. In Rhomben, Rechtecken, Trapezen vielfältig getönten Grüns wächst der Weinstock auf lockergründigen Granitverwitterungsböden. 310 der insgesamt 390 Hektar gehören zum Einzugsbereich der Winzergenossenschaft. 1928 gegründet, gehören ihr 320 Mitglieder an. Ihre Hauptlagen sind Plauelrain, Kochberg und Ölberg. Der Ölberg umfaßt gut 14 Hektar, davon sechseinhalb mit Traminer und Gewürztraminer bestockt. Knapp die Hälfte der 123 Hektar am Kochberg tragen Spätburgunder. An den 184 Hektar der Lage Plauelrain haben der Spätburgunder mit 71, der Klingelberger oder Riesling mit 48 und der Traminer mit gut 16 Hektar Anteil. Hinzu kommen Müller-Thurgau, Ruländer und Grauburgunder, Scheurebe und Chardonnay. Ein Sechstel der Traminer-Rebfläche Deutschlands wächst auf den Steilhängen um Durbach.

Prominente Weingüter teilen sich in die restlichen Lagen Kapellenberg, Bienengarten, Josephsberg, Kasselberg, Schloß Grohl, Schloß Staufenberg, Schloßberg und Steinberg, letzterer mit dem Versuchsweingut des Freiburger Weinbauinstituts und einer Musterkarte verschiedenster Rebsorten.

Markanter Blickfang ist das gastliche Schloß Staufenberg überm Tal des Durbachs, seit 1832 im Besitz des Hauses Baden. An der Auffahrt fällt rechter Hand an der Mauer des Klingelberges ein Tafeltext auf: „Anläßlich der 200. Jahrfeier Durbacher Klingelberger 10. September 1982 errichtet von den Durbacher Winzern." 1782 hat Markgraf Carl Friedrich hier 3 000 Rieslingstöcke pflanzen lassen. Der Name Klingelberg, eigentlich Klingenberg, geht auf das althochdeutsche Wort chlinga, Bergbach, zurück und bezeichnet einen von einem Bachtälchen geschlitzten Hang. Als Eigenname, als Lagewein oder Rieslingbezeichnung, taucht der Klingenberger 1680 schon in einem Verzeichnis der Weinvorräte des Staufenberger Schloßkellers auf. Damals lagerten dort neben größeren Mengen Hügelwein und Gemeinem Wein auch ein Fuder und 16 Ohm Klingenberger.

Unter den übrigen Durbacher Weingütern ist das Gräflich Wolff Metternichsche im Schlößchen Grohl mit 33 Hektar das stattlichste. Im Hespengrund liegt das Weingut der Freiherrn von Neveu mit 15 Hektar, dessen Gewächse im Winzerkeller Breisach ausgebaut werden. Der Bienengarten ist im Alleinbesitz eines bürgerlichen Weinguts. Das Nobelhotel Zum Ritter, ein früherer Fachwerkhof des Klosters Allerheiligen, überrascht in seiner Staufenberg-Stube mit Glasbildern der mittelalterlichen Verserzählung vom Ritter Peter und seiner geheimnisvoll schönen Waldfrau, die später zur Meervenus, zur Melusine umgedeutet wurde.

Die Durbacher Reblandschaft ist charakteristisch für die bacchischen Panoramen der Ortenau.

Rund um Offenburg

Offenburg, Reichsstadt der Stauferära, Brandherd der 1848er Revolution, entwickelte sich aus handwerklichen Anfängen zum Industrieplatz, verlor damit aber auch seinen früheren zünftigen Rebbau. Die Ortenauer Weinkellerei und das von und zu Franckensteinsche Rentamt mit 14 Hektar Rebbesitz in der Umgebung haben hier ihren Sitz. Im Juni findet der Weinmarkt statt. Hervorragendster Träger der Weinbautradition ist seit 700 Jahren aber das St. Andreas-Hospital; mit seinen 28 Hektar firmiert es heute als Weingut der Stadt Offenburg, ist aber in Ortenberg ansässig. Um 1300 gegründet, erlangte das Spital durch Stiftungen und Zukauf weitverstreuten Rebbesitz, zu dem nach der Säkularisation auch das Rebgut Käfersberg der Abtei Gengenbach kam. Der Käfersberger Andreasberg mit gut 11 Hektar ist im Alleinbesitz des Weinguts.

Weinbau treiben die Offenburger Stadtteile Rammersweier, Zell-Weierbach und Fessenbach mit eigenständigen Winzergenossenschaften sowie Zunsweier. Anno 1242 wird Rammersweier anläßlich eines Streits um den örtlichen Weinzehnten erstmals erwähnt. Die 38 Hektar Rebland der 1926 gegründeten Genossenschaft liegen am Kreuzberg, meist Müller-Thurgau. Beim Neubau des Gotteshauses spendeten die Winzer fünf Prozent ihres Weingelds aus dem 1957er Herbst für den Kirchturm.

1820 vereinigten sich die Orte Zell, Weierbach und Riedle zur Gemeinde Zell-Weierbach. Zell, das weist auf die frühe Bindung ans Kloster Gengenbach, das von dem 1233 erstmals genannten Abtshof aus die Rebkultur förderte. Daneben hatten das Andreasspital und der Johanniterorden Weinberge. Das von drei Bächen durchflossene bildhübsche Dorf hatte seine Gemeinde- und Zunftstube im Gasthaus „Laube"; daran erinnert das Glockentürmle. 1923 gründete man die Winzergenossenschaft. Ein Streiflicht auf die schweren Anfangsjahre wirft die Bemerkung des ersten Geschäftsführers, des damaligen Oberlehrers Schäffner: „Ihr Winzerherren habt gut lachen. Ihr liefert die Trauben ab und seid fertig, doch der Schäffner muß sich draußen bei der Kundschaft Räusche ansaufen, um euren Wein zu verkaufen." Von den knapp 92 Hektar am Abtsberg ist die Hälfte mit Spätburgunder bepflanzt, gefolgt von Müller-Thurgau, Riesling, Ruländer, Scheurebe, Kerner, Gewürztraminer und Muskateller. Der Zeller Rote galt und gilt als bekömmliche Medizin für Alte und Kranke.

Die 1396 mitten in den Rebstöcken errichtete Wallfahrtskirche Maria Schnee im Weingarten weist am barocken Chorgestühl Traubenschnitzereien im Stil der Spätrenaissance auf. Am ehemaligen Taufstein, jetzt Weihwasserbrunnen, spielen Weidenbündel, Rebmesser und Becher auf die Verbundenheit des Kirchleins mit der Reblandschaft an.

Fessenbach liegt unterhalb des Hohen Horns. Im Ort fallen geschnitzte Kellertore auf. Die Lagen Bergle, Franzensberg und Kirchherrenberg vereinen knapp 37 Hektar. Die Winzergenossenschaft entstand 1930. Das Weingut eines Offenburger Großverlags mit fünf Hektar ist hier zuhause. Die Winzer von Zunsweier bauen an der Halde 17,4 sowie in der Lage Kinzigtäler acht Hektar und liefern bei der Genossenschaft in Gengenbach an.

Das neugotische Gemäuer der Burg Ortenberg ruht auf staufischem Quadergrund, dieser wiederum auf einer Granitnase des Vorgebirges. Bis zur Zerstörung der Burg 1678 saßen hier die Vögte der Reichslandvogtei Ortenau; heute ist die Burg Jugendherberge. Das Rebgut am Schloßberg mit sortenbunten acht Hektar wird seit 1950 vom Landkreis als Versuchsgut für ökologischen Weinbau betrieben. Zum Einzugsgebiet der 1937 gegründeten Winzergenossenschaft Ortenberg zählen 63 Hektar. Neben dem Schloßberg gibt es noch die Lagen Freudental und Franzensberg mit gut 64 Hektar.

Ein Rebhügel namens Hohberg im Dreieck der Orte Diersburg, Hofweier und Niederschopfheim hat der neuen Gemeinde südlich von Offen-

Auf einer Granitnase der Schwarzwaldvorberge ragt Schloß Ortenberg. Das Rebgut am Schloßberg wird vom Landkreis als Versuchsgut für ökologischen Weinbau betrieben.

burg den Sammelnamen gegeben. Die 1977 gegründete Genossenschaft Hohberg liefert an den Breisacher Winzerkeller. Alle drei einst ritterschaftlichen Ortsteile haben Anteil an der Lage Kinzigtäler, Diersburg mit 16, Hofweier mit gut 11 und Niederschopfheim mit 46 Hektar. Leitsorte ist der Müller-Thurgau, gefolgt von Spätburgunder und Ruländer. Das Weingut der Freiherren Roeder von Diersburg mit sieben Hektar, davon ein Viertel Riesling, liegt unterhalb der Eigenlage Schloßberg und weist im Philippshof ein kleines Weinbaumuseum auf.

Reben an der Kinzig

Die stark verzweigte Kinzig hat das größte Einzugsgebiet aller Schwarzwaldgewässer. Da, wo sie in die Ebene wechselt, bieten tiefgründige Gneisverwitterungsböden nicht nur der Rebkultur, sondern auch dem Ackerbau gute Bedingungen. Das Martinspatrozinium der Leutkirche an der einstigen Römerstraße ist wahrscheinlich noch älter als das zwischen 727 und 753 gegründete Benediktinerkloster Gengenbach. Über einem keltoromanischen Heiligtum auf dem Bergle, dem heutigen Einbethenberg, erbauten die Mönche im Mittelalter ein Jakobskirchlein „und nebenhin auf dem Platz, wo der heidnische Altar stund, ein Grab des Erlösers mit einer kleinen Kapelle, um die Gedächtnus des Götzentums auszulöschen".

Die selbstmarktende Winzergenossenschaft Vorderes Kinzigtal in Gengenbach erfaßt die Weinorte Diersburg, Ohlsbach, Reichenbach, Berghaupten und Bermersbach. Gemeinsam ist ihnen die Lage Kinzigtäler. Das brunnendurchplätscherte Ohlsbach entstand aus einem Hofgut der Rodungsabtei Gengenbach.

Unter dem Dutzend Bildstöcke der Gemarkung zeigen drei am Weg nach Gengenbach das Rebmesser. Ohlsbach unterstellte sich im späten Mittelalter der Reichsstadt Gengenbach, wählte aber sein Hubgericht selbst und blieb vom Ungelt befreit. Knapp 24 Hektar, meist Spätburgunder, Müller-Thurgau und Riesling stehen im Ertrag.

Reichenbach, bekannt für seine romanische freskengeschmückte Chorturmkapelle, baut knapp 19 Hektar. In Berghaupten dominieren auf 20 Hektar Riesling und Ruländer. Bermersbach, unterhalb des Steinsfirsts gelegen, ging aus einem klösterlichen Rebhof hervor und ist seither dem Weinbau treu geblieben. Die 41 Hektar sind hälftig mit Spätburgunder bestockt.

Die ehemalige Reichsstadt Gengenbach weist im Herzschild ihres Adlerwappens den springenden Gangfisch. Schon um 1230 erhielt der Klosterort Stadtrecht. Da die weltliche Schirmherrschaft über die Klosteruntertanen zusammen mit der Reichslandvogtei Ortenau nach dem Sturz der Staufer wiederholt verpfändet wurde, verzichtete Abt Lambert von Brunn, Staatsrechtler und Ratgeber Kaiser Karls IV., 1366 auf alle städtischen Hoheitsrechte und erwirkte für Gengenbach die Reichsfreiheit. Mauern, Türme, Tore und der Marktbrunnen sind als steinerne Zeugen geblieben. Die im Kern romanische Klosterkirche wurde nach der Säkularisation des Reichsstifts Gotteshaus der Gemeinde. Der neue Zelebrationsaltar trägt Christus als den biblischen Rebstock.

1951 wurde die Winzergenossenschaft Vorderes Kinzigtal gegründet. Ihr gehören 330 Mitglieder mit 150 Hektar Rebland an. Die Exklusivserie der Weine und Sekte „Von Bender" mit dem Küferwappen spielt auf die 1708 geadelte Gengenbacher Familie Bender an, deren Stammhaus, eine Apfelweinkellerei, erster Sitz der Genossenschaft war. In der Lage Nollenköpfle stehen dreieinhalb, in der Lage Kinzigtäler gut 18 Hektar, davon sieben mit Spätburgunder bepflanzt.

Habsburger Tradition im Breisgau

Wie die Ortenau hat auch der Breisgau als historische Landschaft manche Wandlung erlebt. Einst reichte der Gau von der Bleich bei Herbolzheim bis zum Basler Rheinknie. Wie die Feste Breisach hatte er seinen Namen von dem keltischen Stamm der Brisgavi. Die Reformation trennte das altbadische Markgräflerland vom Breisgau ab. Dafür gewann der Breisgau als vorderösterreichischer Herrschaftssprengel nach dem teilweisen Verlust des Elsaß 1648 noch einmal übergreifende Bedeutung. Nach dem Übergang an das Großherzogtum Baden wurde der amtliche Gebrauch des Namens Breisgau getilgt, da er zu sehr an die habsburgische Vergangenheit erinnerte. Der heutige Weinbaubereich Breisgau östlich der Bundesstraße 3 reicht von der Kinzig bis zur Dreisam. Der Landkreis Breisgau-Hochschwarzwald hat den alten Gaunamen amtlich wieder festgeschrieben.

Die Rebe horstet vor dem Schwarzwald auf Buntsandstein, Muschelkalk und Gesteinen der Juraformation, in einer Schollenbruchzone, die größtenteils von Löß übermantelt wird. In der Freiburger Bucht mit ihren eiszeitlichen Schottermassen verschwindet der Weinbau. Im Glottertal klettert die Rebe, gegen Norden und Osten von der Waldkappe geschützt, auf den Gneishängen bis über die 500-Meter-Marke.

„Der Brißgow ist ein guts kleins Land/hat alle notturft", vermerkte Sebastian Münster 1550 in seiner Kosmographie, und eine vorderösterreichische Landesbeschreibung stellte Ende des 18. Jahrhunderts fest, dem von Sonne und Löß verwöhnten Landstrich fehle an eigenen Erzeugnissen zum Leben eigentlich nur das Salz. Bis zum Ersten Weltkrieg wurden neben Wein, Obst und Feldgemüse vor allem Handelsgewächse wie Frühkartoffeln, Flachs, Hanf, Tabak, Ölfrüchte, Zichorie und Safran angebaut.

Seine Rebfläche hat der Breisgau spät aber beträchtlich von 823 Hektar Mitte der 60er Jahre auf 1888 ausgeweitet. Dabei verschwanden die meisten der alten Lößterrassen. Abgesehen von den 1934 und 1936 gegründeten Winzergenossenschaften Kenzingen und Herbolzheim enstanden die übrigen Genossenschaften erst zwischen 1951 und 1977. Bis auf die selbstmarktende Winzergenossenschaft Glottertal liefern sie alle beim Breisacher Winzerkeller an. So hat es der Breisgau mit seiner Leitsorte Müller-Thurgau schwer, sich neben den andern Bereichen zu profilieren, obwohl eine in Emmendingen ansässige Institution „Breisgauer Wein" gemeinsam mit Gütern und Genossenschaften wirbt. Die in den Schlößern des landsässigen Adels, in Rathäusern, Amtsbauten, Denkmälern, Inschriften und habsburgischen Doppeladlern allgegenwärtige Tradition Vorderösterreichs könnte eindringlicher als bisher dem Selbstbewußtsein und der Selbstdarstellung des Breisgaus die historische Folie geben.

Weinmotive einiger Ortswappen im Breisgau und am Kaiserstuhl.

Im Geroldsecker Land

Die Fachwerkgemeinde Friesenheim hat mit ihren drei Ortsteilen die Lage Kronenbühl gemeinsam, baut in der Ebene Tabak sowie auf Buntsandstein und Lößlehm knapp 79 Hektar Reben, hälftig Müller-Thurgau. Die Winzergenossenschaft entstand 1971. In Oberschopfheim, dem nördlichsten Weinort des Breisgaus, wachsen 54, in Oberweier knapp 26 und in Heiligenzell vier Hektar Reben.

Der Hausberg Lahrs ist der Schutterlindenberg, bis zum 18. Jahrhundert fast völlig mit Wein bepflanzt, Wahrzeichen der Landschaft die Burgruine Hohengeroldseck. Die Geroldsecker errichteten um 1200 am Ausgang des Schuttertals die mächtige viertürmige Lahrer Tiefburg, von der nur der Storchenturm mit seinem Buckelquaderwerk überdauert hat. Um 1700 zählte man unter den 1300 Einwohnern noch 149 Rebleute. Dann begann sich das Marktstädtchen zu einem bedeutenden Fabrikort zu entwickeln. Das Rathaus im Weinbrennerstil war ursprünglich Stadtpalais des Handelsherrn Karl Ludwig Lotzbeck, der die oberrheinische Tabakindustrie begründet hat. Seit dem Jahr 1800 erscheint hier „Des Lahrer Hinkenden Boten neuer historischer Kalender". Neben der ehemaligen Bezirkswinzergenossenschaft von 1954 gibt es ein Städtisches Weingut mit achteinhalb Hektar. In der Lage Kronenbühl reifen auf 50 Hektar Müller-Thurgau, Spätburgunder, Ruländer, Weißburgunder, Kerner, Nobling, Gewürztraminer, Scheurebe und Auxerrois. Hinzu kommen knapp sechs Hektar in der Lage Herrentisch.

Die Stadtteile Hugsweier und Mietersheim bauen unter der Lagebezeichnung Kronenbühl je sechseinhalb und achteinhalb Hektar. Sulz hat mit sieben Hektar Anteil an der Lage Haselstaude. Kippenheim mit seinem erkerhübschen Rathaus der Renaissance besitzt seit 1971 zusammen mit Mahlberg und Sulz eine Winzergenossenschaft sowie in der Lage Haselstaude 71 Hektar. Zum Kippenheimer Ortsteil Schmieheim, der sich 1971 mit Wallburg und Münchweier genossenschaftlich zusammengetan hat, gehören am Kirchberg 49 Hektar, darunter als Rarität ein guter Hektar Muskateller. Als Rathaus figuriert ein Wasserschloß des 16. Jahrhunderts mit einem Keller für Weinproben. Zwei Weingüter sind hier zuhause.

Münchweier und Wallburg sind schon Stadtteile von Ettenheim mit der gemeinsamen Lage Kirchberg. Die im Brudergarten am Grab des heiligen Landelin ansässigen Einsiedler schlossen sich um 725 zu einer klösterlichen Gemeinschaft zusammen, die dann nach Ettenheimmünster umzog. Das ehemalige Klosterdorf Münchweier baut knapp 50, Wallburg 18 Hektar. Um die „Madonna von Stalingrad" haben ehemalige Kriegsteilnehmer aus Sandsteinquadern und Holz eine Friedenskapelle errichtet.

Am Schutterlindenberg betreibt die Stadt Lahr ein eigenes Weingut mit achteinhalb Hektar.

An der Lage Haselstaude hat Mahlberg mit gut 51 Hektar Anteil. Die Hauptsorten sind auch hier Müller-Thurgau und Spätburgunder, gefolgt von Weißburgunder, Ruländer, Kerner und Freisamer. Das Städtchen verdankt seinen Namen einem Malberg, einem Gerichtshügel, einem lößverschleierten Basaltpfropfen, dessen düsteres Gestein im Weinkeller des Oberen Schlosses ansteht, sonst nur als Pflasterstein und Mauergebrock erscheint. Die ehemalige Katharinenkapelle, ein achteckiger Zentralbau, wurde in barocker Zeit erneuert und gut ausgestattet. Carl Kromer, Komponist des Liedes „Nach der Heimat möcht' ich wieder", kam in Mahlberg zur Welt.

Ettenheim, Ringsheim, Herbolzheim

Vom frühen Mittelalter an war Ettenheim Herzfleck der oberen rechtsrheinischen Besitzungen des Hochstifts Straßburg. Wann die Stadterhebung stattfand, liegt im dunkeln. Nicht die Raubkriege Ludwigs XIV., sondern die Greuel des Dreißigjährige Krieges haben den mittelalterlichen Stadtkern ausgelöscht und Ettenheim den barocken Wiederaufbau beschert. Das Ensemble steht unter Denkmalschutz. Das Rathaus mit dekorativem Schneckengiebel und, hügelaufwärts, die wohlmodellierte Pfarrkirche fügen sich zu einem reizvollen Blickfang. Im Gotteshaus liegt der letzte fürstbischöfliche Landesherr, der in die berüchtigte Halsbandaffäre verstrickte Kardinal Rohan begraben; von 1790 bis 1803 residierte er als Emigrant hier im Rohanpalais. Im Ichtrazheimschen Haus wohnte gleichzeitig der Herzog von Enghien, den Napoleon mitten im Frieden ausheben und füsilieren ließ.

Das Landstädtchen hat eine 1503 bezeugte Zunft der Rebleute und Bauersleute mit eigenem Zunfthaus und barocker Zunftlade. Bis heute wird alle zwei Jahre nach St. Sebastian der Zunfttag gehalten. Am Kaiserberg besitzt Ettenheim 116 Hektar, hälftig Müller-Thurgau, dazu Spätburgunder, Ruländer, Weißburgunder, Kerner, Gewürztraminer und etwas Riesling. Der Stadtteil Altdorf weist unter gleichem Lagenamen 31 Hektar auf. Neben der 1971 gegründeten Winzergenossenschaft besteht ein Weingut mit vier Hektar.

Bachaufwärts liegt Ettenheimmünster mit seiner barocken Wallfahrtskirche. Die Landelinsbüste, eine Silberschmiedearbeit der Gothik, faßt das Schädelreliquiar des Missionars und Märtyrers Landelin, der hier um 600 an einer Quelle erschlagen worden sein soll. Die 1769 gebaute Silbermannorgel, die einzige, die sich rechts des Rheins erhalten hat, stammt aus der Kirche des längst abgebrochenen Klosters.

Ringsheim hat als Weinort in neuerer Zeit an Gewicht gewonnen und am Kaiserberg knapp 33 Hektar stehen. Die Winzergenossenschaft besteht seit 1971. Das Industriestädtchen Herbolzheim, einst vorderösterreichischer Marktflecken, hat sein barock geprägtes Ortsbild gewahrt. 1936 wurde hier die Winzergenossenschaft Bleichtal gegründet; seit 1976 firmiert sie als Winzergenossenschaft Herbolzheim und erfaßt vier Fünftel der Rebfläche. In der Lage Kaiserberg stehen knapp 120 Hektar, davon ein Drittel Spätburgunder.

Weinreich sind auch die Gemarkungen der vier Herbolzheimer Stadtteile, bis auf Wagenstadt unter der Lage Kaiserberg vereint. Tutschfelden baut 65,5, Broggingen 81 und Bleichheim 28,5 Hektar. Die Genossenschaft in Broggingen wurde 1963, die in Tutschfelden 1977 gegründet. Wagenstadt hat mit 40 Hektar Anteil am Hummelberg. Das Rebsortiment aller dieser Orte gleicht dem von Herbolzheim: Hälftig Müller-Thurgau, ein Drittel Spätburgunder sowie Ruländer, Weißburgunder, Kerner und Nobling.

Die Weinstadt auf der Flußinsel

Neben dem Dorf Kenzingen, das 772 schon in einer Weinurkunde des Klosters Lorsch aufglänzt, gründete Rudolf von Uesenberg 1248 auf einer Flußinsel der Elz die Stadt Kenzingen. Sie gewann rasch Bedeutung als zentraler Marktort für den nördlichen Breisgau. Vor allem der Weinhandel wurde von der Stadtherrschaft gefördert. Als Wasserstraße diente damals auch noch die Elz. 1495 erlaubte Kaiser Maximilian I. den Bürgern, die Landstraße mitten durchs Städtchen zu verlegen. Spätgotisches Rathaus, Laurentiuskirche, Schwabentor, die drei Marktbrunnen und charaktervolle Bürgerhäuser lassen den einstigen Wohlstand ahnen. Schönstes Denkmal aber bleibt das Oval der Altstadt als Ganzes.

Größter Grundbesitzer im Mittelalter war das Kloster Tennenbach, das hier einen eigenen Wirtschaftshof führte. Die 1934 gegründete Winzergenossenschaft Kenzingen und Umgebung liefert seit 1964 voll in Breisach an und nennt sich seit 1982 Winzergenossenschaft Kenzingen-Hecklingen-Bombach. Die 330 Mitglieder bewirtschaften etwa 170 Hektar Rebland. Daneben besteht ein Weingut am Kirchberg mit 12,5 Hektar. Neben den 133 Hektar am Hummelberg liegen am Roten Berg weitere drei Hektar mit etwas Scheurebe.

Der Stadtteil Nordweil, seit 1977 mit eigener Winzergenossenschaft, baut am Herrenberg 92 Hektar, davon ein Drittel Spätburgunder. Hier versorgte sich früher das Kloster Alpirsbach mit Wein. Viele Bauwerke im Breisgau sind aus den Quadern des Nordweiler Buntsandsteins errichtet. Das schmucke Fachwerkdorf Bombach besitzt an der Sonnenhalde gut 36 Hektar, hälftig Spätburgunder. Die angeblich auf den Resten eines römischen Kastells 60 Meter hoch über der Elz errichtete quadratische Burg Lichteneck ist das Wahrzeichen der Landschaft um Hecklingen. 1675 wurde sie von Vauban gebrochen, darunter steht ein barockes Schlößchen. Am Schloßberg grünen 78 Hektar Reben, darunter ein vielfältiges Kleinsortiment vom ehemaligen Versuchsweingut des Weinbauinstituts in Freiburg.

Ein Fachwerktor führt von Hecklingen nach Malterdingen, das auf seinen Muschelkalkböden schon im Mittelalter den Blauen Spätburgunder pflegte. Als Malterdinger war dieser Rote bis in die Schweiz bekannt und geschätzt. Von den 142 Hektar am Bienberg tragen heute 29 den Spätburgunder, hinzu kommt ein Hektar Muskateller. Der 1954 gegründeten Genossenschaft gehört Heimbach an, dessen Buntsandsteinbrüche den Werkstein für den Freiburger Münsterbau lieferten. Mit 25 Hektar hat das Dorf an der Lage Bienberg teil. Heimbach gehört wie Köndringen zur Gemeinde Teningen. Die Köndringer Winzergenossenschaft entstand 1954. Die Lage Alte Burg vereint hier 119 Hektar, ebenfalls mit einem Prozent Muskateller und etwas Rabaner im Sortiment. Der Teninger Ortsteil Nimburg-Bottingen gehört schon dem Weinbaubereich Kaiserstuhl an.

Von Emmendingen ins Glottertal

Die Hochburg bei Emmendingen gilt nach dem Heidelberger Schloß als die größte Ruine des Weinlands Baden. Ein Weingut baut dort an der Halde vier Hektar. Die Markgrafenstadt Emmendingen selbst hat nach dem Ersten Weltkrieg den Weinbau aufgegeben. Das Renaissanceschlößchen im ehemaligen Hof des Klosters Tennenbach dient heute als Heimatmuseum. In der Landvogtei, dem jetzigen Landratsamt, wirkte Johann Georg Schlosser, Goethes Schwager, als Oberamtmann. Neben Goethe sind hier die Poe-

Im Glottertal am Südhang des Kandels klettern Rebe, Pfirsich und Käste bis an die 500-Meter-Höhenmarke.

ten Heinse, Lenz und Jacobi, der Physiognomiker Lavater sowie der blinde Pädagoge und Dichter Pfeffel aus Kolmar eingekehrt.

Das Grab von Goethes Schwester Cornelia auf dem alten Friedhof blieb erhalten. Goethe hat Emmendingen mindestens zweimal, im Frühsommer 1775 und vier Jahre darauf im Herbst besucht. Das ehemalige Gasthaus zum Löwen, Marktplatz und Apotheke sollen für die kleinstädtische Szenerie von „Hermann und Dorothea" Modell gestanden haben. Falls Goethe, wie vermutet, auch noch im Sommer 1793 Emmendingen gestreift hat, könnte er dort die Ankunft der elsässischen Revolutionsflüchtlinge erlebt haben.

Das Löwengasthaus ist 1973 dem Neubau eines Kaufhauses gewichen. Dort hat man in den „Löwenstuben" die alte Gedenktafel, das grüngoldne Löwenschild, den Torbogen sowie Illustrationen zu Goethes Dichtung vereint.

Der Stadtteil Mundingen besitzt in der Lage Alte Burg knapp 65 Hektar, davon ein Zehntel Gewürztraminer. Die Winzergenossenschaft wurde 1967 gegründet. In einem Seitentälchen der Elz baut Sexau an der Sonnhalde auf Gneisverwitterungsböden knapp 14 Hektar, hälftig Spätburgunder. Die Winzer liefern ihr Traubengut bei der Genossenschaft in Buchholz an. Dort stehen an der Sonnhalde 43 Hektar, sogar mehr als die Hälfte Spätburgunder. Zwei größere Weingüter mit zehn und 12 Hektar bereichern das Angebot um Chardonnay, Limberger und Muskateller.

In Denzlingen an der Glotter überrascht der romanische Kirchturm mit luftigem Helm. Am Eichberg stehen neun, an der Sonnhalde fünfeinhalb Hektar, meist Spätburgunder. Vermarktet wird über die Genossenschaften Buchholz und Glottertal. Das gilt auch für Gundelfingen mit zwei und Wildtal mit drei Hektar in der Lage Sonnenberg. Heuweiler baut am Eichberg knapp 14 Hektar, davon zwei Drittel Rotgewächs. Ein Gasthaus führt Eigenbau auf der Weinkarte.

Der Schriftsteller Anton Fendrich hat den Glottertäler so charakterisiert: „Er ist der Mann unter den Weinen. Bei aller Milde kommt er wuchtig daher und verlangt starke Seelen. Was er in ihnen vorfindet, das unterstreicht er". Und die Freiburger Studenten zitierten bei ihren Ausflügen ahnungsvoll das Sprüchlein: „Der Glottertäler ist gar scharf und süß/macht helle Köpf und schwere Füß."

Am Südhang des Kandels zieht der Frühling schon ein, wenn der Hochschwarzwald noch dick mit Schnee vermummt ist. Bis in 500 Meter Höhe reifen hier nicht nur die Reben, sondern auch Aprikose, Pfirsich und Käste. Die fruchtbaren Gneisverwitterungsböden boten schon in karolingischer Zeit stattlichen Bauernhöfen ein Auskommen. Später wurde hier nach Silbererz geschürft. Oberglottertal, Unterglottertal, Föhrental und Ohrensbach haben sich zur Talgemeinde Glottertal zusammengeschlossen. Der spätmittelalterliche Weinbau ging im Dreißigjährigen Krieg zugrunde, lebte erst Ende des 18. Jahrhunderts wieder auf und drang im Föhrental zeitweilig bis auf 720 Meter Höhe vor.

1951 gründeten 13 Winzer unter Führung von Bürgermeister Herbstritt die Genossenschaft. 1964 erwarb sie die Lage Roter Bur am Eichberg; eine Umlegung hat man dort wegen der extremen Steillage des Geländes aufgegeben. Heute zählt die Winzergenossenschaft Glottertal 155 Mitglieder mit knapp 50 Hektar Rebbesitz. Vier Fünftel tragen den Blauen Spätburgunder, gefolgt von Ruländer, Müller-Thurgau, Gewürztraminer, Riesling und Muskateller. Unterglottertal weist am Eichberg und in der Lage Roter Bur zehn Hektar auf, Föhrental baut am Eichberg knapp drei und Ohrensbach ein Hektar. In Oberglottertal steht nur noch ein halber Hektar im Ertrag.

Neben dem Spätburgunder Weißherbst, dem Markenzeichen des Tales, gibt es als Exklusivwein inzwischen den Scheffel-Wein, ein Rotling von alten Rebbeständen, gemischt aus 60 Prozent Spätburgunder, 30 Prozent Ruländer und zehn Prozent Gewürztraminer. Bis zum Übergang auf sortenreinen Anbau und Ausbau anno 1971 war das der typische Alte Glottertäler. Die neue Bezeichnung Scheffel-Wein erinnert an Joseph Victor von Scheffel, der 1881 dem Glottertäler mit diesen Versen Reverenz entboten hat: „Gott geb' allen Menschen ein Streben nach Wahrheit/dann bleibt auch dem Weine die Echtheit und Klarheit/ Gott spende des Sonnenlichts sonnigsten Strahl/den Blüten der Reben im Glottertal."

Freiburg lebt noch mit dem Wein

Der preußisch-kleindeutsch gesinnte Sachse Heinrich von Treitschke hat sich als Geschichtsprofessor 1863 über „die märchenhafte Freiburger Faulheit und Sauferei" gewundert, gleichzeitig aber bekannt: „ich lebe, bis auf das Weintrinken, lächerlich solid ..." Hier, wo die Wasserläufe vom Gebirge offen durch die Altstadt gluckern, wo Pflastermosaiken wie Schwartenmagen schimmern, der Grüne Markt das Land in die Stadt trägt, und der Münsterturm als sandsteinrote Wettertanne himmelwärts strebt, hat ein Rest phäakischen Behagens selbst das Stadtverderben des Novembers 1944 sowie das enorme Wachstum der Nachkriegsjahre überlebt. Freiburg assimiliert seine Zuzügler, nicht zuletzt in den Weinstuben. Hermann Eris Busse hat an das Original des Freiburger „Bobbele" erinnert, jenen badischen Kammerherrn, der für eine Unzahl wahrer und zugeschobener Sprüche, Drolerien, Mundartpointen herhalten muß: „ ... und die Marktfrauen um das Münster lächelten wissend, wenn sie ihn vom ‚Hummele', der Weinstube und Vesperkrippe, auf dem frommen, allerdings auch kürzeren Weg – durch das Münster – in den ‚Rappen' traben sahen."

Ums Jahr 1100 hat ein Zähringer Freiburg als privilegierten Handelsplatz planmäßig abgesteckt und angelegt. Die Neugründung überflügelte rasch das ehrwürdig ältere Breisach. Der Silberbergbau im südlichen Schwarzwald bescherte den Freiburger Unternehmern Riesengewinne. Schönstes Zeugnis für diesen Wohlstand ist das als schlichte Pfarrkirche von der Bürgerschaft errichtete Münster, das mit seinen gotischen Glasmalereien auch die Arbeit der Bergknappen am Erzkasten, am Schauinsland, dokumentiert.

Ende des 14. Jahrhunderts schon ging die Ausbeute der Silbergruben zurück, verlor die Stadt ihre Position im internationalen Fernhandel. Was blieb, war der Rang eines regionalen Wirtschaftszentrums. Hinzu kam 1457 die Universität und nach dem Dreißigjährigen Krieg der Regierungssitz für Vorderösterreich. Gleichzeitig rückte Freiburg aber auch als Festungsstadt an die Rheinfront gegen Frankreich, bis die abrückenden Franzosen 1747 die Fortifikationen sprengten. Auf den geschleiften Werken wurde erneut Wein gepflanzt; auf der ehemaligen Bastion St. Louis, beim Colombischlößchen, hat sich so ein innerstädtisches Rebenpikett gehalten.

Wie die karolingerzeitlichen Rebschenkungen in Wendlingen, Wiehre und Uffhausen verraten, ist Freiburg „auf altem Rebgelände gewachsen". Der Weinbau begann vor den mittelal-

Plastik des Häckers im geschlitzten Wollrock am Freiburger Münster.

Das spätmittelalterliche Freiburg in seinem Rebenkranz, Holzschnitt aus Sebastian Münsters Kosmographie von 1549.

terlichen Stadtmauern und eroberte Schloßberg, Schönberg und Lorettoberg, wobei der Bergwein stets teurer als der Glaciswein gehandelt wurde. Eine führende Rolle spielte neben dem Frauenkloster Adelhausen das Heiliggeistspital, die heutige Stiftungskellerei Freiburg mit zehn Hektar Rebbesitz. Die Winzer, seit 1379 zünftig formiert, saßen vor allem in der Vorstadt Neuburg, die später dem barocken Festungsbau zum Opfer fiel, samt den Dörfern Adelhausen und Wiehre. Dort gab es Hausnamen wie Zum Weinstock, Zum Rebstock, Zur Weinleiter, Zum Rebgarten, Zum Rebacker, Zum weißen Treibel, Zum roten Trübel, Zum Rebmesser.

Bis zu Beginn des 19. Jahrhunderts erhielten die Freiburger Professoren ihr Gehalt teilweise in Form von Wein. 1624 bezog die Universität aus der Stadt Freiburg selbst 93, aus Jechtingen am Kaiserstuhl 271 und aus Bötzingen acht Saum Zehntwein, wobei eine Saumlast mit 150 Litern berechnet wurde. 1840 gab es noch 164 Hektar Reben auf städtischer Gemarkung, die bis zum Zweiten Weltkrieg auf 27 zusammenschmolzen.

Heute gehört Freiburg dank seiner Stadtteile drei verschiedenen Weinbaubereichen an. Zum Breisgau zählt der Schloßberg mit fünf Hektar Spätburgunder und Riesling, an denen das Weinbauinstitut, ein Oberrotweiler Weingut und die Stiftungskellerei Anteil haben. Hinzu kommt Lehen mit sieben Hektar in der Lage Bergle, hälftig von einem Weingut im Weiherschlößle bewirtschaftet. Zum Markgräflerland hat man die Lage Jesuitenschloß mit 32 Hektar geschlagen, an der Weinbauinstitut und Winzer in

St. Georgen Anteil besitzen. Auch die St. Georgener Lage Steinler gehört zu diesem Bereich. Die Stadtteile Munzingen, Opfingen, Tiengen und Waltershofen schließlich gehören dem Weinbaubereich Tuniberg an.
Freiburg ist Sitz des Badischen Weinbauverbandes und feiert im Juni auf dem Münsterplatz seine Weintage.

Der Kaiserstuhl, ein Vorhof des Südens

Monarchisch einsam wächst einem der Kaiserstuhl aus der dunstflirrenden Oberrheinebene entgegen, eine kleine rautenförmige Gebirgsinsel von knapp hundert Quadratkilometern. Der Name Kaiserstuhl ist seit dem Jahr 1304 bezeugt, wobei die Einheimischen die Bezeichnung freilich nur für die Gipfelgruppe des Neunlindenbucks gebrauchen. Am, nicht im Kaiserstuhl liegen hier die Dörfer und Städtchen. Wahrscheinlich stammt der Name von einem ehemaligen Gerichtsplatz, einer flachen, inzwischen rebenbestockten Erhebung bei Leiselheim in der Lage Gestühl.

Vor drei, vier Jahrzehnten noch war der Kaiserstuhl eine Fundgrube der Mineralogen, ein Revier subtiler Jagden für Botaniker und Insektenkundler, ein Geheimtip geeichter Weinkenner und Ziel touristischer Feinschmecker. Inzwischen hat das Rebgebirge sein Gesicht gewandelt und ist mit 3400 Hektar zur größten Bacchusprovinz Badens geworden.

Um den fast geschlossen bewaldeten hufeisenförmigen Bergkamm, der sich mit dem Krottenbachtal zum Rhein hin öffnet, versammelt sich eine einzigartige Fruchtlandschaft von Lößplatten, Lößrücken, Lößtälern und Lößterrassen. Eine bis zu dreißig Meter dicke Lößschwarte überlagert vier Fünftel des Kaiserstuhls und siegelt dessen zerrissene Erdgeschichte zu vordergründiger Einheit. Der Osten des Gebirgsrumpfes stellt eine schräggestellte und zerbrochene Scholle aus Sedimentgesteinen des Oberrheingrabens dar, das westliche Kleingebirge ragt als Vulkanruine auf.

Schon vor der hochmittelalterlichen Terrassierung der Steilhänge hat man hier seit fränkischer Zeit den leicht formbaren und trotzdem standfesten Löß mit einer Unzahl von Zwergterrassen der Rebkultur erschlossen. Erst ab dem späten 18. und frühen 19. Jahrhundert begann die Bestockung der vulkanischen Geröllhalden.

Nicht nur geologisch, auch klimatisch, mit saharischen Bodentemperaturen bis zu 68 Grad am Badberg, erscheint der Kaiserstuhl als ein Vorhof des Südens. Im lichten Waldgürtel oberhalb der Reben gedeiht die südeuropäische Flaumeiche. Gut drei Dutzend Orchideenarten flecken Trockenrasen und Waldboden. Farbig getupft ist mit 700 Arten auch die Falterkarte. Gottesanbeterin und Smaragdeidechse fühlen sich hier wohl.

Der Hoselips, eine Art Fruchtdämon, hat jetzt im Rathaus von Bahlingen am Kaiserstuhl sein Quartier. Ursprünglich trug er eine geschnitzte Traube.

Leider hat die Rebumlegung nicht nur die meisten Lößhohlen vernichtet, sondern auch unersetzliche Refugien für Flora und Fauna zerstört. Wo früher Dutzende oft nur tischbreiter Terrassen den Hang in sanftem Gefälle gebändert hatten, ragen jetzt haushohe Böschungen mit Riesenterrassen gegen den Horizont. Allzu willig schien sich der Löß von den Baggern zusammenschieben, von den Planierraupen neu formen zu lassen. Daß die heillose Zersplitterung der Rebflur und das unzureichende Wegenetz Umlegung und Flurbereinigung erforderten, bezweifelt niemand. Die antiquierte, mit chinesischer Geduld terrassierte Lößidylle war als Ganzes nicht zu erhalten. Aber selbst die damaligen Planer und Macher, von den betroffenen Winzern zu schweigen, geben inzwischen zu, daß bei den Vaubanschen Festungsbastionen im Löß schwere Fehler begangen worden sind. Neben den Verlusten an Ertragsfläche, die man auf Kosten der extensiv genutzten und natürlich belassenen Übergangszonen auszugleichen versuchte, bereitet die verstärkte Frostgefahr in den Kältelöchern Sorge. Als bei dem Mairegen 1983 die neuen Böschungen absackten, ging der Schaden in zweistellige Millionenhöhe.

Nach den Uesenbergern, der eigentlichen Kaiserstuhldynastie, teilten sich die Markgrafschaft Baden und Vorderösterreich in die Herrschaft. Der einst versumpfte Mooswald trennte den Kaiserstuhl vom Breisgau. Hermann Eris Busse konnte so vom Stromgesicht des Kaiserstühlers sprechen, dessen Dialekt schon elsässisch eingefärbt ist. Die wirtschaftliche Wende kam mit den Winzergenossenschaften, von denen am Kaiserstuhl noch 13 eigenständig vermarkten. 28 Prozent des Rebsortiments hält der Blaue Spätburgunder, 17 der Ruländer oder Graue Burgunder, gut fünf der Weißburgunder. Jede zweite Rebe gehört hier der Burgunderfamilie an.

Breisach und der Badische Winzerkeller

Breisach, die hochgetürmte Münsterstadt, ist heimliche Kapitale des Kaiserstuhls, St. Stephan, Märtyrer im Steinhagel der Legende, Münsterpatron der Stadt. Das historische Erstgeburtsrecht des Keltensitzes, des Römerkastells und der Zähringerburg auf dem isolierten Vulkanhügel überm Rhein konnte Breisach nicht wahren. Von Lage und Schicksal zur Festung, zu des Heiligen Römischen Reiches Ruhekissen bestimmt, hat kaum eine andere Stadt am Strom ein solches Maß an Brand, Blut und Tränen gezollt wie Breisach, „die Niobe unter den Städten". Nach dem letzten Stadtverderben im Februar 1945 flackert nun die grüne Europaflamme vom Eckartsberg. Das von den Baslern gleich nach Kriegsende vor dem endgültigen Ruin gerettete Münster birgt Schongauers monumentales Fresko vom Jüngsten Gericht und den von Hans Loy 1526 furios geschnitzten Hochaltar der Krönung Mariens. In dem 1670 von Vauban errichteten Rheintor residiert das Stadtmuseum. Die vor dem letzten Krieg noch registrierten 21 Hektar Breisacher Weinbau sind auf ein Viertel zusammengeschmolzen. Einen Hektar trägt heute der Augustinerberg, gut vier der Eckartsberg, hauptsächlich Ruländer und Spätburgunder. Ein Weingut in der Stadt hat dort Besitz.

Die Edda erzählt vom Brisingamen, dem kostbaren Halsschmuck der Himmelsgöttin Freya, der aus Breisacher Rheingold geschmiedet sei. Das Rheingold ist zerronnen. Dafür rinnt das flüssige Gold der Oberrheinlande in der Europastadt Breisach zusammen. Der Badische Winzerkeller, die größte Erzeugerkellerei Europas, wurde 1952 als Zentralkellerei Kaiserstühler Winzergenossenschaften gegründet. Zwei Jahre später beschlossen Landesregierung, Raiffeisenverband und Badischer Weinbauverband in den Neuweierer Empfehlungen, in Baden neue Winzergenossenschaften nur noch als Zulieferer an die Bezirkskellereien Wiesloch und Efringen-Kirchen sowie an eine geplante Landeszentralkellerei in Breisach zuzulassen. Entsprechend wurde 1954 der Firmenname der Kaiserstühler Zentralkellerei umgewandelt in Zentralkellerei Badischer Winzergenossenschaften Breisach am Rhein.

1952 hatte man mit einer Bürobaracke, einem Flaschenlager unter freiem Himmel und 4 809 Hektoliter angelieferten Traubenmosts begonnen. Sechs Jahre später betrug die Anliefermenge das Zehnfache, 1970 schon das Hundertfache. Dies war nicht nur eine Konsequenz der landesweiten Rebumlegungen; immer mehr bis dahin selbstmarktende Winzergenossenschaften schlossen sich der ZBW, wie es achtungsvoll knapp hieß, als Vollanlieferer an. 1972 bauten von den insgesamt 121 Badischen Winzergenossenschaften nur noch 54 ihren Wein selbst aus. Dieser Konzentrationsprozeß hat sich fortgesetzt. Im Jubiläumsjahr 1974 wurde der Zweigbetrieb Untere Barz in der Rheinebene errichtet, ein metallen gleißender Block 20 Meter hoher Tanks. 1989 erhielt die ZBW den werbekräftigeren Namen Badischer Winzerkeller Breisach.

Heute gehören dem Unternehmen 45 Winzergenossenschaften von Schriesheim an der Bergstraße bis Erzingen am Hochrhein als Vollablieferer an; dazu gehört seit den 50er Jahren auch ein Durbacher Weingut. Ebenfalls 45 Genossenschaften liefern je nach Vertrag zwischen fünf und 50 Prozent ihres Herbstes an. Eine Tochtergesellschaft des Badischen Winzerkellers ist die Gräflich von Kageneckesche Wein- und Sektkellerei in Breisach. Ein knappes Drittel aller badischen Genossenschaftsweine, ein Viertel des gesamten Badner Weinherbstes wird hier ausgebaut und vermarktet. Die Lagerkapazität umfaßt 160 Millionen Liter.

Im Sortiment dominieren der Müller-Thurgau mit 35, der Spätburgunder mit 25, Ruländer und Grauburgunder mit 13 Prozent. Je nach Jahrgang werden 300 bis 400 Weine individuell ausgebaut, davon inwischen gut ein Drittel trocken. Der Absatz schlüsselt sich laut Auskunft der Geschäftsführung so auf: 70 Prozent gehen an den Lebensmittelhandel, 20 an Fachhandel und Gastronomie, die restlichen zehn Prozent werden privat verkauft, exportiert oder gehen ins Discountgeschäft.

Zehntausende von Besuchern, auch aus Europa und Übersee, werden jährlich durch den Breisacher Betrieb geführt. Konsequent hat man hier von Anfang an die neuesten technischen und wissenschaftlichen Erkenntnisse der Weinbereitung aufgegriffen, erprobt, weiterentwickelt. Während der Weinlese können hier täglich bis zu viereinhalb Millionen Kilogramm Trauben angenommen, computergesteuert sortiert und gekeltert werden. Ein generalstäblerisch ausgeknobelter Leseplan in den Weinbergen des Landes und ein Arbeiten rund um die Uhr in der Zentrale machen's möglich. „Im Herbst", so wird einem hier versichert, „sind die Nächte in Breisach lang."

Seine Verbundenheit mit der Münsterstadt dokumentiert der Badische Winzerkeller seit 1991 mit einer Art Weinspende. Ein jährlich ausgewählter besonders charaktervoller Wein wird als „St. Urban" auf die Futuraflasche mit Künstleretikett abgefüllt. Von jeder verkauften Flasche geht eine Mark als Spende an den Breisacher Münsterbauverein zur Restaurierung von St. Stephan.

Mauergewappnet: Ihringer Winklerberg

Wer von Breisach nach Ihringen fährt, stößt am südwestlichen Rebenkap des Kaiserstuhls auf den Winklerberg, mit gewaltigen Terrassenmauern aus Vulkangestein gewappnet. Gedenktafeln erinnern hier an Ernst Georg Lydtin und Johann Baptist Hau als Pioniere der Rebkultur auf Tephritgeröll. Der Text der Hauschen Tafel am Brunnen des Fohrenbergs, gegen Achkarren zu, lautet: „Diese Rebenanlage, Fohrenberg genannt, wurde nebst Haus und Brunnen im Jahre 1821/22 aus 4 Morgen Oedland geschaffen von Johann Baptist Hau, 1782–1857, Kaufmann und Bürgermeister der Stadt Breisach, und in jahrzehntelanger, liebevoller Arbeit zu einer Musteranlage ausgebaut, die durch Erzeugung hochwertigen Weines und Verbreitung edler Rebsorten an der Hebung des Kaiserstühler Rebbaus hervorragenden Anteil hat. Zum Andenken an den Schöpfer dieses Rebberges wurde diese Tafel errichtet von seinen Enkeln Emil Müller, Adolf Müller, Hermann Müller."

Der 1924 von Gustav Großklaus gegründeten Kaiserstühler Winzergenossenschaft Ihringen gehören 960 Mitglieder mit gut 450 Hektar an. Von den 15 Millionen Liter Lagerkapazität entfällt gut eine Million auf hölzerne Gebinde; damit dürfte Ihringen den größten betrieblich genutzten Holzfaßkeller Deutschlands besitzen. Spezialität ist der Silvaner, der mit 35 Prozent das Sortiment anführt. Hinzu kommen 24 Prozent Rotgewächs sowie Müller-Thurgau, Ruländer, Weißburgunder, Riesling, Gewürztraminer, Chardonnay, Scheurebe und Muskateller. Das Dorf weist ein halbes Dutzend renommierter Weingüter mit Rebbesitz zwischen zwei und 14 Hektar auf. Am Fohrenberg stehen 381, am Winklerberg 116 Hektar im Ertrag. Darüber hinaus hat Ihringen Anteil am Castellberg mit neun, am Schloßberg mit knapp fünf und an der Lage Steinfelsen mit 59 Hektar. Am Blankenhornsberg weist die Lage Doktorgarten gut zwei Hektar auf, darunter interspezifische Neuzüchtungen des Freiburger Weinbauinstituts.

Ihringen ist im Lauf der Jahrhunderte aus zahlreichen Weilern und Höfen zusammengewachsen. An den geistlichen Rebbesitz des Mittelalters erinnert die frühere Lage Abtsweingarten des Klosters Tennenbach. Vor dem

Dreißigjährigen Krieg soll die Rebfläche 530 Hektar umfaßt haben. Als Ende des 19. Jahrhunderts die baufällige romanische Kirche einem Neubau weichen mußte, wurde im Gewann Kammerten ein neuer Friedhof angelegt. In alter Weinbergerde also werden die Ihringer zur letzten Ruhe gebettet.

Wasenweiler, Bötzingen, Eichstetten

Wasenweiler an der östlichen Flanke des Kaiserstuhls ist Ortsteil von Ihringen, die Winzergenossenschaft jedoch selbständig geblieben. Bemerkenswert konstant blieb die Rebfläche; 1954 zählte die Gemarkung 93 Hektar Weinberge, heute bewirtschaften die 190 Mitglieder der 1935 gegründeten Winzergenossenschaft knapp 118 Hektar. Am Lotberg und an der Kreuzhalde überwiegt mit 56 Hektar der Spätburgunder. Das Ortswappen wird vom schwarzen Balkenkreuz des Deutschen Ordens mit der Traube im Herzschild bestimmt. 1290 erwarb die Freiburger Kommende des Ordens die Dorfherrschaft; dabei blieb es bis 1805. Der mit Trauben verzierte romanische Taufstein der Friedhofskapelle St. Vitus ist ins Landesmuseum nach Karlsruhe abgewandert. Dafür entzückt in der klassizistischen Dorfkirche der elegante Rokoko-Urban des Fidelis Sporer.

Auch Bötzingen, seit der Jahrhundertwende mit Oberschaffhausen zusammengewachsen, hütet im Kirchenschatz ein Urbansbild, eine Plastik der Spätgotik. Die 1935 gegründete eigenständige Winzergenossenschaft umfaßt 640 Mitglieder mit 300 Hektar Rebbesitz, davon je ein Drittel Müller-Thurgau und Spätburgunder. Als Spezialitäten reifen Scheurebe und Muskateller. Zu einem der beiden Weingüter am Ort gehört eine Erzeugergemeinschaft mit 45 Hektar. Am Eckberg stehen 186, am Lasenberg 159 Hektar im Ertrag.

Die genossenschaftliche Burgunderserie „Vier Weine – ein Gedicht" läuft unter dem Etikettennamen „Geheimrat Goethe", zwei Winzersekte unter dem Titel „Cuvée Hofrat J. F. Enderlin". Östlich des Dorfes liegt im Schatten einer Baumgruppe eine ehemalige Mühle, Heimat des Kammerrats Josef Friedrich Enderlin. 1732 als Sohn des Bötzinger Löwenwirts geboren, wirkte er als praktischer Aufklärer für die heimische Landwirtschaft. Nach den 1852 festgehaltenen Erinnerungen einer achtzigjährigen Frau hat diese angeblich Goethe bei einer Einkehr in der Enderlin-Mühle bedient. Das kann, wie schon bei Emmendingen angemerkt, nur Anfang August 1793 gewesen sein. Die Frau des Bötzinger Pfarrers Krone schrieb unter ihrem Mädchennamen Pauline Wörner um die Jahrhundertwende lebensnahe „Geschichten vom Kaiserstuhl" sowie den historischen Schwen-

di-Roman „Der Winzer Schutzherr". Fünf Hohlwege im Löß hat man auf Bötzinger Gemarkung unter Naturschutz gestellt.
Eichstetten mit der Eichel im Wappen vereint harmonisch Wald und Wein. Die 1924 gegründete Winzergenossenschaft mit 220 Mitgliedern und 160 Hektar liefert seit 1971 voll an Breisach. Zu den hier ansässigen Weingütern kommt noch die Kaiserstuhl-Kellerei mit einem Einzugsgebiet von 125 Hektar. Am Herrenbuck stehen 162, am Lerchenberg 192 Hektar in Ertrag, Müller-Thurgau, Spätburgunder, Ruländer, Riesling, Scheurebe und Muskateller. Weinberge, Obstplantagen und Gemüsefelder summieren sich um Eichstetten zu einer Fläche von tausend Hektar. Da, wo der Dorfbach in die Dreisam mündet, spannt sich eine fünfbogige Brücke über das Flüßchen, 1556 eingewölbt und von einem stämmigen Spitzturm bewacht.

Hoselips und Heidenkopf

Im Bahlinger Dorfwappen begegnen wir zwar nicht dem schon konterfeiten Hoselips, dafür Pflugschar und Heppe, ebenso an den Türstürzen der Fachwerkhäuser zusammen mit den Sonnensymbolen von Scheibe und Spirale, Hufeisen und Lebensbaum. Am steinern gesockelten Fachwerkrathaus von 1550 stehen die Figuren der Justitia und Prudentia mit der Devise: „Es steht Gerechtigkeit allhier/ Die Klugheit weicht nicht von ihr." Überm Dorf, überm Hohlweg zum alten Bauernbädchen Silberbrunnen, wacht die Wehrkirche mit romanischem Turm, ummauertem Kirchhof und einem Schwibbogentor, das noch den Fallgatterschlitz trägt. Das schönste Fachwerkensemble versammelt die Kapellenstraße. Auf seinen Sommerfahrten am Oberrhein fand Heinrich Hansjakob auf dem Schild des Bahlinger Sonnenwirts den tröstlichen Spruch: "Ob arm oder reich/Jedem scheint die Sonne gleich."
Alle 600 Winzer am Ort gehören der 1935 gegründeten Genossenschaft an, die voll beim Winzerkeller Breisach anliefert. Von den 302 Hektar der Lage Silberberg ist gut die Hälfte mit Müller-Thurgau bepflanzt. In den Rest teilen sich Spätburgunder, Ruländer, Weißburgunder, Gewürztraminer, Kerner, Scheurebe, Chardonnay, Muskateller, Faberrebe und etwas Sauvignon. Bahlingen zeigt weithin noch seine alte Terrassenstruktur im Löß.
Vor der Kanalisierung, die Dreisam, Elz und Glotter im Leopoldkanal zusammenzwang, sperrte der feuchtgründige Mooswald die Riegeler Pforte zwischen dem Kaiserstuhl und den Emmendinger Vorbergen. Vielleicht stammt der Name des Marktfleckens Riegel von einem Königshof, einer curtis regalis, oder von der lateinischen Bezeichnung regola für Abzugs-

graben ab. Die Römer hatten am Fuß des kapellenbekrönten Michaelsberges einen Handelsplatz mit einem Mithräum. Der Heidenkopf im Ortswappen geht wohl auf ein römisches Münzporträt zurück. Knapp die Hälfte der 74 Hektar am St. Michaelsberg sind mit Müller-Thurgau bestockt. Neben der 1963 gegründeten Winzergenossenschaft, die in Breisach anliefert, gibt es hier noch ein Weingut und eine Weinkellerei.

Auch die ein wenig östlich vom Rebgebirge gelegene Winzergenossenschaft Nimburg-Bottingen mit 68 Hektar in der Lage Steingrube läßt ihren Wein in Breisach ausbauen. Von der Burg der Nimburger Grafen auf einem Lößhügel sind nur die Umrisse des Grabens im Rebgelände geblieben. Zum Weinbaubereich Kaiserstuhl hat man unlängst die Reborte der Gemeinde March geschlagen. Neuershausen weist in der Lage Steingrube knapp 16, Buchheim in der Lage Rebstuhl fünf Hektar auf, meist Spätburgunder und Müller-Thurgau.

Burgundersegen über Achkarren

In Achkarren schlägt das „heiße" Herz des Kaiserstuhls. Überragt wird das Dorf vom Schloßberg mit den kärglichen Mauerresten der Burg Höhingen. Aquarellblaue Iris tupft den Weg auf die Höhe. Schermelöcher öffnen sich im Löß. Auf halber Höhe hat der Wind den Löß ausgeblasen. Hier wurzelt der Rebstock nur noch auf Feuergestein, aschgrau, rostrot, bräunlich gelb, stumpfschwarz. In den alten Steingruben ädert Sickerkalk schneehell die düstere Lava. Als einziger Ort am Kaiserstuhl versammelt Achkarren mehr als die Hälfte seiner Reben auf vulkanischen Verwitterungsböden. Am Schloßberg blieb so das steil terrassierte kleinformatige Relief weitgehend erhalten, während der lößgelbe Castellberg völlig neu modelliert worden ist.

Der 1929 gegründeten selbstmarktenden Winzergenossenschaft gehören 320 Mitglieder an. Von ihren 190 Hektar Rebfläche stehen derzeit nur 150 in Ertrag. Vierzig Prozent sind mit Ruländer, 22 mit Spätburgunder, acht mit Weißburgunder bestockt, gefolgt von Silvaner, Müller-Thurgau, Gewürztraminer, Muskateller, Riesling, Scheurebe und Chardonnay.

Die Heitersheimer Johanniter, die Pfarrpatronat und Zehntherrschaft besaßen, hinterließen am Tor der Zehnt-Trotte ihr achtspitziges Ordenskreuz. Hier ist das Kaiserstühler Weinbaumuseum beheimatet. Neben dem Naturlehrpfad am Büchsenberg führt ein geologischer Weinlehrpfad durchs Gelände. Mit 13 Bundesehrenpreisen gilt die Winzergenossenschaft Achkarren als der höchstprämierte Erzeugerbetrieb Deutschlands. Ein Weingut schenkt seinen Eigenbau aus.

Blick auf den Achkarrer Schloßberg, eine Reblage auf hitzigen Vulkanverwitterungsböden. Ein Geologischer Lehrpfad erschließt das Gelände.

Im Zweiten Weltkrieg gruben die Achkarrer im Schießental zahlreiche Höhlen als Notunterkünfte in den Löß, wo manche Familien bei Kriegsende monatelang hausten. Ein Feldkreuz am vorderen Schloßberg trägt die Inschrift: „Nicht der macht es, der pflanzt, nicht der, welcher begießet,/ sondern Gott, welcher das Gedeihen gibt."

Bickensohl, Heimat des Grauen Burgunders

Bickensohl in der Talkammer des Eschbachs wird von Lößterrassen umarmt. Auf der Route des Weinlehrpfads blieb die Eichgasse, eine 300 Meter lange, bis zu 20 Meter tief eingeschnittene Lößhohle als Naturdenkmal erhalten.Trotz oder gerade wegen der kleinen, nur 300 Hektar umfassenden Markung bestimmt der Weinbau den Jahreslauf des 450-Seelen-Dorfes. Der 1924 gegründeten selbständigen Genossenschaft gehören 210 Winzer an. Von den 175 Hektar Reben stehen derzeit im Herrenstück 45, in der Lage

Steinfelsen 61 im Ertrag. Im Rebsortiment folgen statistisch Müller-Thurgau, Spätburgunder, Ruländer und Grauburgunder, Weißburgunder, Kerner, Silvaner, Gewürztraminer, Riesling, Muskateller und Chardonnay. Ein seit Jahrzehnten bekannter Züchter von Ruländerklonen betreibt auf drei Hektar ein Weingut.

Die Spezialität Bickensohls war früher der Weiße Burgunder. Hermann Eris Busse hatte dem Freiburger Rößlewirt empfohlen, „daß er so tausend Liter Bickensohler bereithalten solle für seine Leichengäste, die sich nach der Beerdigung noch einmal im Rößle treffen und seinem Gedenken einen Trunk des geliebten Weines der Heimat widmen sollten."

In unseren Tagen hat sich Bickensohl mit dem neuen Typ des hier entwickelten Grauen Burgunders einen Namen und um das Weinland Baden verdient gemacht. Der Ruländer, unter den Burgundern auch der Graue genannt, wird hier durchgegoren ausgebaut und reift garantiert zwei Jahre im Eichenfaß. Mehr darüber erfahren wir im Kapitel über den Umgang mit Badner Wein. Die Bickensohler Selectionsweine von Weißburgunder, Spätburgunder, Spätburgunder Weißherbst und Silvaner werden unter der Bezeichnung „Kühler Morgen" angeboten. So heißt eine 1558 erwähnte Lage, die dem Großpriorat der Johanniter in Heitersheim zehntpflichtig war.

Buschrosen und Küchenschellen

Oberrotweil ist Verwaltungskapitale der neugeschaffenen Großgemeinde Vogtsburg mit den Ortsteilen Achkarren, Bickensohl, Bischoffingen, Burkheim, Oberbergen und Schelingen, außerdem Sitz des Großmarktes für Obst und Gemüse vom Kaiserstuhl. Die 1935 gegründete selbstmarktende Winzergenossenschaft zählt 440 Mitglieder. Daneben sind hier ein halbes Dutzend bekannter Weingüter ansässig, teilweise schon seit dem 17. und 18. Jahrhundert in Familienbesitz.

Am Eichberg stehen 61 Hektar, davon je ein Drittel Spätburgunder und Silvaner. Am Henkenberg mit 86 Hektar reifen fast ausschließlich Spätburgunder und Ruländer auf dunklen Vulkanverwitterungsböden. 272 Hektar umfaßt die Lage Käsleberg mit Lößlehm. Hinzu kommt der Kirchberg mit fünfeinhalb Hektar. Neben den Kaiserstühler Standardsorten findet sich hier auch der klassische Muskateller.

Um die Dimensionen der Rebflurbereinigung wenigstens ästhetisch zu mildern, hat man an den Riesenböschungen neben Bäumen und Sträuchern auch tausende von Buschrosen gepflanzt. Beim Phonolithsteinbruch zweigt ein Stationenweg zur St. Pantaleonskapelle ab. An der sonntäglichen Reiterwallfahrt Ende Juli nehmen auch wieder die Nachbarn aus dem

Elsaß teil. Die im Kern romanische Wehrkirche St. Michael in Niederrotweil hütet unterm Freskengewölbe einen innig-frommen Marienaltar des Meisters Hans Loy. Die reiche Ausstattung des Kirchleins läßt auf Stiftungen des Klosters St. Blasien schließen.

„Der Anblick war unerwartet. Kahle Höhen lagen in eine Einsamkeit hineingerückt, die ihn an südliche Tempelstätten erinnerte; wenn die Reinheit des mittelmeerischen Lichts fehlte, so schuf der Dunst eine gleichsam hintergründige Helligkeit. Ein sonderbar stiller Glanz geisterte um die Kuppen". So hat Friedrich Franz von Unruh in seiner Novelle „Das Wagnis" seine Begegnung mit dem Badberg geschildert. Der kahle, graspelzige, dreifachgebuckelte Berg im Krottenbachtal steht nach langem Tauziehen jetzt wenigstens mit einer Fläche von 42 Hektar unter Naturschutz. Der Badberg ist vulkanischen Ursprungs, Schmiedewerkstatt des Hephaistos, Bratküche des Dionysos. Wenn die Kuppen und Kämme des Schwarzwalds noch schneeig weiß schimmern, blüht hier zu Tausenden schon die amethystfarbene, angorahaarige Küchenschelle. Die Quelle im Badloch weist ein konstante Temperatur von 20,3 Grad auf. Molche und Unken überwintern hier ohne Kälteschlaf.

Wahrzeichen der Badberggemeinde Oberbergen ist der mit grünglasierten Ziegeln gedeckte Satteldachturm der Dorfkirche. Im frühen Mittelalter war das Schweizer Kloster Einsiedeln der größte Rebbesitzer. Ein neues Kapitel der Dorfgeschichte wurde 1924 mit der Gründung der eigenständigen Winzergenossenschaft aufgeschlagen. Die wenig später hereinbrechende Weltwirtschaftskrise schien das frühe Aus für die Genossenschaft zu besiegeln, bis der Geschäftsführer Viktor Schätzle das Unternehmen hochbrachte. Er hat die Genossenschaft vier Jahrzehnte bis 1969 geführt. Heute gehören ihr 340 Mitglieder an. Von den 288 Hektar Rebfläche stehen 222 in der Lage Baßgeige, gut 14 in der Lage Pulverbuck. Das Weingut des Adlerwirts umfaßt 14 Hektar. Originell ist die in Form einer Baßgeige gebauchte Flasche der Winzergenossenschaft, auf der ein edler Grauburgunder abgefüllt wird. „Musik für Ihren Gaumen" heißt es dazu.

Am Ursprung des Krottenbachs liegt Schelingen, eine Schälaue, Hengstaue des Mittelalters, jahrhundertelang eine „armi G'mein", die Elblingmöste für Sektkellereien lieferte. Heute weisen die 88 Hektar hälftig Müller-Thurgau auf, gefolgt von Ruländer und Spätburgunder.

Lebensbaum ist der Rebstock

Von den steinzeitlichen Bandkeramiken an ist Bischoffingen lückenlos Siedlungsort geblieben. Sein Name geht auf die frühmittelalterliche Herrschaft des Basler Bischofs zurück, der seinen Krummstab im Ortswappen hinterließ. 1438 fiel das Dorf an die Markgrafen und mußte sich nach der Reformation als protestantische Insel im katholischen Vorderösterreich behaupten. Die gotischen Fresken mit dem Lebensbaum im Chorturm der Dorfkirche gelten als kunsthistorische Rarität.

Lebensbaum der Bischoffinger ist der Rebstock. Hundert der 120 Familien im Ort betreiben Weinbau, davon gut die Hälfte im Vollerwerb. 95 Familien mit 250 Hektar gehören der Winzergenossenschaft an. Sie wurde 1924 gegründet und ist bis heute selbständig geblieben. Hinzu kommt eine Handvoll Weingüter. Ein Selbstmarkter baut seine Gewächse von sieben Hektar fast ausschließlich als Barriqueweine aus.

Der Spätburgunder, mit knapp einem Drittel des Sortiments, wird von alter Bestockung, sein Wein von offener Maischegärung geprägt. Neben den Standardsorten finden wir in Bischoffingen Scheurebe, Chardonnay und Cabernet-Sauvignon. Der Steinbuck weist Vulkanverwitterungsböden, der Enselberg tiefgründigen Löß auf. In der Lage Rosenkranz wechseln Feuergestein und kleine Lößterrassen; der Lagename geht auf die Wallfahrer aus Kiechlinsbergen zurück, die hier auf dem Weg zur Pantaleonskapelle bei Niederrotweil den Rosenkranz beteten.

Die kleine Gemarkung zwang die Bischoffinger früh schon, als Ausmärker zu arbeiten. Gleichzeitig wurde immer mehr Weidewald für den Rebbau gerodet, wie etwa der 1279 erwähnte Hüteberg. Als Besonderheit pflegt die Winzergenossenschaft seit kurzem den Silvaner. Die Etiketten der Barriqueweine sind mit Ornamenten der Chorturmfresken geschmückt.

„Dr Schwendigeist isch hit no do ..."

Burkheim staffelt sich spornartig am Westhang des Kaiserstuhls auf. Ein barocker Torturm führt zu dem Straßenmarkt. Keine 900 Einwohner zählt das Zwergstädtchen, von dem der Landeskundler Josef Bader 1842 schrieb, es erinnere in seinem Aussehen „noch lebhaft an die Vorburgen der alten Schlösser, aus welchen unsere meisten Landstädtlein entstanden sind". Heute noch ist man geneigt, einen Spruch des Volkskundlers Wilhelm Heinrich Riehl zu variieren, daß kein Bürger mehr zu Hause sei, wenn alle Winzer draußen in den Weinbergen schafften ...

Geschichte ist in diesem farbigen Bilderbuchstädtchen auf Schritt und Tritt gegenwärtig. Auf dem Rathaus amtierte Mitte des 16. Jahrhunderts der aus Kolmar gebürtige Jörg Wickram als Ratsschreiber. In seinem heute noch kurzweilig erfrischenden „Rollwagenbüchlein" ließ er auch manchen

Über Burkheim am Kaiserstuhl kerben die Giebel der Schwendi-Ruine ins Blau. Hier entstand 1781 der erste Weinberg auf Tephritgeröll.

Weinschwank mitrollen, und in seinem „Dialog von der Trunkenheit" hat sich der humanistisch gebildete Meistersinger und Romanautor als erprobter Zecher bekannt. Damals lieferte Burkheim seinen Zehntwein an die Universität Freiburg. 1348 erscheint das Städtchen als Vorort der Herrschaft Talgang, zu der die Orte Jechtingen, Oberrotweil, Niederrotweil, Oberbergen und der Weiler Vogtsburg gehörten.

Seine beste Zeit erlebte Burkheim ab 1560 unter der Pfandherrschaft des Feldherrn und Diplomaten Lazarus von Schwendi. Er hat die Zunft der Rebleute und Bauern begründet und die schon bestehende Fischerzunft erneuert. Daran erinnern die Zunftstangen mit den Statuetten St. Petri und St. Urbani, die bei der Fronleichnamsprozession mitgeführt werden. Am Ende des Bergsporns kerben die Giebel der Schwendi-Ruine ins Blau. Die beiden mächtigen Kaminmäntel lassen noch etwas vom einstigen Glanz der Residenz ahnen.

Die 1924 gegründete Winzergenossenschaft ist selbständig geblieben; ihr gehören 280 Mitglieder mit gut 140 Hektar an. Hinzu kommt ein traditionsreiches Weingut mit 12 Hektar Rebbesitz. In der Lage Schloßgarten stehen 62, am Feuerberg 86 Hektar. Müller-Thurgau, Ruländer und Spätburgunder stellen drei Viertel des Sortiments, in den Rest teilen sich Gewürztraminer, Scheurebe, Riesling, Muskateller, Kerner und Chardonnay. Wie heißt der Kehrreim im Burkheimer Heimatlied? „Dr Schwendigeist isch hit no do/gar guet schmeckt uns d'r Wii; 's isch immer, 's isch immer so gsi!"

Über die Sponeck zur Limburg

Einer der schönsten Wanderwege am Kaiserstuhl führt von Burkheim durch den Auwald nach Jechtingen, Leiselheim und Sasbach am Rhein. Am Weg liegt die Sponeck, eine alte Zollfeste; den Turmstumpf hat sich Hans Adolf Bühler, der Maler der Oberrheinlandschaft, 1930 als Atelier ausgebaut.

Vom unvergessenen Franz Schneller, einem literarischen Landschaftsmaler von Graden, stammt der Spruch: „Im Jechtinger Wein geht die Sonne nicht unter". Seit 1981 wird in Jechtingen wieder das Guttere-Fest gefeiert, benannt nach der Ballonflasche für den Süßen, die erste Ausbeute des Herbstes. Gefeiert wird die Kirchweih am letzten Septemberwochenende um Kosmas und Damian. Die beiden Heiligen gelten als Schutzpatrone der Ärzte und Apotheker. Ihr für ein Weinnest verwunderliches Patrozinium deutet wieder auf die Universität Freiburg, die hier den Weinzehnten bezog.

Die 1924 gegründete selbstmarktende Genossenschaft vereint 270 Mitglieder mit 200 Hektar, hat in den letzten Jahren einen erstaunlichen Aufschwung erlebt und ist größter Arbeitgeber im Dorf. Nicht nur das Rotgewächs, alle Burgundersorten – Spätburgunder mit 30, Ruländer mit 17 und Weißburgunder mit 12 Prozent – reifen hier grundsätzlich drei bis sechs Monate im Holzfaß. Ein halbes Dutzend Weingüter ergänzt das Angebot. Prominenteste Lage ist der Eichert mit 32 Hektar Vulkanverwitterungsboden. Am lößhellen Hochberg stehen 120, in der Lage Steingrube 116 Hektar im Ertrag.

Neben dem offenen Dorfbach erinnert ein Brunnen mit goldener Lyra an den „Sucher, Bauer, Dichter" Emil Gött, der 1864 hier zur Welt kam. Busse hat von ihm erzählt: „Er nahm es sogar auf sich, Ehemänner, die sich mit schiefer Ladung nicht heimgetrauten, den schwer geprüften Gattinnen gütig zuredend heimzubringen. Einmal soll er sogar die dem Ehemann zugedachten Prügel selber bekommen haben. So gehen viele Geschichten über den bärtigen, lockenhäuptigen ‚Waldbruder' im Volksmund um. Von seinem Dichtertum wußten die Leute wenig."

Die Inschrift des erneuerten, von einer unterirdischen Wasserader gespeisten Renaissancebrunnens in Leiselheim verweist auf die frühere Armut des Dorfes in seiner Miniaturgemarkung von 186 Hektar:

>Wer sich ds Lisele will ernähre,
>mueß viel schaffe und wenig zehre.
>Trage en linnene Librock
>un baue en elwene Wistock.

Die Ruine der Limburg über dem Spätburgunderdorf Sasbach am Rhein.

In der Lage Gestühl, die vielleicht dem Kaiserstuhl den Namen gegeben hat, stehen 104 Hektar: Davon sind 38 mit Ruländer, 28 mit Spätburgunder, 23 mit Müller-Thurgau, 11 mit Weißburgunder und anderthalb Hektar mit Muskateller bepflanzt. Die 1952 gegründete Winzergenossenschaft liefert in Breisach an.

Tullas Rheinkorrektion hat das Fischerdorf Sasbach aufs Trockene gesetzt, landeinwärts gerückt. Die von den Zähringern errichete Limburg deckte hier einen uralten Stromübergang, erst Fähre, dann Brücke, auf dem die Frachtwagen mit Lothringer Salz ostwärts rollten. Schon die Kelten hatten den isolierten Vulkanklotz als ideale Stromsperre ausgebaut. Ein Römerkastell folgte. Der hier anstehende harte Limburgit, eine Spezies des Kaiserstühler Vulkangesteins, fand sich auch im Mauerwerk des Straßburger Legionslagers wieder. Ein großartiger Lehrpfad mit 93 Stationen führt rund um das Naturschutzgebiet Limberg und klärt über Geologie und Mineralogie, über die Geschichte von der Steinzeit bis zum Westwall-Bunker, über Naturschutz und Landschaftspflege, Forstwirtschaft, Weinbau, Obstbau und Wasserwirtschaft auf.

Mit 98 Hektar Rebfläche ist Sasbach am Rhein die kleinste selbstmarktende Winzergenossenschaft am Kaiserstuhl. 1935 wurd sie gegründet, gut

300 Mitglieder gehören ihr an. Der Lützelberg mit 17 und die Rote Halde mit gut zehn Hektar sind reine Spätburgunderlagen. Hinzu kommen Limburg und Scheibenbuck. Auch dort überschleiert der Löß nur partienweise das düstere Vulkangestein. Die Mehrzahl der Reben ist zwei Jahrzehnte alt. Mit 42 Prozent regiert der Spätburgunder.

„Wir führen die Winzergenossenschaft wie ein Weingut", erklären Geschäftsführer und Kellermeister den Erfolg ihres Unternehmens. Je ein Drittel des Sasbacher Weins geht an Privatkundschaft, Gastronomie und Fachhandel. Das spricht für sich. In der Rotweindomäne Sasbach lagert der Wein nach der Maischegärung mindestens ein halbes Jahr im Holzfaß. Einheimische Falter schmücken die Etiketten der leichten, Orchideen die der schwereren Gewächse.

Königschaffhausen, Kiechlinsbergen, Amoltern

Königschaffhausen, ein langgestrecktes Straßendorf mit leiterförmigem Grundriß, erinnert an das frühere Reichsgut um Sasbach, auf dessen Limburg der Sage nach König Rudolf von Habsburg geboren sein soll. Bekannt ist Königschaffhausen nicht nur als Weindorf, sondern auch als Kirschengemeinde. „Dirre Chriesli", gedörrte Kirschen, galten wie das gebrannte Wasser der lukullischen Frucht in der Hausapotheke des Kaiserstühlers als eine Art Universalmedizin.

Der 1933 gegründeten selbstmarktenden Genossenschaft gehören 350 Winzer mit 1600 Hektar an. Am Hasenberg stehen 74, im Steingrüble 25 Hektar. Davon tragen 42 Müller-Thurgau, knapp 30 Spätburgunder, 18 Ruländer, vier Gewürztraminer; hinzu kommen Weißburgunder, Riesling und Chardonnay.

Fachwerk prägt das Ortsbild von Kiechlinsbergen. Dem Gasthaus „Stube" gegenüber steht ein 1544 datiertes Fachwerkgehöft. 1344 erwarb das Zisterzienserkloster Tennenbach vom elsässischen Kloster Andlau den Herrschaftshof. Vögte, also weltliche Schutzherren des Klosterbesitzes, waren die Ritter von Küchlin, die dem Dorf ihren Namen hinterlassen haben. Da, wo eine ihrer beiden Burgen stand, erhebt sich die klassizistische Dorfkirche mit barocken Altären aus der ehemaligen Klosterkirche Tennenbach. 1778 entstand das behäbige Schloß als Propstei, Sommerfrische und Nebenresidenz der Äbte. Die mächtigen Gewölbekeller werden teilweise von der selbstmarktenden Winzergenossenschaft genutzt.

Ihr gehören 310 Mitglieder mit 150 Hektar Rebbesitz an. Alle Weine läßt man grundsätzlich durchgären. Bis in die frühen 50er Jahre dominierte noch der Elbling. Heute nimmt Müller-Thurgau knapp die Hälfte des Sor-

In Kiechlinsbergen am Kaiserstuhl werden die Keller des barocken Tennenbacher Hofes von der Winzergenossenschaft genutzt.

timents ein, gefolgt von Spätburgunder, Ruländer, Weißburgunder, Silvaner, Gewürztraminer und Riesling. Am Ölberg stehen 66, in der Lage Teufelsburg 95 Hektar. 1919 erwarb der Dichter und Gelehrte Karl Wolfskehl den Nordtrakt des Tennenbacher Schlosses. Er war einer der wenigen unabhängigen Geister des George-Kreises, ein zitatengespickter Weinschwelg.

Ein Schwabinger Zeitgenosse erinnert sich: „Wer ihn je vor einem Pokal sah, der ahnte, daß hier ein dem Wein Verschworener saß. Im Grunde saß er nie hinter dem Wein, sondern hing über ihm wie ein trunkener Falter. Hier wurde er vor aller Augen sakral." 1933 emigrierte Wolfskehl nach Neuseeland, die Familie blieb im geliebten „Kiech" zurück. Sein Namensschild glänzt heute noch an der Tür.

Wie Königschaffhausen und Kiechlinsbergen gehört auch Amoltern, etwas seitab, zur Stadt Endingen. Tausende von Kirschbäumen umblühen im Mai das Dorf. Vielleicht hat es von der Sauerkirsche, lateinisch amarus, sogar den Namen; Amelbeeren heißen die Sauerkirschen am Kaiserstuhl. Die 1957 gegründete Winzergenossenschaft liefert in Breisach an. In die Lage Steinhalde mit 80 Hektar teilen sich Müller-Thurgau, Ruländer, Spätburgunder, Silvaner sowie Weißburgunder, Gewürztraminer und Bacchus.

Ausklang in Endingen

Die erste Kaiserstühler Weinwerbung wird auf den ebenso üppigen wie hervorragenden Herbst des Jahres 1865 datiert. Damals soll der knitze Bürgermeister, Sagensammler und Stadtpoet von Endingen, Franz Michael Kniebühler, im „Rebstock" den Stoßseufzer losgelassen haben: „O Mensch im Volksgewuhl/ trink Wein vom Kaiserstuhl!" Nach einer andern Lesart hat aber erst Kniebühlers Sohn Albrecht, ein Apotheker, 20 Jahre später den Spruch gereimt.

Endingen ist von den Kriegsgewittern am Oberrhein so ziemlich verschont geblieben und präsentiert sich als Schatulle baulicher Köstlichkeiten. Fachwerk und Biedermeier, Rokoko und Klassizismus fügen sich zu einem anregenden Ensemble. Das Alte Rathaus beherbergt das Heimatmuseum. Einem halben Dutzend Laufbrunnen verdankt Endingen den Namen einer Brunnenstadt.

Die 1936 gegründete Winzergenossenschaft liefert in Breisach an. Daneben gibt es ein halbes Dutzend Selbstmarkter, darunter eine 1868 gegründete Weinkellerei, die das Gewächs der Badischen Winzerzunft, einer Erzeugergemeinschaft von 300 Winzern mit 70 Hektar ausbaut. Das dazu gehörige Weingut bewirtschaftet den Burkheimer Schloßberg und den Endinger Tannacker im Alleinbesitz.

Die Lage Engelsberg umfaßt 349 Hektar. Davon tragen 128 Müller-Thurgau, 98 Spätburgunder, 66 Ruländer und gut 21 Hektar Weißburgunder; dazu kommen Riesling, Scheurebe, Silvaner, Gewürztraminer, Freisamer, Chardonnay, Gutedel und Muskateller. An der Lage Steingrube hat das Städtchen mit zweieinhalb Hektar Anteil.

Der Endinger Küfermeister Fidel Bollast hat täglich bis zu 14 Stunden und mehr gearbeitet und in seinen besten Jahren täglich vier bis fünf Liter Wein dazu getrunken. 1912 ist er friedlich verstorben, 93 Jahre alt.

Jüngster Bereich ist der Tuniberg

Der Tuniberg wölbt sich als langgestreckte Jurascholle südlich des Kaiserstuhls aus der Ebene, und fällt schwach gegen Osten, steil gegen Westen ab. Dem zehn Kilometer langen, bis zu dreieinhalb Kilometer breiten Höhenrücken fehlt das starke Relief des Kaiserstuhls, nicht aber der Löß. Der harte Rogenstein wird an der steilen verbuschten Stromflanke des Tunibergs in Brüchen ausgebeutet; hier ist noch immer ein Paradies der Nachtigallen. Die 1975 abgeschlossene Rebflurbereinigung hat zahlreiche Lößkindl freigelegt, knollige Konkretionen des vom Sickerwasser gelösten

Am Tuniberg hütet St. Morand die Reben.

Kalks. In Munzingen heißen die Gebilde Boppelessteine, in Waltershofen Krippelisteine, weil sie zum Bau der Weihnachtskrippen verwendet wurden.

Die inselgleich aus der früher stark versumpften Rheinebene ragende trockene Jurakalkscholle ist uraltes Siedlungsland. Trotzdem liegt am Tuniberg keine Stadt, auf der versickerungsträchtigen Höhe kein einziges Dorf. Alle acht Ortschaften des Tunibergs säumen den Rand des Höhenrückens. Wie der Breisgau war auch dieses Miniaturgebirge ein Reservat des Adels und der Reichsritterschaft im Mosaik Vorderösterreichs.

Früher zählte man die Weine vom Tuniberg zu den „nit wierigen", also den wenig lagerfähigen Gewächsen. Trotzdem war hier der Rebbesitz, wie die vielen Klosteranteile verraten, begehrt. 1639 schrieb die am Tuniberg begüterte Äbtissin von Günterstal: „Jetzt hat uns der liebe Gott mit dem vergangenen kalten Winter abermals schwer gestraft. Es haben sich die Leute nur auf den Rebbau gelegt, und nun ist alles vergeblich." Bis in die 50er Jahre dominierte unterm Weißgewächs noch der Elbling. Gefragt war aber früh schon das Rotgewächs vom Tuniberg, vor allem der Merdinger und Munzinger Rote.

Verheerend wirkte sich hier vor der Rebflurbereinigung die Besitzzersplitterung aus. Die Merdinger Gemarkung wies 10 950, die Opfinger 8 000 Parzellen auf, und das bei landwirtschaftlichen Betriebsgrößen von oft nur zwei Hektar. Mit der Umlegung verschwanden nicht die Kleinterrassen im Löß, sondern auch Tausende von Obstbäumen aus der Flur. Heute wird der Obstbau in geschlossenen Plantagen betrieben. Am östlichen Tuniberg hat sich zudem eine Gemüsebauzone, auch für Frühkartoffeln und Spargel, entwickelt. Alle Winzergenossenschaften liefern voll in Breisach an.

Die Gemeindereform hat die beiden Rimsingen zu Breisach, dagegen Waltershofen, Opfingen, Tiengen und Munzingen zu Freiburg geschlagen.

Nur Gottenheim und Merdingen konnten ihre kommunale Selbständigkeit wahren. Unabhängig davon hat das Jahrhundertwerk der Rebflurbereinigung ein Gemeinschaftsgefühl der Tuniberger geweckt, sie haben an Selbstvertrauen gewonnen. 1991 beschlossen sie, die bisherige Bindung an den Weinbaubereich Kaiserstuhl aufzugeben und sich als Juniorpartner sozusagen selbständig zu machen. Als so der jüngste Weinbaubereich Tuniberg 1991 in der amtlichen Herbststatistik erstmals selbständig ausgewiesen wurde, gab es eine kleine Sensation. Unter allen Weinbaubereichen Badens verzeichnete der Tuniberg den niedrigsten Mengenertrag je Hektar, dafür das höchste durchschnittliche Mostgewicht sowie mit zwei Dritteln den höchsten Anteil an Prädikatsweinen im Land. Dies hatte dem Neuling zuvor kaum einer zugetraut.

Solche Erfolge sind die Konsequenz eines naturnahen, umweltschonenden Weinbaus mit Verzicht auf Insektizide, Akarizide und Herbizide, mit rigorosem Anschnitt und erheblichen Investitionen in Spezialgerät. Die Winzer vom Tuniberg machen mit ihrer Devise vom Musterweingarten Baden Ernst. 1066 Hektar umfaßt der neue Bereich. Ein Arbeitskreis Weinwerbung bemüht sich um ein Marktprofil für den Tuniberg.

Merdingen sonnt sich im Rokoko

Gottenheim am Nordkap des Tunibergs baut am Kirchberg 105 Hektar, meist Spätburgunder, Müller-Thurgau sowie etwas Ruländer und Weißburgunder. 1633 haben hier die Schweden bei einem Winzer allein 400 Saum Wein, etwa 60 000 Liter, ausgesoffen und geplündert. In der Dorfkir-

Rebmesser, Pflugschar und Sech begegnen einem als Hausembleme in Merdingen.

che überrascht eine anmutige Weinmadonna der Gotik. Das Gasthaus mit barockem Vierseithof, früher adliges Amtshaus, hat ebenso wie das staffelgieblige Rathaus die vielen Zerstörungen des Dorfes überstanden.

Unter den Dörfern am Tuniberg hatte Merdingen immer schon einen besonderen Rang. Der Ort schart sich um die St. Remigius geweihte Rokokokirche, die Johann Kaspar Bagnato im Auftrag des Deutschen Ordens erbaut hat. Überm Westportal lächelt eine klassisch schöne Immaculata des Bildhauers Johann Christian Wentzinger. Die farbig musizierende Ausstattung des Innern schufen so prominente Künstler wie Johann Anton Feuchtmayer, Franz Joseph Spiegler, Simon Göser. Als Part seines Honorars erbat sich Spiegler, Schöpfer der Deckenbilder und Altarblätter, sechs Saum Merdinger Wein. In seinem 1740 datierten Dankschreiben schwärmte der Maler: „ ... der Wein ist unvergleichlich guett."

Fachwerk durchwärmt den blitzsauberen Ort. Torreliefs aus drei Jahrhunderten mit Pflugschar, Sech und Rebmesser belegen die führende Rolle der Weinbauern neben Handwerk und Gewerbe. Auf einer sandsteinroten Brunnensäule wacht St. Wendelin, der Viehpatron und Bauernheilige. Nirgendwo grünt die Hauswurz üppiger als hier. Im Gasthaus zur Sonne kam der Barockbildhauer Johann Baptist Sellinger zur Welt. Im Rathaus blieb die holzgetäfelte klassizistische „Stube" erhalten. Ein ausgeschilderter historischer Rundgang macht mit der Geschichte und den Besonderheiten des Dorfes vertraut.

Fast ein Viertel des Rebgeländes am Tuniberg, meist Spätburgunder, vereint die Merdinger Lage Bühl.

Fast ein Viertel des Tuniberger Rebgeländes, gut 246 Hektar, vereint die Merdinger Lage Bühl. Davon tragen 147 Hektar den Blauen Spätburgunder, gefolgt von Müller-Thurgau, Ruländer, Gewürztraminer, Weißburgunder. Neben der 1927 gegründeten Winzergenossenschaft sind vier Weingüter am Ort. Im Trottschopf am Letzgraben hat man eine riesige alte Baumkelter aufgebaut.

Von den Lößhohlen sind Öltrottenkinzig und Bensentalkinzig geblieben. Im Gewann Hohrain, am Tuniberg-Höhenweg, segnet St. Morandus die Reben.

Attilafelsen und Traubenmadonna

Die Tuniberger Großlage Attilafelsen hat eine lange Vorgeschichte und entsprang nicht nur einem Aprilscherz. 1851 zeichnete Bernhard Baader die Sage vom Hunnenherrscher Attila auf, der hier in einer Schlacht gefallen und in einem dreifachen Sarg samt einem „lebensgroßen goldenen Götzenkalb", die Bibel läßt grüßen, im Heidenbuck bestattet worden sei. Als Heidenbuck deutete man verschiedene prähistorische Grabhügel zwischen Tuniberg und Rhein, aber auch einen Steinbruch bei Niederrimsingen, der angeblich schon lange Attilafelsen genannt wurde. Niederrimsingen galt als die ärmste Gemeinde weit und breit, und die Nachbarn verspotteten

Vor der Dorfhalle in Niederrimsingen überrascht die tonnenschwere Kopfplastik des Sagenhelden Attila.

ihren Gemeinderat als „Geißenparlament", weil es im Dorf nur Ziegen, aber keine Kuh gab. Kein Wunder, daß gerade die Niederrimsinger in Vollmondnächten mit Wünschelruten, Pendel, Spaten und dem Buch Moses loszogen, um das Schatzgrab zu entdecken.

Bei der Rebflurbereinigung wurde der Steinbruch am Attilafelsen gesprengt, und beim Planieren fand man im Frühjahr 1955 einen sargförmigen Felsblock. Der damalige Bürgermeister und Winzer Otto Fischer lancierte über den Lehrer als örtlichen Mitarbeiter zum 1. April in der „Badischen Zeitung" die Meldung, am Attilafelsen sei in einer höhlenartigen Nische ein Sarg geborgen worden, der nach seiner eisernen Ummantelung einen zweiten Sarg aus Silber freigegeben habe. Darauf hin sei der Platz abgesperrt und die Behörde informiert worden. Um halb zwei werde eine Expertenkommission den mutmaßlichen dritten Sarg aus Gold öffnen. Der Zulauf war gewaltig, der Aprilscherz gelungen. 1959 wurde die Lage Attilafelsen amtlich eingetragen, 1979 im Ort die 25 Tonnen schwere Kopfplastik des Hunnenkönigs aufgestellt. Die Kosten zahlte der Winzerkeller Breisach aus seinem Werbe-Etat. In der Lage Rotgrund stehen 78 Hektar, knapp zwei Drittel Spätburgunder. Die Winzergenossenschaft wurde 1953 gegründet.

Vor Oberrimsingen liegt ein von Franz Anton Bagnato 1773 erbautes Herrenhaus, das schon deutlich klassizistische Züge aufweist und heute als Kunstgalerie genutzt wird. In der Dorfkirche mit romanischem Turm lächelt auf dem linken Seitenaltar eine spätgotische, um 1520 geschnitzte Himmelsmutter, deren Kind mit einer blauen Traube spielt. 1965 entstand die Winzergenossenschaft Oberrimsingen. Die Lage Franziskaner trägt 13 Hektar, meist Spätburgunder.

Waltershofen, Opfingen, Tiengen

Der Kläfflerpaß eröffnet von Merdingen nach Waltershofen die einzige West-Ost-Verbindung des Tunibergs. Hier liegt auch die einzige ältere Siedlung des Plateaus, der Wippertskircher Hof. Mit eigener Gemarkung und Gerichtsbarkeit gehörte er vom hohen Mittelalter bis zur Säkularisation dem Kloster Schuttern. Waltershofen selbst war erst in klösterlichem, dann ritterschaftlichem Besitz. 1602 rebellierten die Rebbauern wegen einer umstrittenen Verleihung der Stubenwirtsgerechtigkeit gegen ihre Herrschaft. Im Schwedenkrieg soll die verrohte Soldateska einen Bauern in der Stubenkelter bei lebendigem Leib getrottet haben. 1766 kam die Herrschaft an die Freiherren von Kageneck. Im Gasthaus zum Adler hat man eine Heimatstube eingerichtet.

In der Lage Steinhauer stehen 142 Hektar, meist Spätburgunder und Müller-Thurgau, dazu Weißburgunder, Ruländer, Gewürztraminer und Muskateller. Die Winzergenossenschaft besteht seit 1963. Bei der Schutzhütte am Hesenberg hat der Freiburger Bildhauer Sepp Jakob ein mit Trauben dekoriertes Scheibenkreuz in Form eines Lebensbaumes aufgerichtet. Zwischen Waltershofen und Opfingen liegt das Weiherschlößchen St. Nikolaus, die älteste Wasserburg des Breisgaus mit frühem Badbetrieb. Opfingen hat mit der Rebumlegung knapp zwei Dutzend Aussiedlerhöfe auf der Gemarkung geschaffen. Im Ort fallen schöne Laubenhäuser auf. Der Ratskeller im historischen Rathaus wird für Weinproben genutzt.

1952 entstand die Winzergenossenschaft. Ihre Mitglieder bauen am Sonnenberg 215 Hektar Müller-Thurgau, Spätburgunder, Weißburgunder, Ruländer, Gewürztraminer, Chardonnay, Kerner und Silvaner. 1754 lobte der markgräfliche Oberamtmann Opfingen: „Es ist fürwahr ein gesegnetes Dorf, es hat Frucht und Wein zur Notdurft, Kraut und Hanf zu Gewinst, Nüss, Rüben und dergleichen zum Überfluß". Die Einwohner, so heißt es weiter, seien „Feinde der Schwelgerei", und „da sie weder zu arm noch zu reich sind, so gibt es hier keine Mißgunst".

Tiengen vereint in seinem Ortswappen den Bär des heiligen Gallus und den Basler Bischofstab. Das Kloster St. Gallen war hier seit 888, das Basler Domkapitel von 1008 bis zum Ende des Alten Reiches begütert. Im späten Mittelalter kam Tiengen unter markgräfliche Oberhoheit. Sehenswert sind die 1751 in protestantischem Barock erbaute Dorfkirche, die staffelgieblige Gemeindestube von 1581, später Gasthaus zum Storchen, und ein Fachwerkhaus mit Laube in der Altbreisacher Straße.

Unterm Weinzehnten für den Pfarrer befand sich auch ein Saum „Gastwein"; damit mußte der Pfarrer die Gerichtsherren samt Gefolge und andere Amtspersonen bewirten. Nach Einführung der Reformation in dem markgräflichen Dorf bekam der evangelische Pfarrer die 150 Liter Extrawein weiter, mußte nun aber auch durchreisende katholische Geistliche und Ordensleute um Gotteslohn damit stärken. Besonders oft scheinen die Kapuziner im ketzerischen Pfarrhaus eingekehrt zu sein, denn 1754 ist für die Abgabe der Name „Kapuzinerwein" überliefert.

1963 hat man die Winzergenossenschaft gegründet. In der Lage Rebtal stehen 102 Hektar, meist Müller-Thurgau und Spätburgunder. Am Aufgang zu seinem Weinberg hat ein Winzer die beiden biblischen Kundschafter ins Gelobte Land, Josua und Kaleb, mit der Riesentraube aus dem Lande Kanaan in Stein gehauen und darunter den Spruch gesetzt:

> Mer schind't und schafft sich halber dot,
> aber schön isch's wenn's ans Herbschte goht.

Munzingen und die Erentrudiskapelle

Von der Munzinger Wasserburg, im Dreißigjährigen Krieg von den Schweden niedergebrannt, stehen nur noch ein massiger Rundturm mit der Jahreszahl 1582 und ein Torbogen, eingelassen im Gasthaus zur Krone. Dafür bauten die Herren von Kageneck 1672 ein Schloß, das später eine geistvoll sprühende Rokoko-Fassade und eine Ausstattung im klassizistischen Geschmack erhielt. Die Malereien, vor allem das Deckenbild im Speisesaal, stammen von Simon Göser. König Ludwig XV. ist hier während der Belagerung Freiburgs im Österreichischen Erbfolgekrieg im Spätherbst 1744 für ein paar Wochen abgestiegen, außerdem Erzherzog Carl, der erstmals Napoleon geschlagen hat, Markgraf Carl Friedrich und Franz Liszt. 1754 kam hier Marie Beatrix Antonie von Kageneck, die Mutter des österreichischen Staatskanzlers Metternich, zur Welt.

Vor der Festhalle im Dorf steht ein neuer Stockbrunnen aus Sandstein, der mit Weinbergschnecke und Traube die kulinarischen Genüsse der Oberrheinlandschaft zitiert. Hier wie am ganzen östlichen Tuniberg wird die Sonderkultur des Spargels in großem Stil betrieben. Daß der Rokokomonarch Ludwig XV. von Frankreich 1744 hier den Spargelanbau eingeführt habe, ist eine schwindsüchtige Legende. Hermann Brommer, literarischer Landpfleger am Tuniberg, meint dazu: „Nicht auszuschließen hingegen ist der Verdacht, daß die im stattlichen Schloß des Reichsgrafen von Kageneck veranstalteten Festlichkeiten Ursache für den ersten Spargelanbau gewesen sein könnten."

Landmarke am Südkap des Tunibergs ist die lindenumschattete Erentrudiskapelle mit ihrem nadelspitzen Dachreiter. Im späten Mittelalter wallfahrten viele „prästhafte Pilger" zu dem Höhenheiligtum. Im Spanischen Erbfolgekrieg legten die Österreicher hier oben eine Schanze an, die sie 1713 beim Anrücken der Franzosen in die Luft sprengten. Das Benediktinerkloster St. Trudpert und ein Eremit sorgten für den Wiederaufbau der ruinierten Kapelle. Unweit von ihr hat man 1969 das Denkmal der Rebflurbereinigung am Tuniberg errichtet, geschmückt mit biblischen Weinszenen und den Wappen der beteiligten Ortschaften.

Am Munzinger Kapellenberg stießen die Winzer im Löß immer wieder auf Feuersteinsplitter, die schon Schlagflächen aufwiesen und von den Pfeifenrauchern gesammelt wurden, um mit Stahl, Stein und Zunder abends ihre langen Rohre zu entzünden. Die Archäologen wurden auf den Platz aufmerksam und gruben ein Lager der Steinzeitjäger aus. Vor mindestens 10 000 Jahren haben diese hier oben kampiert und nach Beute in der Rheinebene ausgespäht. Unter einer knapp zwei Meter dicken unberührten Lößschicht fand man neben Steinwerkzeugen auch die Küchenabfälle der Jäger vom Tuniberg, darunter Reste von Wollnashörnern. „Zwei frische unabgenutzte Milchzähne sprechen noch für ein ganz junges Nashornkälbchen, das einen besonders schmackhaften Braten gegeben haben muß."

Gutedel im Markgräflerland

Das Markgräflerland erwuchs historisch aus den Herrschaften Badenweiler, Rötteln und Sausenberg. 1444 vermachte der letzte Graf von Freiburg Schloß und Herrschaft Badenweiler den beiden jungen Markgrafen Rudolf und Hugo Ernst. Die sogenannte obere Markgrafschaft grenzte im Norden an das Großpriorat Heitersheim des Johanniterordens, im Süden ans Hochstift Basel. Weingeographisch aber reicht das Markgräflerland heute mit den Lagen Jesuitenschloß und Steinler bis ins Freiburger Stadtgebiet, und im Süden endet es am Hochrhein bei Rheinfelden. Seine starke Ausweitung im Norden auf Kosten des Breisgaus verdankt der Weinbaubereich allein dem Gutedel, der als „der Markgräfler" schlechthin galt und gilt. Er triumphierte hier über die Historie.

Zwei Bammerthüsle im Markgräfler Rebland.

Geologisch stellt die Weinhügelzone eine beim Aufstieg des Schwarzwaldmassivs gekippte und zerborstene Scholle der Jurazeit und des Tertiärs dar, mehr oder minder stark von Löß gepolstert. Zahlreiche Gebirgsbäche durchfurchen mit ihren Talwannen das zur Niederterrasse des Rheins abfallende Gelände; dazwischen schwingen sanft modellierte Hügelrücken. Der Wechsel der Kulturen gibt dem Markgräflerland wie zuvor schon der Bergstraße, der Ortenau, dem Breisgau das Gartengesicht: Kornfelder, Maisschläge, Wiesen, Obstbaummatten, dauerbegrünte Rebhänge, Gehölz und Hochwald staffeln sich auf. Franz Schneller hat es auf den Nenner gebracht: „Von Freiburg bis Basel ist die Landstraße eine einzige Ruhmesallee der Fruchtbarkeit."

Differenzierter klingt das Lob des Oberlandes im Sprichwort: „Wenn der Markgräfler zehn Jahre Frieden hat, so fährt er mit silbernem Pflug ins Feld." Das spielt einmal auf das verheerende Kriegstheater der Jahrhunderte am Oberrhein, aber auch auf die ausgewogene Mischung von Ackerbau und Winzerhandwerk an. Vorderösterreich galt als Adelsprovinz, die einheitlich regierte Markgrafschaft als Bauernland. „Winterberge" und „Sommerland", also Waldorte und Reborte, werden in den Verwaltungsakten früh schon scharf geschieden. Josef Bader hat 1842 vom Markgräfler Edelbauern gesprochen, was dessen herren- und städterähnliches Wesen ironisierte. Und der expressionistische Maler August Macke, dessen Schwester den Kronenwirt in Kandern geheiratet hatte, schrieb hier seinen Freunden „aus der herrlichsten Naturschlemmerei".

Landschaftspoeten mögen von einer Wahlverwandtschaft zwischen dem fraulich gerundeten Gehügel und der sanften Rebblondine Gutedel schwärmen. Der Fachmann erkennt hinter solch sinnlich vordergründiger Impression das Gesetz. Der Gutedel hat sich im Markgräflerland als standortgebundene Spezialsorte gehalten. Selten tritt das Zusammenspiel von Rebsorte, Klima und Boden so prägnant hervor wie hier.

Hohe Niederschläge am Westtrauf des Schwarzwaldes haben den Löß weit stärker zu schweren, wasserhaltenden Lehmböden entkalkt als am Kaiserstuhl oder Tuniberg. Auch die kompakten flachgründig verwitternden Jurakalke des südlichen Markgräflerlandes, etwa am Isteiner Klotz, wirken wasserspeichernd. Die kräftigen Böden erwärmen im Frühjahr langsamer, halten aber die Sommerwärme bis tief in den Herbst hinein. Die Masse der Niederschläge fällt in den Sommermonaten, was zu hoher Verdunstung und anhaltender Luftfeuchtigkeit führt.

All das kommt dem Gutedel entgegen. Sein starker Wuchs schon deutet darauf hin, daß er reichlich Wasser und gehaltvolle Böden braucht. Denn, so Norbert Becker: „Nur auf tiefgründigen, kräftigen, kalkhaltigen Böden bringt der Gutedel die nötige Säure, Frische und Substanz im Wein, die er

unter trockenen Standortbedingungen vermissen läßt ... Auch die relativ gute Festigkeit gegen die Botrytisfäule der Beeren macht ihn für feuchtere Standortbedingungen geeignet."
3 060 Hektar zählt heute der Anbaubereich Markgräflerland. Die Hälfte davon trägt Gutedel. Von Norden her zeichnen sich zwei große Rebgürtel ab. Der erste zieht entlang der Hauptverwerfungszone des Schwarzwalds etwa bis Britzingen, der zweite westlich der Vorberge bis zur Niederterrasse des Stromes. Für alle westlich, südwestlich und südlich geneigten Lagen gilt der Spruch: „Die Reben müssen den Rhein sehn." 15 eigenständige Winzergenossenschaften und eine hohe Zahl selbstmarktender Einzelbetriebe, nahezu 40 Prozent aller Weingüter im Badischen, spiegeln das Selbstbewußtsein der Region wider.

Ähre und Rebe durchwachsen sich im gesegneten Markgräflerland.

Ebringen und das Hexental

Mengen gehört als Ortsteil der Gemeinde Schallstadt zwar weinrechtlich schon zum Markgräflerland, liefert aber mit seinen achteinhalb Hektar über die Winzergenossenschaft Munzingen in Breisach an. Das Patrozinium der St. Georgskirche vereinte Uffhausen, Wendlingen und Hartkirch zum Freiburger Stadtteil St. Georgen. In der Lage Steinler stehen 42 Hektar, meist Gutedel und Müller-Thurgau. Neben der 1954 gegründeten Winzergenossenschaft, die in Breisach anliefert, bauen ein Weingut und ein Gastwirt selbst aus. An der Lage Jesuitengarten hat auf Freiburger Markung das Staatliche Weinbauinstitut mit gut neun Hektar Anteil; interspezifische Rebsorten und Neuzüchtungen überwiegen. Merzhausen am Eingang des Hexentales bewirtschaftet in der Lage Jesuitenschloß 15 Hektar. Die meisten Winzer liefern bei der Ebringer Genossenschaft an; daneben pflegt ein Gasthof seinen Eigenbau.

Zwischen 716 und 720 erhielt St. Gallen in Ebringen Rebbesitz. Das Kloster hat sich hier länger als ein Jahrtausend behauptet. Dafür steht das 1713 als Propstei errichtete Schlößchen, inzwischen Rathaus, und die

St. Gallus geweihte Kirche. Die 1951 gegründete selbstmarktende Winzergenossenschaft hat den Schloßkeller von Anfang an genutzt. Am Sommerberg mit gut 84 Hektar überwiegen Gutedel und Müller-Thurgau vor Nobling und Spätburgunder. In Ebringen liefern auch die Winzer von Au mit der Lage Altberg und Wittnau mit der Lage Kapuzinerbuck an.

Marie Luise Kaschnitz hat Bollschweiler im Hexental mit ihrer 1966 veröffentlichten „Beschreibung eines Dorfes" zum poetischen Ort gemacht und den Winzerspruch überliefert: „Das Wasser, das ein Weinstock im Jahr braucht, kann eine Ameise tragen." Das Gewächs der knapp 13 Hektar am Steinberg und des ehemaligen Klosterortes Sölden wird von der Winzergenossenschaft in Ehrenstetten ausgebaut.

Rund um den Batzenberg

Mit einem gewaltigen Brotlaib, den der Herrgott in der Ebene vor dem Schwarzwald hinterlassen habe, hat man den Batzenberg verglichen. Sechs Weinorte haben an dem Rebberg Anteil: Wolfenweiler, Schallstadt, Scherzingen, Norsingen, Kirchhofen und Pfaffenweiler. 300 Hektar Rebengrün zeilen den Batzenberg. Ein Doktorand des badischen Weinbaus hat das ab 1949 anfangs noch mühsam mit Pickel, Schaufel und Schubkarren umgelegte Panorama so gesehen: „Er macht heute einen strengen Eindruck und verweist durch sein Erscheinungsbild auf die Sachlichkeit, mit der man in jüngster Zeit Weinbau betreibt." Steile Hanglagen, Kleinterrassen, Heckenraine, Terrassenmäuerchen verschwanden; der Arbeitsaufwand konnte von 3 000 auf 900 Stunden pro Jahr und Hektar gesenkt werden. Am 1. Mai feiern die Anrainerorte das Batzenbergfest. Initiator ist der Verein, der das Weindenkmal bei der gemauerten Aussichtskanzel aufrichten ließ, eine aus gelbem Kalkstein gehauene stilisierte Pfropfrebe als Siegeszeichen über die Reblaus.

Wolfenweiler gehört wie Mengen zur Gemeinde Schallstadt, ist aber Sitz einer 1939 gegründeten eigenständigen Winzergenossenschaft mit 300 Mitgliedern. Daneben gibt es in halbes Dutzend selbstmarktender Betriebe. Mit einem Fassungsvermögen von 300 000 Litern besitzt die Genossenschaft den wohl größten Holzfaßkeller des Markgräflerlandes. Am Batzenberg hat Wolfenweiler mit 63 Hektar Anteil; dazu kommen 14 Hektar am Dürrenberg. Unter markgräflicher Oberhoheit wurde das Dorf protestantisch, doch blieben Rechte und Pflichten der Klöster mit Rebbesitz davon unberührt. So war der Abt von St. Peter bis zur Säkularisation für die evangelische Dorfkirche baupflichtig. Schallstadt gehören am Batzenberg gut 52 Hektar.

Scherzingen und Norsingen an der Westflanke des Batzenbergs gehören zur Gemeinde Ehrenkirchen. Die Scherzinger Winzer mit ihren gut 32 Hektar liefern bei der Genossenschaft in Kirchhofen sowie beim Winzerkeller Breisach an. Zwei der drei Weingüter am Ort sind seit dem 16. Jahrhundert in Familienbesitz.

Norsingen, jahrhundertelang im Besitz des berühmten Klosters St. Gallen, war früher für seine Burgunder bekannt und baut heute am Batzenberg 57 Hektar. Die 1954 gegründete Winzergenossenschaft liefert nach Breisach. In allen diesen vier Weinorten überwiegen Gutedel, Müller-Thurgau und Spätburgunder.

Pfaffenweiler im Schneckental

Zwischen Batzenberg und Dürrenberg liegt Pfaffenweiler im Schneckental. Der Spitzname „Schnecken" für die Pfaffenweiler wird auf die häufigen Lößschnecken, aber auch darauf zurückgeführt, daß sich die Rebleute in Notzeiten von den kulinarischen Winzlingen ernährt hätten. Früher war das Stichwort „Schnecke" Anlaß zu einer Rauferei mit den Burschen der Nachbarorte, heute feiern die Pfaffenweiler in diesem Zeichen am ersten Septemberwochenende ihr Schneckenfest.

Staffelgieblige Bauten, Passionskreuze, Hausmarken mit Steinhaueremblemen und Rebmesser erinnern ebenso wie das Freilichtmuseum mit Lehrpfad im Gemeindewald an die Steinhauertradition des Dorfes. Pfaffenweiler Kalksandstein wurde für Flurdenkmale, Grabkreuze, Brunnentröge, Türstürze, Fenstergewände, Trockenmauern und Platten gebrochen. Lettner und Bodenbelag des Freiburger Münsters stammen aus den hiesigen Steinbrüchen. Ein barocker Nepomukbrunnen mit weinrankenverziertem Stock ragt auf dem Schneckenplatz.

Im nördlichen Ortsteil Öhlinsweiler erwartet den Besucher das markanteste Baudenkmal weit und breit, die „Stube". Der massig hochgestemmte, noch ganz gotisch anmutende Steinbau mit Erker, Staffelgiebel und Treppenturm wurde 1575 errichtet. Am Kellerhals finden wir das wohl ursprüngliche Gemeindewappen mit Rebmesser, Hacke und Weinstock. Das niedrige Erdgeschoß war für den Weinausschank bestimmt, das lichte hohe Obergeschoß diente als Festsaal, und im Dachgeschoß war der Ratsschreiber einquartiert. Die anhaltend guten Weinjahre zwischen 1530 und 1610 brachten eine Konjunktur des Steinbaus im Markgräflerland. In der Notzeit des frühen 19. Jahrhunderts trennte sich die Gemeinde von ihrer „Stube". Ersteigert wurde sie von einem Gastwirt, dessen Nachkommen bis heute das Lokal bewirtschaften.

1853 wanderten 27 Familien als Siedler nach Algerien aus. Um für die bedürftigen Auswanderer das Reisegeld aufzubringen, ließ die Gemeinde ein Waldstück einschlagen, das heute Reben trägt und noch immer „Afrika" genannt wird. Eine andere Gruppe von Auswanderern gründete im amerikanischen Indiana die Stadt Jasper.

Die Arbeit in den Steinbrüchen und Rebgewannen war schwer, aber alte Pfaffenweiler erinnern sich, daß der Wein stets in Zweiliter-Karaffen auf den Tisch kam. Heute stehen am Batzenberg 74 und am Oberdürrenberg 40 Hektar, davon sind 36 mit Gutedel, 31 mit Müller-Thurgau, 25 mit Spätburgunder und der Rest mit Ruländer, Gewürztraminer und Weißburgunder bepflanzt. Zwanzig Vereine gibt es in dem sauberen Dorf, darunter die traditionsreiche Batzenberger Winzerkapelle. Neben der 1950 gegründeten eigenständigen Genossenschaft wirtschaften zwei Weingüter am Ort.

Kirchhofen und Ehrenstetten

Blickfang Kirchhofens ist der schlohweiß mächtige Turm der barocken Wallfahrtskirche mit funkelndem Rokoko-Interieur. Daneben wuchtet das aufs Trockene gesetzte Wasserschloß, flankiert von Rundtürmen. 1583 ist Lazarus von Schwendi hier verstorben. Ein schwarzer Tag für die Gemeinde war der 19. Juni 1633. Damals hatten sich ein paar hundert Bauern aus Kirchhofen und Pfaffenweiler zusammen mit 180 Kaiserlichen im Schloß verbarrikadiert und gegen 6 000 Schweden verteidigt. Nach zweitägigem Beschuß ergab sich die Besatzung. 300 Mann wurden beim Abzug zusammengehauen, anschließend ging das Dorf in Flammen auf. Ab 1738 gehörte Kirchhofen zur Herrschaft St. Blasien. Kirchhofen und Ehrenstetten, bis 1841 vereint, bilden seit der Gemeindereform wieder eine Kommune mit dem Sammelnamen Ehrenkirchen, der auch Norsingen, Offnadingen und Scherzingen angeschlossen sind.

In beiden namengebenden Teilorten sind die selbstmarktenden Winzergenossenschaften eigenständig geblieben. Die 1951 gegründete Genossenschaft in Kirchhofen zählt 290 Mitglieder mit 120 Hektar. Daneben besteht ein Weingut. Außer 92 Hektar am Batzenberg stehen in der Lage Höllhagen knapp acht und am Kirchberg etwa 18 Hektar, hälftig Gutedel, gefolgt von Müller-Thurgau, Spätburgunder, Weißburgunder, Ruländer, Gewürztraminer, Nobling und Chardonnay.

Am Hohen Bannstein treffen fünf Gemarkungen zusammen. Der Grenzstein wird heraldisch geschmückt von „den traubentragenden Bären von St. Gallen, den drei Kelchen von Staufen, den Bärentatzen der Schnaevelins, dem Wappen des Lazarus von Schwendi, dem Wappen der Krone".

Ehrenstetten erhielt 1418 Marktrecht verliehen. Das Geburtshaus des Bildhauers, Architekten und Malers Johann Christian Wentzinger blieb erhalten. Der 1952 gegründeten Winzergenossenschaft gehören 275 Mitglieder mit 130 Hektar Rebbesitz an. Der Rosenberg trägt auf 45 Hektar ausschließlich Weißgewächs, meist Müller-Thurgau. Am Ölberg mit 73 Hektar dominiert hälftig der Gutedel, reift auf 11 Hektar der Spätburgunder. Kreuzwegstationen in Keramikarbeit geleiten vom Dorf zur Ölbergkapelle mit der barocken Marienklage.

Bad Krozingen und Staufen

Als 1911 bei Krozingen nach Erdöl gebohrt wurde, stieß man auf die 40 Grad heißen Thermalquellen. 1579 baute St. Blasien seine schloßartige Propstei mit Kapelle. Das Litschi-Haus in der Hauptstraße erinnert an die Unternehmerdynastie des 18. Jahrhunderts, die mit Wein, Holz und Getreide en gros handelte, sich im Bergbau engagierte und eigene Kanäle für den Warentransport anlegte. An der Straße gegen Staufen zu steht die Glöcklehofkapelle mit ihren tausendjährigen Fresken. In der Lage Steingrüble reifen noch siebeneinhalb Hektar. Eine Kellerei, eine Küferei und ein Gastwirt treiben Weinbau.

Die meisten Winzer der Umgebung gehören der Genossenschaft im Teilort Biengen an, die seit ihrer Gründung 1963 an Breisach liefert. Biengen hat mit gut 11, Tunsel mit sieben Hektar Anteil an der Lage Maltesergarten. Schlatt besitzt in der Lage Steingrüble am Lazaritenberg drei Hektar. Eschbach hat mit 17 Hektar Anteil am Maltesergarten; der Herbst geht hier an eine Weinhandlung und an die Winzergenossenschaft Heitersheim. Der rebenumkränzte, ruinenbekrönte Bergkegel Staufens gleicht einem umgestülpten Stauf, einem mittelalterlichen Wein-

Historische Ansicht des Staufener Schloßbergs.

kelch. Die Terrassenmauern des Schloßbergs sind aus den Steinen der Burgruine aufgerichtet worden. Das wappenbunte Rathaus von 1546 und die barocke Mariensäule erinnern an die vorderösterreichische Vergangenheit des Städtchens. In der spätgotischen Pfarrkirche trägt St. Anna eine Traube.

Der historische Dr. Faustus soll um 1540 im dritten Stock, Zimmer Numero 5, des „Löwen" am Marktplatz bei Goldmacherexperimenten durch eine Explosion ums Leben gekommen sein. Die Zimmersche Chronik erzählt: „Viele haben allerhand Anzeigungen und Vermutungen nach vermeint, der böse Geist, den er in seinen Lebzeiten nur seinen Schwager genannt, habe ihn umgebracht. Die Bücher, die er hinterließ, sind dem Herrn von Staufen, in dessen Herrschaft er abgegangen, zu handen worden, darum doch hernach viele Leute haben geworben und daran einen unglückhaftigen Schatz begehrt."

Sieben Weingüter und die 1930 gegründete selbständige Winzergenossenschaft Staufen teilen sich in die knapp 40 Hektar der Lage Schloßberg. Die 1929 gegründete Winzergenossenschaft Wettelbach-Grunern hat sich 1994 nach Angaben des Geschäftsführers aufgelöst. Grunern baut am Altenberg 30 Hektar und weist ein 1756 gegründetes Weingut auf. Wettelbrunn hat mit 28 Hektar Anteil an der Lage Maltesergarten und vier Selbstmarkter am Ort.

Eine Baumtrotte des 16. Jahrhunderts in Grunern.

Maltesergarten und Castellberg

Das achtspitzige Johanniterkreuz im Stadtwappen von Heitersheim steht für eine bewegte Geschichte. 1272 faßte der Ritterorden hier Fuß und erwarb in den folgenden Jahrhunderten mit Gündlingen, Bremgarten, St. Georgen, Grißheim, Schlatt, Uffhausen, Wendlingen und Eschbach ein Territorium von 50 Quadratkilometern und mehr als 5000 Einwohnern. 1428 wurde die Kommende Heitersheim zum Sitz des Großpriors in teutschen Landen bestimmt; sein Amtsbereich reichte von den Alpen und Vogesen bis nach Polen, Ungarn und Skandinavien. Verantwortlich war der Großprior nur dem Großmeister des Ordens auf Rhodos, später auf Malta. Nach der Aufhebung des souveränen Ritterordens im Reich riß man Fürstenwohnung, Schloßkapelle und Priesterhaus der wasserumgürteten wehrhaften Residenz ab. In dem noch immer imponierenden Geviert sind heute neben einem kleinen Johannitermuseum eine Sonderschule und Behindertenwerkstätte untergebracht.

Die Johanniter und späteren Malteserritter hatten, so Josef Bader, „nie einen beliebten Namen im Breisgau". Der Jahresertrag ihrer Weinberge wurde auf 14 000 Hektoliter geschätzt. Heitersheim, seit 1810 Stadt, baut in der Lage Maltesergarten 103 Hektar, meist Spätburgunder und Gutedel. Hinzu kommen gut vier Hektar in der Lage Sonnhohle. Im Stadtteil Gallenweier sind gut drei, in Schmidhofen ein halber Hektar bestockt. In Heitersheim gibt es neben einem Selbstmarkter ein Weingut, dem die Vertragskellerei Markgräfler Winzer angeschlossen ist.

Als in Buggingen 1973 das Kalibergwerk seinen Betrieb einstellte, blieb eine mächtige Abraumhalde salzhaltiger Erde übrig, die sich zu einem isolierten Biotop salzliebender Pflanzen und Kleintiere entwickelt hat. Buggingen besitzt in der Lage Maltesergarten 98 Hektar, hälftig Gutedel. In den Ortsteilen Seefelden und Betberg kommen, ebenfalls in der Lage Maltesergarten, 81 und 16 Hektar hinzu. Auch hier dominiert der Gutedel. Die ehemalige Wehrkirche in Betberg birgt Fresken, die Junker und Bauern als Kontrahenten darstellen, eines der wenigen sozialkritischen Bilddokumente dieser Epoche am Oberrhein.

Der Aussichtsturm auf dem Castellberg über Ballrechten-Dottingen gibt den Blick auf mehr als 60 Ortschaften von der Burgundischen Pforte bis zum Kaiserstuhl frei. Die 1951 gegründete selbständige Winzergenossenschaft hat den zwei Jahrzehnte später vollzogenen kommunalen Zusammenschluß vorweggenommen. Ihre 140 Mitglieder bewirtschaften etwa 130 Hektar. Daneben besteht eine Handvoll selbstmarktender Betriebe. Spezialität ist die Spielart des Roten Gutedels, die als spritziges Weißgewächs ausgebaut wird.

Ballrechten hat am Castellberg 84,5 und am Altenberg vier, Dottingen am Castellberg 91 Hektar Reben in Besitz. Auffällig ist hier der hohe Anteil Nobling mit neun Hektar.

Der Bergsegen ist geblieben

Bis zum Beginn des 19. Jahrhunderts war der Bergbau, vor allem auf silberhaltigen Bleiglanz, wirtschaftliches Fundament der Stadt Sulzburg. 1283 erscheint hier das älteste deutsche Stadtsiegel mit einem Bergbaumotiv, wie es am Brunnenstock auf dem Marktplatz zu sehn ist. Bis zu 500 Knappen waren in den Stollen am Werk. Das Bergbaumuseum des Landes Baden-Württemberg und ein fünf Kilometer langer historischer Lehrpfad erinnern daran. Geblieben ist nur der goldene Bergsegen der Rebenhügel. Zwar stehen am Sulzburger Altenberg nur knapp 15, aber im Stadtteil Laufen 148 Hektar im Ertrag. Dort ist auch die 1931 gegründete selbständige Winzergenossenschaft zuhause. Ihr Initiator war ein Reing'schmeckter, Dr. Sidney Jessen, der Mann der Gräfin von Zeppelin, die damals ihre weltberühmte Iriszucht aufzubauen begann.

Sulzburg diente im 16. und 17. Jahrhundert den Fürsten der oberen Markgrafschaft zeitweilig als Residenz. 1694 kam hier Johann Daniel Schöpflin, der barocke Landeshistoriker des Oberrheins, zur Welt. Drei Jahre später brannten die Franzosen das Schloß nieder. Vom

Einen hübschen Blickfang bilden Brunnen und Trotthaus in Laufen.

ehemaligen Kloster ist die im Kern frühromanische St. Cyriakuskirche geblieben. Dorfbrunnen und staffelgieblige Zehnt-Trotte von 1579 bilden in Laufen einen hübschen Blickfang. Im Ortsteil St. Ilgen steht eine spätgotische Kirche, deren einseitig schräge Fassade sich dem Turm anlehnt.

Die Winzergenossenschaft Laufen umfaßt 175 Mitglieder mit 165 Hektar Rebland. In den frühen 50er Jahren nahm der Gutedel noch neun Zehntel des Sortiments ein, heute sind es 45 Prozent, gefolgt von Müller-Thurgau, Spätburgunder, Nobling, Weißburgunder, Ruländer, Gewürztraminer, Chardonnay, Riesling, Muskat-Ottonel, Freisamer und Huxelrebe. „Die großen Laufener" schmücken mit ihren Porträts die Etiketten der Selectionsweine. Unter ihnen ist auch die badische Prinzessin Katharina Barbara, eine Wohltäterin Sulzburgs nach dem Dreißigjährigen Krieg. Der Weckensonntag der Kinder nach Laetare geht auf ihre Stiftung zurück. In Laufen und Sulzburg sind ein halbes Dutzend Weingüter ansässig.

Römerberg, Gottesacker und Sonnhole

Der Ortsname Hügelheim spricht für sich. In der Kirche fällt ein gotischer Freskenzyklus der Schöpfungsgeschichte auf. St. Blasien hatte lange die Zehntherrschaft inne. Der 1952 gegründeten Winzergenossenschaft gehören 110 Mitglieder mit 63 Hektar, davon 40 Prozent Gutedel, an. Neben einigen Selbstmarktern gibt es hier ein Weingut, das alle Gewächse grundsätzlich durchgegoren im Holzfaß ausbaut. Nach einer standesamtlichen Trauung kredenzt die Gemeinde dem Hochzeitspaar und den Trauzeugen einen Ehrentrunk. Gottesacker, Höllberg und Schloßgarten heißen die Lagen.

Wie Hügelheim gehören auch Britzingen und Zunzingen schon zur Stadt Müllheim. Die selbständige Winzergenossenschaft Britzingen, 1950 gegründet, zählt 230 Mitglieder samt 178 Hektar Weinbergen. Daneben gibt es eine Handvoll selbstmarktender Winzer. Außer den Britzinger Ortsteilen Muggardt, Güttigheim und Dattingen mit zusammen 96 Hektar liefert auch Zunzingen mit 25 Hektar nahezu geschlossen bei der Genossenschaft an. Deren Sortenspiegel sieht so aus: Gutedel 40, Müller-Thurgau 21, Spätburgunder 16, Weißburgunder 11, Nobling und Ruländer je vier Prozent. Der Spätburgunder Classic präsentiert sich nach dreiwöchiger Maischegärung und einem Jahr Reife im Holzfaß als gerbsäurebetontes Gewächs für Kenner.

Altenberg, Rosenberg und Sonnhole heißen die Britzinger Lagen. Der Gewannname Himmelsstiege wurde zwar als Lagebezeichnung abgelehnt, doch erscheint eine Himmelsleiter auf dem Etikett für den jahrgangsbesten Spätburgunder Weißherbst.

Hausberg Badenweilers ist der Hochblauen. Kurpark und Schloßgarten mit ihrer exotischen Vegetation, Burgruine, Kurhaus und die Lineatur der römischen Thermen geben dem Heilbad zwischen Wald und Wein die einzigartige Atmosphäre. Hotels und Sanatorien zeigen meist das Gepränge der Gründerjahre. René Schickele, gebürtiger Elsässer, der nach dem Tod im Exil sein Grab im Lipburger Tälchen gefunden hat, meinte, Badenweiler verhalte sich zu Baden-Baden wie das Kammerspiel zum Großen Theater.

Die warmen Quellen Badenweilers waren wohl schon den Kelten bekannt. Ein Baumeister aus Augusta Raurica, dem heutigen Kaiseraugst am Hochrhein, hat vermutlich die 60 Meter langen römischen Badeanlagen mit allen Raffinessen errichtet. Geweiht waren die Quellen der Schwarzwaldgöttin Diana Abnoba. Nach der Völkerwanderungszeit verfiel die Anlage, doch lebte der Badebetrieb im Mittelalter wieder auf. Später grollte der badische Oberamtmann Saltzer: „Die Wirte sehen die Badegäste für Vögel, die Sommermonate für eine Strichzeit an, in welcher die Vögel gefangen und gerupft werden müssen." Als man 1784 im „alten Gemüer" unterhalb der von den Franzosen gesprengten Burg wieder einmal Steine brach, kamen die symmetrischen Fundamente des Römerbads ans Licht. Der Pfarrer Jeremias Gmelin verhinderte den weiteren Abbruch, Markgraf Carl Friedrich ließ die Anlage ausgraben.

Am Badenweiler Römerberg stehen derzeit neuneinhalb Hektar, meist Spätburgunder und Gutedel, im Ertrag. Hinzu kommen im Ortsteil Lipburg gut drei Hektar am Kirchberg. Ein Gastwirt schenkt Eigenbau aus. Die anderen Badenweiler Winzer liefern ihren Herbst bei der Markgräfler Winzergenossenschaft in Müllheim an.

„Z' Müllen an der Post …"

Die Martinskirche von Müllheim steht auf den Grundmauern einer römischen Villa. Die sieben Mühlen am Klemmbach haben dem Marktflecken, der 1810 zur Stadt erhoben wurde, den Namen gegeben. Seit 1872 wird hier der älteste Weinmarkt Badens gehalten, inzwischen am dritten Freitag im April. Der eigenwillige Förderer des Weinbaus, Adolph Blankenhorn, kam in Müllheim zur Welt und liegt hier begraben.

Draußen an der Bundesstraße 3, der früheren Basler Landstraße, steht das Euromotel „Alte Post". Die Posthalterstation wurde mit Bausteinen des früheren Klosters Rheintal errichtet. 1746 schrieb Johann Peter Hebel seine bekannten Verse auf den guten Markgräfler des Hauses: „Z' Müllen an der Post,/Tausigsappermost!/Trinkt mer nit e guete Wii!/Goht er nit wie Baumöl ii …"

Im barocken Lindenhof zu Müllheim ist die Markgräfler Winzergenossenschaft, 1929 gegründet, zuhause.

Im historischen Lindenhof mit geräumigen Gewölbekellern, 1762 errichtet, hat die 1929 gegründete selbstständige Markgräfler Winzergenossenschaft ihren Sitz. Auch die Teilorte Feldberg, Niederweiler und Vögisheim liefern hier an. Der Sortenspiegel der genossenschaftlich erfaßten 96 Hektar umfaßt neben 40 Prozent Gutedel vor allem Müller-Thurgau, Spätburgunder und Nobling, gefolgt von Ruländer, Weißburgunder, Silvaner, Riesling, Gewürztraminer, Auxerrois, Scheurebe und Chardonnay.

In den schönen Weinhöfen mit baumstarken Oleandern sind zahlreiche selbstmarktende Betriebe ansässig. Nobellage Müllheims ist der Reggenhag mit 33 Hektar. Dazu kommen die Lagen Sonnhalde mit 78, Pfaffenstück mit viereinhalb und Schloßgarten mit anderthalb Hektar.

Niederweiler baut am Römerberg 36 Hektar, davon 14 mit Spätburgunder bepflanzt. Ein exemplarischer Kräutergarten grünt im Dorf. Feldberg besitzt 28 Hektar in der Lage Paradies; der Herbst geht hier auch an zwei Erzeugergemeinschaften. Steinenfeld, Teilort Neuenburgs, hat an der Auggener Lage Schäf knapp drei und am Sonnenstück knapp zehn Hektar Anteil. Der Gutedel überwiegt. Außer zwei Selbstmarktern liefern die Winzer in Schliengen an. Die vom reißenden Rheinstrom und von der Geschichte gleichermaßen geschundene ehemalige Reichsstadt Neuenburg hat selbst keinen Weinbau mehr.

Auggener Letten

Wohl als erste Winzergemeinde Europas hat Auggen geschlossen auf umweltschonenden kontrollierten Rebbau umgestellt. Die Grundsätze lauten: Keine Herbizide, Insektizide, Akarizide und Botryzide, dafür Dauerbegrünung mit wasserschutzgerechter Düngung.

Die von Friedrich Weinbrenner, dem Schöpfer der klassizistischen Residenz Karlsruhe, 1835 erbaute Kreuzkirche liegt mitten im Weingartgrün. Die selbständige Winzergenossenschaft wurde 1922 gegründet. 400 Mitglieder mit 230 Hektar Rebfläche gehören ihr an. Die 1341 schon erwähnte Lage Letten an steilem Südhang trägt auf 24 Hektar Gutedel, Gewürztraminer, Spätburgunder, Weißburgunder, Ruländer sowie je ein Hektar Muskateller, Müller-Thurgau und Chardonnay. Knapp zwei Drittel der 187 Hektar in der Lage Schäf sind mit Gutedel bestockt.

Der aus Auggen stammende Minnesänger Brunwart taucht in der Manessischen Liederhandschrift auf. Im Mittelalter waren die Klöster St. Gallen, Beromünster, St. Blasien, Gutnau, St. Peter, Säckingen, St. Trudpert sowie das Domstift Basel begütert. In Hach besaßen die Neuenburger Johanniter und das Kloster St. Peter, im Weiler Zizingen St. Trudpert Wirtschaftshöfe. Auf dem Dorfplatz von Auggen plätschert ein barocker Brunnen. Die einstige drei Meter hohe Säule des Hacher Galgens stützt heute ein Kellergewölbe im Ort. Unter den Selbstmarktern sind hier auch zwei Gastwirte.

Erste Markgräfler Winzergenossenschaft

So nennt sich die 1908 vom Ortspfarrer Leonhard Müller gegründete Vereinigung in Schliengen. An den 207 Hektar der selbstmarktenden Winzergenossenschaft haben auch die Ortsteile Mauchen, Liel, Niedereggen und Obereggen sowie Steinenstadt und Bad Bellingen Anteil. Umweltschonender Weinbau ist für die 374 Mitglieder seit 1993 Pflicht.

Im Rebsortiment herrscht der Gutedel mit 42 Prozent vor. Zwei Drittel der Weine gehen an Privatkunden, Fachhandel und Gastronomie. Verdient gemacht hat sich die Genossenschaft um die Einführung der Sorte Chardonnay. Als Service für anspruchsvolle Kunden wurde ein „kulinarisches Telephon" eingerichtet. Kirche, Pfarrhaus und Dorfbrunnen fügen sich in Schliengen zu einem barocken Ensemble.

In der Lage Sonnenstück besitzt Schliengen selbst 91, Liel 26, Mauchen 80, Niedereggen 22,5 und Obereggen 18 Hektar. Mauchen baut außerdem noch zwei Hektar am Frauenberg. Hier wie in Schliengen ist ein Weingut ansässig.

Schloß Entenstein, einst Sitz des Basler Vogts, dient jetzt als Rathaus. In Liel wird der Schloßbrunnen als Tafelwasser abgefüllt. Die Kirche in Niedereggen ist für ihre mittelalterlichen Freskenzyklen bekannt. Ein architektonisches Kleinod stellt Schloß Bürgeln auf einem Ausläufer des Blauen dar, ein Rokokobau der Abtei St. Blasien von 1762. Das Schlößchen gehört seit 1920 dem Bürgelnbund; Empfänge, Konzerte, Tagungen finden dort statt.

1954 schlossen sich die Bellinger Rebleute der Ersten Markgräfler Winzergenossenschaft an. Auch hier stieß man bei Erdölbohrungen auf Thermalwasser. „Die Ortschronik notiert, daß an einem kalten Novembertag des Jahres 1956 Bellinger Bürger erstmals ein Thermalbad nahmen. Und zwar nicht in einer Badewanne, das wäre zu banal gewesen. Die Bellinger nahmen ihr Bad beziehungsreich in einem alten Traubenbottich und versöhnten so tausendjährige Vergangenheit mit erwartungsvoller Zukunft." Die St. Leodegarkirche hat ihre feine Ausstattung im Louis-Seize-Stil bewahrt. In der Lage Sonnenstück besitzt Bad Bellingen knapp 26 Hektar.

Die drei Bellinger Ortsteile Bamlach mit 20 Hektar am Kapellenberg, Hertingen mit siebeneinhalb Hektar in der Lage Sonnhohle und Rheinweiler mit 12 Hektar am Kapellenberg liefern bei der Bezirkskellerei Markgräfler Land in Efringen-Kirchen an. In Bamlach besteht in Weingut. In Hertingen treffen sich die heimatbewußten Markgräfler am letzten Sonntag im Oktober zum „Hebelschoppen".

Am Isteiner Klotz

Mauergleich ragt der Isteiner Klotz aus der Rheinebene, ein Jurakalkmassiv, das vor der Tullaschen Regulierung unmittelbar am Strom lag, und von dem der Basler Chronist sagte: „Zu Istein, wo das Wasser wegen der Felsen sehr schaumet und schreiet ..." Der Rhein, der hier aufprallte, hat in den Korallenkalk zahllose Löcher, Nischen, Höhlen genagt. Die jäh überhängende einstige Stromwand, das Schiff genannt, trägt noch die Hochwassermarken des vorigen Jahrhunderts.

Rheinkorrektion, Eisenbahnbau, Tunnelsprengungen, Straßenbau, Steinbruchbetrieb, Festungsbau und Festungsschleifen haben das Naturdenkmal Isteiner Klotz aufs Trockene gesetzt, verstümmelt, ruiniert. Trotz der Verluste an Flora und Fauna, wie der verschwundenen Smaragdeidechse, gilt hier noch das Wort des Istein-Freundes Jacob Burckhardt: „... unser kleines Italien, mit einer Luft, silbrig hergeweht aus südlichen Breiten."

An der Kachelfluh bei Kleinkems hat man ein Bergwerk der Jungsteinzeit entdeckt. Durch Feuersetzen gewannen die Jäger und Sammler Jaspisknollen aus dem Korallenkalk, die sich gut zu Werkzeugen und Waffen schlagen ließen. Unter den Holzkohleresten findet sich neben Eiche, Hasel, Esche auch das Holz der Wilden Rebe. Neben zwei Burgen etwas stromabwärts besaß der Basler Bischof auf dem Riff eine Doppelburg, die 1409 von seinen eigenen Bürgern gebrochen wurde. 700 Jahre herrschte der Basler Krummstab über Istein, eine katholische Enklave mitten in der Markgrafschaft. Im Sommer 1914 griffen die drei Panzerbatterien auf dem Klotzen in

Der Isteiner Klotz ist heute durch die Stromkorrektion vom Rhein geschieden.

die Schlacht ums oberelsässische Mülhausen ein. Die Befestigungen mußten dann auf Grund des Versailler Vertrags geschleift werden. 1922 erklärte man den Isteiner Klotz zum Naturschutzgebiet. Trotzdem wurde das Felsmassiv mit Tarnanstrich in das Verteidigungssystem des Westwall einbezogen, nach Kriegsende das Geschachtel der Kasematten, Stollen, Bunker gesprengt, wobei tausende von Kubikmetern Gestein abstürzten. Die in den Fels gebaute Veitskapelle ging dabei mit zugrunde.

Das Dörfchen Istein mit seinen krummen Gassen, zerfallenen Gewölben und Torbögen besitzt noch ein paar Fachwerkhäuser des 16. Jahrhunderts, darunter das „Chanzle" mit seinem von einem Eichenstamm getragenen Erker. Das einstige Fischerdorf hat sich zum Rebort entwickelt. Der Landeskundler Josef Bader meinte vor 150 Jahren vom Isteiner Gutedel, er wirke „besonders gegen Gries und Stein wohltätig". Heute stehen in der Lage Kirchberg knapp 36 Hektar, hälftig Gutedel, dazu Spätburgunder, Müller-Thurgau, Weißburgunder, Riesling, Nobling sowie etwas Silvaner, Ruländer, Chardonnay und Gewürztraminer. Kleinkems, römischer Brückenkopf am Oberrhein, baut in der Lage Wolfer 43,5 Hektar, ebenfalls hälftig mit Gutedel bepflanzt. Der Landkreis Lörrach betreibt in Istein das Schloßgut mit acht Hektar, dessen Gewächse strikt durchgegoren bleiben.

Efringen-Kirchen: Hochburg der Trockenen

Istein und Kleinkems gehören wie Egringen, Eimeldingen, Huttingen, Mappach, Welmlingen und Wintersweiler zur Gemeinde Efringen-Kirchen. 1954 wurde dort die Bezirkskellerei Markgräflerland gegründet. Ihr haben sich neben den eben genannten Teilorten Winzer aus weiteren 16 Ortschaften angeschlossen, und zwar aus Bamlach, Binzen, Feuerbach, Fischingen, Grenzach, Hertingen, Holzen, Märkt, Oetlingen, Rheinweiler, Riedlingen, Rümmingen, Schallbach, Tannenkirch, Weil und Wollbach. Das ist die Landschaft, deren guter Geist, Johann Peter Hebel, ins nördliche Karlsruhe verschlagen, bekannt hat: „Zwor i will's bikenne, jo, i ha au no Oberländer Poesie im e Fässli und henk d' Zung drii, wenn's nit goh will."

Die Bezirkskellerei vereint 732 Winzer mit 330 Hektar Rebland. Gut die Hälfte des Sortiments nimmt der Gutedel ein, gefolgt von Müller-Thurgau und Spätburgunder. Ins restliche Zehntel teilen sich Nobling, Weißburgunder, Ruländer, Gewürztraminer, Gelber Muskateller, Riesling und Chardonnay. Vier Fünftel des Herbstes werden in Efringen-Kirchen trocken ausgebaut. Auch hier ist umweltschonender Weinbau Genossenpflicht. Weine aus kontrolliert ökologischem Anbau, der neben Pestiziden auch Mineraldüngung ausschließt, tragen das Kennzeichen Eco Vin. Im

Ort, der schon seit 1942 Bindestrich-Gemeinde ist, gibt es ein knappes Dutzend selbstmarktender Weinbaubetriebe.

Im Ortsteil Efringen bewahrt der frühere sanktblasische Wirtschaftshof, das heutige Gasthaus zum Ochsen, eine Schnitzerei vom alten Salzkasten: Zwei Männer wiegen das Gewürz und füllen es in Fässer ab. An der Ritzmühle in der Gutenau finden wir über der Kellertür das 1752 datierte Schnitzrelief eines Weinzapfers. Die Sandsteinquader mit Ritzzeichnungen am Gotteshaus in Kirchen stammen vielleicht von der karolingischen Königspfalz, die später an das Kloster Stein am Rhein kam.

Efringen-Kirchen baut in der Lage Sonnhohle 13, im Steingässle 14 und am Ölberg 31 Hektar.

Kandern, bekannt für seine Laugenbrezel, lebte früher vom Eisenwerk, der Ziegelindustrie und dem Hafnerhandwerk, dem die heutigen Keramikateliers folgten. All das dokumentiert das Heimat- und Keramikmuseum. Hier glänzt auch eine Kopie der „Goldenen Sau", eines Trinkgefäßes in Keilerform. Kurios, daß die Milchtöpfe für katholische Gegenden einen Henkel haben mußten, der bei den Erzeugnissen für die evangelischen Orte fehlt. Der Weinbau ist in Kandern längst eingegangen. An der Lage Steingässle haben die Stadtteile Feuerbach mit zehn, Holzen mit 14, Riedlingen mit fünf, Tannenkirch mit 20 und Wollbach mit 12 Hektar Anteil. Wie Waldulm in der Ortenau geht auch Wollbach auf ein altes Walenbach, ein Dorf der Welschen zurück.

In Blansingen erhebt sich die Kirche über römischen Grundmauern; sie ist mit einem wahren Bilderteppich der Spätgotik ausgemalt. In der Lage Wolfer stehen 11 Hektar. Das nahegelegene Huttingen hat am Kirchberg mit viereinhalb Hektar Anteil. Mappach und Egringen bauen in der Sonnhohle anderthalb und 11 Hektar. Egringen kam 1284 an das Basler Spital, dessen Embleme, zwei gekreuzte Krücken, noch als Wetterfähnchen auf der Zehntscheuer stehen. Welmlingen und Wintersweiler besitzen in der Lage Steingässle 11 und 16 Hektar. Hier weist ein Spruch auf den Beginn der Arbeit im Rebberg hin: „Lichtmeß, Spinne vergess,/am Tag z' nacht ess,/'s Rädli hinter d' Tür,/'s Räbmesser herfür."

An der Lage Sonnhohle haben weiter Anteil Schallbach mit drei, Rümmingen mit neun, Binzen mit 44 und Eimeldingen mit sieben Hektar. Schallbach überrascht mit einer Kirche in protestantischem Rokoko und einem bauernbunt bemalten Chorgestühl. Fischingen weist in der Lage Weingarten 50 Hektar auf. Unter den mittelalterlichen Wandmalereien der Dorfkirche ist der erhängte Judas besonders drastisch geraten.

Lörrachs Weinbau, 1083 bezeugt, lebt in dem eingemeindeten Tüllingen fort. Knapp fünf Hektar verzeichnet hier die Lage Sonnenbrunnen. Ausgebaut wird der Wein bei der Winzergenossenschaft Haltingen.

„Ein Hänglein Trauben, von den besten"

Das frühere Obstdorf und Rebnest Weil hat sich zum Eisenbahnknoten und Rheinhafen im Dreiländereck entwickelt und führt seit 1929 den Titel Stadt. Trotzdem stehen in der Lage Schlipf noch 21 Hektar Reben; weitere sechs Hektar in der Lage Stiege sind ausschließlich mit Spätburgunder bestockt. Die Geschichte des Weiler Weinbaus war, so der Chronist, eine Leidensgeschichte von Naturkatastrophen und Kriegsgreueln. Ein besonderes Unglücksjahr war 1758. Nach Hagelschlag und vierwöchigem Dauerregen öffnete sich der Rebberg im Schlipf. Haushohe Erdmassen rutschten samt den Weinstöcken ab. „Im Berg hörte man ein gewaltiges Rauschen, wie das Brausen großer Fluten ... Die Quelle des Gemeindebrunnens versank."

Die meisten Weiler Winzer liefern bei der selbstmarktenden Genossenschaft im Stadtteil Haltingen an. Die 1936 gegründete Winzergenossenschaft zählt 110 Mitglieder mit 40 Hektar. In der Lage Stiege stehen 34 Hektar im Ertrag. Auf zwei Dritteln wächst der Gutedel. Unabhängigkeitsbewußtsein, Durchhaltevermögen und Gemeinschaftssinn hat man der kleinen Genossenschaft attestiert. Laut einer Urkunde von 1139 stand dem Basler Bischof hier zur Ergötzlichkeit „ein Hänglein Trauben, von den besten" zu. Ein Relikt des historischen Weinbaus ist die barocke Trotte am Dorfrand. Haltingen galt früher als „die Weinstub der Basler". Als Jacob Burckhardt dort einmal im „Hirschen" den Isteiner lobte, wurde er nicht eben sanft angegangen: „Ich mußte hören, der Isteiner sei nur e ganz e klais Wynli und verdanke seine Überschätzung in Basel nur gewissen alten Herren, welche dabei von denselben Gründen ausgingen, aus welchen andere alte Herren in Italien den sog. Pisciatello werthschätzen ..." Für den Hagestolz Burckhardt war das kein Thema.

Die andern Weiler Stadtteile Märkt und Oetlingen liefern, wie schon bemerkt, bei der Markgräfler Bezirkswinzergenossenschaft an. 17 Hektar stehen hier in der Lage Sonnhohle, meist Gutedel und Müller-Thurgau. Der enggebaute fachwerkschöne Dorfkern Oetlingens steht unter Ensembleschutz. Die Wandmalereien der Kirche erzählen die Gallus-Legende. Hermann Daur, Maler der Schwarzwaldlandschaft im Geiste Hans Thomas, hat hier gelebt.

Mit Herten, Stadtteil von Rheinfelden, endet der Anbaubereich Markgräflerland. Die Lage Steinacker trägt noch zwei Hektar, meist Spätburgunder. In Grenzach-Wyhlen ist der Rebbau gar auf anderthalb Hektar in der Lage Hohenfelsen zusammengeschmolzen und ebenso fast ausschließlich mit Blauem Spätburgunder bestockt. Das Dorf der Rebbauern und Salmenstecher hat sich längst zum Industrieort gewandelt; viele der kleinparzellierten, terrassierten Weinberge am einst so berühmten Grenzacher

Horn sind längst überbaut. Dafür hat sich, einzigartig in Deutschland, ein immergrüner Buchsbaumwald erhalten.

Der Weinbummler Jacob Burckhardt ist hier am liebsten eingekehrt: „Mein Hauptquartier in der Nähe ist übrigens seit etlichen Jahren die Krone in Grenzach, wo ich beinahe wie zu Hause bin", schrieb er 1876. „Die Verpflegung ist gerade gut genug; wäre sie etwas besser, so käme das scheußliche Geschlecht der Gourmands, Ichthyophagen etc. und vertriebe mich." Seine Vorliebe für die „Krone" deutete er wenig später noch so: „... man kann bei wachsenden Jahren nicht genug auf die angemessene Bewirthung Acht geben, wenn man soviel bummelt wie ich." Ein Jahrzehnt später schloß die „Krone". Ihr Wirtshausschild hängt im Grenzacher Heimatmuseum.

Was den alten Skeptikus Burckhardt und seinen jungen Basler Kollegen Friedrich Nietzsche verband, war die Verehrung Schopenhauers und die Vorliebe für den Grenzacher Roten. Einmal überredete Nietzsche den Freund, mit ihm die Neige roten Weins in die Herbstnacht zu schütten mit dem Ruf „Freut euch, Dämonen!"

Der Seewein hat sich behauptet

Hochrhein, Hegau und Bodensee bilden den letzten Weinbaubereich Badens. Auch dort hat die Rebkultur, zumindest örtlich, eine erstaunliche Renaissance erlebt. Am Hochrhein zündete die Initiative einzelner Winzer und Gemeinden, am Bodensee hat der Tourismus mit seiner Nachfrage nach Seewein dem Rebbau wieder Aufschwung gegeben.

Der Bodensee hat seinen Namen von der karolingischen Kaiserpfalz Bodman und gleicht in seinem Umriß, wie das ganze Weinland Baden, einem Reiterstiefel. Der Bodanrück keilt von Westen vor und schnürt so den fjordartigen Überlinger Seezipfel im Norden und den zum Hochrhein sich verjüngenden Untersee im Süden vom großen Becken des Obersees ab. Die Partie zwischen dem Bodanrück, der Halbinsel Mettnau und der Reichenau wird Gnadensee, das Bassin zwischen der Mettnau und der Halbinsel Höri Zeller See genannt. Der Alpenrhein mündet zwischen Bregenz und Rorschach in den Bodensee, durchfließt ihn als Seerhein, verengt sich bei Konstanz zum Seetrichter und bildet die Grenze zum Schweizer Ufer.

Tektonische Verwerfungen im Erdinnern und die Gletschervorstöße der Eiszeit haben die Wanne gemuldet, in der sich nach dem Abschmelzen der Gletscher die Wassermassen des Sees aufstauten. Drei Dutzend Fischarten leben hier, darunter als bekannteste Delikatesse der silbrige Blaufelchen. Im Mindelsee auf dem Bodanrück und im Untersee haust der dickköpfige Wels.

laut Gerhard Nebel „der Moby Dick des Süßwassers". Was umschließt und bedeutet der Bodensee nicht alles – Seglerparadies und Obstkammer, Fischgrund und Trinkwasserspeicher, Vogelreservat und Weingehügel, geschichtsträchtige Kunstprovinz und Dorado der Freizeitgesellschaft. Schon lange belasten Uferverbauung, Eutrophierung durch ausgeschwemmte Düngemittel, die Motorisierung auf Straße und Wasser samt dem geballten Tourismus zwischen Obstbaumblüte und Suser-Saison das sensible Gefüge der Seelandschaft.

Um 1860 zählte die Statistik am Hochrhein noch 560, rund um den See 2 000 Hektar Rebland. Vor 100 Jahren begann dann der scheinbar unaufhaltsame Rückgang, am Hochrhein begünstigt vor allem durch die Industrieansiedlung. Am Bodensee konnten die Rebbauern mit ihren durchweg größeren Betriebsflächen auf Obstbau und Gemüsefelder ausweichen, die bei geringerem Risiko mehr einbrachten als das Würfelspiel der Herbste. Am Hochrhein schrumpfte der Weinbau nach dem Ersten Weltkrieg von 350 auf 25 Hektar im Jahr 1965 zusammen. Am See gaben nach 1950 von 38 Gemeinden zwei Dutzend den Rebbau auf. Traube und Rebstock sind beispielsweise in Schlatt am Randen, in Kaltbrunn oder Büsingen nur noch heraldisches Signet im Ortswappen. Heute stehen im Bereich Bodensee, den Hochrhein eingeschlossen, wieder 475 Hektar. Müller-Thurgau und der meist als Weißherbst ausgebaute Spätburgunder haben am Sonnenufer des Bodensees den alten Mischsatz samt Elbling abgelöst.

Das aus Buchsbaumholz geschnitzte Buttenmännle im Konstanzer Rosgartenmuseum, ein altes Trinkgefäß, trägt die silbernen Visitenkarten dankbarer Zecher.

In seinem Deutschlandbuch merkte Carl Julius Weber über den als Säurereißer berüchtigten Seewein an: „Die sogenannten Seeweine sind zwar herber Natur, unbehaglich einem ungewohnten Gaumen, aber es gibt sich, und im Alter sind sie vortrefflich. Sie haben einen Vorzug weiter, die Wohlfeilheit, und daher wird am See viel getrunken, woraus wieder folgt, daß die Weine nur selten alt werden ... Kurz: der Zusatz zu Claudius' Rheinweinlied ist ungerecht: ‚Wer wollte mit dem Rheine wohl vertauschen/Den Wein am Bodensee?/In seinem dürren Krätzer sich berauschen?/Da trinkt man lieber Tee!'"

Den Seewein alter Provenienz konnte der Literat Norbert Jaques vor 50 Jahren noch so charakterisieren: „ ... und wenn der Wein echt und unverschminkt ist, geht er einem wie der Liebesgriff einer schönen Barbarentochter durch die Lenden."

Hochrhein und Hohentwiel

Das Waldshuter Männle, Wappenfigur der Stadt am Hochrhein, schwingt auf der Glocke des Basler Torturms den Weinbecher, aber anno 1807 begründete ein mißvergnügter badischer Amtmann sein Versetzungsgesuch zurück nach Freiburg mit der Bemerkung, der Waldshuter Wein sei schlechter als im Breisgau.

Zwischen Wutach und Klingengraben hat sich Erzingen als Spätburgunderinsel gehalten. Die 1934 gegründete Winzergenossenschaft löste sich auf, nachdem ein paar Tage vor der Währungsreform die französische Besatzungsmacht den gesamten Weinvorrat zu einem Festpreis von lächerlichen 110 Reichsmark pro Hektoliter requiriert hatte. 1956 wagte man wieder einen Anfang, rodete den Elbling und pflanzte am Kapellenberg Spätburgunder. Heute stehen dort 21 Hektar Rotgewächs und drei Hektar Weißgewächs; hinzu kommen dreieinhalb Hektar Reben im benachbarten Rechberg. Ausgebaut wird der Erzinger im Winzerkeller Breisach.

In Hohentengen am Hochrhein lebte der um die Jahrhundertwende erloschene Rebbau 1982 wieder auf. Der südlichste Weinort Deutschlands baut am Ölberg gut 20 Hektar, meist Spätburgunder und Müller-Thurgau, gefolgt von Weißburgunder, Ruländer und Gewürztraminer. Den Löwenanteil besitzt das Weingut Engelhof. Über der Mündung der Thur in den Hochrhein liegt Nack, Ortsteil von Lottstetten. Hier wachsen fünfeinhalb Hektar, hauptsächlich Spätburgunder, Müller-Thurgau, Weißburgunder und Muskateller. Ein Weingut dominiert auch hier.

Gailingen, halbwegs zwischen Schaffhausen und Stein am Rhein gelegen, früher ein ritterschaftlicher Ort unter vorderösterreichischer Oberhoheit, zählte Mitte des 19. Jahrhunderts neben 950 christlichen auch 908 jüdische Einwohner. Von der jüdischen Gemeinde ist nur noch der Friedhof geblieben. Das Meersburger Staatsweingut hat an der Ritterhalde knapp zehn Hektar, meist Spätburgunder und Müller-Thurgau, angelegt. Hinzu kommt ein Weingut mit reichlich vier Hektar in der Lage Schloß Rheinburg; sein Spätburgunder, Weißburgunder und Chardonnay wird in der Spitalkellerei Konstanz ausgebaut.

Vom Rebbau im südlichen Hegau, den Goethe auf seiner Schweizer Reise 1797 im Tagebuch notiert hat, sind nur zwei Weininseln geblieben. In Hilzingen baut ein Weingut auf Vulkanverwitterungsböden am Elisabethenberg knapp 14 Hektar, meist Müller-Thurgau sowie Spätburgunder, Bacchus, Traminer, Scheurebe und Ruländer. Hinzu kommt knapp ein Hektar auf Singener Gemarkung mit Spätburgunder und Dornfelder. Am Hohentwiel reift die Rebe in 530 Meter Höhe. Der wohl höchstgelegene Weinberg Deutschlands wird heute vom Staatsweingut Meersburg bewirtschaftet und firmiert unter dem Lagenamen Olgaberg. Sechs Hektar trägt der von Joseph Victor von Scheffel in dem noch immer lesenswerten historischen Roman „Ekkehard" poetisch verklärte Vulkanklotz: Müller-Thurgau, Weißburgunder, Traminer, etwas Spätburgunder und Riesling. Nach der Schleifung der württembergischen Feste im Jahr 1800 wurden die Weinberge und Felder am Hohentwiel als Staatsdomäne verpachtet. 1969 kam die württembergische Prestige-Exklave, bis dahin Teilort der Stadt Tuttlingen, an Singen. Die Vulkanasche am Südhang des Phonolithstocks hat man früher zum Düngen der Felder und Rebstücke gebraucht.

Rebenpiketts auf der Reichenau

Ein von langschäftigen Pappeln flankierter Straßendamm führt seit 1838 vom Bodanrück auf die Reichenau. Viereinhalb Kilometer lang und anderthalb Kilometer breit ist die Insel im Untersee. Auf 240 der 428 Hektar wächst Gemüse, gleißen Gewächshäuser, schimmern Folientunnels. Die Reichenau gilt als das Frühbeet Deutschlands. Zuvor hatte hier seit Pirmin, der das Inselkloster um 724 gründete, der Weinstock geherrscht. Die spätmittelalterliche Rebfläche wird auf 200 Hektar geschätzt. Die große Wende kam mit der Frostkatastrophe des Winters 1928/29. Mit zwei, ja drei Ernten im Jahr ist der Gemüsebau rentabler und risikoärmer als die Rebkultur. Neben dem Winzerverein gibt es auf der Reichenau eine Genossenschaft der Gemüsebauer. An die Gartenbautradition der Klosterinsel erinnert das Kräutergärtlein hinterm Münster von Mittelzell, angelegt nach dem Hortulus-Gedicht des Abtes Walahfrid Strabo.

Hinterm Münster von Mittelzell auf der Reichenau grünt eine Nachbildung des Hortulus, des Klostergartens des Walahfrid Strabo aus karolingischer Zeit.

Das Pirmin-Kloster hatte seine Glanzzeit unter den Karolingern und Ottonen. Seine Äbte wirkten als Kanzler und Diplomaten, seine Mönche prägten Architektur, Buchmalerei, Goldschmiedekunst, Literatur und Musik jener Zeit. 125 klostereigene Orte bis hinunter nach Italien gaben dieser Hohen Schule des Reiches die wirtschaftliche Basis. Als der Hochadel durchsetzte, daß nur noch seine Sprößlinge aufgenommen wurden, kam der Niedergang. Die vornehmen Mönche gaben das gemeinsame Leben auf, bauten sich eigene Häuser und nannten sich Klosterherren. 880 hatte die Reichenau noch 118 Mönche, Mitte des 14. Jahrhunderts neben dem Abt noch zwei Klosterherren. Hinzu kam die schleichende Aneignung des Klosterguts durch die weltlichen Schutzvögte und Lehensträger. 1540 gliederte der Konstanzer Bischof die Reichsabtei seinem Hochstift ein.

Mittelzell birgt neben dem Marienmünster den Ruhm, die Schatzkammer mit dem antiken marmornen „Krug von der Hochzeit zu Kana" und das Grab des Karolingers Karl III., des Dicken. Älteste und schönste Kirche ist jedoch St. Georg in Oberzell; kristallinische Baublöcke straffen sich zu einer Fliehburg des Glaubens, im Innern mit Mirakelbildern des zehnten

Jahrhunderts ausgemalt. Mittendrin hat ein gotischer Malermönch ungeniert sein wirklichkeitspralles Fresko von der Kuhhaut gesetzt; vier Teufel halten das Fell, der fünfte versucht all das draufzuschreiben, was zwei Frauen in der Kirche zusammenschwatzen ... Die Fischerromantik hat sich nach Niederzell mit der Kirche St. Peter und Paul geflüchtet. Das Dreigestirn dieser Gotteshäuser allein ist von den insgesamt zwei Dutzend Kirchen und Kapellen auf der Reichenau übrig geblieben. Man hat sie abgebrochen und mit den Steinen die Uferbefestigung sowie den Inseldamm aufgeschüttet.

Der 1896 gegründete Winzerverein baut die 14 Hektar der Lage Hochwart im Klosterkeller der Münsterpfarrei aus. Müller-Thurgau und Spätburgunder halten sich mit je gut fünf Hektar die Waage; hinzu kommen Gutedel, Kerner, Ruländer, etwas Elbling und Muskateller. Wein und Fisch sind noch immer die Gnadenspenden der Reichenau. Das Heimatmuseum im Alten Rathaus von Mittelzell dokumentiert das historische Erbe der Klosterzeit wie die künstlerische Wirkungsgeschichte der Insel und hütet im Keller eine kleine Weinbauabteilung.

Konstanzer Spitalwein

Ums Jahr 590 entstand im Mauerbezirk der römischen Kastellsiedlung Constantia ein Bischofssitz für Alamannien. Unter den Staufern befreiten sich die Bürger der Bischofsstadt zunehmend von der geistlichen Gewalt, bis sie den Status der Reichsfreiheit erlangten. Vor allem der Leinwandhandel machte Konstanz reich. Das Konzil, das vom Herbst 1414 bis Frühjahr 1418 in den Mauern der 9 000 Einwohner starken Reichsstadt tagte, bescherte Konstanz bis zu 40 000 Gäste, darunter 700 Gunstgewerblerinnen, „ohne die heimlichen, die laß ich bleiben", vermerkte der Konzilschronist Ulrich von Richenthal. Der Liedermacher Oswald von Wolkenstein hat damals in der Geschlechterstube zur „Katz" getanzt und geschwärmt: „Die holdesten Frauen, die ich je erblickt/in heller Jugendschönheit Glanz,/Haben mich fest ans Herz gedrückt,/All in der Katz beim Reihentanz."

Ende des 15. Jahrhunderts zeichnete sich der Beitritt der Stadt zur Eidgenossenschaft ab. Zürich war eifrig dafür, die bäuerlichen Kantone hielten dagegen. Auch in Konstanz selbst liefen die Fronten quer. Das im Thurgau begüterte Patriziat wollte den Anschluß, die Zünfte, auch die der Rebleute, wehrten sich dagegen. Obwohl der Schwabenkrieg 1499 den Verlust der reichsstädtischen Hoheitsrechte im Thurgau besiegelte, wurde weiter verhandelt. 1510 erschien Kaiser Maximilian I. mit einem Heer vor der Stadt, die Zünfte öffneten die Tore. Der Sieg der Reformation in Konstanz ließ die

Anschlußbestrebungen an die Eidgenossenschaft noch einmal aufleben. Der Bischof zog sich nach Meersburg zurück. 1548 verfiel die protestantische Stadt der Reichsacht, sie verlor ihre Freiheiten und wurde zu Vorderösterreich geschlagen. Ihre wirtschaftliche Vorrangstellung schwand rasch dahin. Der Barock fand hier keine Bauherren. So ist das spätmittelalterliche Gesicht der Altstadt weitgehend konserviert worden.

1245 sind Rebgärten „an den Mauern der Stadt" erwähnt. Bischof und Stadt, Patrizier und Bürger hatten in mehr als 150 Dörfern des Umlandes Rebbesitz. Die stadtnahen Weinberge lagen am Eichhornwald, an der Staader Höhe, am Salzberg und Raiteberg bis nach Wollmatingen. Die meisten Rebleute wohnten in Petershausen und in der Vorstadt Paradies. 1468 waren von 918 Bürgern 127 „Reblüt".

Die 1225 gegründete, vor gut hundert Jahren von der Stadt übernommene Spitalstiftung pflegt heute den Weinbau auf der rechtsrheinischen Konstanzer Sonnenhalde sowie auf der Haltnau bei Meersburg. Hier wie dort stehen je neun Hektar im Ertrag, Müller-Thurgau, Spätburgunder, Ruländer, Kerner, Findling und Traminer. Der Ausbau im Holzfaß überwiegt. An Ostern erhält der älteste Bürger auf Grund einer Stiftung von 1862 drei Flaschen Wein.

Die Reichenau ist ein Inselgarten für Wein und Gemüse, die Mainau für Flora und subtropische Gewächse. Da, wo heute der Park des Grafen Bernadotte Hunderttausende von Besuchern anzieht, wuchsen um 1800 noch Reben, ein Erbe des Deutschen Ordens, der von 1271 bis 1805 die Herrschaft auf der Mainau innehatte und das prächtige Bagnato-Schloß erbauen ließ. Das 51600 Liter fassende Türkenfaß im Meersburger Weinbaumuseum ist für den Mainauer Schloßkeller gebunden worden. Ein Reisender des frühen 19. Jahrhunderts schrieb über die Insel: „Einen See, den selbst Neptun, ohne zu erröten, als Witwensitz seiner Gemahlin schenken dürfte ... Weinberge, die Bacchus auf seinem bekannten Zuge nach Indien kaum besser mag zurückgelassen haben ..." Und Carl Julius Weber kehrte hier beim alten Gärtner Schnetz ein: „Wir sprachen von der guten alten Zeit des Ordens bis um Mitternacht, und es fehlte weder an Wein noch an Felchen."

Am Überlinger See

Die historisch unverbürgte Burgunderpflanzung Kaiser Karls des Dicken im Königsweingarten der Pfalz Bodman haben wir schon erwähnt. Von den ausgewiesenen drei Hektar der Lage, bis heute im Besitz der Grafen von Bodman, steht ein Hektar im Ertrag, hälftig mit Müller-Thurgau und Spätburgunder bestockt. Gänzlich eingegangen ist der Rebbau in Sipplin-

Meersburg mit der Burg der Fürstbischöfe von Konstanz, der Seeheimat der Annette von Droste-Hülshoff, die am Fürstenhäusle ihren eigenen Weinberg besaß.

gen, nah der in die Molassefelsen eingeschnittenen „Heidenhöhlen". Vom 1544er Gewächs aus dem Sipplinger Stollenweingarten berichtet die Zimmersche Chronik, es sei besser als starke welsche Weine geraten, aber: „Seither ist der Stollengarten in einen großen Abgang gekommen, dann der alte Herr hat den Weinzürnern zugelassen und befohlen, nach der Viele zu bauen und nicht nach der Güte. Damit sein die edlen, guten Reben abgegangen ..." Die Spitäler der beiden Reichsstädte Konstanz und Überlingen, das Kloster Beuron an der jungen Donau sowie die Ordenskommende Mainau waren hier begütert. Nur das Wappen am Rathaus und der Winzerbrunnen erinnern noch an den Sipplinger Weinbau.

Überlingen deutet schon in seinem Namen die Mittlerrolle, den Umschlagplatz des Handels zwischen dem kornschweren Linzgau und den weinreichen Ufern des Sees an. Barbarossa erhob den alamannischen Herzogssitz zur Stadt, die nach dem Ende des Herzogtums Schwaben ihre Reichsfreiheit erlangte. Der Handel mit Korn, Salz und Wein machte Überlingen wohlhabend. Die Stadt besaß den größten Kornmarkt Süddeutschlands. Im holzgetäfelten Saal des Rathauses hat Jakob Russ einen Stammbaum der mittelalterlichen Ständewelt geschnitzt, ohne jede hierarchische Größenordnung. Ob der König von Böhmen als Mundschenk des Kaisers tänzerisch die Schritte setzt, der Burggraf von Nürnberg das Fahnentuch rafft oder der Bauer seine Sense wetzt, alle sind sie gleich groß, gleich bedeutend zu Quartetten gebündelt im gotischen Gesprenge vereint. Im molassegrauen Münster St. Nikolaus wirkt der dreigeschossig prunkende Renaissancealtar von Jörg Zürn dagegen schon als Abgesang der Reichsstadtherrlichkeit. 1632 und 1634 hielt das katholisch gebliebene Städtlein dem Ansturm der Schweden stand. 1643 überrumpelte Konrad Widerholt, Kommandant der württembergischen Feste Hohentwiel, die Bürgerwehr und plünderte Überlingen. Innere Zwistigkeiten gegen Ende der Reichsstadtzeit und die spätere Konkurrenz der Eisenbahn ließen den Hafen und die Gret veröden; der Anbau von Massenträgern machte die Weinhalden unrentabel.

Die Stadt war seit dem hohen Mittelalter von Weinbergen umfangen, größte Grundherrschaft das Heilig-Geist-Spital, das bis ins 17. Jahrhundert als das reichste Spital im heutigen Baden galt. Jeder Spitalinsasse hatte täglich Anspruch auf drei Maß, also gut dreieinhalb Liter Wein. 1621/23 noch erlöste das Spital aus dem Weinverkauf 14 763 Gulden. Der Stadtteil Dörfle mit seinen schmiedeeisern vergitterten Kellerhälsen war das Quartier der Rebleute. Hier treffen sich alle Jahre wieder fünfzehn sogenannte Nachbarschaften zu Umtrunk, Spiel und Gesang. Urkundlich sind diese Institutionen bis in die Zeit des Bauernkriegs faßbar, sicher aber wesentlich älter. Das älteste erhaltene Nachbarschaftsbuch stammt aus dem Jahr 1662. Heute baut nur noch das ehemalige Spitalweingut 25 Hektar in der Lage Felsengarten um Goldbach und Schloß Rauenstein. Das Sortiment fächert sich auf in Müller-Thurgau, Spätburgunder, Ruländer und Traminer; das Rotgewächs vergärt beim Ausbau auf der Maische.

Noch immer rinnt in Salem der Wein

Das Zisterzienserkloster und spätere Reichsstift Salem oder Salmannsweiler mit seinem gotischen Münster und der nach einem Brand neuerrichteten barocken Prälatur, mit weitläufigen Wirtschaftstrakten, Garten und Wirtshaus ist seit der Säkularisation im Besitz der Markgrafen von Baden. Sie haben auch das Weinerbe der grauen Mönche übernommen.

Der jüngste Betrieb ist das Weingut Birnau bei der entzückenden Wallfahrtskirche überm See. In der Lage Kirchhalde stehen 44 Hektar, meist Spätburgunder, Müller-Thurgau und Bacchus, gefolgt von Kerner, Ruländer, Contessa, Ortega und Zweigeltrebe. Die Torkel des nahegelegenen Schloßguts Maurach hat man nach dem Ersten Weltkrieg zu Kirchengestühl, Schnitzwerk und Parkett verarbeitet. Der Benediktinerpater Gebhard Spahr aus Weingarten meinte dazu: „Welcher Pilger denkt daran, daß die Kirchenbank in Birnau, auf der er kniet, vom Seewein durchtränkt ist!"

In Bermatingen, im Hinterland des Bodensees, ist der Weinbau am Buchberg und an der Ratshalde erloschen, das Markgräflich Badische Weingut im Alleinbesitz der Lage Leopoldsberg mit 32 Hektar, hälftig Spätburgunder. Das Gut Kirchberg zwischen Hagnau und Immenstaad kam 1288 an die Salemer Zisterzienser. Weinbau war von Anfang an die Aufgabe dieses Nebenklösterchens, das später zum Sommersitz der Äbte ausgebaut wurde. Heute stehen dort knapp 15 Hektar. Der Müller-Thurgau wächst hier schon seit 1925.

„ ... doch schwebet der Meersburger ob"

Das hochgebaute Meersburg hat der spätere Landschaftsmaler Johann Anton Koch im Tagebuch seiner Seereise 1791 als ein lebendiges Gemälde Poussins empfunden. Das farbige Schönbornschloß, Terrassen, Burggetürm, die staffelgieblige Gret und der für die Seeufer typische Platanenkranz am Kai bleiben jedem unvergeßlich, der sich der Stadt mit der Fähre von Konstanz her nähert.

Die 1113 als Merdesburch, wahrscheinlich Martinsburg, erwähnte Feste war Keimzelle der Siedlung, der Vorburg, die 1299 Stadtrecht erhielt. Das Ufergelände unterhalb der Burg wurde für einen Stapelplatz am Hafen aufgeschüttet. 400 Todtnauer Bergknappen sprengten und gruben die Schlucht aus, die Stadt und konstanzisch-bischöfliche Feste scheidet. 1334 ließ Ludwig der Baier bei der Belagerung der Burg erstmals in Deutschland ein Pulvergeschütz spielen. In den Kämpfen zwischen Bürgerschaft und Bischof versuchten die Nachbarstädte zu vermitteln; trotzdem hob Bischof Heinrich von Hewen die kommunale Selbstverwaltung auf, verbot die bürgerlichen Zusammenkünfte in den Trinkstuben und ließ den Amtmann Simon Weinzürn ohne richterliches Urteil im See ertränken. 1526 wurde Meersburg bischöfliche Residenz.

Als 1480 die Meersburger Bürgerschaft neben anderen Freiheiten auch wieder das Recht der Trinkstuben-Sitzungen im Gasthaus zum Bären erhielt, entwickelte sich die Gesellschaft der Hunderteins, ab 1510 in Personalunion mit der St.-Anna-Bruderschaft. In der auf 101 Mitglieder beschränkten Trinkstuben-Gesellschaft ist „das Mitbringen und Hinsetzen von Weibsleuten" bis heute verpönt. Mindestens dreimal im Jahr trifft man sich zu Gedächtnis, Umtrunk, Gottesdienst.

Der Friedhof, ein ehemaliger Weinberg, vereint gleich drei große Einzelgänger zwischen Schlaf und Wachen. Unterm markierten Dreiecksquader ruht der Entdecker der Heilkraft „des magnetischen Animalismus", Franz Anton Mesmer; unterm Familienwappen mit der himmelwärts springenden Barbe liegt Annette von Droste-Hülshoff begraben; der Steinblock des Sprachphilosophen Fritz Mauthner, der hier nach dem Ersten Weltkrieg seine Geschichte des Atheismus im Abendland vollendet hat, trägt in schlichten Lettern nur die Zeile: „Vom Menschsein erlöst."

In seinem Weintraktat hat Samuel Dilbaum 1584 gereimt:

> Die Seewein seind unmild und sauer,
> Ihr acht kein Bürger oder Bauer,
> Doch schwebet der Meersburger ob
> Den anderen mit seinem Lob.

Der Meersburger galt also früh schon als Vorzeigewein der Seelandschaft. Rebbesitz erwarb auch die Droste, die als Schwägerin des Handschriftensammlers und Burgherren Joseph Freiherr von Laßberg hier lebte. Cotta hatte ihren 1843 erschienenen Gedichtband großzügig mit 700 Gulden honoriert. Dafür erwarb die Dichterin noch im gleichen Herbst das Fürstenhäuschen über der Stadt mit 5 000 Stöcken Gutedel, Muskateller und Traminer, die in guten Jahren mehr als zwanzig Ohm Wein brachten.

Die Weinhandelsstadt Überlingen vom See aus gesehen.

An der Chorherrenhalde stehen heute neun, am Fohrenberg knapp 27, in der Steillage Rieschen unterhalb des Neuen Schlosses gut drei, am Jungfernstieg fünfeinhalb, in der Lage Bengel zehn, an der Sängerhald 11 und am Lerchenberg viereinhalb Hektar. Die Hälfte der insgesamt 65 Hektar trägt Spätburgunder, ein knappes Drittel Müller-Thurgau. In den Rest teilen sich Weißburgunder, Ruländer oder Grauburgunder, Kerner und Neuzüchtungen sowie in der Lage Rieschen Riesling und Traminer.

Neben dem 1884 gegründeten Winzerverein und einigen kleineren Selbstmarktern sind hier ansässig: Ein Weingut mit neun Hektar, das alle Gewächse strikt durchgegoren ausbaut, die Spitalkellerei Konstanz im Alleinbesitz der Lage Haltnau, die Fürstlich zu Waldburg-Wolfeggsche Rebverwaltung mit siebeneinhalb Hektar und das Staatsweingut mit insgesamt 55 Hektar um Meersburg, am Hohentwiel und in Gailingen. Der Ortsteil Stetten hat am Fohrenberg mit zwei, am Lerchenberg mit siebeneinhalb und an der Sängerhalde mit 42,5 Hektar Anteil.

Die aus fürstbischöflichem Rebbesitz hervorgegangene Meersburger Staatliche Weinbaudomäne konzentriert sich seit langem auf die besten Lagen überm See, untersteht dem Finanzministerium und wirtschaftet als sonst eigenständiger Betrieb ohne staatliche Zuschüsse. Im Sortiment nimmt der Blaue Spätburgunder 46 Prozent ein. Die Meersburger Lagen Rieschen, Bengel, Jungfernstieg und Lerchenberg sind im Alleinbesitz des Staatsweinguts. Ausgebaut wird der Herbst im Gewölbekeller des Neuen Schlosses.

Hagnau, Markdorf, Immenstaad

In Hagnau sind, recht beziehungsvoll, Rathaus, Kindergarten, Schule und Winzergenossenschaft unter einem Dach vereint, dem ehemaligen Meierhof des Reichsgotteshauses Weingarten. Auch die Klöster Einsiedel, Salem und Schussenried haben stattliche Amtsbauten und Pfleghöfe in dem Weindorf hinterlassen. Der Hagnauer Winzerverein hat eine Torkel von 1747 wiederaufgebaut, deren Biet 9 000 Kilogramm Trauben faßte. Heimatstube, Brunnendenkmal, Gedenkstein und eine Tafel am Pfarrhaus erinnern an den Dichterpfarrer Heinrich Hansjakob, der 1881 hier die erste Winzergenossenschaft Badens gegründet hat. Im dritten Band der „Schneeballen" und im zweiten Band der „Dürren Blätter" hat Hansjakob seiner Hagnauer Jahre gedacht.

83 Hektar stehen in der Lage Burgstall rund ums Dorf im Ertrag, davon sind 45 mit Müller-Thurgau, gut 28 mit Spätburgunder, der Rest mit Ruländer, Kerner und Weißburgunder bepflanzt. Eine Besonderheit Hagnaus ist

die Eisprozession zur Zeit einer Seegfrörne. Jedesmal, wenn der Bodensee ein tragfähiges Eisparkett bekommt, trägt man zwischen Hagnau und dem schweizerischen Münsterlingen die Kopfplastik des Weinheiligen Johannes des Evangelisten über den See. Seit dem Jahr 875 sind 35 solcher Seegfrörne überliefert. Am 12. Februar 1963, bei der bisher letzten Gfrörne, holten die Münsterlinger das Bildnis aus Hagnau übers Eis.

Am Gehrenberg bei Markdorf lagen die höchsten Weinberge der Seeregion. Davon sind knapp sechs Hektar in der Lage Burgstall geblieben, deren Gewächs bis 1968 von der Stadt selbst ausgebaut wurde. Der Herbst von weiteren drei Hektar der Lage Sängerhalde geht an den Winzerverein Meersburg. Ende des 16. Jahrhunderts gab es in Markdorf noch 45 Torkeln. Zahlreiche oberschwäbische Klöster und Spitäler waren hier begütert. Das Ohmgeld auf Wein, fünf Prozent vom jeweiligen Verkaufserlös, sprudelte als die einträglichste Einnahmequelle der Stadt. 1897 wurde der Winzerverein in Immenstaad gegründet, dessen Mitglieder inzwischen in Hagnau anliefern. Zudem gibt es einen Selbstmarkter am Ort. Unter dem Lagenamen Burgstall sind hier gut 23 Hektar vereint, dazu kommen noch drei Hektar auf Kippenhausener Markung.

Kantate verschollener Lagenamen

Eine Prosakantate, eine Registerarie verschollener Lagenamen soll unsere Topographie des Weinlands Baden beschließen. Sie läßt ahnen, welch eine Fülle kerniger, unprätentiöser, sinnlich-bildhafter Bezeichnungen, zugleich Dokumente der Geschichtslandschaft, zugunsten auftrumpfender oder betulich eingängiger Allerweltsnamen hat abdanken müssen. Eine kunterbunte, kleine Auswahl ist das, aber voller Erdgeruch und geheimer Poesie: Achkarrer Schlehdorngasse; Becksteiner Kleeb; Burkheimer Rebholz, Metzgerle und Schänzli; Dainbacher Haselrain; Durbacher Klingelberg; Durlacher Eisenbart, Kalkofen und Wolf; Endinger Brüstleberg und Herzen; Hagnauer Pfarrgärtlein; Ihringer Backöfele, Duttental, Himmelburg und Kammerten; Immenstaader Horn und Lauerbühl; Jechtinger Distelbrunn, Eselssturz, Himmelsstiege, Kapellenmättle und Weiherflug; Kiechlinsberger Rotboden und Hohlgasse; Königshöfer Steckelberg; Malschenberger Rotsteig mit Keuperkies und Wärmet, wo der Schnee zuerst schmolz; Müllheimer Becherhölzle, Dreizipfel, Holder, Krügle, Schöner Jörg und Im Urban, schon 1306 genannt; Obergrombacher Hickberg und Freudenhaus; Oberrotweiler Bildstöckle, Blutbückle und Trotte; Schliengener Bammertshütte; Schriesheimer Steinschleife, Schlängel und Mönch; Zeuterner Sandkeller; Zell-Weierbacher Rebmannshalde und Urban.

Über den Umgang mit Badischem Wein

Was ist, was war der Wein nicht alles? Kultgetränk, das im Rausch göttliche Offenbarung schenkt und sakrales Substrat der Kirche, Weihegabe an oberirdische wie unterirdische Mächte, Schlaftrunk und Appetitanreger, Durstlöscher und Lebensmittel, Muntermacher und Medizin, Funke der Inspiration für Poeten, Künstler, Gelehrte, Quell der Meditation, Glanzlicht an festlicher Tafel und Element der Gastlichkeit. Zwar behandelt der Gesetzgeber den Wein inzwischen als Lebensmittelprodukt wie Eiernudeln oder Wurstsalat auch, aber die wenigsten Zeitgenossen nehmen ihn als Lebens-Mittel unbefangen beim Wort und in den Alltag hinein. Wein gilt noch immer als ein besonderer Saft.

Daß fast zwei Drittel aller Weine in Deutschland heute vom Lebensmittelhandel verkauft werden, klingt da zunächst als Widerspruch und ist doch keiner. Wer seine Flasche aus den Regalen der Großmärkte holt, ist meist Gelegenheitstrinker, der ein Familienfest oder eine Einladung mit Wein illuminieren will. Von den Billigangeboten der Ladenketten kann sich die heimische Weinwirtschaft jedoch nur „die Funktion eines Türöffners" erwarten. Sie muß versuchen, durch Werbung, Aufklärung, Tourismus zumindest einen Teil dieser Gelegenheitskunden allmählich an anspruchsvolleren bewußten Weingenuß heranzuführen. Mit den Billigimporten des Auslands können wir hier nicht konkurrieren. Unser Weinbau braucht auch den wissensdurstigen Kunden, der sich kritisch bedacht seinen eigenen kleinen Weinkeller aufbaut und das besondere Produkt entsprechend honoriert.

Höchstens fünf Prozent der Deutschen, so schätzt man, sind schon solche Weinliebhaber. Viele dieser passionierten Weintrinker haben sich in den Jahrzehnten der süßen Welle den durchgegorenen Gewächsen auswärtiger Reblandschaften zugewandt; entsprechend attraktive Weinangebote aus Südosteuropa und Übersee werden weiter anschwellen. Diese verlorene Klientel dem heimischen Wein wieder zurückzugewinnen und anspruchsvolle neue Kundenkreise zu erschließen, wird auch für die Winzer am Oberrhein zur Überlebensfrage. Nach der Rebflurbereinigung, dem Rebenaufbau und der Perfektionierung der Kellertechnik wird der Akzent der Investitionen inzwischen auf die Vermarktung gesetzt. Das nimmt teilweise schon hektische Züge an. Da grübeln „innovative Teams unserer Önologen" über die „Philosophie der Vinifikation" bald in jedem Rebnest, da drängeln Betriebe auf die Hit-Listen von Hochglanzjournalen, bei denen die Grenze zwischen Berichterstattung und verkappter Werbung zu verschwimmen droht, da schrillen Künstleretiketten und Flaschendrolerien, scheint die Verpackung allmählich wichtiger zu sein als der Inhalt. Längst haben Winzergenossenschaften und Weingüter auch ihre Produktpalette ausgeweitet: Selection, Premium, Barrique, Sekt, Perlwein, Brände, Schnäpse, Geister und Liköre, Weingelee, Traubensaft, Traubenkernöl und Essig exklusiv.

Lassen wir die x-beliebigen Schlagworte wie Life-Style oder Ambiente einmal beiseite, so bleibt das Einzigartige am Wein, daß er als Gewächs der Kulturlandschaft zur Eigenart, Lebensart seiner Region gehört, daß er im Einklang mit Gestein und Erde, Kleinklima und Relief, Flora und Fauna, Kunst und Geschichte selbst ein Kulturgut ist, der Natur entsprossen, vom Menschen erzogen, eine Lebensmacht, uralt und immerjung. Hier bieten sich gerade dem Weinland Baden mit seinen landschaftlich wie kulturhistorisch profilierten Anbaubereichen vielfältige Möglichkeiten der Selbstdarstellung.

Hinzu kommt hier die klassische Allianz mit einer anerkannt soliden und einfallsreichen Gastronomie. Dieses kulinarische As sticht freilich nur, wenn ein entsprechendes Weinangebot die Essenskarte begleitet. Wie oft haben wir es bei anderen oder bei uns selbst erlebt: Beim Griechen, Türken, Italiener, Jugoslawen wird selbstverständlich der Wein des jeweiligen Landes zum Essen geordert; in deutschen Lokalen bleibt einem beim Blick auf die Weinkarte, unleugbaren Verbesserungen zum Trotz, oft nur der Griff zum Bier übrig.

Ein Blick auf die Visitenkarte

Das Etikett auf der Flasche ist Visitenkarte und Personalausweis des Weines. Es weist ihn nach Name, Herkunft und Rang aus, vereint werbenden Blickfang mit gesetzlicher Ausweispflicht und sachlicher Information. Für die gesetzlich vorgeschriebenen Rangstufen der Güteklassen sind die natürlichen Mindestmostgewichte maßgebend, also die sonnengereifte Qualität der Trauben am Stock, wie gewachsen. Dabei wird, wie jeder Weinfreund weiß, das spezifische Mostgewicht in „Öchsle" gemessen. Ein Grad Öchsle entspricht etwa 2,4 Gramm Zucker je Liter.

Die für Baden in der Weinbauzone B vorgeschriebenen höheren natürlichen Mindestmostgewichte haben wir schon vorgestellt. Hier seien sie nochmals knapp rekapituliert: Der Tafelwein braucht ein Mindestmostgewicht von 50, der Landwein von 55 Grad. Für Qualitätsweine ohne Prädikat gelten verschiedene Mostgewichte ab 63, für den Prädikatswein Kabinett ab 76 Grad Öchsle aufwärts.

Dem französischen Wortsinne nach ist das cabinet ein Aufbewahrungsort für Pretiosen. Im Rheingauer Zisterzienserkloster Eberbach gab es um 1720 einen Cabinett-Keller, in dem die Mönche eine Auswahl ihrer besten Jahrgänge langfristig und mit Gewinn lagerten. Die Preußische Domänenverwaltung hat als Nachfolgerin diese Tradition fortgeführt. So wanderte der Begriff Kabinettwein vom Mittelrhein in die anderen Weinbaugebiete ein und wurde 1971 gesetzlich sanktioniert.

Alle Prädikatsweine dürfen nicht mehr mit Zucker, sondern nur noch mit Süßreserve, pasteurisiertem Traubensaft, angereichert werden. Das gilt bis zur Spätlese, für die nur vollreife, nach der Hauptlese geerntete Trauben verwendet werden dürfen. Für Auslesen müssen unreife oder kranke Beeren ausgesondert werden, bei der Beerenauslese müssen die Trauben überreif am Stock gehangen haben, und wenn sie schon rosinenartig eingerunzelt und entsprechend konzentriert sind, rinnt ab 154 Grad Öchsle eine Trockenbeerenauslese von der Kelter.

Ein schon historisches Etikett, eine Rarität für Sammler: Hohentwieler Himmelreich.

Ebenso renommierträchtig wie kostspielig-riskant stellt sich guterletzt der Eiswein dar. Voraussetzung für ihn ist eine Lese bei mindestens acht Grad Minus im Weinberg sowie eine rasche Verarbeitung der hartgefrorenen Beeren. Da in der Beere zunächst nur der Wasseranteil gefriert, kann man durch zügiges Abpressen den konzentrierten Traubensaft von den Eiskristallen trennen. Der Gesetzgeber untersagt die Gewinnung künstlicher Eisweine durch Besprühen der Stöcke mit Trockeneisschnee. Dabei dürfte der Unterschied zwischen einem von Väterchen Frost erzeugten und einem technisch produzierten Eiswein nicht anders sein als der zwischen einer zufällig gewachsenen Perle und einer Zuchtperle. Da es beim langen Hängenlassen der Trauben im spätherbstlichen Weinberg große Ausfälle gibt, und das Wetter unberechenbar bleibt, ist die Erzeugung von Eiswein eher eine Prestigesache als ein rentables Geschäft. Eisweine probieren sich mit ihrer frischen Säure und schweren Süße spannungsreicher, im Sortenbukett auch markanter als Auslesen, die von der Edelfäule, dem Botrytiston, geschmacklich überprägt werden. Wenn die Lese eines Eisweins erst zu Beginn des neuen Jahres möglich war, kann auf dem Etikett ein Doppeljahrgang vermerkt sein, der des Wachtums und der der Lese.

Der badische Tafelwein firmiert großzügig unter Oberrhein, beim Landwein kann nach engerer geographischer Herkunft, etwa Taubertäler Landwein, unterschieden werden. Vom einfachen Qualitätswein an sind dann Jahrgang und bestimmtes Weinanbaugebiet, in unserem Falle also Baden, obligatorisch. Bei Prädikatsweinen muß zusätzlich der Bereichsname, etwa Tuniberg, auf dem Etikett erscheinen. Hier wie bei allen weiteren Angaben über Jahrgang, Rebsorte, Gemarkung, Einzellage oder Großlage gilt grundsätzlich ein Verschnittverhältnis von 85 Prozent. Das heißt, mindestens 85 Prozent des Flascheninhalts entstammen der jeweiligen Rebsorte, Gemarkung oder Lage. Wenn Süßreserve zugegeben wird, gilt dieses Verhältnis nur für den Grundwein.

Lagen werden definiert als Weinbergbezeichnungen, deren Name und Umgrenzung gesetzlich erfaßt und geschützt sind. Mehrere solcher Einzellagen, „aus deren Erträgen gleichwertige Weine gleichartiger Geschmacksrichtung hergestellt werden können", dürfen zu einer Großlage zusammengefaßt und als solche etikettiert werden. Zu Beginn unserer Weintopographie haben wir die Großlagen der einzelnen Bereiche aufgeführt. Grundsätzlich gibt das Etikett weiter den Abfüller des Weines und das Flaschenvolumen an. Vom Qualitätswein an ist eine amtliche Prüfungsnummer vorgeschrieben, die erst nach analytischer und geschmacklicher Prüfung erteilt wird.

Der Gesetzgeber erlaubt vier verschiedene Weinarten: Weißwein, Rotwein, Rosé oder Weißherbst sowie Rotling. Der Rosé wird aus rasch, also hell gekeltertem Rotgewächs gewonnen; stammt der Wein nur von einer Traubensorte, etwa Spätburgunder, so ist ab Qualitätswein die Bezeichnung Weißherbst in Verbindung mit der jeweiligen Rebsorte zulässig. Der Rotling, in Württemberg als Schiller bezeichnet, wird durch gemeinsames Keltern von Weißgewächs und Rotgewächs gewonnen. Der bekannteste Rotling am Oberrhein trägt den Namen Badisch Rotgold und wird ausschließlich aus Trauben oder Maische von Ruländer und Spätburgunder gekeltert. Rotlinge sind also keine Verschnittweine. Im Gegensatz zu anderen europäischen Weinländern baut Deutschland die Mehrzahl seiner Weine sortenbetont aus. Dabei ist Verschnitt an und für sich nichts Ehrenrühriges. Der Weltruf des Bordeaux beruht mit auf der Perfektion des Sortenverschnitts, und der Chianti wird teilweise sogar aus rotem und weißem Gewächs komponiert.

Zulässig, wenn auch nicht vorgeschrieben, sind die sogenannten Geschmacksangaben, die eigentlich wenig über den Geschmack, sondern mehr über die Restsüße des Weines Auskunft geben. Trocken im klassischen Sinne ist ein Wein, der maximal vier Gramm Restzucker je Liter aufweist. Das deutsche Weingesetz erlaubt jedoch die Angabe „trocken" bis zu einem Anteil von neun Gramm, solange der Restzucker den Gesamtsäuregehalt nicht um mehr als zwei Gramm überschreitet. Bei der wenig hilfreichen Angabe „halbtrocken" darf die Restsüße bis zu 18 Gramm je Liter betragen, sofern sie den Gesamtsäuregehalt nicht um mehr als zehn Gramm überschreitet. Sogenannte „liebliche" Weine weisen bis zu 45, „süße" Weine mindestens 45 Gramm Restzucker je Liter auf.

Die Angabe „Für Diabetiker geeignet/Nur nach Befragen des Arztes" taucht gelegentlich auf dem Rückenetikett auf. Ein solcher Diabetikerwein muß klassisch trocken sein und darf nur bis zu 12 Volumenprozent Alkohol je Liter enthalten. Der physiologische Brennwert muß in Kalorien oder Joule angegeben sein. Leider noch immer verboten ist die ehrlich schlichte Angabe „durchgegoren".

Nach der gesetzlich vorgeschriebenen Amtlichen Qualitätsweinprüfung kann der Erzeuger sein Gewächs auch zur Verleihung des Weinsiegels bei der Deutschen Landwirtschafts-Gesellschaft, der DLG, anmelden. Trockene Weine erhalten das gelbe, halbtrockene das grüne, die übrigen Tropfen das lackrote Weinsiegel mit der antiken Bacchusfigur. Für zusätzliche Ordensbänder auf der Flasche sorgen die Gütezeichen und Gebietsweinprämierungen des Badischen Weinbauverbandes sowie die Bundesweinprämierung der DLG mit Bronze, Silber und Gold, wobei der Große Preis der DLG dem Gold entspricht. Seit dem Jahrgang 1992 erhalten Badische Erzeugerweine aus mindestens 15 Jahre alten Rebanlagen mit einem Ertrag von maximal 60 Hektoliter je Hektar das Gütezeichen „Baden Selection"; darüber hinaus dürfen diese Weine nicht mit der Süßreserve angereichert worden sein.

Der Coup mit dem Grauburgunder

Grau, so hat der Weinschriftsteller Ernst Hornickel einmal bemerkt, grau sei eigentlich nur die Theorie, die der Mutation des Blauen Spätburgunders, dem Ruländer, den Namen Grauer Burgunder gegeben habe. Dabei ist die Bezeichnung Pinot gris in Frankreich uralt, der Grauklävner im Elsaß seit der Mitte des 16. Jahrhunderts ein Begriff. Ein anspruchsloser Kuttenträger, ein Bettelmönch gar, war der Ruländer nie, und wenn schon grau, dann stellt er im Konklave der Burgunder die graue Eminenz dar, vollmundig, schwerblütig, körperreich, mit dem Öl sanft eindringlicher Überredung, ja Überwältigung gesalbt.

Unterscheiden kann man ihn von den andern Angehörigen der Burgunderfamilie erst im Herbst an der Beerenfärbung. Der Ruländer zeigt graubraune, rötlichbraune, leichtviolette, kupferfarbene Beeren, oft gemischt an einem Stock, an einer Traube. Wie die andern Burgunder degeneriert er rasch und bedarf der ständigen Erhaltungszüchtung.

Sein Hauptquartier hat er am Kaiserstuhl aufgeschlagen. Hier bringt er auf Vulkanverwitterungsböden schwere, wuchtige, auf Löß gelegentlich auch breithüftige, ja plumpe Weine mit einem würzigen Walnußaroma hervor. Reife Ruländer stehen oft rotgolden, hochfarben im Glas. Extraktreich, feurig gilt dieser Wein als Lebenselixier, Lendenstärker, Frauenverführer und fordert den Zecher auf schwere Säbel. Der alemannische Lyriker Hermann Burte hat bekannt: „Ruländer ist gefährlich,/er stößt nach Hirn und Brust./Wohlan, wir sagen ehrlich,/Gefahr erhöht die Lust." Aber Weingeschmäcker wandeln sich. Immer mehr ging nach dem Krieg der Trend zu leichten, jugendlich frischen, spritzigen und fruchtigen Tropfen. Das Traditionsgewächs Ruländer drohte als Ladenhüter zu vergilben.

Der Bickensohler Rebenzüchter Adolf Hauser hat durch Auslese und vegetative Vermehrung der besten Stöcke dem Ruländer als wirtschaftlich ergiebige Sorte im Zug der Rebumlegungen das Feld bereitet. In Bickensohl wurde dann auch der neue Typ des Grauen Burgunders entwickelt. Christian Henninger, Geschäftsführer der Winzergenossenschaft, sah sich in den Weinlandschaften Chablis, Sancerre, Macon um. Wie er auf Anfrage mitteilte, kam ihm 1980 die Weinidee mit dem Grauen Burgunder „im Schatten des Domes von Bourges bei einem Glas Sancerre im Straßen-Bistro". Was ihm vorschwebte, war „ein schlanker, leicht säurebetonter und absolut trockener Wein". Er entwickelte die Zehn Gebote des Grauen und schwor zu Hause Kellermeister und Winzer auf das Projekt ein. Das konspirative Experiment begann mit dem Jahrgang 1982. Die erste Füllung auf die resedagrüne Burgunderflasche kam im Frühjahr 1985 auf den Markt, wurde begeistert aufgenommen und rasch kopiert.

Nicht überall freilich gelten die Bickensohler Zehn Gebote des Grauen Burgunders so streng wie hier: Auswahl der besten Lagen; reduzierter Ertrag von maximal 60 Hektoliter je Hektar; Mindestmostgewicht 82 Grad Öchsle; Handlese mit bis zu vierfacher Auslese am Stock, je nach Jahrgang; reifes, gesundes, säurebetontes Traubengut; ständige Kontrolle bei Erfassung, Kelterung und Ausbau; garantiert zweijährige Mindestlagerung vor der Flaschenfüllung; Ausreife im Eichenholzfaß; durchgegorene Weine mit etwa zwei Gramm Restzucker je Liter; Naturkork; drei bis fünf Jahre Lagerfähigkeit.

Der Bickensohler Coup mit dem Grauburgunder hat die Rebsorte Ruländer vor einem dramatischen Rückgang bewahrt. Immerhin nimmt er in Baden neuneinhalb Prozent der Rebflächen, und am Kaiserstuhl sind es gar 17 Prozent. Die landesweit Erste Adresse für den traditionell wuchtigen Ruländer war und ist Achkarren. Hier hat man inzwischen natürlich auch den schnörkellosen Typ im Angebot, will aber auch dem barock vertrauten Ruländer treu bleiben. Den füllligen Ruländer und seinen schlanken Doppelgänger Grauburgunder im Wechsel der Orte, Lagen, Jahrgänge gegeneinander zu probieren, gerät zum reizvollen Abendvergnügen.

Auxerrois, Weißburgunder, Chardonnay

Auch mit dem vornehm fraulich schlanken Weißburgunder, dem Pinot blanc, liegt Baden an der Spitze aller deutschen Weinländer. Viereinhalb Prozent der Rebfläche nimmt er hier ein; an der Südlichen Bergstraße und im Kraichgau sind es sogar achteinhalb Prozent. Johann Philipp Bronner hat ihn dort um 1840 eingeführt. Zwischen den großen, lichtgrünen, meist dreilappigen Blättern hängt die kleine, dichtbeerige Traube mit den gelblichgrünen, fein punktierten Beeren, die im Herbst zartsüß auf der Zunge schmelzen. An Boden und Lage stellt der Weißburgunder hohe Ansprüche, er ist recht frostempfindlich, seine Trauben reifen mittelspät aus. Die aromatischen aber im Bukett verhaltenen Weine rollen vollmundig, extraktschwer über die Zunge. Der blonde Burgunder stimme besinnlich, hat einmal einer gemeint. Das gilt es zu erproben.

Auxerrois und Chardonnay werden noch immer als Spielarten des Weißen Burgunders angesprochen, von den Ampelographen jedoch als eigenständige Sorten klassifiziert und nicht mehr zur Kernfamilie der Burgunder gerechnet. Während bei dem Laub des Weißburgunders sich vom Rand der Stielbucht ein breiter Saum beidseits bis zu den Blattadern ausbreitet, wird beim Chardonnay die Stielbucht unmittelbar von den Blattadern begrenzt. „Dieses auffallende, genetisch verankerte Merkmal ist typisch für den Chardonnay und kennzeichnet ihn als eigenständige Rebsorte."

Ähnlich unterscheiden sich die Hauptnerven des Auxerrois-Blattes in ihrer Winkelstellung von denen der Burgundersorte; zudem ist die Triebspitze des Auxerrois nicht so starkwollig und anders gefärbt als beim Weißburgunder. Der Auxerrois, der seinen Namen von der ehemaligen Grafschaft Auxerre hat, nimmt in Baden nur ein halbes Prozent der Rebfläche, im Kraichgau jedoch mehr als das Doppelte ein. Die Rebe ist nicht so frostempfindlich wie der Weißburgunder, und ihr Mostgewicht liegt

Ofenplatte in einem Winzerhaus in Kiechlinsbergen am Kaiserstuhl mit einer bitterbösen Inschrift ...

meist etwas höher, da sie früher ausreift. Die Weine des Auxerrois probieren sich weniger saftig, aber aufgeweckter im Bukett.

In Burgund hat der Chardonnay den Weißburgunder statistisch überholt. Die berühmten Chablisweine verdanken ihm ihren Ruf. Auch in Italien, Kalifornien, Südafrika ist der Chardonnay auf dem Vormarsch. Auf kargen kalkhaltigen Böden gedeiht er am besten. Seit 1991 ist sein Anbau auch in Baden offiziell zugelassen, doch hat man ihn hier, vor allem im Markgräflerland, seit Jahren schon heimlich hektarweit gepflegt und als Weißburgunder vermarktet. „Vino da Verbotola" hieß er augenzwinkernd. Der Chardonnay liefert rassig fruchtige und nachhaltige Weine, die sich auch zum Barrique-Ausbau eignen.

Der Name Gutedel sagt alles

Ein Jahr nach seinem Einzug als Professor in Freiburg bekannte der Historiker Heinrich von Treitschke, bisher Biertrinker: „ ... einen Wein wie unsern Markgräfler gibt es nicht mehr, einen, der so mild und rein zu jeder Stunde ohne Gefahr genossen werden kann." Gemeint ist natürlich der Gutedel, der hier bis zur Jahrhundertwende fast neun Zehntel der Rebfläche einnahm. Als Junker war er damals noch im ganzen Südwesten verbreitet; nach der Rebumlegung behielt er sein Reservat nur noch im Markgräflerland, wo er heute 44 Prozent des Sortiments stellt. Am Bodensee nimmt er noch gut ein Prozent des Rebareals ein. In der Schweiz und in Frankreich heißt er Chasselas, im Wallis Fendant.

Früher ließ man den Gutedel zwei, drei Jahre auf dem Faß reifen, was bernsteingelbe, schon leicht firne Weine gab. Inzwischen wird der Gutedel spritzig frisch zu frühem Pokulieren ausgebaut; nur Spitzengewächse sollte man ein paar Jahre lagern. Wie alle Reben neigt auch diese Sorte zu Mutationen und Farbwechseln. So trifft man im Weinberg gelbgrüne oder rötliche Trauben an, die einen einheitlich hellen Wein ergeben. Nach dem Überschwang, mit dem vielerorts auf bukettüppige Neuzüchtungen gesetzt wurde, entdecken immer mehr Weinfreunde diesen unaufdringlichen, den ganzen Tag über bekömmlichen Alemannen. In zahlreichen Gastwirtschaften des Markgräflerlandes wird er als Eigenbau, als Faßwein angeboten. Und nach Bruno Götz macht der Gutedel „die Männer weniger zu stürmischen als besonders zärtlichen Liebhabern".

Der Riesling ist kein Blender

Zuweilen tut es gut, über den Zaun zu schauen, auf das Urteil eines guten Nachbarn zu hören. Etwa, wenn der prominente französische Weinkundler Emile Peynaud vom Riesling sagt: „Der Riesling ist die königliche Traube des Rheins und seiner Nebenflüsse ... Man kennt keine andere weiße Sorte mit ähnlich aromatischer Bildsamkeit je nach dem Boden, auf dem sie wächst ..."

So köstlich sich der Riesling mit seinen grünen Lichtern im Glas darbietet, so unscheinbar bleibt die Rebe im Weinberg. Zwischen den rundlichen fünflappigen Blättern hängen kleine kompakte Trauben; auch die Beeren selbst sind klein, rund, grüngelb, in hochreifem Stadium goldbraun. Widerstandskraft gegen Rebseuchen und Schädlinge zeichnen den Rieslingstock aus. Seine gute Holzreife verbürgt Resistenz gegen Winterfröste. Das robuste Laub bleibt im Herbst lange assimilationsfähig und hält so die Zuckerbildung und den Abbau der Säure in Gang. Das ist auch nötig, da der Riesling erst zwischen Mitte Oktober und Anfang November ausreift und eine hohe, allerdings kaum grasige Säure mitbringt. Er ist ein Gewächs mit Rückgrat, das Kellerruhe, Kellerreife verdient.

In Baden nimmt er gut acht Prozent des Sortiments ein. Seine Domäne hat er als Klingelberger auf den Urgesteinsböden der Ortenau, wo er mit 29 Prozent brilliert, sowie auf den mineralienreichen Gipskeuperböden des Kraichgaus und dem verwitternden Porphyr und Granit der Bergstraße mit 22,4 Prozent. In Baden hat sich die mit Riesling bestockte Rebfläche zwischen 1964 und 1993 von 544 auf 1 319 Hektar vergrößert.

Frisch, spritzig, rassig, fruchtig, saftig, kernig, stahlig, nervig, wuchtig, elegant – so lauten je nach Lage, Jahrgang, Ausbau die Epitheta im Personalausweis des Rieslings. Einen ausgereiften Riesling aus guter Lage übertrifft kein anderes Weißgewächs an Kraft, Würze, finessenreichem Spiel. Dann mischen sich Heckenrose und Pfirsich in seinem Aroma, halten sich Körper und geschliffene Säure unnachahmlich die Waage. Der Riesling balanciert als höchst wandlungsreicher Charakterdarsteller auf der Himmelsleiter. Er ist gut für alle Überraschungen, und sei es erst nach Jahren der Flaschenreife. Aber er ist nie ein Blender.

Silvaner als Hausfreund

Der Silvaner hat es in sich. Seine Freunde schätzen die unaufdringlich kräftige, zuweilen erdigherbe Art, seine fruchtige Säure, die verhaltene Blume, die reifen Weinen honigmild entschwebt. Jung zeigt er im Glas einen Anhauch elfischen Grüns. Der Silvaner ist ein stockkonservativer, solider Kumpan, mit dem man unbedenklich auch mal eine Nacht durchzechen kann. Wer verläßliche Bekömmlichkeit schmeichlerischen Bukettsensationen vorzieht, wird sich den Silvaner als Hausfreund wählen.

Im Weinberg ist er an seinem runden, dreilappigen, kaum gebuchteten Blatt leicht zu erkennen. Gedrungen hängt die Traube im Laub, grünfleischig und saftig rundet sich die Beere. Kundige ziehen eine reife Silvanertraube vom Stock unbedenklich jeder Tafeltraube zum Nachtisch vor.

Bronner hat den anfangs als Massenträger verkannten Silvaner als Qualitätsrebe gewürdigt: „Er läßt sich beinahe in jedem Boden anpflanzen, er ist beinahe jedes Jahr früchtebringend, daher er auch der Schuldenzahler genannt wird, er erfriert nicht so leicht im Frühjahre, da er kleine Knospen treibt, und wenn diese Schaden leiden, so treibt er gewöhnlich fruchtbare Augen nach … er reift früh, so daß er in jedem Jahre einen trinkbaren Wein liefert."

Im badischen Sortiment nimmt er nur noch knapp drei Prozent ein, doch steigt sein Anteil am Kaiserstuhl auf siebeneinhalb, in Tauberfranken auf gut sechs Prozent an. Auf Löß wie auf Muschelkalk fühlt sich der Silvaner wohl.

Seine Qualitäten entfaltet er erst in mittleren und besseren Lagen, wo er zwischen Müller-Thurgau und Riesling ausreift. Bei zu hohen Erträgen oder mangelnder Ausreife stört eine grasige Säure. Um die Jahrhundertwende stockte der Silvaner noch auf knapp zwei Dritteln der deutschen Rebfläche, doch ging sein Anteil seither stetig zurück. Als Konservativer wird er seinen Platz im Weinparlament behaupten.

Traminer: Uraltadel verpflichtet

Der Traminer ist ein Fürst aus altem Traubenadel. Zusammen mit der noch bukett-intensiveren Spielart Gewürztraminer hält er in Baden immerhin 1,6 Prozent der Rebfläche, in der Ortenau als Clevner das Doppelte. Sein Blatt ist dreilappig, rund, blasig. Die Rebe neigt zu dichter Laubwandbildung und eignet sich gut zu weiträumiger Erziehung. Die mittelgroße kompakte Traube trägt kleine, ovale, dickschalige Beeren, goldgelb bis fleischrot, zuweilen bläulich beduftet. Früher war der Traminer wegen seiner sensiblen Blüte sehr unsicher im Ertrag; das hat sich durch Nachzüchtung gebessert. Er läßt sich gerne von der Sonne verwöhnen, kuschelt in den wärmsten Lagen, braucht tiefgründige Böden und entfaltet seinen Charme, sein delikates Aroma nur, wenn er spät, kurz vor dem Riesling, geherbstet wird.

Dafür betört der bernsteingelb im Glas schimmernde Wein dann mit einem großartigen Heckenrosenbukett, in dem nach Meinung witternder Prüfnasen zuweilen ein Hauch Veilchen grüßen läßt, eine Prise Vanille durchdringt. Der Aristokrat Traminer bezaubert als amouröser Galan die Frauen. Er verheißt Genuß ohne Reue, er ist ein Zärtlichkeitswein, geht rasch ins Blut und weckt verräterische Wallungen.

Traminer und Gewürztraminer unterscheiden sich eigentlich nur durch die markantere Rotfärbung der Trauben und das aufdringlichere Bukett des „Gewürzschlawiners", wie die Winzer den launisch verwöhnten Sproß aus altem Hause nennen. Nach dem Urteil der Ampelographen neigt der Traminer „leicht zur Degeneration". Uraltadel verpflichtet.

Vom übrigen alten Nobelgewächs ist nur noch der schon beschriebene Muskateller zu erwähnen. Die Hälfte aller deutschen Muskatellerstöcke steht im Badischen, vor allem am Kaiserstuhl.

Findelkind und Wunderknabe

Seiner bundesweiten Karriere nach erscheint der Müller-Thurgau als Wunderknabe; der Herkunft nach bleibt er ein Findelkind. Seine Vaterschaft ist umstritten.

Ihren emanzipierten Doppelnamen verdankt die Rebe dem 1850 geborenen Züchter Hermann Müller aus dem schweizerischen Kanton Thurgau. Er wirkte an der Lehranstalt Geisenheim und nannte schon 1882 als Zuchtziel eine Sorte, welche die Vorzüge des Rieslings mit der früheren Reife des Silvaners vereine. Als er 1891 in die heimatliche Schweiz zurückkehrte, nahm er das Rebholz zahlreicher Sämlinge mit.

Ein Wasserweibchen als Faßriegel im Museumskeller auf der Reichenau.

Die Setzlinge einer als Riesling x Silvaner bezeichneten Rebe wurden als vielversprechend schon vor dem Ersten Weltkrieg in deutschen Versuchsanlagen angepflanzt. Man nannte sie nach ihrem Züchter auch Müller-Thurgau. Lange tobte ein heftiger Meinungskampf um die Anbauwürdigkeit der als weichlicher Massenträgerin verschrieenen Sorte. Erst als es der Kellertechnik gelang, die stabilisierende Säure beim Ausbau des Mostes zu erhalten, begann der Siegeszug des Müller-Thurgaus in der Ära der Rebumlegungen.

Am Bodensee hatte der Rebgutverwalter auf Schloß Kirchberg die Neuzüchtung 1925 schon angebaut. 1954 waren 13 Prozent der badischen Rebfläche mit Müller-Thurgau bestockt. 1976 schon 38 Prozent. Heute hat sich sein Anteil im Badischen auf gut 33 Prozent eingependelt. Tauberfranken bildet mit knapp zwei Dritteln die Spitze, die Ortenau mit 22 Prozent das Schlußlicht der Statistik.

Zwischen tief ausgebuchteten, meist fünflappigen Blättern reifen die großen lockerbeerigen Trauben schon ab Mitte September zum Herbsten heran. Die gelblichgrünen Beeren weisen einen markanten Muskatgeschmack auf. Leider neigen sie leicht zur Fäulnis. Viele Winzer bevorzugen inzwischen eine etwas vorzeitige Lese, um die frischende Säure zu sichern.

Die neben dem Namen Müller-Thurgau verwendete Bezeichnung Riesling x Silvaner ließ sich nicht halten. 1957 schon hatte ein Biologe bei der Nachkommenschaftsprüfung festgestellt, daß der Silvaner weder als Vater noch als Mutter dieser frühen Kreuzung in Frage kam. Manche Traubenkundler vermuten eine Selbstbefruchtung Riesling x Riesling, andere weisen den Müller-Thurgau ganz allgemein dem Formenkreis Riesling-Muskateller-Gutedel zu. Wie Hermann Müller vor mehr als 100 Jahren zu seinem Sprößling gekommen ist, läßt sich wohl kaum mehr nachweisen.

Frühreif, strotzend im Ertrag, was prompt zu Massenerträgen um die 250 Hektoliter je Hektar verführte, anspruchslos an die Lage, ließ der Müller-Thurgau nach den Rebumlegungen die Kassen klingeln, hat dann aber den hausgemachten Weinsee vorrangig aufgefüllt. Das Experiment eines Bischoffinger Selbstmarkters, der seinen Müller-Thurgau säurebetont „in Richtung Sauvignon blanc" ausbaut, dann drei bis sechs Monate ins Barriquefaß steckt und zu guten Preisen als Rivaner verkauft, wird wohl ein Einzelfall bleiben.

Ein Dichter stand Pate

Seit Jahrzehnten wird der Weinfreund von einem wahren Füllhorn vollmundig klingender Neuzüchtungen überschüttet. Wirtschaftliche Bedeutung haben nur wenige erlangt. Zu ihnen gehört der Kerner, der in Baden 1,2 Prozent, in Tauberfranken jedoch gut 11 Prozent der Rebfläche erobert hat. 1930 erhielt die unter dem Experimentierkürzel S-2530 bekanntgewordene Weinsberger Kreuzung Trollinger x Riesling unter dem Namen Kerner Sortenschutz. Pate stand natürlich der Weinsberger Arzt, Dichter, Geisterbanner und Weinfreund Justinus Kerner, auch wenn man anfangs, mit Rücksicht auf allzu pietätvolle Verehrer und Verehrerinnen des Romantikers, die Kernigkeit der Rebe gegen Winterfröste als ausschlaggebend für die Namenswahl hervorhob.

Frosthärte, Robustheit gegenüber Rebseuchen, Ertragstreue im Wechsel der Böden sowie hohe Mostgewichte zeichnen den Kerner aus. Hinzu kommt die rassige, fruchtige Art seiner Weine, die gelegentlich ins Muskatartige opalisiert. Das väterliche Rieslingerbe schlägt durch. Er bringt meist Weine mit Prädikatsrang in den Keller.

Im dichten Geblatt reifen runde, grünliche, dickschalige Beeren. Da der Kerner ins Laub schießt, braucht er energischen Schnitt und eine luftige Erziehung. Erstaunlich ist seine Widerstandsfähigkeit gegen Winterfröste. So richtig aufmerksam wurde man auf die S-2530 erst, als sie den sibirischen Winter 1956 heil überstand. Da er spät austreibt, sind die wollig behaarten

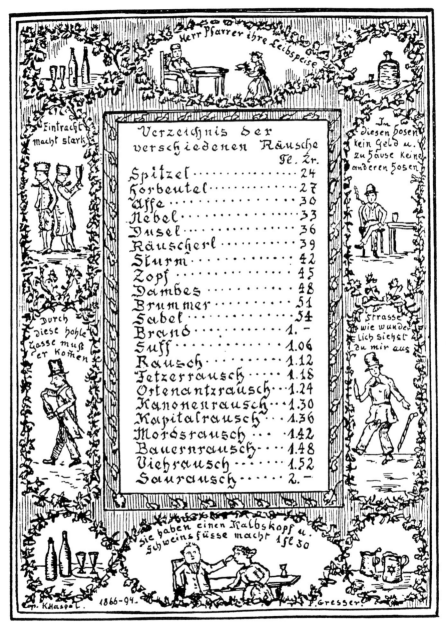

Rauschtafel des Gasthauses „Blume" in Lichtenau im Hanauer Ländle aus dem Jahr 1866.

Triebspitzen wenig bedroht von den „Eisheiligen" im Mai. Trotzdem reift der Kerner noch vor dem Silvaner aus. Sein Laub verträgt im Herbst aber auch ein paar Minusgrade; so kann man ihn bis in die letzten schütteren Sonnentage draußen hängen lassen.

Bacchus und Co.

Die folgende Liste von anderthalb Dutzend Neuzüchtungen im Badner Weinland spielt statistisch kaum eine Rolle, sieht man von regionalen Spezialitäten wie dem Bacchus in Tauberfranken oder dem Nobling im Markgräflerland ab. Bukettsorten mit hohen Mostgewichten überwiegen. Dabei geben viele Winzer zu, daß sie diese Sorten als Lockvögel im Listenangebot führen, um den weniger weinkundigen Probanten zu beeindrucken und der Stammkundschaft auch mal etwas Neues anbieten zu können. Die Erfahrung lehre aber, daß die Neuen bei einer ersten Probe zwar meist Anklang fänden, passionierte Weintrinker jedoch auf Dauer eher den Traditionssorten treu blieben. Denn so schillernd diese Lockvögel auch ihr Gefieder spreizen – ihre bukettbetonten Weine sättigen rasch, und nicht immer hält das Widerspiel von Körper, Rasse, Frucht und Säure, was die erst Begegnung einschmeichelnder Art versprach. Blender, heißt es dann achselzuckend.

Der Bacchus wurde ab 1935 von dem Pfälzer Peter Morio aus einer Rückkreuzung von Silvaner x Riesling und Müller-Thurgau entwickelt. Er läßt sich auch da noch anpflanzen, wo der Silvaner nicht immer ausreift, bevorzugt tiefgründige frische Böden und braucht genügend Nachschub an Wasser. Sein Holz reift gut aus, dafür wird sein früher Austrieb von Spätfrösten gefährdet. An Fruchtbarkeit übertrifft der Bacchus noch den Müller-Thurgau, aber auch seine Mostgewichte liegen etwas höher. Um 80 Grad Öchsle entfaltet die Sorte ihr Fruchtbukett, das freilich auf der Flasche nach drei, vier Jahren welkt.

Im Ersten Weltkrieg hat Georg Scheu in Alzey die nach ihm benannte Scheurebe aus Silvaner x Riesling gekreuzt. Die Rebe hat eine lange Vegetationszeit, ist wie ihr Vater ein Spätentwickler. Zum Glück assimiliert ihr Laub bis tief in den Herbst hinein. Denn ohne volle Ausreife wird die spitze Säure am Stock nicht abgebaut, bleibt das Bukett lärmig grell, so daß sich der Wein nur noch zum Verschnitt eignet. Ausgereift bringt die Scheurebe stahlige, pikante Weine, in deren Bukett das Aroma der Schwarzen Johannisbeere durchschlägt.

Der Nobling, eine Freiburger Kreuzung aus Silvaner x Gutedel, ist fruchtig, saftig, ausdrucksvoller und lagerfähiger als sein Vater Gutedel und hat sich im Markgräflerland besser behauptet als der aus Silvaner x Ruländer gekreuzte Freisamer.

Der Muskat-Ottonel, in der Herkunft umstritten, sowie der von Peter Morio aus Silvaner x Weißburgunder gezüchtete Morio-Muskat haben mit dem Traditionsgewächs Muskateller den Muskatgeschmack, nicht aber die Herkunft gemeinsam. Der Muskat-Ottonel weist das vornehm dezentere Bukett auf, bleibt aber sehr unsicher im Ertrag. Der Morio-Muskat wird wegen seines pomadigen Buketts praktisch nur mit neutralen Weinen verschnitten. Winzer nennen ihn verschämt ihr „Pariser Mädchen".

Die Contessa, eine Kreuzung aus der Tafeltraube Madeleine angevine x Traminer, bringt säurearme, extraktreiche Weine fast immer im Auslesebereich, doch bleibt die ihr verwandte Ortega-Rebe, eine Kreuzung Müller-Thurgau x Siegerrebe, ausdrucksvoller im Bukett; benannt ist sie nach dem spanischen Kulturphilosophen José Ortega y Gasset. Er hat daran erinnert: „Lange, bevor der Wein ein Verwaltungsobjekt war, war er ein Gott."

Trotz des preziösen Namens überraschend charaktervoll ist die Sorte Juwel, eine Silvanermutation von der Nahe. Die Huxelrebe, eine Kreuzung Gutedel x Courtillier musque, stammt aus Alzey und ist im Anbau schwierig, im Ertrag schwankend, bringt jedoch Weine mit rassiger Säure und feinem Muskatbukett. Der Silcher, eine Weinsberger Kreuzung Kerner x Silvaner, ähnelt eher dem Silvanertyp, probiert sich aber nerviger.

Der Würzer wurde aus Gewürztraminer x Müller-Thurgau gekreuzt und besticht durch fruchtige Säure und dezentes Muskatbukett. Der gleichen Kombination entstammt die Perle. Sie hat den Vorzug, erst nach den „Eisheiligen" auszutreiben und gegen Winterfröste widerständig zu sein. An Boden und Lage stellt sie kaum Ansprüche, gedeiht sogar auf flachgründigen, winddurchblasenen Lagen besser, doch bleibt ihr Laub gegen herbstliche Frühfröste empfindlich. Ihre milden Weine überraschen mit einem delikaten Walnußaroma, das später in einen feinen Honigduft übergeht.

Der Findling geht auf eine Mutation des Müller-Thurgau zurück und wurde in Tiergarten in der Ortenau entdeckt. Mostgewichte und Säurewerte liegen höher als bei der Ursprungssorte. Eine Freiburger Züchtung ist der Zähringer, eine Kreuzung Traminer x Riesling mit säurebetonten Weinen.

Purpur für den Spätburgunder

Eines der Geheimnisse der Rebe ist es, daß ihre nobelsten Sprößlinge, rot und weiß, nicht unter südlicher Sonne, sondern in den klimatischen Grenzmarken des rentablen Weinbaus, auf gefährdetem Vorposten, auch die ausgewogensten, geschmacklich ansprechendsten, die spannungsreichsten, geschliffensten und gehaltvollsten Gewächse hervorbringen. Das gilt für den Riesling wie für den Blauen Spätburgunder. Charakter bedarf der Bewährung.

Unterm Rotgewächs trägt der Spätburgunder den königlichen Purpur. In Baden regiert er mit 27 Prozent ein gutes Viertel der Rebfläche.

In der Ortenau steigt dieser Anteil auf 37,5, am Bodensee auf 40, am Tuniberg gar auf gut 50 Prozent. Der Spätburgunder verlangt tiefgründige, feinerdige, warme Böden in guter Lage. Bei anhaltend feuchter Witterung neigt die dichtbeerige Traube zur Fäulnis. Sonst ist die Rebe gegen Krankheiten wie gegen Frost recht widerstandsfähig. Dank ständiger Selektionsarbeit hat sich ihr Ertrag innerhalb der letzten Jahrzehnte auf 80 bis 100 Liter je Ar fast verdoppelt.

Relief eines Weinzapfers an der Ritzmühle in Efringen von 1752.

Die rubinroten Weine vereinen Feuer und Samt. Ihr Bukett erinnert an reife Brombeeren, zuweilen zeigt sich ein Hauch Mandelton. Erst die Mitgift an Gerbsäure gibt ihnen den feinherben Charakter. „Vollbusig" schwärmt mancher Winzer, wenn er seinen Spätburgunder vorstellt. Im Keller kann sein Wein drei bis zehn Jahre, oft auch länger, lagern. Selbst wenn seine Farbe dann schon leicht braunstichig sein sollte – der gute Geist des Burgunders ist ihm geblieben.

Als eine rosarote Jungfer, die nicht alt werden sollte, hat Ernst Hornickel den Spätburgunder Weißherbst gedeutet. Der apfelgeleefarbene elegante Weintyp wird, wie schon erwähnt, durch rasches Abpressen gewonnen, so daß die farbintensiven, gerbstoffhaltigen Beerenschalen kaum mitvergären.

Die schöne Müllerin

Ein naher Verwandter des Spätburgunders ist der sogenannte Schwarzriesling, der mit dem Riesling gar nichts gemein hat, außer dem Wuchs. Die Bezeichnung Müllerrebe wäre zwar korrekter, heißt die Sorte im Französischen doch Pinot meunier, bleibt aber noch immer zu hausbacken grob. Denn der Schwarzriesling, die Müllerrebe, ist eigentlich eine schöne Müllerin, eine Dame sogar, fruchtig, mild, mit wohlproportioniertem Körper. Sie spricht Auge wie Zunge an. Man sollte sie bei Kerzenschein genießen.

Ihren Namen Pinot meunier hat diese Spielart des Blauen Spätburgunders von ihren weißfilzigen, wie von Mehl bestäubten Triebspitzen. Dieser natürliche Frostschutz, ihre Anspruchslosigkeit sowie der hohe Gehalt an Farbstoffen ließ inzwischen manche Traubenkundler schon am Erstgeburtsrecht des hochgezüchteten Spätburgunders zweifeln. Sie vermuten im Schwarzriesling die Stammform jener Wildrebe zwischen der Rhone und dem Genfer See, aus der die heutigen Kulturreben der Burgundersippe hervorgegangen sind.

In Baden nimmt die Sorte nur ein knappes Prozent, in Tauberfranken jedoch gut acht und im Kraichgau gut vier Prozent der Rebfläche ein. Dank ihrer guten Holzreife ist die schöne Müllerin winterfest, doch neigen die kompakten Trauben leicht zur Fäulnis. Auf Muschelkalk und Löß fühlt sie sich wohl.

Historisches und junges Rotgewächs

Der Portugieser ist ebenfalls fast nur in Tauberfranken und im Kraichgau zu finden. Die von Bronner eingeführte Rebsorte ist bescheiden in ihren Ansprüchen an Boden und Lage und reift früh aus. Die neutralen Weine werden gern mit markanteren Sorten verschnitten. Ernst Hornickel hat deshalb vor Jahrzehnten den bissigen Spruch geprägt, man finde den Portugieser häufiger im Weinberg als auf der Weinkarte. Im Gelände ist die Rebe im Herbst leicht auszumachen. Die großen fünflappigen Blätter flammen in grellem Indianersommerrot. Die Beeren weisen einen feinen grauen Duft auf; dünnhäutig, werden sie von Staren und Wespen bevorzugt gezehntet.

Eine von vielen Winzern für ganz Baden geforderte Rarität des Kraichgaus, die dessen Nähe zum württembergischen Stromberg und Heuchelberg widerspiegelt, ist der Lemberger, genauer Limberger, der wie der Portugieser von der schönen blauen Donau stammt und dort kurioserweise der Blaufränkische heißt. Die früheste Erwähnung, leider kaum be-

Eine bescheidene Renaissance hat in den letzten Jahren das Regionalgewächs des Tauberschwarz erlebt.

achtet, findet sich in der Doktorarbeit, die der nachmalige erste Bundespräsident Theodor Heuss 1905 über Weinbau und Weingärtnerstand seiner Heimatstadt Heilbronn verfaßt hat. In einem um 1700 zu datierenden Bericht des reichsstädtischen Ratsküfers ist von „limborger Gewächs" die Rede.

Nach einer der unzähligen Weinlegenden haben die Herren von Neipperg die Rebe im Neckarland eingeführt. Ein Goldkörnchen Wahrheit blinkt da wohl mit auf. Wie Hubert Graf von Neipperg auf Anfrage erklärte, schweigt sich das sonst wohlassortierte Hausarchiv über eine Einbürgerung des Limbergers aus. Er vermutet jedoch, daß vor der Konversion seiner Familie protestantische Glaubensflüchtlinge die Donaurebe aus ihrer Heimat mitgebracht haben, so wie vertriebene Donauschwaben nach 1945 noch mit Rebsetzlingen hier ankamen. Der Limberger wäre danach also nicht von der Herrschaft per Dekret, sondern von unten her in die schwäbisch-fränkischen Weinberge gelangt.

Im Weinberg erkennt man den Limberger an seinen großen, unregelmäßig gezähnten und gelappten Blättern, zwischen denen die lockere

Traube mit dickschaligen blauen Beeren hängt. So robust die Beere, so empfindlich ist die Blüte. Der Limberger verrieselt leicht; deswegen hält sich sein langjähriger Ertrag in Grenzen. Im Glas erscheint er als ein rechter Männerwein, tiefgründig in der Farbe, feinherb, rassig im Geschmack. In guten Jahren erstarkt er zu feuriger Wucht. Sein Bukett beglückt mit einem Anhauch von Pfirsich, der Wein hält sich ein gutes Jahrzehnt im Keller. Er macht die müdesten Männer wieder munter. Theodor Heuss hat den Limberger als seinen Lieblingswein auf dem Bonner Parkett akkreditiert. Der Liberale vom Neckar war sich hier mit dem märkischen Junker Otto von Bismarck einig, der sich im Alter seinen Blaufränkischen aus dem Burgenland kommen ließ.

Ihr Ziel, farbstarke neutrale Deckweine zu erzielen, haben die Rebenzüchter bisher eher erreicht als das Einbürgern ansprechender, selbständiger, betriebswirtschaftlich sicherer Rotweine. Zukunft könnten zwei neue Namen auch im Weinland Baden haben.

Da ist einmal der Dornfelder, eine Kreuzung aus den Weinsberger Züchtungen Helfensteiner x Heroldrebe. Der Dornfelder ist robust und verbürgt sichere Erträge. Er bringt herzhafte Tafeltrauben sowie Keltertrauben, die sich zum Deckwein eignen, aber auch einen eigenständigen gehaltvollen körperreichen Roten geben. Allerdings erreichen die Weine des Dornfelders nur selten Prädikatsrang.

Die Zweigeltrebe stammt von der österreichischen Lehr- und Versuchsanstalt Klosterneuburg und stellt eine Kreuzung St. Laurent x Limberger oder Blaufränkischer dar. Sie ist sehr frosthart, aber in der Blüte empfindlich. Die dunkelroten, fruchtig herben Weine halten lange auf Lager.

Ein kleines Kellerkollegium

Eigentlich reift der Wein zweimal heran, einmal im Weinberg und zum andern im Keller. Die Reife draußen kann der Winzer nur flankierend begleiten, mit der Wahl von Lage und Sorte, mit Rebschutz und Rebschnitt, Bodenbearbeitung und Düngen. Alles andere muß er der Natur überlassen. Wichtigste Pflegearbeit ist im Frühjahr der Anschnitt, der, abgesehen von der Witterung, über Ertrag und Güte des Jahrgangs entscheidet. Ab einer gewissen Grenze, die für die verschiedenen Rebsorten unterschiedlich zu ziehen ist, sinkt mit steigendem Ertrag unweigerlich der Gehalt des Weines. Schließlich ist die Leistungskraft eines Rebstocks begrenzt; wird er quantitativ überfordert, büßt sein Produkt an Qualität ein. Die Kellertechnik kann das bis zu einem gewissen Grad korrigieren, aber nicht grundlegend ändern. Ein Mehr wäre Manipulation.

Bei der Anlieferung im Herbst wird das Mostgewicht der einzelnen Traubenpartien geprüft, was sich für den Winzer in gestaffelter Auszahlung niederschlägt. Dann werden die Trauben entrappt, also die Beeren vom Stielwerk gelöst und in der Kelter schonend ausgepreßt, damit die stark gerbsäurehaltigen Beerenkerne nicht zerquetscht werden. Beim Weißgewächs läßt man die so entstehende Maische einige Stunden anstehen, ehe man die Brühe von den Trestern, den festen Rückständen, abpreßt. Der junge Most ist

Ein Gang in den Keller. Scherenschnitt von Karl Fröhlich.

für Bakterien und Oxydation sehr anfällig. Deshalb wird er rasch in Stahltanks geleitet. In größeren Betrieben folgt die Pasteurisierung, die Erhitzung der Traubenbrühe auf 87 Grad, um unerwünschte Keime zu beseitigen. Das legale Schwefeln von Maische oder Traubenmost wird nur noch ausnahmsweise praktiziert, um den späteren Wein gesund, frisch und hellfarben zu halten.

Etwas anders verläuft der einleitende Gärprozeß beim Rotgewächs. Die nur in den Beerenhäuten enthaltenen blauen und roten Farbstoffe Anthocyane genannt, sollen hier intensiver freigesetzt werden, anders als beim Weißgewächs, dessen gelbe und grüne Farbstoffe auch im Beerenfleisch vorkommen. Bei der traditionellen Maischegärung des Roten läßt man deshalb nicht erst den abgepreßten Most, sondern schon die Maische samt Beerenhäuten und Kernen ein paar Tage oder noch länger gären. Das gilt vor allem für Spätlesen und Auslesen. Diese traditionell ausgebauten Weine probieren sich anfangs noch ziemlich eckig und zeigen erst nach der Flaschenreife ihren Rang.

Die geschlossene Maischegärung im Drucktank schont Farbe und Aroma und beläßt den schon in jungem Stadium trinkbaren Weinen den ausgeprägten Fruchtgeschmack. Bei einfachen Qualitäten wird die Maische auf 60 Grad erhitzt und lagert so einen Tag. In Großbetrieben hat sich die nur minutenlange Erhitzung der Maische auf 80 bis 85 Grad eingebürgert.

Nach der Klärung des Mostes in einer Art Zentrifuge oder im neutralen Kieselgurfilter werden ihm eigens gezüchtete Hefepilze zugesetzt. Sie leiten nun die eigentliche Gärung und Wandlung zum Wein ein. Dabei entstehen aus dem natürlichen Zucker Aethylalkohol und Kohlensäure, sogenannte höhere Alkohole, Glyzerin und andere Verbindungen. Weinsäure und Apfelsäure werden abgebaut, ausgefällt, vermindert, während gleichzeitig andere Säuren entstehen.

Wenn ein Alkoholgehalt von etwa 12 Volumenprozent erreicht ist, hören die Hefepilze auf zu arbeiten, die Gärung erlischt. Der Kellermeister versucht dabei durch Regulierung von Druck oder Temperatur eine allzu stürmische Gärung zu dämpfen, da sonst unersetzliche Geschmacksstoffe entweichen. Wenn die Hefen und andere Trübstoffe abgesunken sind, folgt mindestens ein Abstich; dabei wird der Jungwein von festen Rückständen befreit und umgefüllt. Dieser glanzhelle Wein wird geschwefelt und darf dann im Gebinde reifen. Der biologische Säureabbau setzt sich fort. War zuvor schon im Traubengut ein unerwünscht hoher Säuregehalt festgestellt worden, so durfte dieser durch Zugabe von kohlensaurem Kalk auf die Maische verringert werden.

Wahrheit im Wein und was noch?

Wein ist mehr als Alkohol. Er birgt schätzungsweise mehr als eintausend verschiedene Inhaltsstoffe, die je nach Boden, Sorte, Jahrgang und Ausbau variieren. Grob lassen sich diese Inhaltsstoffe in eine Handvoll Gruppen einteilen: Alkohol, Säuren, Zucker, Mineralstoffe, Gerbstoffe, Farbstoffe, Eiweißverbindungen sowie Bukett- und Aromastoffe. Der Gehalt an Äthylalkohol oder Weingeist beträgt bei unseren Weißweinen meist zwischen 80 und 90 Gramm je Liter, wobei acht Gramm etwa einem Volumenprozent Alkohol entsprechen. Die sogenannten höheren Alkohole, maximal zwei Gramm je Liter, sind für die niederträchtigen Katerwirkungen verantwortlich. Das Glyzerin, ein dreiwertiger Alkohol, macht den Wein vollmundig. Bei Gewächsen aus edelfaulem Traubengut schlägt sich der hohe Glyzeringehalt an der Wand des Trinkglases in Schlierenform nieder und bildet die sogenannten Kirchenfenster.

Nicht nur der Alkohol, auch Körper, Blume und Frucht eines Weines müssen dessen Säure harmonisch austarieren. Als Ideal gilt etwa ein Wein mit 100 Grad Öchsle und zehn Promille oder zehn Gramm Gesamtsäure je Liter. Eine proportionierte reife Säure verleiht dem Wein erst Frucht, Rasse und Eleganz. Der Säuregehalt wird als spritzig, frisch, kernig, stahlig, aber auch als unharmonisch, unreif, spitz oder gar grasig empfunden.

Weinsäure und Apfelsäure stellen das Hauptkontingent. Die ziemlich instabile Weinsäure fällt während der Gärung, teilweise auch noch auf der Flasche, als Weinstein aus, indem sie sich mit Kalium kristallig verbindet. Weinstein in der Flasche ist kein Fehler, sondern eher ein Indiz für lebendige Säure und hohen Mineralstoffgehalt. In guten Jahren überwiegt die als reif empfundene Weinsäure, während die Apfelsäure das Rückgrat des Weines bildet. In weniger guten Jahren schlägt letztere, als unreif empfunden, durch. Der Restgehalt an Kohlensäure macht den Wein spritzig, hält ihn frisch. Wenn die Gärung erlischt, verbleibt dem Wein je nach dem Reifegrad seiner Beeren eine natürliche Restsüße von nicht aufgespaltenem unvergorenem Zucker in Form von Frucht- und Traubenzucker, wie sie etwa für Auslesen typisch ist.

Setzen wir einen Liter Wein Temperaturen von mehr als 500 Grad aus, so bleiben knapp zwei bis zweieinhalb Gramm Asche übrig. Sie setzt sich aus den mineralischen, den anorganischen Bestandteilen des Weines zusammen: Kalium, Magnesium, Calcium, Natrium, Kupfer, Eisen, Zink, Jod. Weine aus regenreichen Jahrgängen sind meist mineralienreicher als solche aus trocken hitzigen. Generell sind Rotweine mineralienreicher als Weißweine.

Der Gerbstoffgehalt schwankt erheblich, bezogen auf einen dünnen Weißwein und einen auf der Maische vergorenen Roten zwischen 0,2 und 2,5 Gramm je Liter. Die Gerbstoffe haben einen adstringierenden, einen herben, streng bis bitter zusammenziehenden Geschmack und wirken sich vor allem beim Rotgewächs auf Charakter und Lagerfähigkeit aus. Sie sind untrennbar mit den Farbstoffen verbunden.

Zu den Eiweißverbindungen im Wein, den Proteinen, gehören auch deren Baustoffe, die Aminosäuren, die bei der Gärung die höheren Alkohole erzeugen und an der Bildung der Bukettstoffe beteiligt sind. Diese wiederum geben dem Wein den Wohlgeruch, die Blume, so wie die Aromastoffe maßgeblich für den Geschmack sind. Obwohl sie größtenteils eigentlich nur aus zwei Stoffen bestehen – darunter Beta-Phenyl-Äthylalkohol, der Träger des typischen Rosenduftes – riecht der Wein nicht oder kaum nach Rosen. Das liegt an den knapp 400 weiteren, nur in Spuren faßbaren Aromastoffen, die sich insgesamt überlagern und durchdringen. Diese mit Hilfe der Gaschromatographie entdeckte Orchestrierung geschmacklicher Klangfarben entsteht erst bei der Gärung. Dabei erzeugen die Hefepilze vor allem aus den Aminosäuren mosaikartig die verschiedensten Aromabilder.

Anmerkungen zur Süßreserve

Seit den 60er Jahren machte das böse Wort vom „badischen Weinerlei" die Runde. Eine zunächst kleine, dann aber stetig wachsende Zahl oft wortgewaltiger Weinfreunde warf den Verantwortlichen der Rebenszene vor, daß immer mehr Weine immer gleichtöniger ausgebaut würden, daß die Eigenarten von Lage und Jahrgang, daß all das Kantige, säuerlich Widerborstige des heimischen Gewächses zugunsten rundum gefälliger Tropfen kellertechnisch abgeschliffen werde. Vor allem verfälsche man den Wein durch gleichmacherische Süße. Das Stichwort, an dem sich die Kontroversen entzündeten, hieß Süßreserve.

Mit dem Aufzuckern der Tafelweine, Landweine und Qualitätsweine ohne Prädikat hat die Süßreserve nichts gemein. Süßreserve ist ein pasteurisierter Traubensaft, mit dem der schon ausgebaute Wein bis hin zur Spätlese verschnitten wird; bei Weißgewächs sind das bis zu zehn, bei Rotgewächs bis zu vier Prozent. Durch diese Dosage erhält der Wein eine schmeichlerische Restsüße, die auch als „dienende Süße" umschrieben wird.

Die Vorteile der Süßreserve liegen auf der Hand. Die runden gefälligen Weine bestechen auf den ersten Schluck und lassen sich beim Probieren leichter verkaufen als herbere Gewächse. Weine mit bescheidenen Mostgewichten, eckigem Körper und markanter Säure gewinnen auch ohne längeres Lagern an Fülle und Harmonie. Sogar leichte Fehler beim Ausbau lassen sich so elegant ausbügeln.

Mit der kellertechnisch aufwendigen Praxis der Süßreserve hat sich bei uns eine heimliche Geschmacksrevolution vollzogen. Die Rekordernten aus den umgelegten, mineralisch oft überdüngten Weinbergen zwangen zu großzügiger Vermarktung über Kaufhallen und Ladenketten. Leute, die erst allmählich zum Wein finden, werden einen milden, auf den ersten Anschluck gefälligen Wein bevorzugen, zumal immer häufiger die Hausfrauen beim Einkauf auch ins Flaschenregal greifen. Auch beim Ordern nach einer Kellerprobe haben meist die Frauen das letzte Wort. Kein Zweifel, daß die Süßreserve seit den 60er Jahren dem heimischen Wein neue Kundenkreise erschlossen hat.

Jeder passionierte Weinfreund weiß aber auch, daß Gewächse mit Restsüße rasch sättigen. Der Köder der Süßreserve läßt den Angelhaken frischender Säure nicht mehr greifen. Hinzu kommt, daß durchgegorene Weine auf Dauer bekömmlicher sind. Die Grundsatzfrage, ob ein bis zu zehn Prozent mit Traubensaft verschnittener Wein überhaupt noch als Wein anzusprechen ist, wird vom Gesetzgeber und dem Gros der Weinerzeuger und Weinvermarkter stillschweigend ignoriert. Erlaubt ist, was gefällt. Ein Hinweis auf dem Etikett, daß der Kabinettwein oder die Spätlese durchgegoren und nicht mit der Dosage aufgepäppelt worden sind, wird per legem sogar verboten. Leidtragender ist nicht nur der Weinfreund, sondern auch der Winzer und Kellermeister, der sich bemüht, auch ohne diesen Verschnitt nach allen Regeln der Kunst das Beste aus dem jeweiligen Jahrgang herauszuholen.

Wer hat schon einen Gewölbekeller?

Die Frage nach der Lagerfähigkeit eines Weines ist natürlich von Sorte zu Sorte, Jahrgang zu Jahrgang verschieden. Als Faustregel mag gelten, daß säurebetonte Weine sich länger auf Lager halten und dort sogar noch an Flaschenreife gewinnen. Riesling, Kerner, Scheurebe und gute Silvaner halten sich meist vier, fünf Jahre, das gilt auch für Spätburgunder und Limberger.

Jeder Bacchusjünger, der mit Bedacht auf Vorrat kauft, träumt von einem stillen Refugium für seine Kellerkinder, von einem Gewölbekeller natürlich, mit konstanter Luftfeuchtigkeit und einer Temperatur von 13 Grad, von einem Keller also, zu dem die Spinnweben in der Ecke wie ein Spitzentaschentuch zu einer Dame von Welt gehören.

Die Wirklichkeit sieht leider meistens anders aus. Gewölbte Keller sind schon ein Privileg der Altbauten. In den Betonwannen von heute laufen oft noch die Heizungsrohre durch, lagert nebenan das Heizöl. Dabei kann der Wein mit der Zeit durch den Korken penetrante Gerüche auf- und einen entsprechenden Geschmack annehmen. Als Mindestregel ist zu beachten, daß Flaschenregale nicht gerade an der Wand aufgestellt werden, an der die Heizrohre entlanglaufen.

Selbstverständlich werden die Weinflaschen liegend, mit dem Etikett nach oben, aufbewahrt. Der Wein muß den Korken bespülen und feucht halten. Gute Belüftung und wenig Sonnenlicht sind weitere Forderungen an den häuslichen Weinkeller, auch, daß Flaschen nach einem Schaukeltransport erstmal zumindest eine Woche lang liegen, ehe man ans Probieren geht.

Ein Risikofaktor bleibt der Korken. Die weltweit steigende Nachfrage hat die Preise für Naturkork hochgetrieben und die Qualitätsansprüche sinken lassen. Erzeuger zahlen heute für einen tadellosen Korken, der einen großen Wein langfristig nahezu luftdicht abschließt, schon eine halbe Mark und mehr. Rieselndes Korkmehl, verursacht durch den Wurmfraß der Korkmotte oder durch das Bersten des Korks beim Herausziehen, verändert den Geschmack nachteilig. Aber auch bei äußerlich intakten Pfrop-

Das Ja oder Nein zum Wein – Holzstich von Ludwig Richter zu einem zeitlosen Thema.

fen kann Korkgeschmack den besten Wein ruinieren, wenn bei der Behandlung des Naturkorkens mit Chlorlauge etwas schiefgegangen ist. Zumindest bei Literweinen nehmen die Flaschen mit Schraubverschluß zu. Dieser ist absolut luftdicht, hygienisch einwandfrei und wirkt sich nicht auf das Geschmacksbild des Weines aus. Weinflaschen mit Schraubverschluß können unbedenklich auch stehend gelagert werden.

Probieren wie die alten Römer

Irgendwann kommt es mit Freunden und Bekannten mal zu einer Weinprobe aus dem eigenen Keller. Ein solcher Kreis, möglichst um den runden Tisch versammelt, sollte nicht zu groß geraten. Die Geschmäcker dürfen ruhig variieren, Hauptsache, daß überhaupt Geschmack, sinnliches Unterscheidungsvermögen, da ist. Im kritischen Widerspruch, im Funkenstieben des Dialogs gewinnt auch der Wein an Glanzlichtern der Erkenntnis.

Ein paar Grundsatzfragen des Probenprotokolls seien hier angesprochen: Reihenfolge und Temperatur der Weine, die Wahl der Gläser und – das COS-System.

Für die Reihenfolge der Proben gilt: Weißwein vor Rotwein; jüngere Jahrgänge vor älteren; leichte Weine vor ausdrucksvoll schweren, zartblumige vor bukettüppigen, trockene vor lieblichen. Diese Folge kann sich ändern, wenn etwa nur eine kleine Minderheit an Weißgewächs oder Rotgewächs vorhanden ist. Dann beginnen wir mit der jeweiligen Minderheit, staffeln aber weiter nach Güte. Mit dem Spitzenwein sollten wir freilich nicht aufhören und zum geselligen Teil übergehen. Als Schlußlicht für den

Rest des Abends bietet sich ein guter, aber geschmacklich eher diskreter Wein, etwa ein Weißer Burgunder, an.

Brot, nicht allzu frisch, darf eine Weinprobe begleiten. Nur kein Salzgebäck, Süßes oder Gewürztes! Entscheidend bleibt ja immer die wache Sensibilität von Nase, Zunge und Gaumen. Das trockene Brot wirkt da wie ein Schwamm; es putzt unsere Geschmackstastatur wieder blank. Für die Temperierung gilt als Faustregel: Weißweine sollten um die 12 Grad haben, just wie das Leitungswasser aus dem Hahnen kommt; für Rotweine sind 16–18 Grad, also Zimmertemperatur, angemessen. Je temperierter ein Wein probiert wird, desto mehr schließt er sich auf, offenbart er seine Vorzüge, Eigenarten, Schwächen und Fehler. Unterkühlte Kellerproben beim Erzeuger haben zu Hause schon manche Enttäuschung beschert.

Rotwein wird am besten chambriert, also ein paar Stunden vor der Probe ins Zimmer gestellt. Gerbstoffriesen, sofern es die hierzulande aufzutreiben gibt, sollten wir auch eine Stunde vor dem Probieren öffnen, damit sie Sauerstoff aufnehmen können. Wir können so einen Roten auch dekantieren, also vorsichtig in eine durchsichtige Karaffe umgießen. Das Depot, Weinstein und gerbstoffhaltige Ausscheidungen am Grund der Flasche, sind zwar normal, sollten aber in der Flasche zurückbleiben.

Das Thema Gläser dürfte heute kein Anlaß mehr zu Kontroversen sein. Das beste Probierglas ist der dünnwandige, farblose, bauchige und sich nach oben verjüngende Kelch am langen Stiel. Ein solches, leicht einwärts schwingendes Glas erleichtert das Kreiselnlassen unter der witternden Nase, und der eingezogene Rand läßt den Duft des Weines, die Blume, nicht so rasch entweichen.

Und nun zu dem schon avisierten COS-System. Das Buchstabenkürzel steht für die goldene Probierregel der alten Römer, die den Wein nach color, odor und sapor, nach Farbe, Geruch und Geschmack, zu bewerten pflegten. Diese Prüfung mit Auge, Nase, Zunge und Gaumen, auch Sinnenprüfung genannt, steht bei der amtlichen Weinprüfung gleichberechtigt neben der Laboranalyse.

Dünnwandig, nicht geschliffen und farblos sollte das Probierglas sein. Dem Auge des Weinfreundes sagen nämlich Farbe und Klarheit schon viel. Für hochnäsige Mitmenschen ist so eine Weinprobe nichts. Denn nach der optischen Prüfung gilt es nun die Nase in das nur halbgefüllte Glas zu stecken.

Dabei läßt man das Glas leicht rotieren, um alle aufsteigenden Duftstoffe einfangen zu können. Das Glas wird schräg gehalten, und zwar am Stiel, nicht am Kelch. Der bietet nämlich sonst bald eine Kartothek von Fingerabdrücken. „Walzer tanzen mit dem Wein" sagen die Franzosen zu dieser Nasenprobe.

Jetzt erst nehmen wir einen kleinen Schluck, drücken ihn prüfend gegen die Zunge und nehmen dann ein Gaumenbad. Beim zweiten Schluck dürfen wir den Mund schon voller nehmen und den Wein regelrecht kauen und beißen. Denn unsere inwendigen Tropfenfänger sind nicht gleichmäßig verteilt. Die Zungenspitze kostet die Süße, die Zungenränder signalisieren die Säure, der Zungengrund schmeckt die Herbe und etwaige Bitternis des Weines.

Im Zusammenspiel von Auge, Nase und Zunge offenbart sich die Art eines Weines. Als schwer oder wuchtig bezeichnet man ihn, wenn er neben Feuer, dem Alkohol, auch stattliche Extraktstoffe aufweist. Solche Weine rinnen manchmal schwer, fast ölig ins Glas. Ein extraktreicher Wein, der auch noch aromatisch die Mundhöhle füllt, besitzt einen guten Körper. Ein mittelmäßig gewachsener, aber geschickt ausgebauter Wein mit weniger Alkohol und Körper darf noch immer als harmonisch, artig oder gefällig angesprochen werden. Ein säurearmer, aber sonst ausgeglichener Wein wirkt mild. Säurebetonte Gewächse bezeichnen wir als rassig. Verliert sich der Geschmack nach dem Hinunterschlucken rasch, so ist der Wein kurz. Hallt der Geschmack im Gaumengrund länger nach, so besitzt der Wein einen schönen Schwanz.

Selection, Sekt, Barrique

Das Besondere verlangt nach Signifikation, auch beim Weingenuß. So hat der Badische Weinbauverband ab dem Jahrgang 1992 die schon erwähnte Linie der trockenen Selectionsweine geschaffen. Sie stammen aus mindestens 15 Jahre alten Rebanlagen und sind auf einen Höchstertrag von 60 Hektoliter je Hektar beschränkt. An alten Stöcken läßt der Ertrag nach, ihre Trauben werden zudem kleinbeeriger. Dafür geraten ihre Weine stoffiger, fülliger.

Überraschend hat das Holzfaß als Bacchuswiege eine kleine Renaissance erlebt. Der Zeitgeist hat auch schon den schicken Namen dafür – Barrique. Mit der Ausweitung der Weinproduktion und dem Siegeszug der neuen Kellertechnik musterten immer mehr Winzer das pflegeaufwendige Holzfaß aus. Inzwischen hat sich in vielen Betrieben eine Art Arbeitsteilung zwischen Stahltank und Eichenholzfaß entwickelt. Wie der Kork auf der Flasche, so ermöglicht auch das Holzgebinde einen unmerklichen Luftaustausch. Aber während Korkgeschmack den Wein verhunzt, gewinnen manche Rebsorten durch den Kontakt mit dem Tannin, dem Gerbstoffgehalt des Eichenholzes. Für den Prozeß der Gärung setzen die Kellermeister weiter auf Stahl. Gute Partien von Spätburgunder, Grauburgunder, Weißburgunder, Limberger, Dornfelder, Gewürztraminer, Kerner und Chardonnay reifen dann aber oft im Daubenmantel nachhaltiger aus. Vor allem stabiles Rotgewächs gewinnt im atmenden Holz an Gehalt, Farbe, Wucht. Die sortenspezifischen Aromen treten dabei zugunsten typisierender neuer Aromen aus der Holzextraktion zurück.

Dieser Loheton ist das Besondere am Barrique, dem 228-Liter-Faß aus Eiche, während die traditionellen sogenannten weingrünen Holzfässer so behandelt sind, daß sie möglichst wenig Geschmacksstoffe abgeben. Das Barrique kann deshalb auch nur zwei-, dreimal gefüllt werden, dann hat sich seine geschmacksprägende Wirkung erschöpft. Arbeitsaufwendig und kostspielig ist das Verfahren also.

Die Anfänge der Sekterzeugung in Baden haben wir schon gestreift. Die Sektsteuer, die im wilhelminischen Deutschland den Bau der Panzerkreuzer-Flotte mitfinanzieren sollte, konnte die Lust an dem moussierenden Luxusgetränk zwar dämpfen, aber nicht vergällen.

Mit dem sogenannten Wirtschaftswunder nach der Währungsreform 1948, mit dem Schachzug der Piccolo-Flasche wurde der Sekt gar Volksgetränk. Die Erzeugung blieb jedoch in der Hand spezieller Sektkellereien konzentriert. 1986 befand ein löbliches Finanzministerium, Sekt aus heimischen Weinbaubetrieben sei ein landwirtschaftliches Produkt und damit, im Gegensatz zu den perlenden Cuvées der gewerblichen Kellereien, gewerbesteuerfrei.

Seither rollt aus den Weingütern und Winzergenossenschaften eine Sektwoge. Auch wenn manche Betriebe ihren Grundwein nicht selbst mit Hefe, Mostzucker und einer nachfolgenden zweiten Gärung zu Sekt ausbauen, sondern spezielle Kellereien damit beauftragen, bleibt dem Winzersekt sein Profil: Sein Grundwein muß einer bestimmten Rebsorte, einer bestimmten Lage und einem bestimmten Jahrgang entstammen. Die meisten Genossenschaften und Selbstmarkter bauen auf eigene Faust aus, nach der Champagnermethode – Flaschengärung, Handrüttelung, Degorgieren der Heferückstände. Das schafft einen Hauch Exklusivität und erspart den kleinen und mittleren Betrieben die viel zu teuren Gärtanks.

Auch ein kulinarisches Musterländle

Nirgendwo sonst in Deutschland haben Feinschmeckergilden, Küchen-Orden, Touristikverbände und kritische Handbücher der Gastronomie soviel goldene Sterne und Bratpfannen, rote Kochmützen, Ehrendiplome und Plaketten verliehen wie im Weinland Baden. Auch dessen Ruf als kulinarisches Musterländle ist unumstritten.

Allegorie auf die Sinnenfreuden des Essens.

Einige Elemente wirken da zusammen. Da ist einmal die natürliche Fruchtbarkeit der Landschaft mit Waldrevier und Fischgewässern, Obsthalden und Weinbergen, vom Felchenaquarium des Bodensees bis zu den Sandböden der Rheinebene, die früher kaum eine Ziege ernähren konnten, dann aber der Sonderkultur des Spargels nutzbar gemacht wurden. Hinzu kommt die jahrhundertelange Präsenz des habsburgischen Doppeladlers im Breisgau wie in der Ortenau, die stammverwandte Nachbarschaft zum Elsaß, der Schweiz, notabene auch zum Schwäbischen. All das hat hier die Speisekarte geschmacklich eingefärbt und mitgeschrieben. Häufiger als anderswo ist im Badischen aber auch die Symbiose von ländlicher Gastwirtschaft und weltoffener Küchenmeisterkunst geglückt.

Unsere Eltern und Großeltern hatten sich beim Thema Essen und Wein noch an eine strenge Etikette zu halten. Wir sind auch auf diesem Felde liberaler geworden, aber ein paar erprobte Faustregeln gelten immer noch.

Zum Vesper schmeckt ein frischer Müller-Thurgau oder Gutedel. Dieser ist auch Kompagnon des „Z'Nüni", des alemannischen zweiten Frühstücks mit Schwarzwälder Speck gegen neun Uhr. Das hatte und hat seinen Sinn auf dem Lande, wo sich die Leute mit dem Hahnenschrei zur Arbeit in Stall und Feld aufmachten. Heute ist das „Z'Nüni" längst an keine Tageszeit mehr gebunden. Im Markgräflerland gab es einmal einen Pfarrer, der Speck hieß und einen Vikar namens Kühlewein bekam. Gingen die beiden miteinander spazieren, sagten die Leute: „,Das Z'Nüni' ist unterwegs."

Der Gutedel schmeckt aber nicht nur zum Frühschoppen, sondern auch zu Fisch, hellem Fleisch, zu Raclette und Käse-Fondue. Überhaupt sollte

Weißwein den gedämpften oder gekochten Fisch begleiten, vor allem dann, wenn der Sud mit Wein angereichert wurde. Das gilt auch für Bodenseefelchen, Schwarzwaldforelle oder Hecht auf Badische Art, in Rahm gedünstet und im Rohr mit Butter überbacken. Zu gebratenem Fisch, Aal etwa, oder zur winterlichen Delikatesse der Trüsche, einem

Selten geworden ist das Rebhuhn in den Rebgewannen auch am Oberrhein.

kleinen quappenartigen Räuber, paniert und samt der köstlichen Leber goldbraun gebacken, können wir aber auch einen Schluck Rotwein wagen.

Von Anfang November bis Anfang April ist Saison der gedeckelten Weinbergschnecken, während Badische Schneckensuppe das ganze Jahr über angeboten wird. Hier, wie zu Fisch und Kurzgebratenem, hat sich der Grauburgunder schon bewährt. Ihn können wir, ebenso wie einen gereiften Traminer, unbedenklich auch zu Ente oder Wild genießen. Die alte Regel, zu Federwild ein leichter Rotwein, etwa Schwarzriesling, zu Haarwild ein schwerer Spätburgunder, bleibt davon unberührt. Rind und Lamm vertragen einen aromatisch-kräftigen Weißwein ebenso wie einen ausdrucksvollen Roten. Ochsenzunge in Spätburgunder ist eine badische Spezialität.

Ein markanter Riesling, ein eleganter Weißburgunder, ein Silvaner mit Säurebiß begleitet bis Sommerjohanni die Spargelfreuden von der Bergstraße bis hinab zum Tuniberg. Einen kernigen Müller-Thurgau, Silvaner oder Kerner kann man im Tauberfränkischen zu den würzigen Grünkernküchle mit gerösteten Schinkenwürfeln und Ackersalat trinken. Zum herbstlichen Zwiebelkuchen, wegen seiner rückwärts befreienden Wirkung auch Posaunentorte genannt, schmeckt außer Silvaner eigentlich nur der „Neue". Frauen bevorzugen dabei eher den „Sauser" im ersten, Männer dagegen den milchtrüb flockenden Federweißen im vollen Stadium der Gärung. Dazu gehören am Kaiserstuhl und im Oberland Walnüsse, an der Bergstraße und in der Ortenau heiße „Käschde", Maronen also. Die Landkarte des röschen Zwiebelkuchens deckt sich so ziemlich mit dem Umriß des römischen Limeslandes, und 76 Schoppen Fedeweißen, wohl verteilt über den Herbst versteht sich, sollen das Blut erneuern ...

Wein ist eine Medizin des Alltags

Wer sich in der einschlägigen medizinischen Literatur umschaut, könnte zu der paradoxen Einsicht gelangen: In unserer Zivilisationsgesellschaft trinken die Menschen zuviel Alkohol und zuwenig Wein. Zunächst müssen wir dabei den Wein als Lebensmittel betrachten. Der Alkohol in der Flasche ist ein nicht zu unterschätzender Kalorienlieferant. Ein Liter durchgegorenen Weines entspricht im Nährwert etwa einem Liter Milch, einem Pfund Brot, fünf bis sechs Eiern oder einem knappen Pfund Fleisch.

Vitamine, vor allem der B-Gruppe, finden sich gehäuft nur im Federweißen. Dafür ist der vergorene Wein reich an Mineralstoffen und Spurenelementen. Eisen ist dabei im Rotwein sechsfach stärker als im Weißwein vorhanden. Die wichtigsten Spurenelemente, unentbehrlich für die Funktion der Fermente, Hormone und Vitamine in unserem Körper, enthält der Wein in dieser Reihenfolge: Aluminium, Fluor, Kupfer, Vanadium, Jod, Kobalt, Molybdän und Brom. Ein Flasche Spätburgunder entspricht mit ihren Bio-Elementen dem Gehalt zweier Multivitaminpräparate für Rekonvaleszenten und ältere Menschen. Hinzu kommt die bakterientötende, reinigende Wirkung des Weines im Verdauungstrakt, eine Erfahrung, die jeder Urlauber in Ländern mit zweifelhafter Hygiene bestätigen kann.

Wein ist nun nicht gleich Wein, und kein Mensch gleicht in seiner Reaktion dem andern. Allgemein sind jedoch unsere in langer Vegetationszeit herangereiften Weine nicht so alkoholschwer wie ihre Flaschenkollegen aus dem Süden, dafür extraktreicher und dank ihrer rassigen Säure bekömmlicher. Sie beleben, ohne zu belasten. Mit den Jahren sollte eigentlich jeder die eigene Grenze zwischen Weingenuß und Weinmißbrauch kennen. Wer aus Angst, Schuldgefühlen, Einsamkeit trinkt, belügt sich selbst. Eine intakte Leber wird nur bei ständig überhöhtem Konsum angegriffen. Männer vertragen maximal 60, Frauen 40 Gramm Alkohol am Tag, also jeweils zwei und drei Viertel, Spätlesen und Auslesen in entsprechend geringeren Quantitäten.

Schon kleine Mengen Wein regen Herz, Kreislauf, Stoffwechsel an und tarieren den Blutdruck aus. Die stärkende, stabilisierende Wirkung des Weines hat sich vor allem bei labilen, wetterfühligen Menschen bewährt. Mäßig regelmäßige Weintrinker leiden weniger an Verkalkung der Blutgefäße, vor allem im Herzkranzbereich. Wein vertieft und beschleunigt die Atmung. Weintrinker erkranken auch weniger häufig an Grippe.

Unbestritten sind auch die Auswirkungen des Weines auf das geistigseelische Wohlbefinden. Goethes Bemerkung, es lägen „im Wein produktivmachende Kräfte sehr bedeutender Art", spricht eine Selbsterfahrung aus. Daß dies nicht für die Fahrtüchtigkeit im Straßenverkehr gilt, versteht sich

von selbst. Aber der Wein kann seelische Spannungen abbauen, er fördert die Regeneration des streßgeplagten Zeitgenossen.
Dies gilt vor allem für ältere Menschen und ältere Weine. Wie sagt das Sprichwort? „Iß kein Brot, das nicht drei Tage alt, und trink keinen Wein, der nicht drei Jahre alt ist." Und der natursichtige Arzt, Alchemist und Theosoph Paracelsus hatte auch den Wein im Blick, als er lehrte: „Alle Dinge sind Gift und nichts ist ohne Gift. Allein die Dosis macht, daß ein Ding kein Gift ist."

Frauen und Wein

In seiner Beschreibung Freiburgs hat der Historiker Heinrich Schreiber 1825 wehmütig notiert: „Zwar sind die kleinen Krüge, die sonst noch vor dreißig Jahren zum Abendtrunk auf den Arbeitstischen unserer wohlhabenderen Frauen sichtbar waren und oft die Wangen purpurn färbten, verschwunden und mußten den Tee- und Kaffeekannen Platz machen. Ob aber dabei unsre Frauen an Gesundheit und Stärke gewonnen oder verloren haben, ob sich nicht von jener Zeit die Krampfleiden, die an der Tagesordnung sind, datieren, ist eine andere Frage." Das war die Zeit, als man der Braut zum Hochzeitsfest noch ein Glas roten Weins in die Schuhe stellte.

Heute haben sich die Frauen auch als Weinpartner emanzipiert. Schließlich erledigen sie noch immer am häufigsten den Einkauf, und jeder Winzer weiß, daß nach Kellerproben, wenn bestellt wird, die Frau auch hier meist das letzte Wort behält. 1991 gar kam aus Oberrotweil am Kaiserstuhl die Meldung, hier habe sich unter dem weinigen Namen „Vinissima" die erste Arbeitsgemeinschaft Frauen und Wein konstituiert. Und das erste Parfüm mit dem Resedaduft der Rebenblüte ist inzwischen auch auf dem Markt. Unabhängig davon haben sich in den Weinlandschaften Badens die Damenkränzchen gehalten, bei denen nicht nur Wein getrunken, sondern auch mal über Wein gesprochen wird. Für Weinverstand spricht das Geständnis einer reifen Mitvierzigerin an der Tauber: „Unter einem festen Verhältnis tut's der Frankenwein nicht."

Frauen lassen sich vom Wein nicht so schnell unterkriegen wie die Männer, und schon gar nicht beim Wein von den Männern herumkriegen, wie sich das mancher so denkt. Eher locken sie den Mann mit einer Flasche Wein aufs Glatteis der Geständnisse. Frauen wissen, daß der Wein ihnen im Nu ein paar Fältchen hinwegzaubert, daß er ihre Augen strahlen läßt, daß er sie verjüngt und verführerisch macht und die Männer euphorisch stimmt. So eine weibliche Flaschendiplomatie kann gefährlich werden. Trotzdem bleibt's bei der Einsicht der Alten: „Durch ein saures Weib sind schon mehr Männer zu Säufern geworden als durch den süßesten Wein."

Materialien und Hinweise

Unsere badische Weinmonographie ist Lesebuch und Nachschlagewerk in einem. Der letzte Abschnitt will mit seinen Informationsblöcken den vorhergehenden Text entlasten, Autor und Leser Wanderfreiheit geben.

Museen spiegeln die Weinkultur

97 877 **Wertheim,** Mühlenstraße 24, Glasmuseum. Neben der Entwicklung des technischen Glases zeigt die Sammlung Prunkstücke antiker, mittelalterlicher und neuerer Glasbläserkunst. Dargestellt wird auch das frühere Glashüttenwesen im benachbarten Spessart.

Historisches Museum für Stadt und Grafschaft Wertheim, Mühlenstraße 26, mit eigener Weinbauabteilung.

97 922 **Lauda,** Philipp Adam Ulrich-Museum. Das Erdgeschoß des 1551 erbauten Fachwerkhauses, Geburtsstätte des um die fränkische Landwirtschaft verdienten Juristen Ulrich im 18. Jahrhundert, birgt im Erdgeschoß eine Weinbauernwohnung samt Kelter und schönen Faßbodenschnitzereien.

69 117 **Heidelberg,** Schloß. Im Keller des Frauenzimmerbaus liegt das aus 130 Eichenstämmen gefügte Große Faß von 1751, das 221 726 Liter faßte; daneben die Figur des von Joseph Victor von Scheffel verklärten Hofzwergs Perkeo.

69 190 **Walldorf,** Johann Jakob Astor-Straße 54. Heimatmuseum mit Weinbauabteilung.

69 231 **Rauenberg,** Alte Kirchgasse, Winzermuseum im ehemaligen speyerisch-fürstbischöflichen Schloß. Dargestellt wird „die gesamte dörfliche Umwelt der Winzerfamilien rund um den Letzenberg, des Angelbachtales und des Kraichgaus", samt Küferwerkstatt und Schnapsbrennerei.

76 703 **Gochsheim,** Hauptstraße, Heimatmuse-

Schild des Winzermuseums in Rauenberg im Kraichgau.

Ein Blick in das Kaiserstühler Weinbaumuseum in Achkarren.

um der Stadt Kraichtal im Ebersteiner Schloß mit Küferei und Brennerei aus Bahnbrücken.

75 210 **Ellmendingen,** Winzerstraße, Alte Kelter. Das Kelterstüble wurde zum Heimatmuseum der fünf Ortsteile von Keltern ausgebaut. Weinbauabteilung in der Eingangshalle, daneben gewaltige Baumkelter.

76 543 **Steinbach,** Heimatmuseum Rebland.

77 886 **Lauf,** Trotthaus Alsenhof. Die bis in die Nachkriegsjahre noch benutzte und funktionsfähige Trotte mit acht Meter langem Preßbalken leitete den frischgepreßten Most direkt in den darunter liegenden Keller ab.

77 770 **Durbach,** Wein- und Heimatmuseum.

77 749 **Diersburg,** Philippshof, Privatmuseum des Weinguts Freiherr Roeder von Diersburg mit den Themen Weinbau, Landwirtschaft, Brennerei.

79 098 **Freiburg,** Augustinerplatz, Augustinermuseum. Unter den Kunstwerken und Relikten der oberrheinischen Kulturprovinz finden wir die Fahne der Freiburger Rebleutezunft, kostbare Trinkgefäße, Weinmotive in Malerei und Plastik.

79 235 **Achkarren,** Hauptstraße, Kaiserstühler Weinbaumuseum. Die Zehntscheuer des Johanniterordens vereint Gesteinsproben, Bodenprofile, Bilder, Kar-

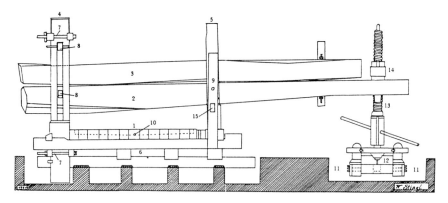

Schematische Ansicht einer Torkel: Preßbiet 1, Torkelbäume 2 und 3, Docken 4 und 5, Schragen 12, Spindel 13, nach W. Stingl.

ten, Dokumente, Winzergerät, Faßkeller und ein Modell des römischen Kammerbaus. Vor dem Museum wachsen die für den Kaiserstuhl typischen Rebsorten sowie eine Wildrebe.

79 292 **Pfaffenweiler,** Dorfmuseum mit den Themen Stein und Wein.

79 219 **Grunern,** kleines privates Weinbaumuseum um eine alte Baumtrotte des 16. Jahrhunderts.

79 418 **Schliengen,** Basler Straße 2, privates Weinmuseum im Weingut Blankenhorn.

79 379 **Müllheim,** Wilhelmstraße 7, Markgräfler Museum. Das klassizistische ehemalige Gasthaus „Krone" enthält auch die Abteilungen Geologie und Weinbau.

88 709 **Meersburg,** Vorburggasse 11, Weinbaumuseum Heilig Geist-Torkel im Mesmerhaus. Um die 1607 errichtete Torkel, die 1922 das letztemal gepreßt hat, sind Faßschnitzereien, Küferwerkzeug, Winzergerät und das berühmte Türkenfaß, das 50000 Liter barg, versammelt. Gefesselte Muselmanen stützen das Faßlager, das von martialischen Siegestrophäen geschmückt wird. Das Faß stammt von der Deutschordenskommende Mainau. Die Ordensritter hatten im 17. und 18. Jahrhundert Kontingente für die Türkenkriege Habsburgs gestellt.

88 662 **Überlingen,** Krummebergstraße 30, Stadtmuseum. Das Museum der Reichsstadt dokumentiert auch den historischen Weinbau.

78 479 **Reichenau,** Ergat 1, Heimatmuseum mit Weinbauabteilung im Kellergeschoß.

Weinlehrpfade – mit Bacchus auf Duzfuß

97 941 **Tauberbischofsheim,** Weinlehrpfad des Städtischen Rebguts am Edelberg, Würzburger Straße.

97 922 **Gerlachsheim,** Weinlehrpfad am Herrenberg.

97 922 **Beckstein,** Weinlehrpfad auf 1,3 km Länge am Kirchberg mit 25 geschnitzten Bildtafeln und fünf Bildstöcken am Wegrand.

69 168 **Wiesloch,** Obst- und Weinlehrpfad am Bergweg mit Schutzhütte.

76 698 **Zeutern,** Naturlehrpfad durch Wald, Weinberge, Hohlwege. Der Rundweg mit 5 km Länge beginnt am Wasserhochbehälter am Kallenberger Weg oder am Eingang zur Hirschhohle beim neuen Friedhof.

75 057 **Kürnbach,** Weinlehrpfad auf 2,5 km Länge mit 22 Hinweisschildern.

76 356 **Weingarten,** Weinlehrpfad am Katzenberg mit 14 Stationen.

77 876 **Kappelrodeck,** Weinlehrpfad zum Dasenstein mit 22 Tafeln.

77 876 **Waldulm,** Rotweinweg mit 14 Messingtafeln auf Granitblöcken, beginnt als 2,5 km langer Rundwanderweg an der Winzergenossenschaft.

77 799 **Ortenberg,** Erster Badischer Wein- und Waldlehrpfad.

77 654 **Rammersweier,** Weinlehrpfad, beginnt Weinstraße 7 bei der Winzergenossenschaft.

77 723 **Gengenbach,** Weinlehrpfad, beginnt bei der Winzergenossenschaft am Börsiglachenweg.

77 955 **Münchweier,** Weinlehrpfad „Hörd".

79 441 **Kenzingen,** Weinlehrpfad vom Hummelberg zum Nordweiler Blosberg.

79 286 **Glottertal,** Weinlehrpfad, Auskunft Winzergenossenschaft, Winzerstraße 2.

79 353 **Bahlingen,** Panorama-Winzerrundweg, beginnt an der Lößhohle hinter der Silberberghalle.

79 361 **Sasbach am Rhein,** Wissenschaftlicher Lehrpfad für das Naturschutzgebiet Limberg und Umgebung mit den Themen Geologie, Mineralogie, Geschichte, Naturschutz und Landschaftspflege, Forstwirtschaft, Weinbau, Obstbau, Wasserbau und Wasserwirtschaft sowie Landeskunde. Der Weg ist 6,2 km lang und mit dem Sasbacher Löwen markiert. Er beginnt am Parkplatz vor der Zollstation am Rhein, wo auch eine Orientierungstafel steht.

79 235 **Burkheim,** Geschichtlicher Weinlehrpfad von 4,3 km Länge, beginnt bei der Winzergenossenschaft.

79 235 **Bischoffingen,** Weinlehrpfad, beginnt bei der Winzergenossenschaft, Bacchusstraße 14.

79 235 **Oberrotweil,** Lehrpfad von 2 km Länge, der über Weinbau und Heilpflanzen informiert; führt von der Eichbergstraße zur Mondhalde.

Tafel vom Weinlehrpfad Sonnhole bei Britzingen im Markgräflerland.

79 235 **Oberbergen,** Weinlehrpfad von 2,3 km Länge in der Lage Baßgeige.

79 356 **Eichstetten,** Weinlehrpfad, beginnt an der Post.

79 235 **Bickensohl,** Weinlehrpfad in der Lage Herrenstück, beginnt am Wanderparkplatz bei der Straßengabel nach Achkarren und Oberrotweil und bezieht die eindrucksvolle Lößhohle Eichgasse mit ein.

79 235 **Achkarren,** Geologischer Weinlehrpfad am Schloßberg, beginnt gegenüber der Winzergenossenschaft unterhalb des Rebhäuschens.

79 112 **Munzingen,** Weinlehrpfad von 3,5 km Länge, beginnt als Weg Nr. 3 am Wanderparkplatz Kapellenberg.

79 227 **Batzenberg,** Weinlehrpfad, führt als 5 km langer Rundwanderweg über den Bergrücken. Drei Wanderparkplätze, Schutzhütte, Brunnen und das Denkmal der Pfropfrebe liegen am Weg.

79 238 **Ehrenstetten,** Weinlehrpfad.

79 282 **Ballrechten-Dottingen,** Weinlehrpfad, beginnt an der Winzergenossenschaft, Franz Hess-Straße 2, und führt auf 4 km Länge durch das Naturschutzgebiet am Castellberg mit Ruine und Aussichtsturm. Beim Wasserreservoir am Fohrenberg hat man eine Pergola mit allen bodenständigen Rebsorten angelegt.

79 379 **Britzingen,** Weinlehrpfad Sonnhole von 2,2 km Länge, beginnt am Ortsende in Richtung Laufen.

79 424 **Auggen,** erster Weinlehrpfad über umweltschonenden Rebbau, beginnt an der Winzergenossenschaft, Bundesstraße 3, und weist auf 3,5 km Länge 40 Tafeln auf.

79 418 **Schliengen,** Weinlehrpfad, Auskunft bei der Winzergenossenschaft, Am Sonnenstück 1.

79 588 **Efringen-Kirchen,** Weinlehrpfad auf 3,2 km Länge, Auskunft bei der Bezirkskellerei Markgräflerland, Winzerstraße 2.

88 709 **Meersburg,** Weinkunde-Höhenweg nach Hagnau.

88 719 **Stetten,** Weinlehrpfad auf 2,3 km Länge, Auskunft Weingut Leo Meier, Hauptstraße 15.

Um den Badischen Wein verdient

Lambert Freiherr von Babo (1790 Mannheim – 1864 Weinheim). Nach dem Studium der Landwirtschaft bei Albrecht Thaer baute er sich in Weinheim an der Bergstraße eine Villa und machte sich als rationeller Landwirt und Winzer einen Namen. 1831 wurde er zum Vorstand des Badischen landwirtschaftlichen Vereins für den Unterrhein gewählt. Von seinen Schriften, „die sich der Fassungskraft des Bauernstandes ganz anpassen", seien genannt: „Der Weinbau nach der Reihenfolge der vorkommenden Arbeiten", 4. Aufl. 1879; „Der Weinstock und seine Varietäten", 2. Aufl. 1857; „Die Erzeugung und Behandlung des Traubenweins", 1846; „Anleitung zur Bereitung und Pflege des Weins", 2. Aufl. 1879. Babo gab zusammen mit Johannes Metzger das gut illustrierte Werk „Die Wein- und Tafeltrauben der deutschen Weinberge und Gärten", 2. Aufl. 1853, heraus. Der Badische landwirtschaftliche Verein hat ihm nach seinem Tod in Weinheim ein Denkmal errichtet.

August Wilhelm Freiherr von Babo (1827 Weinheim – 1894 Weidling). Lamberts Sohn war erst an der von ihm begründeten Landwirtschaftlichen Lehranstalt in Weinheim, dann für den Versuchsweingarten der Hochschule in Karlsruhe tätig und übernahm 1857 mit einem Konsortium das 600 Morgen große Gut Lilienhof bei Ihringen, wo Tabak und Wein gebaut wurden. 1860 wechselte er als Direktor an die neugegründete Wein- und Obstbauschule im österreichischen Klosterneuburg, die er zu einer weltweit anerkannten Lehr- und Versuchsanstalt machte. Babos Hauptwerk ist das zusammen mit seinem Schwiegersohn Edmund Mach verfaßte „Handbuch des Weinbaus und der Kellerwirtschaft", 1881/83, das mehrere Auflagen erlebte.

German Bärmann (1869 Merdingen – 1954 Merdingen). Der Mitbegründer und Vorstand der Kaiserstühler Winzergenossenschaft Ihringen rief 1927 die Winzergenossenschaft Merdingen ins Leben, die er bis in sein 81. Lebensjahr geleitet hat. Neben seiner standespolitischen und kommunalpolitischen Tätigkeit, auch als Bürgermeister seiner Heimatgemeinde, hat sich Bärmann als „Wanderprediger" um das Genossenschaftswesen verdient gemacht, zu Fuß und mit dem Fahrrad.

Franz Joseph Bastian (1869 Endingen – 1936 Endingen). Als Besitzer eines Weinguts und einer vom Vater 1868 gegründeten Weinkellerei hat Bastian Ende des 19. Jahrhunderts erstmals Kaiserstühler Wein auf Flaschen gezogen und so in Deutschland bekannt gemacht.

Adolph Blankenhorn (1843 Müllheim – 1906 Konstanz). Als er zur Welt kam, rodete seine Familie gerade am Ihringer Winklerberg das Gelände für das Weingut Blankenhornsberg. Nach dem Studium der Naturwissenschaften erhielt er einen Lehrauftrag für Weinbau an der Technischen Hochschule Karlsruhe. Seine Forderung nach einem Staatlichen Weinbauinstitut lehnte die Regierung ab. So gründete er 1868 sein Önologisches Institut in der badischen Residenzstadt und richtete das Familiengut Blankenhornsberg als Versuchsstation ein. Lang vor dem Auftreten der Reblaus rechts des Rheins experimentierte Blankenhorn mit Bekämpfungsmethoden. Er betrieb auch die Zucht resistenter amerikanischer Wildreben und Hybriden. Der nach der gescheiterten Revolution nach Nordamerika emigrierte 48er

Friedrich Hecker versorgte ihn mit Rebsamen. 1874 begründete Blankenhorn mit den Deutschen Weinbau-Verein, dessen Vorsitzender er bis 1893 war. Seine „Annalen der Oenologie" fanden weltweit Beachtung. Als ein Mann von ausgeprägter sozialer Gesinnung ruinierte er seine Gesundheit für den Winzerstand und endete als wütender Temperenzler, der grobianisch Branntwein-Drachen und Rhinozeros-Medaillen verlieh. Seine kostbare Bibliothek, die fast alle Weintitel bis 1800 umfaßt, wird heute im Staatlichen Weinbauinstitut Freiburg gehütet.

Johann Philipp Bronner (1792 Neckargemünd – 1864 Wiesloch). Als der Wieslocher Apotheker mit 28 Jahren ein Stück Ödland erwarb und als Weinberg anlegte, begann für ihn eine Lebenswende. Mit kritisch wachem Geist erkannte er als unvoreingenommener Praktiker rasch den Schlendrian, die Mißstände und mangelnde Rentabilität des heimischen Rebbaus. Aus eigenem Antrieb und gefördert von Markgraf Wilhelm von Baden begann er mit Versuchen zu Hause und Studienreisen in die wichtigsten europäischen Weinländer. Dabei ging es Bronner um das Ganze der Weinwirtschaft, von der Bodenbearbeitung bis hin zur Kellertechnik und Sekterzeugung. Für seine Fahrten legte er sich einen Fragebogen mit 63 Stichworten an, den er anerkannten Winzern vor Ort vorlegte. Frucht dieser ersten Reisen waren die sieben Hefte, die unter dem Sammeltitel „Der Weinbau in Süddeutschland" 1833 bis 1842 erschienen sind. 1836 bereiste er Frankreich, 1837 die welsche Schweiz, Savoyen und das Elsaß, 1838 die obere Schweiz, Tirol und Norditalien, 1840 Österreich, Mähren, Ungarn, die Steiermark, Kroatien und Krain. Bronner hat bei uns den Portugieser, den Weißburgunder und den St. Laurent eingebürgert. 1857 veröffentlichte er seine grundlegende, von der Fachwelt freilich ignorierte Schrift über „Die wilden Trauben des Rheintales" und wies auf die mutmaßliche Abstammung zahlreicher deutscher Kulturreben von diesen Wildlingen hin. In Wiesloch legte er eine eigene Rebschule mit 300 verschiedenen Sorten an, die einer seiner Söhne fortgeführt hat. Sein Biograph Fritz Schumann stellte fest: „Von einmaliger Bedeutung sind die Arbeiten Bronners für die Kulturgeschichte. Daß Bronner das Beschriebene mit eigenen Augen gesehen hat, macht seine Notizen unersetzlich." Mit seinem Dutzend Bücher legte er darüber hinaus „die Grundlage für eine überregionale Weinbauwissenschaft und kann

Die Nobelweine des Winzerkellers Wiesloch tragen das Porträt des Weingelehrten Johann Philipp Bronner.

daher als der bedeutendste deutsche Weinbaufachmann der ersten Hälfte des 19. Jahrhunderts angesehen werden". Gegenüber der Wieslocher Stadtapotheke erinnert eine Gedenktafel an Johann Philipp Bronner.

Alfred Dümmler (1878 Halle/Saale – 1945 Freiburg). Der Lehrer an der Landesversuchsanstalt Augustenberg leitete zugleich die Rebenveredelungsstation in Durlach. 1923 wechselte er an das Freiburger Weinbauinstitut. Bekannt wurde er vor allem mit seinen Büchern „Über den Weinbau mit Amerikanerreben", 1922, sowie „Die Herstellung und Anpflanzung von Pfropfreben", 1934. „Die grundlegenden Fragen des Weinbaus in Baden mit Pfropfreben", so Wilhelm Engelhardt, „hat Weinbauoberinspektor Alfred Dümmler schon in der Zeit vor und nach dem Ersten Weltkrieg einer Klärung entgegengeführt."

Johann Michael Engert (1729 Dittigheim – 1807). Der gebürtige Tauberfranke entdeckte als Verwalter des fuldischen Weinguts auf Schloß Johannisberg im Rheingau den Unterschied zwischen der schädlichen Grünfäule und der Edelfäule vollreifer Trauben. Im Herbst 1775 verspätete sich der Kurier, der die Lese-Erlaubnis von Fulda nach Johannisberg bringen sollte. Engert ließ damals grüne und vollreife Trauben getrennt lesen und keltern und bekannte von dieser edelfaulen Auslese: „Solch Wein hab ich noch nicht in den Mund gebracht."

Heinrich Hansjakob (1837 Haslach/Kinzigtal – 1916 Haslach/Kinzigtal). Der Sohn des Sonnenwirts studierte Theologie, war aber zunächst im Schuldienst tätig, bis er wegen seiner unbeugsamen Haltung im Streit zwischen der Karlsruher Regierung und der Kirche 1869 als Pfarrer nach Hagnau am Bodensee wechselte. Von 1871 bis 1880 gehörte er dem badischen Landtag an. Überzeugt von

Gedenktafel für Ernst Georg Lydtin bei Ihringen am Kaiserstuhl.

der sozialen Verantwortung eines Pfarrers, gründete er am 3. November 1881 „die erste badische Winzergenossenschaft, die Bestand hatte". Obwohl er drei Jahre später als Stadtpfarrer von St. Martin nach Freiburg berufen wurde, blieb er bis 1889 Vorsitzender des Winzervereins. Hansjakob, der sich als „hitziger Demokrat" bekannte, hat alle staatlichen Orden abgelehnt, 1907 jedoch den Stockacher Narrenorden angenommen.

Johann Baptist Hau (1782 Neumühle bei Breisach – 1858 Breisach). Der weitgereiste Kaufmann und spätere Breisacher Bürgermeister, legte, angeregt von den Versuchen Lydtins, seit den 1820er Jahren bei Ihringen, Achkarren und Bischoffingen bestbestockte Weinberge auf Vulkangestein an und erzielte damit Spitzenpreise. Seine Kaiserstühler Spätlesen gingen bis nach Übersee. Am Brunnen der Lage Fohrenberg haben ihm seine Enkel eine Gedenktafel hinterlassen.

Ernst Georg Lydtin (1779 Weisweil – 1835 Ihringen). Als Feldarzt hatte Lydtin in Italien Weinberge auf Lavaverwitterungsböden kennengelernt. Nach seiner Niederlassung in Ihringen pflanzte er 1815 auf gerodeten Vulkanböden Reben, also schon vor dem Datum, das die Gedenktafel am Winklerberg angibt. Der Mineraloge Eisenlohr schilderte Lydtin als erfahrenen und gefälligen Führer bei geologischen Exkursionen am Kaiserstuhl.

Carl Friedrich Markgraf von Baden (1726 Karlsruhe – 1811 Karlsruhe). Mit 18 Jahren trat Carl Friedrich die Regierung an. Während seiner 65jährigen Herrschaft erhielt das spätere Großherzogtum Baden seine Gestalt. Der aufgeklärte, reformeifrige, ums Wohl der Landwirtschaft besorgte Regent galt den Zeitgenossen als Muster aller Fürsten. Er führte die Volksschulpflicht ein und schaffte die Folter samt quälenden Strafen sowie die Leibeigenschaft ab. Mit dem Verbot, Reben in der Ebene oder in Frostlagen anzulegen, mit dem Gebot luftiger Zeilung und sortenreinen Satzes, mit dem geschlossenen Anbau des Rieslings in der Ortenau und des Gutedels im Markgräflerland gilt er nach Bruno Götz „als der Initiator des Qualitätsweinbaus in Baden".

Johannes Metzger (1789 Lahr – 1852 Wildbad). Nach Lehrjahren im Karlsruher Hofgarten und beim Schwetzinger Gartendirektor Johann Michael Zeyher wurde Metzger zum Universitätsgärtner in Heidelberg ernannt. Um sein bescheidenes Gehalt aufzubessern, betrieb er nebenher die Schloßgaststätte. 1843 wurde er in den Landtag gewählt. Zusammen mit Lambert von Babo verfaßte er das große Tafelwerk über die Weintrauben Deutschlands; 1827 schon war sein Buch „Der Rheinische Weinbau in theoretischer und praktischer Beziehung" erschienen. Metzgers „Beschreibung des Heidelberger Schlosses und Gartens", die auch ins Englische übersetzt wurde, hat den frühen Tourismus an Rhein und Neckar gefördert. Nach fast vier Jahrzehnten Heidelberg wurde ihm von der Zentralstelle des landwirtschaftlichen Vereins die Inspektion des Weinbaus, Flachsbaus und Hanfbaus in Baden übertragen. Metzger galt als einer der bedeutendsten Ampelographen seiner Zeit.

Karl Müller (1881 Meßkirch – 1955 Freiburg). Nach dem Studium der Naturwissenschaften und einer Assistentenstelle am Kaiser-Wilhelm-Institut für Pflanzenkrankheiten wurde Müller 1909 an die Landwirtschaftliche Versuchsanstalt Augustenberg berufen, wo er den Pflanzenschutz und die Reblausbekämpfung in Baden übernahm. Von 1921 bis 1937 leitete er als erster Direktor das Staatliche Weinbauinstitut in Freiburg. Aufgrund der von ihm erforschten Biologie der Peronospora erstellte er einen Inkubationskalender, der erstmals eine zeitlich gezielte Bekämpfung der Pilzseuche ermöglichte. Seine Appelle zur frühen Mostschwefelung trugen ihm den Spitznamen „Schwefelkarle" ein. Eine Großtat war 1930 die Herausgabe des ersten wissenschaftlichen Weinbaulexikons. 1938 veröffentlichte der vielseitig gebildete, temperamentvolle Gelehrte seine „Geschichte des badischen Weinbaus". Der zweiten Auflage von 1953 fügte er eine ausführliche Weinchronik sowie ein darauf gestütztes Kapitel über den Rhythmus der Klimaschwankungen in Mitteleuropa an.

Hermann Muser (1901 Auggen – 1989 Pfaffenweiler). Nach dem Studium der Landwirtschaft in Hohenheim arbeitete er jahrelang als Wissenschaftler und Praktiker in den Vereinigten Staaten, kehrte 1933 nach Deutschland zurück und war zunächst als Lehrer und Berater der Landwirtschaft im badischen Oberland tätig. 1941 wurde Muser zum Abteilungsleiter für Reblausbekämpfung und Wiederaufbau beim Freiburger Weinbauinstitut ernannt. In Südbaden hat er die Flurbereinigung gekoppelt mit der Umstellung auf Pfropfreben vorangetrieben, Rebenaufbaupläne erstellt, Rebenaufbaugenossenschaften gegründet. So wurde er zu einem der Pioniere neuzeitlichen Weinbaus am Oberrhein.

Julius Neßler (1827 Kehl – 1905 Karlsruhe). Als Apothekergehilfe lernte Neßler das Elsaß und Paris kennen, studierte dann Pharmazie in Freiburg sowie Chemie in Heidelberg, wo er mit seinem Professor Robert Bunsen Freundschaft schloß. Sein Interesse aber galt der praktischen Anwendung der Chemie in der Landwirtschaft. 1859 stellte er für nur 1500 Gulden Staatszuschuß pro Jahr Räume, Personal, Gerät und Materialien zum Aufbau der ersten badischen Agrikulturchemischen Versuchsstation in Karlsruhe zur Verfügung. 1863 wurde die Station vom Staat übernommen und 1901 mit der landwirtschaftlich-botanischen Versuchsstation Augustenberg vereint. Neben dem Tabakbau und der Tabakbehandlung hat sich Neßler vor allem um den Weinbau verdient gemacht. „Jahrzehntelang", so Rudolf Ritter, „stand er Sonntag für Sonntag draußen im Lande vor bäuerlichen Zuhörern und vermittelte, mit einer hervorragenden Rednergabe und starker pädagogischer Veranlagung versehen, dem tätigen Landwirt in einer jedermann zugänglichen Schlichtheit und Verständlichkeit das Rüstzeug zur Steigerung der Produktion und Rationalisierung des Betriebes". Der alte Burschenschaftler, Karlsruher Stadtverordnete und Landtagsabgeordnete gründete und leitete auch den Arbeiterbildungsverein. Von Neßlers 786 wissenschaftlichen Arbeiten seien hervorgehoben: „Der Wein und seine Bestandteile", 1865/66,

Wirtshausschild in Freudenberg am Main, gezeichnet von Bernhard Weiß.

sowie „Bereitung, Pflege und Untersuchung des Weines", 1872 ff., ein Standardwerk, das bis 1930 in neuer Bearbeitung erschienen ist.

Christian Ferdinand Öchsle (1774 Bauersbronn-Buhlbach – 1852 Pforzheim). Der Sohn eines Glashüttenmeisters aus dem württembergischen Schwarzwald lernte in Öhringen Goldschmied und gründete nach Wanderjahren 1810 in Pforzheim eine feinmechanische Werkstatt, die vor allem Laboratorien und Universitätsinstitute belieferte. Öchsle entwickelte ein Knallgasgebläse für die bis dahin gefährlichen Lötarbeiten und konstruierte eine Mostwaage mit der nach ihm benannten Gradeinteilung, die ab 1830 in Serie hergestellt wurde.

Ernst Vogt (1890 Straßburg – 1972 Freiburg). Nach naturwissenschaftlichem Studium, Schuldienst, Tätigkeit in der Industrie und beim Reichsgesundheitsamt wurde Vogt 1925 als Abteilungsleiter für Weinchemie an das Weinbauinstitut Freiburg berufen, das er von 1937 bis 1955 dann als zweiter Direktor leitete. In der Nachfolge Neßlers gehörte Vogt, so Bruno Götz, „zu den großen klassischen Önologen, die sich mit grundlegenden Fragen des Weins und seiner Bereitung befaßten", von den Beziehungen zwischen Mostgewicht und Alkoholgehalt über die Rotweinfarbstoffe bis hin zu Fragen der Schönung oder Rückstände von Pestiziden. Von 1954 bis 1966 war Vogt Geschäftsführer des Bundesausschusses für Weinforschung. Seine wichtigsten Titel, „Der Wein, seine Bereitung, Behandlung und Untersuchung", 1950, „Der Weinbau, Lehr- und Handbuch", 1951, sowie „Weinchemie und Weinanalyse", 1953, haben zahlreiche Auflagen erlebt.

Badische Weinchronik

715/21 Das Kloster St. Gallen erhält in Ebringen ein Juchert, in Openwilare, vermutlich Wolfenweiler oder Pfaffenweiler, 20 Juchert Reben geschenkt. Bis zum Ende des achten Jahrhunderts sind im heutigen Weinland Baden weitere 55 Orte mit Rebbau urkundlich gesichert.

803–887 Einfälle der Wanderheuschrecke lassen auf trockenwarmes Klima schließen.

1090–1101 Einfälle der Wanderheuschrecke.

Nach 1100 Älteste bekannte Rebordnung des Klosters Muri für Bellingen.

1182 Baumblüte an Lichtmeß, 2. Februar, und Weinlese Anfang August, viel und „ein Ausbund an süßem Wein".

1186 Weinlese Anfang August, viel und gut.

1128 Rebenblüte ab April, Ende Juni reifen die Trauben, Lese Mitte August.

1259 optimum vinum, sehr guter Wein.

1261 Wein im Überfluß.

1268 Reben an St. Urban erfroren.

1288 Bodensee und Rhein zugefroren. Maifröste, Hagel, Fehlherbst.

1294 Anhaltende Trockenheit. Vinonissimum vinum, der weinigste aller Weine.

1297 Überfülle an Wein minderer Qualität, viele Rebstücke bleiben ungelesen.

1328 Rebenblüte im April, viel und gut.

1330–1388 Einfälle der Wanderheuschrecke.

1348 Schwarzer Tod, die Beulenpest am Oberrhein, Mißjahr.

1379 Freiburger Zunft der Rebleute erwähnt.

1402 Zunfthaus der Überlinger Rebleute genannt.

1407 Winterfröste massakrieren viele Reben, Rhein zugefroren.

1439 Weinschröterzunft in Heidelberg genannt.

1459 Kaltnasse Witterung, die Weinbeeren bleiben hart, „Praßler".

1460 Bodensee und Rhein zugefroren.

1473 Heißer, trockener Sommer, zahlreiche Waldbrände. Viel und sehr guter Wein.

1483 Sehr viel und sehr gut. Ein Fuderfaß kostet soviel wie ein Fuder Wein.

1484 Der dritte Rekordherbst in drei Jahren, meist sehr gut. „Von geringerem Wein gibt man die Maß um ein Ei."

1485–1492 Anhaltend Fehlherbste und saurer Wein.

1495 Erste badische Weinordnung des Markgrafen Christoph mit Verschnittverbot für die einzelnen Reblandschaften. Viel und guter Wein.

1498 Der Reichstag zu Freiburg beschließt eine Weinordnung, die bis zum Ende des Heiligen Römischen Reiches die Grundlage für zahlreiche landesherrschaftliche Erlasse bildet.

1500 Breisgau: „An Fronleichnam hingen an den Weinstöcken Eiszapfen statt der Blüten."

1525 Bauernkrieg, auch „Weinkrieg" genannt.

1529 Naßkalter Sommer, Wein kaum genießbar, „Wiedertäufer" oder, wegen der ersten Belagerung Wiens durch die Osmanen, „Türkenblut" genannt.

1533 Saurer Jahrgang. „Schier nicht zu trinken."

1539 Riesenherbst. „Tausend fünfhundert dreißig und neun / Galten die Faß mehr als der Wein". Die mehr als zehnjährige Teuerung beim Wein hat ein Ende.

1540 „Von Anfang März bis Ende Oktober kam es keine fünfmal zum Regnen. Eine unerhörte Sommerglut dörrte Brunnen und Bäche aus ... Die Obrigkeit sah sich genötigt, für den Schutz und Gebrauch von Wasser strenge Verordnungen zu erlassen. Der Erdboden bekam überall Spalten und Risse, oft so breit, daß man an ihrem Rand sitzen und die Füße dareinhängen konnte. In dieser Brandhitze gediehen aber die Reben zu einer ungewöhnlichen Fülle ... Preise wie sie seit Jahrzehnten nicht so billig gewesen waren ... Auch der Obstertrag war ein außerordentlicher. Die Bäume blühten im Februar und ein zweites Mal im Oktober. Zweimal gab es Kirschen. Im Juni erntete man die Frucht, im August die Trauben", so Wilhelm Fladt. Selbst der Rhein war fast ausgetrocknet. Dank starker Taufälle gediehen trotz der Dürre Korn, Obst und Wein. Der süße starke Wein aus den rosinenartig eingeschrumpelten Beeren erhielt den Namen „Herzenssalbe". Hunderte sollen sich daran zu Tode getrunken haben.

1542 Verregnetes Jahr. „Großer Rhein – saurer Wein, / Kleiner Rhein – süßer Wein."

1565 Bodensee zugefroren. Viele Reben gingen im Frost zugrunde.

1567 Bodensee zugefroren. Heißer Sommer, viel und guter Wein.

1571 Bodensee zugefroren. Verregneter Sommer. Wenig Wein, sauer und teuer.

1572 Bodensee zugefroren. Am See viel und guter Wein, sonst wenig und sauer.

1573 Bodensee zugefroren. Nasser Sommer, Traubenfäule.

1574 Verregneter Sommer, wenig Wein. In Tauberfranken gilt das Fuder 70 Gulden.

1584 Massenherbst.

1585 Hausinschrift in Tauberbischofsheim: „Das Fuder Wein kostet vier Gulden, hat wenig Wert; die Maurer haben das Vieh mit Wein getränkt und den Mörtel zum Hausbau damit angemacht."

1596 Am Bodensee wenig, sonst überall viel und ausgezeichneter „Beerleswein".

1608 Bodensee zugefroren. Der Wein gefror in den Kellern.

1628 Miserabler Sommer. Man mußte die gefrorenen Weinbeeren zerstampfen, der „Stößelwein" war „für Essig zu schlecht."

1630 Viel Wein; „kauften die Leut auf den Dörfern alle bös Faß in der Stadt und verderbten viel Wein damit."

1639 Winterfrost, Spätfrost, Frühfröste im Herbst. „Holzapfelbrüh".

1660 Nach kaltem Winter folgte ein heißer Sommer und guter Vollherbst: „... ist der Most so dick und rot, daß man sich dessen in Schreibung der Kelterrechnung, auch Handbrieflein, anhero statt der Tinten gebraucht."

1672, 1683, 1695 Bodensee zugefroren.

1709 Einer Winterfrostkatastrophe folgten Spätfröste im Mai. Wo die Reben nicht bedeckt worden waren, Fehlherbst. In der Ortenau gab es „Im ganzen Rebgebirge kein Tropfen Wein".

1719 „Ein von Gott bescherter extra ordinari reicher Herbst."

1727 Heißer Sommer, viel und guter Wein. Mit dem Roten konnte man schreiben.

1738 Nach Maifrösten wenig aber „ein Ausbund von Wein".

1740 Bodensee zugefroren. Anhaltend naßkalt. Nur wenig Wein mit Frostgeschmack. „Hier liegt im Grab das 40ste Jahr, / Das voll der Kält und Regen war, / Bracht sauren Wein und schlechte Frucht, / Starb endlich an der Wassersucht."

1746 Trockenheißer Sommer, mittlerer Ertrag, aber vortrefflicher Wein. Tauberfranken: „Viel dumme Köpf werden in diesem Jahr gesehen, Weiber nehmt euch in Acht!"

1751 Unter Kurfürst Karl Theodor wird das dritte und größte Faß im Heidelberger Schloßkeller mit 221726 Liter Fassungsvermögen aufgeschlagen.

1768–1771 Landauf, landab wenig und saurer Wein.

1781 Trotz Maifrösten viel und sehr gut. Ägid Joseph Karl Mayer von Fahnenberg legt um die Schwendi-Ruine in Burkheim den ersten Weinberg auf blankem Tephritgeröll an.

1792 Strengem Winterfrost folgen Spätfröste.

1799 Verheerender Winterfrost. „Reben erbärmlich erforen, daß man sie auf den Boden weggehauen hat."

1811 Rebenblüte im Mai, Traubenreife im August, viel und ausgezeichnet, „Kometenwein", der von Goethe poetisch verklärte Eilfer.

1812 Einheitliche Maß- und Gewichtsordnung in Baden eingeführt.

1813–1817 Anhaltend naßkalte Witterung, mittelmäßige bis miserable Herbste, 1813 „Landsturm". Teuerung, Hungersnot. Badische Rebfläche 26640 Hektar.

1819 Badischer landwirtschaftlicher Verein gegründet.

1822 Nach Spätfrösten wenig aber ausgezeichneter Wein. Samuel Friedrich Sauter: „Nebenbuhler von dem Elfer, / Du uns auf die Beine-Helfer, / Milder süßer Feuerwein ..."

1833 Der Weinzehnte wird abgelöst.

1835 Beitritt Badens zum Deutschen Zollverein.

1846 Der erste gute Jahrgang seit 1842.

1848 In den mediatisierten Gebieten fallen die Feudallasten.

1852 Am Bodensee tritt erstmals der echte Mehltau, Oidium oder Äscherich, auf.

1860 Wenig Wein und sauer, „Garibaldi". Am Feldberg schmilzt der Firnschnee nicht ab.

1865 Neidischer Herbst, durchweg ausgezeichneter Wein, noch stärker als der Eilfer.

1871 Halber Herbst, saurer Wein, „Turko".

1872 Epidemisches Auftreten des Mehltaus.

1874 Oberbadischer Weinbauverein, Sitz Müllheim, gegründet.

1878 Die Rebfläche Badens beträgt 20 368 Hektar.

1879 Verheerender Winterfrost, Fehlherbst. Die Reichsweingesetzgebung erlaubt die Herstellung von Kunstweinen bei entsprechender Kennzeichnung, was aber kaum beachtet wird.

1881 Pfarrer Heinrich Hansjakob gründet in Hagnau die erste Winzergenossenschaft Badens.

1882 Erstes Auftreten der Peronospora, der Blattfallkrankheit, ab 1886 epidemisch.

1887 Geringer Herbst, „Schnäbele". Reblaus in Tauberfranken.

1889 Der Reichstag beschließt das Genossenschaftsgesetz.

1895 Neidischer Herbst, aber vortrefflich, „Bismarck".

1901/09 Das Reichsweingesetz definiert erstmals den Begriff Wein als „das durch alkoholische Gärung aus dem Safte der Weintraube hergestellte Getränk".

1905 Die Rebfläche in Baden umfaßt 17 712 Hektar.

1906 Die Peronospora tritt erstmals in Form der Lederbeerenkrankheit auf. Durchschnittlicher Jahresertrag in Baden 2,6 Hektoliter je Hektar.

1910 Verregneter Sommer. Mehltau und Peronospora grassieren, „was noch übrig blieb, fraß der Wurm". Baden erntet 2,7 hl/h. „Die Winzer kauften ‚Zapfs Mostansatz' in Literflaschen und setzten damit den Haustrunk an."

1911 Sehr heißer Sommer, wieder ein „Kometenwein". In Baden werden 23,4, in Tauberfranken 4,3 hl/h geherbstet.

1913 Badischer Weinbauverband gegründet. Erstes Auftreten der Wurzelreblaus am Oberrhein. Baden erntet 3,3 hl/h.

1915 Trockenheißer Sommer, mittlere Ernte, guter Wein, „Frauenlob", weil im Kriegsjahr die Frauen einen Großteil des Herbstes eingebracht haben.

1917 Gesegneter Herbst, „Schuldenzahler".

1921 Nach Spätfrösten heißer Sommer, warmer Herbst. Ausgezeichneter Wein, dem 1865er vergleichbar, „Witwenmacher". Gründung des Staatlichen Weinbauinsituts Freiburg.

1923 Verregnete Blüte, Heuwurmschäden, dann trockenheißer Sommer. Wegen der Inflation „Multiplikator" getauft.

1924 Baden erlaubt als erstes deutsches Weinland den Anbau von Pfropfreben.

1927 Erstes Auftreten der geflügelten Blattreblaus.

1928 Der Badische Winzerverband schließt sich dem Badischen Weinbauverband, Sitz Freiburg, an.

1929 Anhaltend schneefreie Kälte bis März. „Die alten Reben erfroren bis zum Boden hinab, und das Holz der Rebstämme riß der Länge nach auf." Heißer Sommer, wenig aber sehr guter Wein, „Graf Zeppelin".

1933 Endgültiges Verbot der Hybridenreben, die bis 1940 ausgehackt sein müssen. „Gleichschalter".

1937 Wenig, aber teilweise vortrefflicher Wein.

1939 Verregneter Sommer, essigsaurer Wein.

1945 Trockenheißer Sommer, warmer Herbst, sehr guter Wein.

1947 Nach strengem Winter ein heißer, trockener Sommer, Dürrejahr. Wein mit hohen Mostgewichten aber geringer Säure.

1949 Nach Maifrösten heißer trockener Sommer. Sehr gute, aber säurearme Weine.

1953 Frosteinbruch am 10. Mai. Wenig, aber hochfeiner Wein. Das Flurbereinigungsgesetz wird beschlossen.

1954 Gründung der Zentralkellerei Badischer Winzergenossenschaften in Breisach.

1959 Nach einer Serie naßkühler Sommer sehr guter, aber säurearmer Wein.

1960 Massenerträge, Mostschwemme.

1964 In Baden gibt es 125 Winzergenossenschaften, davon 61 selbstmarktende. Nordbaden wechselt vom Weinbauverband Württemberg-Baden der Nachkriegszeit wieder zum Badischen Weinbauverband.

1971 Das neue deutsche Weingesetz tritt nach Angleichung an die Grundverordnungen der Europäischen Gemeinschaft in Kraft. Jahrgang der Spätlesen und Auslesen.

1974 Spätfröste, die besonders den Gutedel im Markgräflerland treffen.

1976 Edelfäule im Herbst, viele Weine mit Botrytiston.

1982 und 1989 Quantitative Rekordherbste.

1990 Nach der neuen Mengenbegrenzung dürfen pro Hektar höchstens noch 110 Hektoliter vermarktet werden.

1993 Die Rebfläche in Baden umfaßt 16 150 Hektar, sehr guter Jahrgang.

Kleines Wörterbuch der Weinsprache

Abbeeren oder Entrappen: Absondern der Weinbeeren vom Stielwerk, Kämme oder Rappen genannt, die unerwünschte Bitterstoffe an den Most abgeben.

Ableger: Einjährige Rebruten, die, in die Erde gepflanzt, neue Stöcke bilden. Seit dem Pfropfrebenbau ist diese Art der Weinbergverjüngung verboten.

Affentaler: Rotwein aus Blauem Spätburgunder, der in den Gemarkungen Altschweier, Bühl, Bühlertal, Neusatz und Neuweier gewachsen ist. Wird auf Weinberge des Klosters Lichtental in einem Avetal zurückgeführt.

Ampelographie: Rebsortenkunde.

Anreichern, früher verbessern: Dabei wird dem Most Zucker zugesetzt, der während der Gärung wie der natürlich vorhandene Frucht- und Traubenzucker auch in Alkohol und Kohlensäure aufgespalten wird. Je nach Dosierung verbleibt eine mehr oder minder auffällige Restsüße. Seit 1971 ist Anreichern nur noch für Tafelweine, Landweine und Qualitätsweine ohne Prädikat erlaubt.

Aufbinden oder heften: Die jungen Triebe der Rebe werden aufrecht am Drahtrahmen festgebunden, um Licht und Luft an den Stock zu lassen.

Auge: Die Rebenknospe. Die Anzahl der Augen pro Quadratmeter nach dem Rebschnitt entscheidet mit über die Menge und damit auch Güte des Jahrgangs.

Ausbau: Das Ganze der kellertechnischen Abläufe bei der Weinbereitung wie schonende Gärführung, Abstich des Hefetrubs, Schönung, also Ausfällen und Filtration der Eiweißstoffe und anderer Schwebepartikel, Schwefelung, Verschnitt, Lagerung in Faß und Stahltank, Flaschenabfüllung. Reduktiver Ausbau vollzieht sich unter möglichstem Ausschluß von Sauerstoff, was geringere Zugaben schwefliger Säure erlaubt.

Auslese: Weine aus vollreifem, oft edelfaulem Traubengut.

Bannwein: Bis zur Bauernbefreiung Naturalabgabe vom Herbst eines lehenspflichtigen Winzers an die Herrschaft, oft verbunden mit Kelterzwang zur Kontrolle.

Baumwein: Naturalabgabe für das Keltern im herrschaftlichen Kelterhaus.

Beerenauslese: Weine aus überreifen, edelfaulen Beeren, die oft einzeln aus der Traube herausgeschnitten werden müssen.

Bereich: Zusammenfassung benachbarter Großlagen, aus deren Erträgen Weine gleichwertiger Geschmacksrichtung gewonnen werden. Das bestimmte Anbaugebiet Baden ist in acht Bereiche unterteilt: Tauberfranken, Badische Bergstraße-Kraichgau, Ortenau, Breisgau, Kaiserstuhl, Tuniberg, Markgräflerland und Bodensee mit Hochrhein.

Blindrebe: Etwa 30 cm langer Rebtrieb, der als Steckling oder Setzling in die Erde kommt und sich zum Wurzelstock ausbildet, während sich aus dem obersten, allein übriggelassenen Auge der neue Rebstock entwickelt.

Bocksbeutel: Das fränkische Flaschenoriginal hat sich aus der seitlich abgeplatteten alten bauchigen Bouteille entwickelt und seine Legitimität als Behältnis eines unverfälschten Würzburger Steinweins im 18. Jahrhundert nicht von der damals allgemein üblichen Flaschenform, sondern von dem seit 1726 bezeugten Gütesiegel des Würzburger Stadtrats erhalten. Laut jüngster Definition des Bundesgesundheitsministeriums für den Herkunftsschutz des Bocksbeutels in der Europäischen Union ist er „eine kurzhalsige, bauchigrunde, etwas abgeflachte Glasflasche mit ellipsoider Standfläche und mit ellipsoidem Querschnitt an der größten Wölbung des Flaschenkörpers, bei der das Verhältnis von Hauptachse zu Nebenachse des elliptischen Querschnitts annähernd 2:1 und das Verhältnis von Höhe des gewölbten Flaschenkörpers zum zylindrischen Flaschenhals annähernd 2,5:1 beträgt".

Böckser: Geruch und Geschmack des Weines, die an faule Eier erinnern; geht auf Schwefelwasserstoff zurück, der sich während des Gärprozesses gebildet hat.

Bodeng'fährtle, auch Bodenton oder Bodengeschmack, gout terroir: Bestimmte Mineralien wirken auf den Stoffwechsel der Rebe und damit auf die Entstehung bestimmter Geschmacksstoffe ein. Der Begriff mußte oft als Erklärung für Fehler beim Ausbau herhalten.

Bordelaiser Brühe: Kupfervitriol-Kalk-Lösung zum Spritzen gegen die Peronospora.

Botrytis cinerea: Grauschimmel, Edelfäulpilz, gefürchtet, wenn er auf noch unreifen Trauben die Sauerfäule, auf Traubenstielen die Stielfäule hervorruft; begehrt, wenn er bei warmer, trockener Herbstwitterung die Schale der reifen Beeren durchwächst, die Säure abbaut, das Wasser im Beerensaft verdunsten läßt und so die Zuckerkonzentration steigert.

Brache: Regenerationsphase für die Monokultur des Weinbergs; meist wird Luzerne eingesät, um der Rebenmüdigkeit oder spezifischen Virusinfektionen der Weinbergböden zu begegnen.

Bukett: Summe der Geschmackselemente, vor allem aber der Duftstoffe im Wein; gefragt ist heute ein typisches Sortenbukett. Die bis zu 400 Aromastoffe bilden sich meist erst während der Gärung.

Bütte, auch Bottich, Stander, Zuber: Große Kufe am Weinberg oder an der Kelter, in der man die Maische zum Gären stehen läßt.

Butte: Längliches, auf dem Rücken getragenes Gefäß zum Transport der Trauben aus dem Weinberg. Buttentragen war und ist Schwerarbeit.

Chlorose: Gelbsucht des Reblaubs, tritt meist in schweren Böden mit Staunässe auf.

Deckwein: Wird zum legalen Verschnitt mit blassem deutschem Rotgewächs gebraucht. Durch Züchtung eigener farbstarker Rebsorten, wie etwa Dunkelfelder, ist kein Verschnitt mit ausländischem Rotwein mehr nötig und erlaubt.

Direktzug: Unmittelbares Befahren der Rebgassen mit Zugmaschinen, möglich bis zu einer Hangneigung von 40 Prozent. Kostensenkend bei der Mechanisierung der Bodenarbeit, beim Düngen, bei der Schädlingsbekämpfung, bei Laubarbeit und Traubenlese.

Drahtrahmen: Bei der neuen Rebenerziehung wird der Stock in Längszeilen zwischen Betonpfählen oder Holzstickeln an Drähten gezogen. Die Gassen zwischen den Rahmenzeilen können mit Maschinen befahren werden.

Eichen: Amtliches Abgleichen, Berichtigen und Beglaubigen von Maß und Gewicht.

Eisheilige: Namenstage der drei Heiligen Pankratius, Servatius und Bonifatius, vom 12. bis 14. Mai, sowie St. Sophias, der „kalten Sophie", am 15. Mai. Erfahrungsgemäß kommt es in dieser Zeit oft noch einmal zu Spätfrösten, die der austreibenden Rebe gefährlich werden.

Eiswein: Hochkonzentrierter Wein aus hartgefroren gelesenen und gekelterten Trauben. Durch das abgepreßte gefrorene Wasser in den Beeren werden Süße, Extrakt und Aroma konzentriert. Risikoreich durch Mengenverluste und entsprechend teuer.

Entsäuerung: Ist beim Maischegut erlaubt. Dabei wird die Weinsäure mit Hilfe von kohlensaurem Kalk, die Apfelsäure mit Doppelsalz teilweise ausgefällt.

Erosion: Mindert die Bodenfruchtbarkeit im Weinberg. Regen schwemmt, Wind weht die feinerdige dünne Humuskrume fort. Früher dämmten Terrassenbau und natürliche Begrünung diese Gefahr ein, heute wirken Einsaat von Gründüngungspflanzen und Mulchen, also Bodenbedeckung mit organischem Material, der Verarmung der Böden entgegen.

Erziehung: Maßnahmen, die den Wuchs des Weinstocks durch Schnitt und Stützhilfe möglichst arbeitssparend so lenken, daß Laubmasse und Traubenbehang, Quantität und Qualität des Ertrags zu einem ausgewogenen Verhältnis gelangen.

Extrakt: Summe der Stoffe, die beim Verdampfen des Weines übrigbleiben, wie Alkohol, Zucker, Säuren, Glyzerin, Mineralsalze, Gerbstoffe, Farbstoffe, Eiweiße, Aromastoffe. Der zuckerfreie Extrakt bestimmt den Körper des Weines, von 25 bis 100 Gramm je Liter.

Fanggrube: Soll an der tiefsten Stelle des Weinbergs das bei Unwettern abgeschwemmte Erdreich auffangen.

Fechser: Die Wurzelrebe.

Federweißer: Der Traubenmost in der Gärung, milchigtrüb und vitaminreich durch die Hefen, spritzig durch die Kohlensäure. Spätherbstliche Kuren mit Federweißem sind im Rebland beliebt.

Felgen: Flache Bodenlockerung, früher mit der Felghaue.

Firne: Alterston beim Wein, bedingt durch zunehmende Oxydation, heute leider kaum mehr geschätzt.

Geschein: Blütenstand der Rebe.

Gründüngung: Einsaat von Platterbsen, Lupinen, Raps, Roggen, Wicken in den Rebgassen. Nach dem Aufgehen wird die Pflanzendecke abgemäht und als Mulchmasse liegengelassen oder als Humuszufuhr in den Boden eingearbeitet.

Häcker: Im Fränkischen der Taglöhner im Weinberg, aber auch der kleine Winzer.

Hape, Happe, Heppe, Hippe: Rebmesser mit gekrümmter Klinge, inzwischen abgelöst von der Rebschere. Standeszeichen des Winzers, zusammen mit Pflugschar und Sech des Weinbauern.

Haustrunk: Aus Trestern gewonnener Wein, der zur Selbstversorgung im familiären Erzeugerbetrieb zwar zugelassen, heute jedoch kaum noch von Bedeutung ist.

Herbst: Im Rebland nicht nur die dritte Jahreszeit, sondern auch Traubenlese und Traubenertrag. Einen neidischen Herbst gibt es, wenn die Lese je nach Witterung oder Schädlingsbefall in den einzelnen Orten, Talschaften oder Regionen sehr unterschiedliche Erträge bringt.

Hybriden: Kreuzungen von europäischen Kulturreben mit amerikanischen Wildreben; bei den interspezifischen Sorten werden heute auch asiatische Wildreben eingekreuzt.

Jungfernwein: Der erste Jahrgang aus einem neubepflanzten Weinberg.

Kabinett: Unterste Klasse der Qualitätsweine mit Prädikat, darf nur mit Süßreserve angereichert werden.

Karst: Zweizinkige Hacke zum tiefgründigen Auflockern des Bodens.

Keller: Früher auch Bezeichnung für einen herrschaftlichen Verwaltungsbeamten.

Kellerschimmel, Cladiosporium cellare: Siedelt in schwärzlichgrauen Rasen, Nestern und Zöpfen in alten Gewölbekellern, ernährt sich von den in der Luft schwebenden flüchtigen Weinstoffen, riecht nicht unangenehm, harmonisiert die Luftfeuchtigkeit und zeigt so ein ideales Kellerklima an.

Kirchenfenster: Schlieren, die ein schwerer, glyzerinhaltiger Wein im Glas bildet und die an die Zeichnung von Kirchenfenstern erinnern.

Klone: Nachkommenschaft einer selektionierten, besonders leistungsstarken Kulturrebe; durch die vegetative Vermehrung ist, anders als bei Sämlingen, die Weitergabe gleichen Erbguts gewährleistet. Die Klonenzüchtung hat zu ungeahnter Ertragssicherheit geführt.

Kreuzung: Gezielte Bestäubung und Befruchtung zweier verschiedener Rebsorten, um Nachkommen mit neuen Eigenschaften zu erhalten. Bei Zwittersorten werden zuvor die männlichen Blütenteile, Staubbeutel und Staubblätter, entfernt, um Selbstbefruchtung zu vermeiden. Die Züchter stellen bei Kreuzungsangaben die befruchtete Mutterrebe der männlichen pollenspendenden Rebsorte galant voraus.

Lage: Bezeichnet als Einzellage einen genau umgrenzten und gesetzlich geschützten Weinberg; die Großlage faßt Einzellagen zusammen, aus deren Erträgen gleichwertige Weine gleichartiger Geschmacksrichtung gewonnen werden können. Mehrere Großlagen bilden einen Bereich, doch besitzt der Bereich Tauberfranken nur eine Großlage namens Tauberklinge.

Lägel, Legel: Fäßchen mit Tragegriff.

Lauer, Trester, Treber: Rückstand des gekelterten Maischeguts. Für den Lauerwein wurde der Tresterkuchen mit Zuckerwasser angerührt und nochmals gepreßt.

Lauer wird auch zu Tresterschnaps destilliert. Im Fränkischen heißt die Blutrote Singzikade, auch Weinhähnchen oder Traubensurrer genannt, Lauer.

Maische: Vor der Kelterung zerquetschtes oder zermahlenes Traubengut. Läßt man die Maische für die Rotweinbereitung angären, wird zuvor das gerbsäurereiche Stielwerk, die Kämme oder Rappen, entfernt; aus Beerenschalen und Kernen ziehen auch noch Gerbstoffe in den Most ein.

Mehltau, echter: Aschgrauer Pilz, auch Oidium oder Äscherich genannt. Wenn die befallenen Trauben nicht abgesondert werden, kann der Wein einen schimmeligen Geschmack bekommen.

Mutation: Sprunghafte Änderung im Erbgefüge, bei der Rebe besonders häufig.

Öchsle: Gradeinteilung für die Messung des spezifischen Weinmostgewichtes, benannt nach dem Pforzheimer Feinmechaniker Christian Ferdinand Öchsle und der von ihm konstruierten Öchslewaage. Je ein Grad Öchsle zeigt an, um wieviel Gramm der Most schwerer als Wasser ist. Der prozentuale Zuckergehalt berechnet sich nach der Formel Mostgewicht geteilt durch vier und davon minus drei.

Önologie: Die Wissenschaft vom Wein.

Peronospora: 1878 von Nordamerika nach Europa eingeschleppte, von einem Pilz verursachte Blattfallkrankheit der Rebe, die als Lederbeerenkrankheit auch auf die Trauben übergreifen kann.

Pfropfrebe: Ein auf das Wurzelstück einer amerikanischen, blattlausresistenten Wildrebe gepfropfte Reis einer europäischen Kulturrebe. Die unterirdisch lebende Wurzelreblaus kann so dem Weinstock nicht mehr schaden.

Räumen: Früher eine der ersten Arbeiten im Weinberg, wenn die nach der Lese wegen der Winterfrostgefahr niedergelegten Stöcke von der darübergescharrten Erde befreit und aufgerichtet wurden.

Reblaus: Mitte des 19. Jahrhunderts von Nordamerika nach Europa eingeschleppter Schädling, der als Wurzelreblaus und geflügelte Blattreblaus auftritt. Letztere wird dem Laub der Europäerreben nicht gefährlich.

Rebschnitt: Die Rebe ist von Natur aus eine Schlingpflanze, ein Rückschnitt Anfang des Jahres auf eine oder zwei Fruchttruten die Regel. Bis in die 20er Jahre wurde fast nur bei zunehmendem Mond geschnitten.

Restsüße: Ist heute meist das Ergebnis verfeinerter Kellertechnik. Normalerweise stellen die Hefe-Enzyme beim Gärprozeß ihre Tätigkeit ein, wenn etwa 12 Grad Alkohol erreicht sind. Das ist bei allen durchgegorenen Mösten bis zu 100 Grad Öchsle der Fall. Um liebliche Weine auch von geringeren Mösten zu erhalten, stoppte man die Gärung vorzeitig durch abruptes Abkühlen, rigorose Filterung oder Zusatz von Schwefel. Heute setzt man für Kabinettweine und Spätlesen dem durchgegorenen Most kurz vor dem Abfüllen pasteurisierten Traubensaft, die Süßreserve, zu. Tafelweine, Landweine und Qualitätsweine ohne Prädikat dürfen während der Gärung aufgezuckert werden. Nur bei Weinen im Auslesebereich verbleibt nach dem Ende der Gärung eine spürbare natürliche Restsüße.

Roséwein, Roseewein: Wird aus Rotgewächs gewonnen, dessen farbstoffhaltige

Beerenschalen kurz nach dem Gären durch Keltern vom Most getrennt werden, so daß dem Wein nur eine apfelgeleefarbene Tönung verbleibt.

Rotling: Ein aus weißem und rotem Traubengut gekelterter hellroter Wein, wie etwa der aus Blauem Spätburgunder und Ruländer gewonnene Badisch Rotgold. Getrennt ausgebaute Weißweine und Rotweine dürfen bei uns nicht miteinander verschnitten werden.

Säcker, Secker: Das Preßquantum Traubenmaische für einen Keltergang.

Sämling: Aus einem Samen gezogene Jungrebe, die im Gegensatz zum vegetativ vermehrten Klon die Erbeigenschaften der samenspendenden Rebsorte nicht sicher beibehält.

Schenkel: Mehrjähriger kurzer Trieb der Rebe.

Schwanz: Eigenschaft eines Weines, der nachhaltig ist, nach dem Schlucken im Gaumengewölbe geschmacklich nachhallt.

Schwefeln: Ein seit der Antike gebräuchliches Verfahren, den Wein durch Zusatz von schwefliger Säure, nicht zu verwechseln mit der Schwefelsäure, frisch und hellfarben zu halten. Die Obergrenzen für die gesamtschwefelige Säure im Wein liegen bei 175 Milligramm je Liter für einen trockenen Rotwein bis zu 400 mg/l bei Beerenauslesen.

Seilzug: Ist nur noch in extremen Steillagen wirtschaftlich gerechtfertigt. Die Zapfwelle einer Zugmaschine treibt dabei eine Winde, an deren Drahtseil ein bemannter Sitzpflug durch die Rebgassen gezogen wird. Vom oberen Ende des Weinbergs muß der Pflug dann in Handarbeit wieder nach unten gezogen werden.

Sohn: Rute eines Rebstocks, die beim Verjüngen eines Weinbergs vergraben wurde und so einen ausgehackten Nebenstock ersetzen sollte.

Spätlese: Weine aus vollreifem Traubengut, das nach der allgemeinen Lese geherbstet wurde.

Süßreserve: Verschnitt von sterilisiertem Traubensaft und durchgegorenem Wein. Erlaubt ist ein Zusatz bis zu zehn Prozent des Grundweins.

Torkel, Trotte: Der oder die Torkel, vom lateinischen torquere für winden, drehen, pressen. Historische Weinpresse, meist als Baumkelter konstruiert.

Trester: Siehe Lauer.

Trocken: Weltweit die Bezeichnung für einen Wein mit maximal vier Gramm Restzucker je Liter. Laut deutschem Weingesetz dürfen je nach Säuregehalt, Weine mit bis zu neun Gramm noch als trocken bezeichnet werden. Sogenannte halbtrockene Weine dürfen bis zu 18 Gramm Restzucker je Liter enthalten.

Trockenbeerenauslese: Weine aus edelfaulen, rosinenartig eingeschrumpften Beeren.

Verrieseln: Kann die Traubenblüte bei naßkalter Witterung, aber auch bei zu üppigem Triebwachstum wegen Überdüngung. Dabei werden die teilweise oder noch ganz unbefruchteten Blüten abgestoßen, die Gescheine verrieseln. Entsprechend gering bleiben Fruchtansatz und Ertrag.

Vorlaß, Vorlauf: Der erste mit schwachem Preßdruck aus der Kelter rinnende und entsprechend gerbstoffarme Wein, der früher extra hoch bezahlt wurde.

Wein: Das deutsche Weingesetz definiert: „Wein ist das aus dem Saft frischer Weintrauben hergestellte Getränk, das infolge alkoholischer Gärung mindestens 55 Gramm tatsächlichen Alkohol im Liter enthält und dessen Kohlesäuredruck bei 20 Grad Celsius 2,5 atü nicht übersteigt."

Weinberg: Der Begriff taucht im Gegensatz zum alten Weingarten oder Wingert in Mitteldeutschland erst im 13. Jahrhundert auf und wanderte mit der Lutherbibel nach Süden und Westen.

Weinflaschen: Waren ursprünglich aus Holz, Leder oder Metall. Die gläserne Weinflasche des 17., 18. und frühen 19. Jahrhunderts hieß Bouteille.

Weingartgrün: Name für das Bingelkraut, das zur typischen Hackfruchtflora gehört.

Weinkauf: Die Zeugen eines Weingeschäfts durften beim Umtrunk, der den Abschluß bekräftigte, unentgeltlich mithalten. Oft war der Weinkauf „nur causa bibendi", also ein Vorwand zum Trinken.

Weinkoch: Alter Name für den Monat August.

Weinmond: Alter Name für den Monat Oktober.

Weinsuppe: Sie wurde als besonders kräftigend vor allem Wöchnerinnen und Kranken gereicht.

Weinvisierer, Weinbeiler, Weinmesser: Beamter der Gewerbeaufsicht, der den Wein im Faß mit dem Visierstab vorläufig maß.

Weißherbst: Rosewein, der nur aus einer Rebsorte Rotgewächs gewonnen wurde und sich mindestens als Qualitätswein ohne Prädikat klassifiziert hat.

Maß und Münze

Ar: 100 Quadratmeter.

Batzen: Silberne Scheidemünze, meist gleich vier Kreuzer, 1549 betrug der tägliche Lohn eines Handwerkermeisters in Durlach, ohne Verköstigung, drei Batzen oder 33 Pfennig.

Becher: In Baden 0,15 Liter.

Denar: Bezeichnete als Münzgewicht den Pfennig. Ums Jahr 900 kosteten ein Ochse fünf, zwei Morgen Ackerland 16 Denar.

Eimer: In Wertheim um 1550 120, in Tauberbischofsheim 78,41, am Bodensee zwischen 37,5 und 41,1 Liter; später in Baden einheitlich 41 Liter.

Elle: Zwei Fuß oder 0,6 Meter.

Fuder: Soviel wie ein zweispänniger Wagen befördern konnte; das schwankte erheblich: In Wertheim galt ein Fuder um 1550 gleich 1440, nach Tauberbischofsheimer Eich 940,9, in Heidelberg 1609, in Endingen 1029, in Breisach 1164 und in Überlingen 1152 Liter. Heute in Deutschland 1000 Liter.

Fuß: Entspricht 0,3 Meter.

Gulden: Abgekürzt fl für Florentiner, ursprünglich goldene, seit Mitte des 16. Jahrhunderts silberne Reichsmünze, die meist 15 Batzen oder 60 Kreuzern oder 240 Pfennigen entsprach. 1873 wurde der in Süddeutschland gebräuchliche Gulden zu 1,71 Reichsmark umgerechnet.

Halbstück: Heute in Deutschland 600 Liter.

Haufen: Flächenmaß, das sich nach den über Winter entfernten Stecken der niedergezogenen, mit Erde angehäufelten Reben berechnete, am Oberrhein zwischen zwei und zehn Ar. Siehe auch Steckhaufen.

Hektar: 10 000 Quadratmeter.

Hektoliter: 100 Liter.

Heller: Silbermünze, benannt nach dem ersten Prägeort Hall am Kocher. 1415 galt in Konstanz ein Pfund Lammfleisch sieben Heller. Seit dem 17. Jahrhundert Kupfermünze im Wert eines halben Pfennig.

Hube oder Hufe: Mittelalterliche Bezeichnung für bäuerlichen Grundbesitz ohne bestimmte Flächengröße. Später galt eine alemannische Hube 18,91, eine fränkische 24,2 Hektar.

Jauchert, Juchert, Joch: Pflügeleistung eines Ochsengespanns an einem Morgen, in Baden 36 Ar oder ein Morgen.

Klafter: Als Längenmaß die Spanne zwischen den Fingerspitzen der waagrecht ausgebreiteten Arme, als Raummaß, meist für Holz, in Baden 3,888 Kubikmeter.

Kreuzer: Silberne, später kupferne Scheidemünze; allgemein galten 60 Kreuzer einen Gulden oder ein Pfund Pfennige.

Mannshauet: Die Rebfläche, die ein Mann an einem Tag durchhacken konnte, in Baden 4,5 Ar.

Mark: Kommt von der Marke, die als Zeichen eines Gewichtes ode Wertes einem Silberstück aufgedrückt wurde, allgemein 234 Gramm. Hat das Pfund als Münzmaß verdrängt.

Maß: In Baden 1,5 Liter.

Meile: In Deutschland allgemein 7420,43 Meter, in Baden gleich zwei Wegstunden oder 8888,89 Meter.

Morgen: In Baden gleich 36 Ar, gleich vier Viertel oder 400 Quadratruten.

Neuner: In der Kurpfalz gleich einem Albus oder Weißpfennig, gleich neun Pfennige.

Ohm: Zwischen 125 bis 144, ab 1812 in Baden einheitlich 150 Liter. Das große Heidelberger Ohm umfaßte sogar 160,96 Liter. Entsprach als Saum der Traglast eines Esels oder Mulis.

Pfennig: Ursprünglich silberne, dann kupferne Münze. 1344 galten 960, um 1400 schon 1200 bis 1400 Pfennige eine Mark Silber. 1415 kostete in Konstanz ein Pfund Rindfleisch drei, ein Pfund Hecht 22 Pfennige. In Freiburg erhielt ein Schneidermeister, der zum Kunden ins Haus ging, einen Taglohn von 12 Pfennigen. 1538 verordnete der Freiburger Rat, man solle einem Rebmann von St. Gertraud, 17. März, bis St. Bartholomäus, 25. August, nicht mehr als 14 Pfennige Tageslohn geben, dazu vier Mahlzeiten und eine halbe Maß Wein.

Plappert: Silbermünze, die sechs Rappen galt.

Rappen: Zehn Rappen galten einen Batzen. Die Breisgauer Münze hatte ihren Namen von dem aufgeprägten Rabenkopf.

Rappenbatzen: Silbermünze, die zehn Rappen galt. 15 Rappenbatzen entsprachen einem Gulden.

Rappenhaller: Entsprach einem halben Rappen.

Rappenschilling: Entsprach vier Rappen.

Rappentaler: Galt um 1500 etwa 17 Batzen.

Rute: Alemannisch gleich 16 Fuß oder 4,378, in Baden später zehn Fuß oder drei Meter.

Saum: Siehe Ohm.

Schoppen: In der Kurpfalz 0,838, in Baden seit 1812 0,375 Liter.

Steckhaufen: In Baden zwei bis drei Ar mit etwa 400 Rebstecken. Teilweise faßte man auch Steckhaufen zu einem Haufen von 7,5 bis zehn Ar zusammen.

Stück: In Deutschland heute 1200 Liter.

Stütze: Entsprach 15 Litern.

Hinweise zur Literatur

Ortsgeschichtliche Titel werden nur ausnahmsweise aufgeführt, die Schriften zur Weingeschichte, hrsg. von der Gesellschaft für Geschichte des Weines, unter dem Kürzel Schr z WG zitiert.

GEOLOGISCHER WEINLEHRPFAD ACHKARREN/KAISERSTUHL, hrsg. von der Ortsverwaltung Achkarren, ebenda 1981, 2. Aufl.

ARNTZ, HELMUT: Frühgeschichte des Deutschen Sektes, Bd. V und VI, Schr z WG, Nr. 89 und 91, Wiesbaden 1988 und 1989.

BADEN UND SEINE BURGUNDER, hrsg. vom Badischen Weinbauverband, Freiburg 1981.

BARTH, MEDARD: Der Rebbau des Elsaß und die Absatzgebiete seiner Weine, Straßburg 1958.

BASSERMANN-JORDAN, FRIEDRICH VON: Geschichte des Weinbaus, 3 Bde., Frankfurt am Main 1923, 2. Aufl.

BECKER, NORBERT, BRUNO GÖTZ, JOACHIM KANNENBERG, WERNER SCHÖN: Baden. Vinothek der deutschen Weinberg-Lagen, München 1982.

100 JAHRE TAUBERFRÄNKISCHE WINZERGENOSSENSCHAFT BECKSTEIN 1894–1994, Beckstein 1994.

BIBLIOGRAPHIE ZUR GESCHICHTE DES WEINES, zusammengstellt von Renate Schoene, hrsg. von der Gesellschaft für Geschichte des Weines, Mannheim 1976. Supplementband 1, Wiesbaden 1978; Supplementband 2, München 1982; Supplementband 3, München 1990.

BOELCKE, WILLI A.: Wirtschaftsgeschichte Baden-Württembergs von den Römern bis heute, Stuttgart 1987.

BROMMER, HERMANN: Der Tuniberg, München und Zürich 1983, 2. Aufl.

– –: Merdingen, Rebdorf am Tuniberg, reich an Geschichte und Kunst, München und Zürich 1989.

BRONNER, JOHANN PHILIPP: Der Weinbau des Main- und Taubergrundes und der Würzburger Gegend in seinen Einzelheiten dargestellt, Heidelberg 1839, Nachdruck Tübingen o. J.

– –: Der Weinbau und die Weinbereitung an der Bergstraße, im Bruhrain und den weiteren Distrikten bis Durlach und Pforzheim, Heidelberg 1843. Nachdruck Tübingen o. J.

– –: Die wilden Trauben des Rheinthales, Heidelberg 1857.

BUCHLER, WALTHER, Hrsg.: 300 Jahre Buchler. Die Unternehmen einer Familie 1651–1958, Braunschweig 1958.

GESCHICHTLICHER WEINLEHRPFAD BURKHEIM, hrsg. von der Wein- und Vertriebsgenossenschaft Burkheim, ebenda o. J.

BUSSE, HERMANN ERIS, Hrsg.: Mein Heimatland. Badische Blätter für Volkskunde . . ., 14. Jg., Heft 7, Freiburg 1927.

– –: OFFENBURG UND DIE ORTENAU, Freiburg 1935.

– –: ÜBERLINGEN UND LINZGAU, Freiburg 1936.

– –: HEIDELBERG UND DAS NECKARTAL, Freiburg 1939.

– –: DER BREISGAU, Freiburg 1941.

CARL FRIEDRICH und seine Zeit, Ausstellungskatalog, hrsg. von den Markgräflich Badischen Museen, Karlsruhe 1981.

CLAUS, PAUL: Arsen zur Schädlingsbekämpfung im Weinbau 1904–1942, Schr z WG, Nr. 58, Wiesbaden 1981.
– –: Der Schutz der Reben vor Schädlingen und Krankheiten, Schr z WG, Nr. 74, Wiesbaden 1985.
– –, Hrsg.: Persönlichkeiten der Weinkultur deutscher Sprache und Herkunft, Schr z WG, Nr. 100, Wiesbaden 1991.
DIETZ, ALEXANDER: Frankfurter Handelsgeschichte, Bd. 5, Frankfurt am Main 1925.
ENDRISS, GERHARD: Der Badische Weinbau in historisch-geographischer Betrachtung, Schr z Wg, Nr. 14, Wiesbaden 1965.
ENGELHARDT, WILHELM: Weinbau und Weine in Unterbaden, Mannheim 1972.
FEUCHT, FRIEDRICH: Die ländlichen Haus- und Hofformen des Markgräflerlandes, Diss. Phil. Freiburg 1972.
FIERHAUSER, GERHARD: Weinrecht zum Anfassen. Staatliches Weinbauinstitut Freiburg im Breisgau, ebenda 1994.
FISCHER, FRITZ: Adolph Blankenhorn. Ein Pionier des deutschen Weinbaues, in: Müllheim/Baden. Aus seiner Geschichte, Müllheim 1961.
FRANZ, GÜNTHER: Der Deutsche Bauernkrieg, Darmstadt 1969, 8. Aufl.
– – , Hrsg.: Quellen zur Geschichte des Bauernkrieges, Darmstadt 1963.
FUTTERER, ADOLF: Geschichte des Winzerdorfs Achkarren am Kaiserstuhl, ebenda 1969.
GÄNGEL, ADOLF: Beschauliche Fahrten im Rhein- und Neckarland, Karlsruhe 1983.
GOK, CARL FRIEDRICH VON: Über den Weinbau am Bodensee, an dem oberen Neckar und der schwäbischen Alb, Stuttgart 1834, Nachdruck Wurmlingen 1983.
GÖTZ, BRUNO: Die Geschichte des Weinbaus von Freiburg, Schr z WG, Nr. 40, Wiesbaden 1976.
– –: 100 Jahre Winzergenossenschaften in Baden 1881–1981, Karlsruhe 1981.
– –: Mosaik zur Weingeschichte, Freiburg 1982.
– – , Hrsg.: Staatliches Weinbauinstitut Freiburg im Breisgau 1920–1970, ebenda 1970.
GRÄTER, CARLHEINZ: Weinwanderungen an der Tauber, Oettingen 1969.
– –: Der Kaiserstuhl und Tuniberg, Mannheim 1976.
– –: Frankens Reben im Portrait, Würzburg 1990.
– –: Württemberger Wein. Landschaft, Geschichte, Kultur, Leinfelden-Echterdingen 1995, 2. Aufl.
DER GUTEDEL UND SEINE WEINE, hrsg. vom Badischen Weinbauverband, Freiburg 1982, 2. Aufl.
100 JAHRE WINZERVEREIN HAGNAU 1881–1981, ebenda 1981.
HERWIG, EUGEN, Hrsg.: Weinland Baden, Mannheim 1974, 3. Aufl.
– – : Fahrten durch das badische Weinland, Mannheim 1978, 2. Aufl.
HOFFMANN, KURT M.: Weinkunde in Stichworten. Ein Weinkolleg, o. O. 1977, 2. Aufl.
– –: Traminer und Muskateller und ihre Weine, Schr z WG, Nr. 63, Wiesbaden 1982.
HUG, WOLFGANG: Geschichte Badens, Stuttgart 1992.
KELLER, FRANZ: Alemannisch angerichtet. Wein und Tafelfreuden zwischen Schwarzwald und Vogesen, Stuttgart 1980.
50 JAHRE WINZERGENOSSENSCHAFT KENZINGEN-HECKLINGEN-BOMBACH, ebenda 1984.
KIEFER, FRIEDRICH: Naturkunde des Bodensees, Lindau und Konstanz 1955.
KOEPPEN, ULRICH: Baden. Wein- und Spezialitätenführer, Mainz 1994.

KREUTZ, GERNOT: Geschichte des Ortenauer Weinbaus in Zell-Weierbach, ebenda 1983.
– –: Vom Sprachgut der Rebbauern in Zell-Weierbach, ebenda 1992.
LAUTERBORN, ROBERT: Der Rhein. Naturgeschichte eines deutschen Stromes, Ludwigshafen am Rhein 1938.
NATURSCHUTZGEBIET LIMBERG AM KAISERSTUHL. Mit Beiheft: Der wissenschaftliche Lehrpfad bei Sasbach am Rhein, Karlsruhe 1978.
METZ, FRIEDRICH: Land und Leute. Gesammelte Beiträge zur deutschen Landes- und Volksforschung, Stuttgart 1961.
MONTAIGNE, MICHEL DE: Tagebuch einer Badereise, Stuttgart 1963.
MÜLLER, KARL: Geschichte des Badischen Weinbaus, Lahr 1953, 2. Aufl.
OSSENDORF, KARLHEINZ: Schröter-Weinlader-Weinrufer, Schr z WG, Nr. 62, Wiesbaden 1982.
– –: Schutzpatrone der Winzer, Schr z WG, Nr. 76, Wiesbaden 1986.
UNSER HEIMELIG BADISCHES REBLAND, hrsg. von der Zentralkellerei Badischer Winzergenossenschaften, Breisach o. J.
SCHMEDDING, HEINRICH: Weinbau in Baden, Phil. Diss. Freiburg 1969.
SCHNELLER, FRANZ: Brevier einer Landschaft, Freiburg 1947.
SCHREIBER, GEORG: Deutsche Weingeschichte. Der Wein in Volksleben, Kult und Wirtschaft, Köln 1980.
SCHUMANN, FRITZ: Der Weinbaufachmann Johann Philipp Bronner (1792–1864)und seine Zeit, Schr z WG, Nr. 50, Wiesbaden 1979.
– –: Der Gänsfüßer, in: Variatio delectat II, Schr z WG, Nr.67, Wiesbaden 1983.
SEMLER, ALFONS: Überlingen. Bilder aus der Geschichte einer kleinen Reichsstadt, Singen 1949.
SPAHR, GEBHARD OSB: Geschichte des Weinbaus im Bodenseeraum, in: Der Bodensee. Landschaft, Geschichte, Kultur, Sigmaringen 1982.
STROBEL, ALBRECHT: Agrarverfassung im Übergang. Studien zur Agrargeschichte des badischen Breisgaus vom Beginn des 16. Jahrhunderts bis zum Ausgang des 18. Jahrhunderts, Phil. Diss. Freiburg 1982.
800 JAHRE WEINBAU IM TAUBERGRUND. Festschrift zu den Taubergründer Weintagen, Lauda 1961.
TRAMINER, GEWÜRZTRAMINER, MUSKATELLER, hrsg. vom Badischen Weinbauverband, Freiburg 1982.
TROOST, GERHARD: Die Keltern. Zur Geschichte der Keltertechnik, Schr z WG, Nr. 97, Wiesbaden 1990.
TUNIBERG-RICHTFEST. Ein Berg verändert sein Antlitz. Hrsg. von Wolfgang Suppan, Tiengen bei Freiburg 1970.
WALTER, MAX: Die Volkskunst im badischen Frankenlande, Karlsruhe 1927.
WINZERKELLER WIESLOCH 1935–1985, ebenda 1985.
WINKELMANN, RICHARD: Die Entwicklung des oberrheinischen Weinbaus, Phil. Diss. Marburg 1960.

Register

Ortsregister

Achern 117
Achkarren 22, 110, 111, 192, 195-197, 244, 251, 279, 282, 287, 305, 306
Adelhausen, Kloster 58, 287
Affental 116, 165, 166
Allensbach 38, 76
Allerheiligen bei Schaffhausen, Kloster 58
Altkirch 44
Altrheininsel Ketsch 49
Altschweier 165, 166, 296
Alzey 259, 260
Amoltern 203, 204
Andlau, Kloster 58, 203
Angelbachtal 150, 152
Au 27, 39, 49, 216, 229
Auggen 56, 116, 226, 283, 288
Augsburg 78, 95, 97

Bacharach 146
Bad Bellingen 226, 227
Bad Krozingen 219
Bad Schönborn 152
Baden-Baden 30, 42, 46, 85, 117, 160, 162, 163, 224
Bahlingen am Kaiserstuhl 36, 189, 194, 281
Ballrechten-Dottingen 22, 221, 283
Bamlach 227, 229
Basel 11, 13, 30, 48, 52, 69, 74, 75, 77-79, 83, 85, 89, 101, 122, 153, 177, 199, 211, 213, 214, 224, 226-228, 230-232, 234, 280
Batzenberg 123, 216-218, 283
Beckstein 37, 59, 63, 116, 118, 136, 138-140, 281, 305
Bellingen 61, 226, 227, 290
Berghaupten 176
Berghausen 55, 158, 159
Bergheim 56
Bermatingen 44, 241
Bermersbach 176
Beromünster, Kloster 58, 226
Berwangen 54, 154
Betberg 56, 221
Bettingen 77

Betzenhausen 56
Beuron, Kloster 58, 239
Bickensohl 63, 66, 196, 197, 250, 282
Biengen 55, 219
Billigheim 37
Binau 148
Binzen 113, 229, 230
Birnau 34, 44, 240, 241
Bischoffingen 111, 122, 125, 197-199, 257, 281, 287
Bischweier 59
Bollschweiler 216
Bötzingen 42, 55, 85, 92, 187, 193
Breisach 13, 30, 45, 79, 90, 92, 95, 110, 111, 125, 130, 131, 142, 149, 172, 175, 177, 182, 186, 190-192, 194, 195, 202, 204-206, 210, 215, 217, 219, 234, 287, 294, 303, 307
Bremgarten 221
Bretten 28, 71, 142, 157
Britzingen 36, 56, 215, 223, 282, 283
Bronnbach, Ort; Kloster 34, 58, 60, 75, 77, 135
Bruchsal 28, 34, 35, 42, 84, 148, 152, 157
Buchau, Kloster 76
Buggingen 56, 221
Bühl 84, 92, 112, 117, 162, 165, 167, 208, 209, 296
Bühlertal 116, 165, 169, 296
Burkheim 30, 56, 74, 86, 110, 197, 199-201, 281, 292, 305

Castell 104

Dainbach 75, 139, 140
Dallau 56, 140
Denzlingen 80, 184
Dertingen 134
Dielheim 148, 150
Diersburg 174-176, 279
Dietlingen 158, 159
Distelhausen 37, 97, 136, 139
Dittigheim 136, 139, 286
Dittwar 138, 139
Dossenheim 56, 146
Durbach 22, 30, 71, 102, 171-173, 191, 244, 279
Durlach 22, 28, 39, 46, 51, 85, 100, 112, 119, 158, 159, 244, 286, 303, 305

Eberbach, Kloster 247
Eberstein, Schloß (bei Obertsrot) 162
Ebnet 34
Ebrach, Kloster 104
Ebringen 55, 215, 216, 290
Edingen 56
Efringen 55, 190, 227, 229, 230, 261, 283
Efringen-Kirchen 190, 227, 229, 230, 283
Egringen 55, 229, 230
Ehrenkirchen 217, 218
Ehrenstetten 216, 218, 219, 283
Eichelberg 148, 152
Eichstetten 27, 35, 92, 105, 193, 194, 282
Eichtersheim 25, 152
Eimeldingen 112, 229, 230
Einsiedeln, Kloster 198
Eisingen 158, 159
Ellmendingen 158, 159, 279
Ellwangen, Kloster 146
Emmendingen 11, 22, 30, 177, 183, 184, 193
Endingen 30, 204, 205, 284, 303
Eppingen 28, 155
Erfurt 76
Erzingen 191, 234
Eschbach 219, 221
Esslingen am Neckar 60, 75
Ettenheim 30, 74, 179-181
Ettenheimmünster, Ort; Kloster 43, 58, 105, 179, 181
Ettlingen 30, 160

Feuerbach 229, 230
Fischingen 55, 229, 230
Flehingen 89, 156
Frankfurt 36, 61, 75, 76, 91, 96-98, 138, 141, 144, 305, 306
Freiburg 30, 33, 34, 37, 42, 44, 45, 58, 74, 75, 80, 84, 89, 90, 94, 95, 105, 112, 119-122, 132, 139, 159, 172, 177, 182, 184-188, 192, 193, 197, 200, 201, 206, 211, 213-215, 217, 234, 252, 259, 260, 277, 279, 285-291, 294, 304-307
Friesenheim 179
Füssen 44

308

Gailingen 234, 243
Gaisbach 89, 170, 171
Gallenweiler 56
Gamburg an der Tauber 85
Geisenheim 255
Gelnhausen 89
Gengenbach 46, 160, 161, 174, 176, 281
Gengenbach, Kloster 58, 75, 173, 174, 176
Gerlachsheim 22, 23, 95, 97, 136, 139, 281
Germersheim 49
Gernsbach 160-162
Gissigheim 97, 134, 136
Glottertal 21, 22, 177, 183-185, 281
Gochsheim 28, 156, 157, 278
Goldbach 240
Gondelsheim 157
Gottenheim 43, 45, 207
Gottesau, Kloster 58, 157
Grenzach 229, 231, 232
Grißheim 221
Großrinderfeld 41, 134, 135
Grötzingen 55, 59, 158, 159
Grünsfeld 28, 41
Gündlingen 221
Gutnau, Kloster 226

Hagnau 36, 115, 116, 241, 243, 244, 283, 286, 293, 306
Haltingen 55, 122, 230, 231
Handschuhsheim 55, 146
Haslach 42, 89, 171, 286
Heggbach, Kloster 76
Heidelberg 46, 51, 53-56, 74, 82, 90, 146-148, 153, 278, 287, 288, 290, 303, 305
Heidelsheim 28, 148, 157
Heilbronn 146, 263
Heiligenzell 59, 179
Heimbach 182
Heinsheim 148
Heitersheim 48, 56, 197, 213, 219, 221
Helmsheim 157
Hemsbach 142, 144, 149
Herbolzheim 177, 180, 181
Herrenalb, Kloster 58, 157
Herten 43, 231
Hertingen 227, 229
Heuweiler 184
Hilsbach 28, 153
Hilzingen 235
Hirschberg 135, 144
Hohberg 148, 160, 174, 175
Höhefeld 134
Hohenlandsberg 86
Hohentengen 234

Hohentwiel 26, 234, 235, 240, 243
Hohenwettersbach 159
Höllenbach 55
Holzen 229, 230
Hornberg, Ort; Burg 89, 140, 141, 148
Hügelheim 56, 223

Ihringen 24, 90, 92, 94, 110-112, 117, 120, 192, 193, 244, 284, 286, 287
Immenstaad 116, 241, 243, 244
Impfingen 31, 134-136, 139
Irsee, Kloster 76
Istein 227-229
Isteiner Klotz 22, 214, 227-229

Jechtingen 122, 187, 200, 201
Jöhlingen 158

Kaiserstuhl 12, 16, 18, 19, 21, 22, 24, 25, 27, 30, 35, 36, 40, 42, 45, 47, 49, 53, 58, 63, 66, 67, 69, 70, 72, 77, 85, 86, 90, 92, 94, 103-105, 110, 111, 114, 119, 120, 122, 127, 132, 178, 183, 187-190, 193, 194, 195, 197, 200-202, 204, 205, 207, 214, 221, 250-252, 254, 255, 275, 277, 280, 286, 287, 296, 305-307
Kaiserswerth 146
Kämpfelbach 159
Kandern 56, 91, 92, 214, 230
Kappelrodeck 168, 169, 281
Karlsruhe 12, 55, 71, 91, 101, 112, 116, 122, 158, 159, 163, 193, 226, 229, 284, 287, 288, 305-307
Kaysersberg 86
Keltern 159, 279
Kembach 134
Kempten, Koster 76
Kenzingen 30, 45, 55, 74, 177, 182, 281, 306
Kiechlinsbergen 36, 39, 199, 203, 204, 252
Kienzheim 86
Kinzheim 71
Kippenheim 179
Kirchart 154
Kirchberg, Schloß/Gut 241, 256
Kirchhofen 30, 216-218
Kleinkems 228, 229
Klepsau 42, 139-141
Klingenberg 77, 172
Köln 76, 307
Köndringen 182

Königheim 37, 97, 135, 136
Königschaffhausen 155, 203, 204
Königshofen 89, 138, 139
Königshöfer 59, 244
Konstanz 34, 48, 73, 75, 76, 91, 112, 232, 235-239, 241, 243, 284, 303, 304, 306
Kraichtal 155, 156, 279
Krautheim an der Jagst 35, 136, 140
Kreenheinstetten 89
Kreuzwertheim 135
Külsheim 28, 37, 41, 134, 135
Kürnbach 16, 41, 148, 155, 281

Ladenburg 53, 54
Lahr 22, 30, 46, 132, 161, 179, 180, 287, 307
Langenbrück 148
Lauda 14, 28, 41, 137-139, 278, 307
Laudenbach 144
Lauf 51, 86, 87, 167, 168, 192, 279
Lautenbach 45, 171
Leimen 56, 72, 146, 148
Leiselheim 188, 201
Lindelbach 134
Lipburg 56, 224
Lörrach 229
Lorsch, Kloster 55, 58, 144, 146, 149, 182
Lübeck 76, 98

Mainau, Insel; Deutschordenskommende 15, 238, 239, 280
Mainz 48, 74, 75, 133, 164, 306
Malschenberg 28, 150
Malterdingen 22, 182
Mannheim 11, 46, 50, 52, 55, 56, 92, 101, 108, 112, 147, 284, 305, 306
Marbach 59, 138, 139
March 195
Maria Schnee im Weingarten, Kirche 64, 174
Märkt 229, 231
Maulbronn, Kloster 58, 157
Meersburg 33, 34, 41, 43, 45, 108, 116, 235, 238, 241-244, 280, 283
Mengen 56, 144, 172, 215, 216, 276
Merdingen 17, 25, 123, 206-208, 210, 284, 305
Merzhausen 56, 215
Miltenberg 75, 135

309

Mosbach 74, 140, 141, 168, 169
Mühlhausen im Kraichgau 89
Müllheim 43, 55, 56, 111, 112, 223-225, 280, 284, 293, 306
Münchweier 59, 179, 281
Münzesheim 28, 156, 157
Munzingen 188, 206, 212, 215, 283
Muri, Kloster 58, 61

Neckarbischofsheim 30
Neckarhausen 55
Neckarmühlbach 148
Neckarzimmern 148
Neibsheim 157
Neuenburg 30, 148, 156, 157, 226
Neuenheim 54, 148
Neuershausen 56, 195
Neuhausen 42
Neusatz 165, 167, 296
Neuweier 22, 59, 116, 161-165, 296
Niederrotweil 45, 198-200
Niefern 42, 160
Niklashausen 83, 135
Nollingen 55
Norsingen 216-218
Nußloch 55, 148

Oberachern 168
Oberbalbach 140
Oberbergen 197, 198, 200, 282
Obergrombach 30, 32, 43, 148, 157
Oberkirch 30, 42, 169-171
Oberlauda 138
Oberöwisheim 148, 156, 157
Oberrimsingen 43, 45, 111, 210
Oberrotweil 197, 200, 277, 281, 282
Obersasbach 168
Oberschaffhausen 85, 193
Oberschopfheim 179
Oberschüpf 135, 140
Oberweier 59, 179
Odenheim 56, 148, 152
Odenheim, Ritterstift 65, 75, 152
Oetlingen 229, 231
Offenburg 30, 46, 112, 115, 161, 173, 174, 205
Offnadingen 218
Ohlsbach 176
Onsbach 168
Oos 162
Opfingen 188, 206, 210, 211

Ortenberg, Ort, Schloß 22, 173-175, 281
Östringen 152, 158
Ottersweier 167
Ottobeuren, Kloster 76
Öwisheim 56

Pfaffenweiler 37, 55, 83, 216-218, 280, 288, 290
Pfinztal 158, 159
Pforzheim 42, 54, 160, 289, 305

Radolfzell 76, 112
Raitenbuch, Kloster 76
Rastatt 50, 52, 117, 160
Rauenberg 36, 148, 150, 278
Reichenau, Insel; Kloster 15, 36, 38, 44, 58, 64, 76, 116, 232, 235-238, 256, 280
Reichenbach 176
Reichenweier 101, 104
Reicholzheim 37, 134
Reihen 55, 57, 74
Renchen 169, 170
Rheinfelden 43, 213, 231
Rheintal 11, 12, 56, 224
Rheinweiler 227, 229
Riedlingen 229, 230
Riegel 56, 81, 108, 194
Ringsheim 180, 181
Rohrbach 55, 146, 147
Rotenberg 30, 148, 150
Rottweil 84
Rümmingen 229, 230
Rüsselsheim 102

Säckingen, Kloster 58, 226
Salem, Kloster 44, 48, 58, 60, 72, 75, 76, 106, 240, 243
Sasbach 53, 58, 72, 167, 170, 201-203, 281, 307
Sasbachwalden 38, 168
Schallbach 229, 230
Schallstadt 56, 215, 216
Schelingen 197, 198
Scherzingen 216-218
Schlatt 219, 221, 233
Schlettstadt 83
Schliengen 83, 116, 226, 227, 280, 283
Schluchtern 55
Schönau, Kloster 58, 75, 146, 149
Schriesheim 55, 101, 102, 142, 144-146, 191, 244
Schussenried, Kloster 243
Schuttern, Kloster 58, 75, 210
Schwabenheim 55
Schwarzach 42
Schwarzach, Kloster 75

Seckenheim 55, 56
Singen 28, 235, 307
Sinsheim 28, 55, 153
Sipplingen 238, 239
Sölden 216
Söllingen 158, 159
Speyer 48, 49, 75, 84, 100, 142, 153, 162
Sponeck 49, 201
St. Blasien, Kloster 48, 58, 75, 89, 198, 218, 219, 223, 226, 227
St. Gallen, Kloster 43, 55, 58, 211, 215, 217, 218, 226, 290
St. Georgen, Ort; Kloster 58, 166, 188, 215, 221
St. Peter, Kloster 58, 75, 105, 226
St. Trudpert, Kloster 58, 212, 226
Staufen 22, 30, 56, 218-220
Staufenberg, Schloß 172
Steinbach 162, 164, 165, 279
Steinenfurt 54
Stettfeld 153
Straßburg 11-13, 48, 49, 75, 76, 79, 81, 84, 85, 89, 95, 153, 160, 169, 172, 180, 289, 305
Sulzburg 11, 30, 222, 223
Sulzfeld 38, 148, 154, 155

Tannenkirch 229, 230
Tauberbischofsheim 28, 41, 97, 112, 114, 136, 139, 281, 291, 303
Teningen 182
Tennenbach, Kloster 58, 105, 182, 183, 192, 203
Tiefenbach 149, 152
Tiengen 188, 206, 210, 211, 307
Tiergarten 42, 171, 260
Tokay 86
Triberg 86
Tuniberg 17-19, 21, 24, 25, 43-45, 49, 53, 77, 111, 123, 132, 188, 205-210, 212-214, 248, 261, 275, 296, 305, 306, 307

Überlingen 30, 33, 46, 73, 76, 79, 112, 239, 240, 242, 280, 303, 305, 307
Überlingen, Kloster 58
Ubstadt-Weiher 153
Uffhausen 186, 215, 221
Uissigheim 134, 135
Ulm 77
Umweg 162, 164
Unterbalbach 37, 139, 140
Unterginsbach 42

Untergrombach 32, 84, 157
Unteröwisheim 30, 149, 156, 157
Unterschüpf 135, 139, 140

Varnhalt 162, 164
Vevey 103
Vogtsburg 197, 200

Waibstadt 30
Waldulm 168, 169, 230, 281
Walldürn 37
Wallstadt 55, 56
Waltershofen 188, 206, 210, 211
Wasenweiler 40, 42, 67, 193
Wasserburg am Bodensee 89
Weil 12, 17, 22, 24, 27, 65, 69, 70, 79, 82, 83, 100, 106, 113, 122, 156, 162, 164, 206, 210, 229, 231, 294
Weingarten, Kloster 58, 62, 71, 98, 106, 241, 243
Weingarten bei Karlsruhe 71, 142, 157, 158, 281
Weinheim 55, 56, 74, 101, 112, 144, 284
Weinsberg 260, 264
Weißenburg 49
Weißenburg, Kloster 55, 58, 59, 157, 158
Wendlingen 186, 215, 221
Werbach 21, 134, 135, 139
Wertheim 28, 36, 46, 70, 75, 77, 85, 91, 93, 97-98, 107, 134, 135, 278, 303
Wetzlar 96
Wieblingen 55
Wiesloch 28, 34, 68, 131, 132, 142, 144, 146, 148-150, 190, 281, 285, 307
Windeck, Burg 144, 166, 167
Wippertskircher Hof 210
Wittnau 55, 216
Wolfenweiler 55, 216, 290
Wollbach 229, 230
Worms 48
Wöschbach 158, 159
Würzburg 44, 48, 75, 83, 101, 104, 133, 134, 164, 306

Zaisenhausen 155, 156
Zeilsheim bei Wallstadt 56
Zell am Harmersbach 46, 161
Zell-Weierbach 34, 64, 173, 174, 307
Zeutern 149, 153, 281
Zunzingen 56, 223
Zuzenhausen 30

Namensregister

Abendantz, Johann Simon 37, 97, 136, 139
Abraham a Sancta Clara (Ulrich Megerle) 89
Agricola, Johannes 39
Appiani, Giuseppe 34
Arnim, Achim von 147
Arntz, Helmut 305
Attila 209

Baader, Bernhard 209
Babo, August Wilhelm Frhr. v. 112, 284
Babo, Lambert Frhr. v. 68, 72, 102, 284, 287
Bader, Josef 199, 214, 221, 229
Bagnato, Franz Anton 43, 76, 208, 210, 238
Balbus, Ambrosius 135
Barbarossa, Kaiser Friedrich I. (Staufer) 239
Bärmann, German 284
Barschall, Dr. (Sektkellerei) 112
Barth, Medard 305
Bastian, Franz Joseph 284
Baunach, Lorenz 77
Becker, Norbert 214, 305
Bender, Hans 89, 176
Berlichingen, Götz v. 140
Bernadotte, Graf v. 238
Bismarck, Otto v. 264, 293
Blankenhorn, Familie/Weingut 111, 120, 280, 284
Blankenhorn, Adolph 117, 224, 284, 306
Blankenhorn, Ernst 117
Bock, Hieronymus 49, 68, 144
Boden, Hans 43
Boelcke, Willi A. 114, 305
Böhm, Johannes 41
Böhm, Hans (Pfeifer von Niklashausen) 83
Bollast, Fidel 205
Bonifatius 136, 298
Brant, Sebastian 81, 89
Brommer, Hermann 167, 212, 305
Bronner, Johann Philipp 49-51, 53, 70-72, 101, 102, 110, 112, 113, 128, 135, 138, 149, 150, 163, 251, 254, 262, 285, 286, 305, 307
Brunn, Lambert v. 176
Brunner, Matthias 116

Brunwart 226
Buchler, Familie 95-97, 136, 305
Buchler, Walther 305
Buchler, Johann Peter 95
Buchler, Martin 95
Bühler, Hand Adolf 201
Bulgenbach, Hans Müller von 84
Bunsen, Robert 288
Burckhardt, Jacob 228, 231, 232
Burte, Hermann 250
Busse, Hermann Eris 16, 133, 185, 190, 197, 201, 305

Caesar, Gaius Julius 52
Cämmerer, Monika 45
Carl Friedrich, Markgraf v. Baden 63, 71, 72, 98, 102, 103, 172, 212, 224, 287, 305, 306
Carl Theodor, Kurfürst v. der Pfalz 101, 103
Chaptal, Jean Antoine 109
Childebert II. (Merowinger) 55
Christoph, Markgraf v. Baden 80, 84, 291
Claus, Paul 64, 306
Columella 52, 102

Daur, Hermann 231
Dehn, Peter 156
Dietz, Alexander 306
Dilbaum, Samuel 242
Dornfeld, Immanuel 72
Dr. Faustus 220
Droktulf 55
Dümmler, Alfred 120, 286
Dünninger, Josef 33

Eichstetten, Kunz v. 27
Emrich, Adolf (Sektkellerei) 112
Enderlin, Josef Friedrich 193
Endriss, Gerhard 306
Engel, Wilhelm 164
Engelhardt, Wilhelm 286, 306
Engels, Friedrich 84
Engert, Johann Michael 286
Enghien, Herzog v. 181
Englert, Johann Jakob 147
Erasmus von Rotterdam 88
Euler & Blankenhorn (Sektkellerei) 112

Fahnenberg, Ägid Joseph von 110, 292
Fendrich, Anton 15, 184
Feucht, Friedrich 306

Feuchtmayer, Joseph Anton 44, 208
Feuerstein, Peter Valentin 36
Fichter, Wilhelm 169
Fidelis, Franziskus Reichserbtruchseß von Waldburg, Graf von Zeil und Wurzach 15
Fierhauser, Gerhard 306
Fischer, Fritz 32, 105, 210, 306
Flake, Otto 160
Fortunatus, Venantius 57
Franck, Sebastian 41, 97
Frank, Josef 125
Franz, Günther 306
Fritz, Joß 84, 157
Futterer, Adolf 306

Gaiser, Georg 166
Gall, Ludwig 109
Gängel, Adolf 142, 306
Gasset, José Ortega y 260
Georg Friedrich, Markgraf v. Baden 91, 92
Gmelin, Karl Christian 49, 50
Gmelin, Jeremias 224
Goethe, Johann Wolfgang v. 11, 98, 142, 183, 184, 193, 235, 292
Goethe, Christiane (geb. Vulpius) 98
Gok, Carl Friedrich von 63, 72, 306
Göser, Simon 208, 212
Gothein, Eberhard 82
Gött, Emil 201
Götz, Bruno 34, 121, 140, 253, 287, 289, 305, 306
Gradmann, Robert 56
Gräter, Carlheinz 306
Grimm, Albert Ludwig 146
Grimmelshausen, Hans Jacob Christoffel v. 89, 147, 169-171
Großklaus, Gustav 192

Hagenbusch, Julius (Sektkellerei) 112
Hansjakob, Heinrich 16, 89, 95, 114-116, 139, 194, 243, 286, 287, 293
Harrer, Peter 142
Hau, Johann Baptist 111, 192, 287
Hausenstein, Wilhelm 89
Hauser, Adolf 250
Hebel, Johann Peter 15, 224, 229
Hecker, Friedrich 152, 285

Heidegger, Martin 15
Heimberger, Heiner 34
Henninger, Christian 250
Herrgott, Marquart 89
Herwig, Eugen 306
Heuss, Theodor 149, 263, 264
Hewen, Heinrich v. 241
Hieber, J.J. (Sektkellerei) 112
Hildegard v. Bingen 64, 68
Hippel, Wolfgang v. 81
Hoffmann, Kurt M. 72, 306
Hornickel, Ernst 249, 261, 262
Hug, Wolfgang 306

Irmingard, Markgräfin v. Baden 162

Jakob, Sepp 44, 211
Jaques, Norbert 234
Johann Casimir, Kurfürst v. d. Pfalz 147
Johannes (Meister) 33
Joseph II., Kaiser 41
Jupiter 53

Kageneck, Freiherren v. 210, 212
Kageneck, Marie Beatrix Antonie v. 212
Kannenberg, Joachim 305
Karl III. der Dicke, Kaiser (Karolinger) 72, 236, 238
Karl IV., Kaiser 176
Karl Ludwig, Kurfürst v. d. Pfalz 147, 167, 179
Karl Philipp, Kurfürst v. d. Pfalz 147
Karl Theodor, Kurfürst v. d. Pfalz 147, 292
Käthchen von Heilbronn 146
Katzenelnbogen, Franz Philipp Freiherr v. 164
Kaufmann, Johann Jakob 36
Keil, Fred 129
Keller, Franz 130, 306
Kepler, Johannes 159
Kerner, Justinus 257
Kiefer, Friedrich 306
Klaus, Emil 125
Klingler, Josef 164
Kniebühler, Franz Michael 205
Kniebühler, Albrecht 205
Koch, Johann Anton 241
Koeppen, Ulrich 306
Kreutz, Gernot 307
Kromer, Carl 180
Kuenzer, J. (Sektkellerei) 112

Landsberg, Herrad v. 33
Langres, Urban v. 39
Laßberg, Joseph Freiherr v. 242
Lavoisier, Antoine 109
Lenau, Nikolaus 12
Liselotte von der Pfalz 147
Liszt, Franz 212
Lotzbeck, Karl Ludwig 179
Loy, Hans 45, 190, 198
Ludwig IV. der Baier, Kaiser 241
Ludwig XIV., König v. Frankreich 92, 95
Ludwig XV., König v. Frankreich 212
Luther, Martin 82
Lydtin, Ernst Georg 110, 111, 192, 286, 287

Mach, Edmund 284
Macke, August 214
Manzú, Giacomo 169
Mauthner, Fritz 242
Maximilian I., Kaiser 80, 182, 237
Megenberg, Konrad v. 70
Melanchthon, Philipp 39, 71, 142
Mesmer, Franz Anton 242
Metternich, Fürst v. 212
Metz, Friedrich 307
Metzger, Johannes 284, 287
Montaigne, Michel de 88, 307
Morio, Peter 259, 260
Müller & Co. (Schaumweinfabrik) 112
Müller, Karl 58, 119, 120, 159, 287, 307
Müller, Adolf 192
Müller, Emil 192
Müller, Hermann 192
Müller, Hermann 255, 255
Müller, Leonhard 226
Münster, Sebastian 90, 177, 187
Muser, Hermann 288

Napoleon I., Kaiser v. Frankreich 181, 212
Neidhardt, Johann Friedrich 77
Neipperg, Hubert Graf v. 263
Neßler, Julius 109, 288
Neumann, Balthasar 157
Nidda, Johann Nikolaus v. 158
Nietzsche, Friedrich 232

Öchsle, Ferdinand 109, 289, 300
Ortlieb, Johann Michael 101
Ossendorf, Karlheinz 307

Paracelsus 71, 277
Pasteur, Louis 109
Perkeo 147, 155, 278
Peynaud, Emile 253
Pflug, J. 107
Pirmin 235, 236

Ratzel, Friedrich 152
Rebafka, Franz 135
Reitzenstein, Sigismund v. 105
Richenthal, Ulrich v. 237
Riehl, Wilhelm Heinrich 134, 199
Ritter, Rudolf 288
Rohan, Kardinal 181
Rosenau, Burkhard v. 72
Rößler, August 164, 165
Rückert, Leonhard 139
Rudolf v. Habsburg, König 203
Ruland, Johann Seger 104
Russ, Jakob 239

Sack, Anton 89
Sartorius 117
Sauter, Samuel Friedrich 89, 153, 156, 293
Schätzle, Viktor 198
Scheel, Walter 69
Scheffel, Joseph Victor v. 44, 185, 235, 278
Schertweg, Hans 79
Scheu, Georg 259
Schickele, René 224
Schiestl, Heinz 36
Schleyer, Johann Martin 112
Schlosser, Johann Georg 183
Schmedding, Heinrich 307
Schmid, Carlo 122
Schneider, Reinhold 89, 105, 144
Schneller, Franz 14, 16, 79, 201, 214, 307
Schoene, Renate 305
Schön, Werner 305
Schopenhauer, Arthur 232
Schöpflin, Johann Daniel 11, 222
Schreiber, Georg 39, 307
Schreiber, Heinrich 277
Schreiter, Johannes 36
Schrepfer, Hans 24
Schubart, Christian Daniel Friedrich 97

Schumann, Fritz 110, 285, 307
Schurz, Anton 12
Schüttler, Peter 131, 149
Schwab, Gustav 72
Schweiß, Alfred (Schaumweinfabrik) 112
Schwendi, Lazarus v. 74, 85, 86, 200, 218
Schwendi, Ruland v. 85
Semler, Alfons 307
Spahr, Gebhard 241, 307
Sporer, Fidelis 40, 42, 193
Sprenger, Balthasar 64
St. Benedikt 58
St. Kilian 44
St. Landelin 43
St. Magnus 44
St. Otmar 43
St. Theodul 43
St. Urban 39-43, 141, 166, 192, 193, 244, 290
Staufenberg, Peter v. 172
Steinbach, Erwin v. 165
Stichdenbuben, Hanns 164
Strabo, Walahfrid 235, 236
Strahl, Graf Wetter vom 146, 185
Strobel, Albrecht 100, 307

Tabernaemontanus 69, 71
Treitschke, Heinrich v. 185, 252
Troost, Gerhard 307
Tulla, Johann Gottfried 13, 158
Turenne 167

Uesenberg, Rudolf v. 182
Ulrich, Philipp Adam 278
Unruh, Friedrich Franz v. 198

Vauban 182, 190
Villanova, Arnaldus de 79
Vogt, Ernst 120, 289

Walser, Martin 89
Walter, Max 30, 31, 69, 307
Warte, Jakob v. 90
Weber, Carl Julius 12, 25, 140, 234, 238
Weidenbach, Fritz 59
Weigandt, Friedrich 85
Weinbrenner, Friedrich 226
Weinzirn, Simon 241
Wentzinger, Johann Christian 34, 208, 219
Werner, Johannes 89, 305
Wertheim, Graf Johann II. v. 62
Wickram, Jörg 199

Widerholt, Konrad 240
Wild, Michael Friedrich 106
Wilhelm II., Kaiser 15
Wilhelm, Aloys Friedrich 121
Wilhelm, Markgraf v. Baden 112, 159, 285
Wilhemi, Karl 153
Winkelmann, Richard 307
Wohleb, Leo 14
Wolkenstein, Oswald v. 38, 237
Wörner, Pauline 193
Wundert, Franziskus 34

Xenarchos 28

Zeyher, Johann Michael 287
Zimmermann, Johannes 120
Zürn, Jörg 240

Sachregister

Abbeeren 296
Ableger 296
Abstich 296
Affentaler 73, 162, 165, 296
Ampelographie 296
Anbaugebiet Baden 126, 132, 296
Anreichern 296
Anschnitt 21, 207, 264
Armer Konrad 84
Arsen 119, 306
Aufbinden 296
Auge 296
Ausbau 120, 125, 158, 185, 238, 240, 250, 252, 253, 256, 266, 268, 296, 297
Auslese 124, 126, 247, 248, 250, 265, 267, 276, 286, 294, 296
Auxerrois 125, 148, 150, 158, 179, 225, 251, 252

Bacchus 125, 139, 259
Baden Selection 249
Badisch Rotgold 248, 301
Badischer Weinbauverband 112, 122, 130, 190, 272, 294, 305-307
Badischer landwirtschaftlicher Verein 112, 284, 293
Bannwein 67, 296
Barrique 246, 252, 272, 273
Bauernkrieg 60, 82, 84, 85, 135, 142, 240, 291, 306
Baumwein 296
Beerenauslese 124, 247, 296
Bereich 296

Blauer Kläpfer 72
Blauer Spätburgunder 21,
125, 132, 161, 190, 243
Blauer Arbst 73, 101
Blindrebe 296
Bocksbeutel 132, 133, 140,
162-164, 166, 296, 297
Böckser 297
Bodeng'fährtle 297
Bordelaiser Brühe 114, 297
Botrytis cinerea 297
Brache 297
Bukett 21, 110, 251, 252, 255,
259-261, 264, 266, 297
Bukettstoffe 267
Bundschuh 82-84, 157
Bütte 54, 91, 297
Buttenmännle 90, 91

Chardonnay 126, 162, 170,
172, 184, 192, 194, 195, 197,
199, 200, 203, 205, 211, 218,
223, 225-227, 229, 235, 251,
252, 273
Chlorose 113, 128, 297
Clävner 70, 72
Clevner 70, 71, 161, 171, 255
Contessa 240, 260

Deckrot 120
Deckwein 264, 297
Depot 271
Deutscher Weinbauverband
112
Diabetikerwein 249
Direktzug 124, 297
Dornfelder 126, 139, 235,
264, 273
Drahtrahmen 122, 124, 296,
297
Dreißigjähriger Krieg 74, 92,
94, 95, 134, 141, 168, 170,
171, 185, 186, 193, 212, 223
Dunkelfelder 120, 126, 297

Eichen 298
Eisheilige 298
Eiswein 124, 247,
298
Elbling 68-70, 100, 111,
125, 141, 203, 206, 233, 234,
237
Entsäuerung 109, 298
Erblehen 65, 107, 114
Erdgeschichte 16, 20, 188
Erosion 20, 82, 128, 129, 298
Ertragsstatistik 114
Erziehung 127, 255, 257, 298
Erhaltungszüchtung 121,
250
Etikett 223, 246-248, 269
Extrakt 298

Fanggrube 298
Fauna 25, 27, 127, 189, 228,
246
Fechser 101, 298
Federweißer 298
Felgen 298
Findling 108, 169, 238, 260
Firne 124, 253, 298
Flora 25-27, 34, 48, 49, 56,
189, 228, 238, 246
Freisamer 120, 126, 180, 205,
223, 260
Frühburgunder 70, 72

Gänsfüßer 69, 71, 72, 307
Gärung 109, 266, 267, 272,
273, 275, 293, 296-298, 300,
302
Gastgewerbe 86, 87
Gelbhölzer 51, 72,
153
Gerbstoffe 266, 267, 298, 300
Geschein 298
Geschmacksangaben 249
Gesellschaft der Hundert-
eins 241
Gewürztraminer 71, 125,
126, 139, 144, 149, 150, 155,
162, 165, 170, 172, 174, 179,
181, 184, 185, 192, 194, 195,
197, 200, 203-205, 209, 211,
218, 223, 225, 226, 229, 234,
255, 260, 273, 307
Grauburgunder 125, 165,
170, 172, 191, 196-198, 243,
249-251, 272, 275
Grobschwarz 101, 102
Großlage 248
Gründüngung 121, 128, 298
Gutedel 21, 71, 102, 103,
111, 112, 120, 125, 126, 132,
141, 205, 213-219, 221, 223-
227, 229, 231, 237, 242, 252,
253, 257, 259, 260, 274, 295,
306
Güteklassen 246

Häcker 298
Hape 299
Haustrunk 14, 67, 69, 119,
134, 293, 299
Heckenwirtschaft 87
Herbst 11, 17-19, 28, 36, 43,
46, 49, 61, 64, 65, 67, 69, 70,
76, 78, 80, 87, 108, 114-116,
131, 140, 144, 148, 159, 160,
162, 174, 184, 191, 205, 214,
219, 224, 226, 237, 242-244,
250, 251, 253, 259, 262, 265,
275, 286, 292-296, 299
Heunisch 68
Hoselips 36, 189, 194

Huxelrebe 223, 260
Hybriden 117, 119, 121, 284,
294, 299

Inhaltsstoffe 266
Interspezifische Sorten 121

Johannisminne 33, 38
Jupitermonumente 53, 54
Juwel 260

Kabinett 124, 126, 246, 247,
269, 299
Kalkbodentheorie 56
Kammererziehung 53
Kammertbau 53, 62, 280
Karst 32, 62, 124, 135, 299
Kellerschimmel 299
Kellerwirtschaft 54, 60, 100,
106, 108, 109, 120, 124, 125,
284
Keltertechnik 108, 307
Kelterwein 67
Kerner 125, 135, 136, 139,
152, 165, 174, 179-181, 194,
197, 200, 211, 237, 238, 240,
243, 257, 259, 260, 269, 273,
275
Kirchenfenster 266, 299
Kläpfer 69, 72, 111
Kleinterrassierung 129
Klima 17-20, 51, 72, 148,
214, 260, 290
Klingelberger 102, 161, 172,
253
Klone 121, 299
Kolor 120
Kopferziehung 62, 63
Korken 269
Kreuzung 120, 153, 167, 257,
259, 260, 264, 299
Kunstweine 117, 293

Lägel 43, 54, 299
Lage 17 ff., 299
Lagenamen 164, 172, 181,
235, 244
Lagerfähigkeit 102, 250, 267,
269
Lamperter 100
Landwein 14, 79, 80, 106,
122, 124, 126, 134, 246, 248,
268, 296, 300
Laskarebe 110
Lauer 54, 299-301
Limberger 18, 51, 126, 153-
155, 184, 262-264, 269, 273
Löß 19-21, 24, 56, 83, 127,
141, 144, 150, 152, 157, 159,
161, 177, 188, 189, 194-196,
199, 203, 205, 206, 212, 214,
250, 254, 262

Lößhohle 24, 196, 281, 282
Lößkindl 205
Lößlandschaft 24, 34, 142

Maische 102, 108, 109, 124, 240, 248, 265-267, 297, 300
Maischegärung 199, 203, 223, 265
Mehltau (s.a. Oidium) 64, 113, 128, 293, 300
Mengenbegrenzung 124, 295
Mindestmostgewicht 126, 246, 250
Mischkultur 141
Mischsatz 25, 67, 68, 70, 71, 110, 124, 141, 233
Morio-Muskat 260
Müller-Thurgau 21, 125, 126, 130, 135, 136, 139, 144, 148-150, 152, 155, 157-159, 162, 164, 165, 169, 170, 172, 174-177, 179-181, 185, 191-195, 197, 198, 200, 202-205, 207, 209, 211, 215-219, 223, 225, 226, 229, 231, 233-235, 237, 238, 240, 241, 243, 254-257, 259, 260, 274, 275
Museen 36, 278 ff.
Muskateller 67, 70, 101, 111, 126, 174, 179, 182, 184, 185, 192-195, 197, 200, 202, 205, 211, 226, 229, 234, 237, 242, 255, 257, 260, 306, 307
Muskat-Gutedel 112
Muskat-Ottonel 126, 162, 223, 260
Mutation 104, 167, 249, 260, 300

Öchslegrade 109, 300
Önologie 285, 300
Oidium (s.a. Mehltau) 113, 114, 117, 121, 293, 300
Öko-Weinberg 127
Ortega-Rebe 260
Ortlieber 51, 100, 101, 111, 125

Perle 139, 260
Peronospora 113, 114, 117, 120, 128, 288, 293, 297, 300
Pflanzenschutz 128, 288
Pfropfrebe 64, 119, 122, 124, 125, 216, 286, 288, 294
Portugieser 51, 110, 112, 126, 136, 150, 155, 262, 285
Prädikatswein 124, 247
Putzschere 100

Qualitätswein 124, 126, 246, 268, 296, 299, 300

Räumen 88, 300
Räuschling 69, 70, 125
Realteilung 30, 33, 81, 122
Rebfläche Badens 114, 123, 125, 293, 295
Rebflurbereinigung 67, 120, 122-124, 127, 136, 138, 197, 205-207, 210, 245
Rebgestein 17, 20, 21, 161
Rebkrankheiten 64, 113, 121
Reblaus 113, 114, 117, 119, 216, 284, 293, 300
Rebleute 74, 86
Rebordnung 60-62, 64, 290
Rebschädlinge 56, 64, 113, 128
Rebschnitt 264, 296, 300
Rebschutz 64, 264
Restsüße 130, 131, 249, 267, 268, 296, 300
Riesling 21, 51, 71, 100-102, 111, 125, 126, 132, 135, 139, 144, 149, 150, 152, 153, 155, 157, 158, 161, 162, 164-167, 170, 172, 174-176, 181, 185, 187, 192, 194, 195, 197, 200, 203-205, 223, 229, 235, 243, 253-257, 259-262, 269, 275, 287
Römer 12, 53, 68, 72, 90, 91, 109, 141, 195, 270, 271
Römertraube 51
Rosé 248
Rote Spinne 121, 129
Rotkeltern 102
Rotling 248, 301
Rotwein 248
Ruländer 85, 104, 111, 120, 125, 126, 132, 150, 155, 157, 158, 162, 172, 174-176, 179-181, 185, 190, 191, 192, 194, 195, 197, 198, 200-205, 207, 209, 211, 218, 223, 225, 226, 229, 234, 235, 237, 238, 240, 243, 248-251, 260, 301

Säcker 301
Säkularisierung 60, 85, 105
Sämling 51, 301
Säure 18, 26, 109, 110, 214, 248, 253, 254, 256, 259, 260, 266-268, 272, 276, 294, 296, 297, 301
Säureabbau 124, 266
Schenkel 62, 301
Scheurebe 126, 136, 159, 162, 172, 174, 179, 182, 192-195, 199, 200, 205, 225, 235, 259, 269
Schiller 248
Schröter 74, 75, 307
Schupflehen 65, 107

Schwanz 272, 301
Schwarzriesling 21, 101, 112, 126, 135, 136, 138-140, 154, 155, 159, 262, 275
Schwefeln 265, 301
Seilzug 124, 301
Sekterzeugung 70, 273, 285
Selectionsweine 135, 197, 223, 272
Silcher 260
Silvaner 21, 51, 102, 104, 111, 120, 125, 126, 135, 136, 146, 158, 192, 195, 197, 199, 204, 205, 211, 225, 229, 254-257, 259, 260, 269, 275
Sohn 301
Spätburgunder 72, 73, 101, 104, 168, 249, 262
Spätlese 124, 126, 247, 268, 269, 301
St. Laurent 110, 150, 264, 285
Staatliches Weinbauinstitut Freiburg - s. Weinbauinstitut
Steckhaufen 164, 165, 303, 304
Steppenheidetheorie 56
Straußwirtschaft 87, 88
Süßreserve 79, 124, 247-249, 268, 299-301
Süßrot 101, 102

Tafelwein 122, 124, 126, 246, 248
Tauberschwarz 51, 101, 102, 135, 138, 139, 263
Taylorrebe 117, 119
Teilbau 65
Teilwein 65, 66
Temperierung 271
Terrassenbau 59-61, 298
Torkel 33, 54, 66, 76, 108, 167, 240, 243, 280, 301
Traminer 18, 51, 67, 70, 71, 101, 102, 111, 112, 126, 150, 161, 165, 170-172, 235, 238, 240, 242, 243, 254, 255, 260, 275, 306, 307
Träubelesbild 36, 37, 135
Traubenmadonna 39, 43-45, 209
Traubenvollernter 124
Traubenwickler 64, 113, 114, 121, 125
Tresterwein 54, 67, 119
Trinkgeschirr 88, 90, 91
Trockenbeerenauslese 124, 247, 301
Trocken 301
Trockenzuckerung 109, 124

Trollinger 100, 126, 141, 154, 155, 257

Ungelt 66, 67, 75, 87, 147, 176
Urbansbruderschaft 41, 42

Veltliner 71, 100, 111
Vermarktung 245
Verrieseln 301
Vinum francicum 68
Vinum hunicum 68
Vinum testimoniale 78
Vorlaß 302

Weinbauernhaus 31
Weinbauinstitut 119-121, 159, 187, 215, 284-286, 288, 289, 294, 306
Weinbauzone B 126, 246
Weinbruderschaft 41, 155
Wein 302
Weinhandel 75, 77, 79, 95, 133, 134, 182, 239

Weinkauf 78, 302
Weinlehrpfade 281 ff.
Weinpanschen 75, 79
Weinprämierungen 249
Weinprobe 36, 270, 271
Weinschlag 75, 78
Weinstein 267, 271
Weinvisierer 302
Weinzehnte 140, 146, 174, 201, 211, 293
Weißburgunder 101, 110-112, 125, 135, 136, 139, 150, 155, 157, 158, 162, 164, 165, 170, 179-181, 190, 192, 194, 195, 197, 201-205, 207, 209, 211, 218, 223, 225, 226, 229, 234, 235, 243, 251, 252, 260, 272, 275, 285
Weiße Fürterer 70
Weißherbst 248, 261, 302
Weißwein 248
Wildrebe 13, 48-52, 102, 117, 121, 228, 262, 280, 284, 299, 300

Willkommsau von Kandern 91, 92
Winzergenossenschaft 88, 114, 115, 125, 130, 131, 136, 139, 140, 149, 150, 161, 162, 164, 165, 168-174, 176, 177, 179, 181, 182, 184, 185, 190-195, 197-200, 202-206, 209-211, 215-227, 230, 231, 234, 243, 246, 250, 273, 281-284, 287, 293, 294, 305-307
Wurzelreblaus 114, 119, 294, 300
Würzer 260
Würzwein 26, 73

Zähringer 30, 59, 186, 260
Zehntablösung 107
Zehnte 65, 66, 107
Zinsgut 65
Zinswein 67
Zunftordnung 74, 86
Zweigeltrebe 240, 264

Bildnachweis

(BA = Bildarchiv) E. Spiegelhalter, Freiburg, Titelbild; A. Kallhardt, Bad Mergentheim, 14; I. Rohloff, Würzburg, 17; C. Gräter, 19; Fritz Fischer, Mein Heimatland, Freiburg 1927, 23 oben; C. Gräter, 23 unten; Max Walter, Mein Heimatland, Freiburg 1927, 31; I. Rohloff, Würzburg, 32; P. Fischer, Weinheim, 35 oben li; I. Rohloff, Würzburg, 35 unten li u. re; I. Rohloff, Würzburg, 40; I. Rohloff, Würzburg, 43; BA C. Gräter, 47; Gustav Hegi, Rebstock und Wein, München 1925, 50; BA C. Gräter, 57; Jost Ammann, Das Ständebuch, 1568, 61; Albert Hiß, Der Breisgau, Freiburg 1941, 63; Gerhard Troost, Die Keltern, Wiesbaden 1990, 66; Tabernaemontanus, Neu-Kräuterbuch, 1731, 69; Johann Rasch, Weinbuch, 1582, 71; BA C. Gräter, 74; Teutscher Kalender, Augsburg 1495, 78; BA C. Gräter, 79; Sebastian Brant, Narrenschiff, Straßburg 1507, 81; I. Rohloff, Würzburg, 83; Badisches Landesmuseum, Karlsruhe, 91; BA C. Gräter, 93, 94; H. & B. Pressebild, Wiesloch, 149; BA C. Gräter, 96, 97; Carl Friedrich und seine Zeit, Katalog, Markgräflich badische Museen, Karlsruhe 1981, 99; BA C. Gräter, 103, 107; I. Rohloff, Würzburg, 111, 115; Winzergenossenschaft Beckstein, 118; I. Rohloff, Würzburg, 123, 131; BA C. Gräter, 133; O.H. Chrestien, 137; C. Gräter, 139; I. Rohloff, Würzburg, 141; BA C. Gräter, 143, 145, 151; I. Rohloff, Würzburg, 154, 156; BA C. Gräter, 161, 166; Winzergenossenschaft Sasbachwalden, 168; I. Rohloff, Würzburg, 170; D. J. Krätschmer, Oberderdingen, 173; I. Rohloff, Würzburg, 175; BA C. Gräter, 178; W. Bader, Lahr, 180; H. Prögel, Glottertal, 183; Freiburger Münsterbauhütte, 186; BA C. Gräter, 187; I. Rohloff, Würzburg, 189, 196; BA C. Gräter, 200, 202; I. Rohloff, Würzburg, 204; C. Gräter, 206; I. Rohloff, Würzburg, 207; Stadt Merdingen, 208; P. Klein, 209; BA C. Gräter, 213, 215, 219; I. Rohloff, Würzburg, 220, 222, 225; BA C. Gräter, 228; Rosgartenmuseum, Konstanz, 233; I. Rohloff, Würzburg, 236; BA C. Gräter, 239, 242; I. Rohloff, Würzburg, 247; Albert Hiß, Der Breisgau, Freiburg 1941, 252; I. Rohloff, Würzburg, 256; Friedrich Stengel, Kehl und das Hanauerland, Freiburg 1932, 258; I. Rohloff, Würzburg, 261; BA C. Gräter, 263, 265, 270, 274, 275; Winzermuseum Rauenberg, 278; I. Rohloff, Würzburg, 279; Willy Stingl, Noch 15 Torkel im Bodenseeraum, Meersburg 1981, 280; I. Rohloff, Würzburg, 282; BA C. Gräter, 285; I. Rohloff, Würzburg, 286; B. Weiß, Karlsruhe, 288

Schwarzwaldleben – anno dazumal

Ein historischer Bilderbogen aus dem Schwarzwald
Von Bernhard Oeschger und Edmund Weeger.
136 Seiten mit 140 historischen Fotos.
24 x 26,5 cm. Gebunden mit Schutzumschlag.

Die Autoren stellen die mühsame Feldarbeit auf den rauhen Höhen, das karge Brot der Waldgewerbler und Heimarbeiter, die alten Handwerke und die Industriegründungen in zeitgenössischen Bilddokumenten vor. Auch die Alltagsgeschichte der Schwarzwälder Bevölkerung, ihr Zusammenleben im Haus, in Dorf oder Kleinstadt, ihre Feste und Feiern, ihre Ernährungsweise und Wohnkultur werden an ausgewählten Beispielen dargestellt. Landschaftstypische Sonderentwicklungen – der früh einsetzende Fremdenverkehr und die ausgeprägte Bäderkultur – vervollständigen eine Bilderfolge vom Schwarzwald, die wenig von tannengeschmückter Romantik und unbeschwertem Trachtentaumel berichtet.

Badische Tüftler und Erfinder

Hrsg. von Jörg Baldenhofer. 120 Seiten mit über 130 Abbildungen. 24 x 26,5 cm. Gebunden mit Schutzumschlag.

Ein Beitrag zur Technikgeschichte Badens zwischen dem 18. und 20. Jahrhundert. In 16 verständlich und flüssig geschriebenen Beiträgen stellen kompetente Fachleute die Gedanken- und Lebenswelt außergewöhnlicher badischer Persönlichkeiten vor sowie insbesondere ihre technischen Erfindungen, die mit zur Industrialisierung in Baden beigetragen haben. Ein Kapitel ist den Freiburger Tüftlern und Erfindern gewidmet.
Große Namen der Technikgeschichte wie Karl Benz, Emil Kessler oder Felix Wankel werden ebenso vorgestellt wie zu Unrecht in Vergessenheit geratene Pioniere, deren – vielfach weiterentwickelte – Erfindungen wir heute ganz selbstverständlich gebrauchen. Das breite Spektrum der Neuerungen reicht von der Weinfreunden wohlbekannten Öchslewaage und der ersten Laufmaschine (Karl-Friedrich v. Drais) bis zum Rechenstab (Albert Nestler), vom ersten Automobil (Karl Benz) bis zum ersten Raketenflugzeug (Julius Hatry).

DRW-Verlag

DIE GESCHICHTE DES WÜRTTEMBERGER WEINS
NEU DARGESTELLT VON CARLHEINZ GRÄTER

Württemberger Wein

Landschaft, Geschichte, Kultur
324 Seiten mit 105 Abb. Format 15 x 21,5 cm.
Fest gebunden mit Schutzumschlag.
ISBN 3-87181-270-6

Eine einzigartige Gesamtdarstellung von Weinbau und Weinkultur in Württemberg:

Über rund zwei Jahrtausende verfolgt der Autor die Wirkungsgeschichte des »Württembergers« im Hauptteil des Buches. Den gegenwärtigen Stand des Rebbaus zwischen Bodensee und Taubergrund, Anbaugebiete und Lagen, aber auch die vom Wein geprägten Orte stellt ein gesonderter Teil vor. Wie man ein Etikett liest, welche Rebsorten es hierzulande gibt, wie der Wein entsteht, wie man ihn lagert und vieles mehr erfährt der Leser in einem Kapitel über den Umgang mit Württemberger Wein. Praktischer Natur ist auch der Serviceteil des Buches: Er informiert über Weinmuseen und -lehrpfade und enthält außerdem eine württembergische Weinchronik, ein kleines Wörterbuch der Weinsprache, weiterführende Literatur zum Thema Wein und ein hilfreiches Register. Reich illustriert, mit amüsanten Geschichten ergänzt: ein Buch mit vielen neuen Informationen für Weinkenner und alle, die es werden möchten.

DRW-Verlag